U0872153

2025年

国家统一法律职业资格考试
辅导用书

商　法

国家统一法律职业资格考试辅导用书编辑委员会　组编

刘凯湘／主编

法律出版社

—— 北京 ——

图书在版编目（CIP）数据

商法 / 国家统一法律职业资格考试辅导用书编辑委员会组编；刘凯湘主编. -- 北京：法律出版社, 2025. (2025年国家统一法律职业资格考试辅导用书). -- ISBN 978-7-5244-0122-3

Ⅰ. D923.99

中国国家版本馆CIP数据核字第2025JK9582号

商法
SHANGFA

国家统一法律职业资格考试辅导用书编辑委员会 组编
刘凯湘 主编

责任编辑 田亚飞
装帧设计 李　瞻

出版发行 法律出版社
编辑统筹 法律考试·职业教育分社
责任校对 王语童
责任印制 胡晓雅
经　　销 新华书店

开本 787毫米×1092毫米　1/16
印张 19　**字数** 497千
版本 2025年5月第1版
印次 2025年5月第1次印刷
印刷 保定市中画美凯印刷有限公司

地址：北京市丰台区莲花池西里7号（100073）
网址：www.lawpress.com.cn
投稿邮箱：info@lawpress.com.cn
举报盗版邮箱：jbwq@lawpress.com.cn

销售电话：010-83938349
客服电话：010-83938350
咨询电话：010-63939796

书号：ISBN 978-7-5244-0122-3
定价：45.00元

凡购买本社图书，如有印装错误，我社负责退换。电话：010-83938349

国家统一法律职业资格考试辅导用书
编辑委员会

国家统一法律职业资格考试辅导用书

商法

编写人员

主　编

刘凯湘

撰稿人

刘凯湘（第一、三、八章）

张双根（第二、四、十章）

王卫国（第五章）

于　莹（第六章）

李东方（第七章）

郭　瑜（第九章）

出版说明

为了适应国家统一法律职业资格考试的需要，应广大应试人员的要求，我们组织编写了《2025 年国家统一法律职业资格考试辅导用书》。

本套辅导用书根据司法部制定颁布的《2025 年国家统一法律职业资格考试大纲》编写，是国家统一法律职业资格考试工作的重要依据，可以作为广大应试人员系统复习及应考的必备用书。

本套用书在撰写时力求反映和体现国家统一法律职业资格考试的特点，在注意学科科学性、系统性的同时，注重法学基本理论、法律实务与考试需求的结合，对应试人员应当掌握的各学科基本理论结合实际进行了系统阐释，有较强的指导性和适用性。在内容和体例编排上，为更加方便应试人员复习考试，本套用书结合备考规律，归纳提炼重要、疑难知识点及易错易混知识点和核心法条，进一步充实完善各学科每章的助考性提示内容和主要法律规定，同时增加了有关重要、疑难知识点的案例（实例）、本章/本编/本学科重点难点与疑点辨析阐释，并将新增或调整较大部分内容在目录中加以标示，以方便应试人员对比复习。

本套用书根据国家统一法律职业资格考试的试卷内容及学科特点分为 9 册，包括：《习近平法治思想·法理学·宪法·中国法律史·司法制度和法律职业道德》《民法》《刑法》《行政法与行政诉讼法》《民事诉讼法与仲裁制度》《刑事诉讼法》《商法》《知识产权法·经济法·环境资源法·劳动与社会保障法》《国际法·国际私法·国际经济法》，共计 18 门学科。

在本书出版之际，我们向参加 2025 年新版辅导用书编写工作的专家学者表示衷心的感谢！向参与以上用书编写、审稿及修订工作，特别是曾经参与并为本书奠定基本框架的法学院校、专家学者表示衷心的感谢！向中共中央办公厅法规局、最高人民法院、最高人民检察院、中国法学会、司法部等有关部门及单位给予的精心指导和大力支持帮助，表示衷心的感谢！

由于时间仓促，本书疏漏或不当之处，敬请广大应试人员和读者批评指正。

国家统一法律职业资格考试辅导用书编辑委员会

2025 年 5 月

目　录

第一章
公司法

本章导读

作为最重要的一类法定商事主体，公司是由股东出资设立的、以营利为目的的独立法人。公司法是规定公司的设立、组织、运营、变更、解散、股东权利与义务和其他公司内部、外部关系的法律规范的总称。我国主要的公司法法律渊源是《公司法》。公司法中最重要的关系是公司与股东之间的关系。一方面，股东对公司具有最终控制权和收益权；另一方面，股东对公司债务仅以出资范围为限承担有限责任。股东的出资义务、股东资格的确认和股东权利，是确认股东与公司间法律关系的基础。公司法对公司的设立、组织机构、财务与会计制度、重大变更、解散与清算等方面的监管和要求，都是为了防止股东滥用公司的独立法人地位和股东有限责任以损害公司债权人等利益相关者。公司法中既有适用于全部公司的一般规定，也有适用于某一类公司的特殊规定。我国《公司法》规定了两种基本的公司类型，即有限责任公司和股份有限公司。这两类公司在股东人数、设立方式、组织机构、公司治理、股权转让等方面适用不同的规则，发起人可以根据自身的需要选择设立不同类型的公司。

第一节　公司法总则

一、公司法的概念和性质

（一）公司法的含义和调整对象

公司法的概念有广义、狭义之分。广义上的公司法，是指规定各种公司的设立、组织、活动、解散以及公司对内对外关系的法律规范的总称，包括涉及公司的所有法律、法规，如我国

《公司法》《市场主体登记管理条例》等。狭义上的公司法，专指以"公司法"命名的立法文件，在我国是指由立法机关颁布的《公司法》。

公司法的概念可表述为：规定公司的设立、组织、运营、变更、解散、股东权利与义务和其他公司内部、外部关系的法律规范的总称。

我国《公司法》制定于1993年12月，1999年12月第一次修正，2004年8月第二次修正，2005年10月第一次修订，2013年12月第三次修正，2018年10月第四次修正，2023年12月第二次修订。

公司法的调整对象主要是指在公司设立、组织、运营或解散过程中所发生的社会关系。具体有：(1)公司内部财产关系，如公司发起人之间、发起人与其他股东之间、股东相互之间、股东与公司之间在设立、变更、破产、解散和清算过程中所形成的带有经济内容的社会关系。(2)公司外部财产关系，主要指公司从事与公司目的事业密切相关的营利性活动，而与其他民商事主体之间发生的财产关系，如发行公司债券或公司股票、公司对外担保等所形成的法律关系。(3)公司内部组织管理与协作关系，主要指公司内部组织机构，如股东会、董事会、监事会相互之间，公司同公司职员之间发生的管理或合同关系。(4)公司外部组织管理关系，主要指公司在设立、变更、经营活动和解散过程中与有关国家经济管理机关之间形成的纵向经济管理关系，如公司的设立审批、登记，股份与公司债的发行审批、交易管理，公司财务会计的检查监督等。

(二)公司法的性质

1.公司法是私法。公司法是商事法律的重要内容之一，而商法与民法一样同属于私法的范畴，故公司法属于私法，是关于私的权利和利益的法律。所以，公司法的主旨在于维护股东的意思自治和权利自由，如股东设立何种类型公司、选择何种行业投资、聘请何人管理公司、股份如何转让、股东会与董事会决议的方式与程序等，都是建立在股东意思自治的基础上的。私法自治和权利保障的理念是公司法的最高理念。同时，在现代经济条件下，为确保社会交易安全和公众利益，带有公法色彩的强制性规定也渗透到公司法领域。例如，公司法中关于法定事项的公示主义、公司登记的要式主义、公司章程中的必要记载事项、公司的财务会计制度、公司名称的法定要求、股份转让的规则、董事和高级管理人员任职资格的要求等规定，均反映国家公权对公司法中股东私权的限制和干预。这表明，尽管公司法是私法，但是其中包含有较多的强行性规范。这些强行性规范是公司和公司股东必须遵守的，因此，公司法具有一定的公法色彩。但是，必须指出的是，公司法中强行性规范的存在并不意味着公司法的性质发生了改变，公司法仍然是私法领域的法律规范。我国《公司法》充分体现了公司法的私法属性，体现了放松管制、尊重公司自治的立法精神。例如，《公司法》将法定代表人的担任主体交由章程规定；公司可以在章程中自行选择公司的治理结构；规定了股份有限公司授权资本制，规定股份有限公司董事会在公司章程或股东会授权情形下可决定发行股份等事项。

2.公司法是兼具程序法内容的实体法。我国《公司法》着重规定了有限责任公司和股份有限公司的权利、义务的实质内容和范围，这属于实体法规定。例如，关于公司内部组织机构的设置，法定代表人的产生，股东、董事、高级管理人员的权利、义务与责任，监事的权利、义务与责任等方面的规定，确定了公司中各方当事人在实施公司行为时的实体权利和义务。同时，《公司法》为确保这些实体权利的实现和义务的履行，还规定了取得、行使实体权利，履行实体义务必须遵守的法定程序，如股东会的召开程序、董事会的议事规则等。当然，公司法以实体法内容规定为主，程序法的内容是第二位的。

3.公司法是含有商事行为法的商事组织法。一般而言，公司法首先是一种商事组织法，它通过对公司的法律地位，公司设立的条件和程序，公司意思机关和代表机关的确立，公司股东的权利和义务，公司合并、分立、解散的条件和程序等的规定，完善了公司的法人组织，使其具有独立于公司股东的人格，以便自主地进行经营活动。同时，公司法也规定了与公司组织具有直接关系的公司行为，如公司设立行为、募集资本行为、股份转让行为、对外交易行为等。所以，公司法又具有行为法的特征，是组织法与行为法的结合。

二、公司的概念与特征

公司是一种企业组织形态，是依照法定的条件与程序设立的、以营利为目的的商事组织。根据我国《公司法》的规定，公司包括有限责任公司和股份有限公司两种类型。一般而言，公司具有三个基本的法律特征。

（一）公司具有法人资格

《公司法》第3条第1款规定，“公司是企业法人……”法人是与自然人并列的一类民商事主体，具有独立的主体性资格，具有法律主体所要求的权利能力与行为能力，能够以自己的名义从事民商事活动并以自己的财产独立承担民事责任。公司是最典型的法人类型，体现了法人的最本质特征。

依据我国《公司法》的规定，公司法人资格的取得需符合以下条件：

1.公司必须依法设立。公司的依法设立是指公司必须依法定条件、法定程序设立。《公司法》第31条规定：申请设立公司，符合本法规定的设立条件的，由公司登记机关分别登记为有限责任公司或者股份有限公司；不符合该法规定的设立条件的，不得登记为有限责任公司或者股份有限公司。公司法不仅规定了公司的设立条件，还规定了公司的设立程序，包括发起人或者发起人组织、设立活动的基本要求、股东认股与缴纳出资、公司的组织机构、公司的设立登记等。有的公司如商业银行、保险公司、证券公司等的设立还须经审批程序。凡在我国境内设立的公司，必须依照我国《公司法》《市场主体登记管理条例》及其他相关法律法规所规定的条件和程序设立。

2.公司必须具备必要的财产。一定的财产是公司得以存在的物质基础。公司作为一个以营利为目的的企业法人，应有其可控制与支配的财产以从事经营活动。我国《公司法》将公司享有的独立的法人财产的权利称为法人财产权。《公司法》第3条第1款规定：“公司是企业法人，有独立的法人财产，享有法人财产权……”公司的财产一般被称为公司资产，包括由设备、材料、工具等动产，房屋、土地等不动产以及货币组成的有形财产，也包括企业名称、工业产权等无形财产。公司成立时的原始财产由股东出资构成，股东可以货币、实物、土地使用权、工业产权等方式出资，一旦股东认缴了出资额或认购了公司股份，股东就应按照公司章程规定缴纳出资，并应以认缴的出资额、认购的公司股份为限对公司债务承担责任。股东缴纳出资后，其出资标的物的所有权即转移至公司，构成公司的财产。公司的财产与股东个人的财产相分离，这是公司财产的一个重要特征，它是公司能够独立承担民事责任进而取得法人资格的基础，也是股东只以出资额为限对公司债务承担责任的依据。

3.公司必须有自己的名称、组织机构和经营场所。公司的名称相当于自然人的姓名，可以自由选用，但必须标明公司的种类即有限责任公司或股份有限公司。《公司法》第6条规定，公司应当有自己的名称。公司名称应当符合国家有关规定。公司的名称权受法律保护。第7条规定，有限责任公司必须在公司名称中标明有限责任公司或者有限公司字样，股份有限公司必须在公司名称中标明股份有限公司或者股份公司字样。公司名称属于公司章程绝对必要记载事项之一（《公司法》第46条、第95条），也为公司登记事项之一（《公司法》第32条、《市场主体登记管理条例》第8条）。

公司必须具有完备的组织机构。规范的内部治理结构是公司法人不同于其他法人组织的重要标志之一。公司作为法人并无自然实体，必须设立公司机关以决定和实施公司的意志。公司健全的组织机构是其公司法人意志得以实现的组织保障，包括公司的权力机构、执行机构和监督机构。依据我国《公司法》的规定，有限责任公司和股份有限公司的组织机构略有差异，主要表现为前者有较多的灵活性而后者有更强的规范性。

公司要有自己的经营场所，它是公司实现其设立目的、实施经营的地方；公司还必须有自己的住所，其住所可与其经营场所一致，也可以不一致。但住所是公司法律关系的中心地域，凡涉及公司债务之清偿、诉讼之管辖、书状之送达均以此为标准。依据我国《公司法》第8条的规定，公司以其主要办事机构所在地为住所。

4.公司必须能够以自己的名义从事民商事活动并独立承担民事责任。

（1）公司的独立权利。原则上，对于公司的合法目的而言，公司几乎是与自然人一样的独立实体。公司若要与自然人一样，就必须拥有权利。这些权利是非常广泛的，如以自己的名义拥有财产包括不动产的权利、起诉和应诉的权利以及在公司目的范围内从事任何合法的经营活动的权利。但是，基于公司固有的性质和某些法律政策上的原因，公司的权利受到一定限制，如公司不能享有某些只能由自然人享有的生命权、婚姻自主权、继承权、肖像权、隐私权、人格尊严权等权利，又如公司在经营活动中的某些权利应依照《公司法》的要求与其经营范围相一致。

（2）公司的独立责任。公司必须在依法自主组织生产和经营的基础上自负盈亏，用其全部法人财产对公司债务独立承担责任。公司独立承担责任，就意味着股东除承担对公司的出资义务外，不再承担任何其他责任，即股东承担有限责任。这也是公司与其他类型的经济组织形态如合伙、个人独资企业、法人的分支机构等的本质区别之一。《公司法》第3条第1款规定："……公司以其全部财产对公司的债务承担责任。"

公司的独立责任意味着公司股东的有限责任。《公司法》第4条第1款规定："有限责任公司的股东以其认缴的出资额为限对公司承担责任；股份有限公司的股东以其认购的股份为限对公司承担责任。"如果股东未依认缴文件的规定实际缴付注册资本，仍需要依法承担法律责任。公司股东的有限责任是公司制度的基石，但如果公司股东滥用有限责任或恶意利用有限责任制度而损害公司其他股东或公司债权人利益，得否认其有限责任，而由股东承担无限责任。这在公司法理论和制度上称为公司法人人格否认或股东的直索责任，英美法称为"刺破公司面纱"。我国《公司法》第23条对该制度作出了规定：公司股东滥用公司法人独立地位和股东有限责任，逃避债务，严重损害公司债权人利益的，应当对公司债务承担连带责任。股东利用其控制的两个以上公司实施前述规定行为的，各公司应当对任一公司的债务承担连带责任。只有一个股东的公司，股东不能证明公司财产独立于股东自己的财产的，应当对公司债务承担连带责任。

（二）公司是社团组织，具有社团性

大陆法系传统的公司法人格理论在构造上坚持公司社团理论，认为公司是一种团体性质的法人，由复数以上的成员组成。公司成员复数功能在于增强组织实力、抵御债务风险，使得公司非常适合作为中等以上营业规模企业的组织形式。公司的社团性表现为它通常由两个或两个以上的股东出资组成。《公司法》对公司社团理论有所突破，但仍坚持一人公司仅为例外。我国《公司法》关于公司社团性的例外包括两种情形：一是一人公司，二是国有独资公司。这两种公司都只有一个股东。但是，社团性除了含有社员因素外，还含有团体组织性，即不同于单个的个人的特性，而是一个组织体。就此特性而言，一人公司和国有独资公司同样体现了公司的社团性。

（三）公司以营利为目的，具有营利性

《民法典》第76条规定，以取得利润并分配给股东等出资人为目的成立的法人，为营利法人。营利法人包括有限责任公司、股份有限公司和其他企业法人等。公司以营利为目的，是指公司的设立及公司的运作，都是为谋求经济利益。因此，公司必须连续不断地从事某种经济活动，如商品生产、交换或提供某种服务。公司的营利性特征已为世界上许多国家和地区的公司立法所确认，从而成为公司的基本特征。

公司的营利性是公司区别于非营利法人组织的重要特征。营利法人的宗旨是获取利润并将利润分配给成员（出资人或股东）；而非营

利法人的宗旨是发展公益、慈善、宗教、学术事业，它们即使从事商业活动、赚取利润，也只是以营利为手段，旨在实现与营利无关的目的，而且其营利所得不能直接分配给成员。区分营利法人和非营利法人的主要法律意义在于对其设定不同的设立程序、赋予不同的权利能力、适用不同的税法等。

公司的营利性实质上是股东设立公司目的的反映。公司只有以营利为目的，实现公司利益最大化，才能让股东收回投资，并进而实现盈利。法律承认并保护公司的营利性，方能鼓励投资、创造社会财富，促进市场经济的发展。所以，我国《公司法》第4条第2款将股东的资产收益权作为股东的第一项权利加以规定，体现了公司的营利性特征。

三、公司的分类

（一）公司的学理分类

学理上，依据不同的标准，可将公司作不同的分类，而每一种分类均有其法律上的意义。有些我国《公司法》未作规定的公司类型不具有立法和司法的意义，但从学理上进行把握仍然对准确理解和领会公司法的原理具有重要意义。同时，需要注意的是，各种分类标准都有一定的相对性而不是绝对的。

1.以公司股东的责任范围为标准分类。

以公司股东的责任范围为标准，即以公司股东对公司债务承担责任的范围为标准，可将公司分为无限责任公司、两合公司、股份两合公司、股份有限公司和有限责任公司。这是最主要的公司分类。

无限责任公司是指由两个以上股东组成、全体股东对公司债务负连带无限责任的公司。两合公司是指由部分无限责任股东和部分有限责任股东共同组成，前者对公司债务负连带无限责任，后者仅以出资额为限承担责任的公司。股份两合公司是指由部分对公司债务负连带无限责任的股东和部分仅以所持股份对公司债务承担有限责任的股东共同组建的公司。因这三种公司存在固有缺陷，其数量已经很少，特别是股份两合公司。我国《公司法》未对这三种公司作出规定。但在不少西方国家的公司法中仍然存在这三种类型的公司，尽管其只占少数。

股份有限公司是指由一定人数以上股东组成，公司全部资本分为等额股份，股东以其所持股份对公司承担责任，公司以其全部资产对公司债务承担责任的公司。在公司发展历史上，股份有限公司是在两合公司之后产生的较早的公司类型。股份有限公司因其可以在社会上广泛筹资、股份可以自由转让、公司可以实行所有权与经营权分离的经营方式、分权制衡机制以及股东有限责任等特点，特别适合于大型企业的经营，现今已成为十分重要的公司类型。我国《公司法》将股份有限公司作为最基本的公司类型之一予以调整。

有限责任公司是指股东仅以其出资额为限对公司承担责任，公司以其全部资产对公司债务承担责任的公司。在公司的发展史上，有限责任公司出现得较晚，由于它较好地吸收了其他公司类型的优点并克服其不足，所以这种公司类型在世界各国得到了迅速发展。我国《公司法》也将有限责任公司作为一种主要公司类型予以确认。

所以，我国《公司法》上的公司的股东都是承担有限责任的（只有一个股东的公司，股东不能证明公司财产独立于股东自己的财产的，应当对公司债务承担连带责任），公司以自己的财产独立承担责任。只是有限责任公司的股东是以其认缴的出资额为限对公司债务承担责任，而股份有限公司的股东是以其认购的股份为限对公司债务承担责任。

2.以公司股份转让方式为标准分类。

以公司股份转让方式为标准，即以公司股份是否可以自由转让和流通为标准，可将公司分为封闭式公司与开放式公司。封闭式公司又称不公开公司、不上市公司、私公司等，是指公司股本全部由设立公司的股东拥有，且其股份不能在证券市场上自由转让的公司。有限责任公司属于封闭式公司。开放式公司又称公开公司、上市公司、公众公司等，是指可以按法定程序公开招股，股东人数通常无法定限制，公司的股份可以在证券市场公开自由转让的公司。这种公司主要是指股份有限公司中的上市公司。并非所有的股份有限公司都是上市公司，但是股份有限公司都具有开放性，都可以申请向社会公开发行股份和募集资金；而有限责任公司是不能向社会公开发行股份的，也就无法通过此方式募集资金。

所以，我国《公司法》上的有限责任公司属于封闭性公司，股份有限公司属于开放性公司，但股份有限公司中的非上市公司仍然具有封闭性，只有股份有限公司中的上市公司才是真正意义上的开放式公司或公众公司。

3.以公司的信用基础为标准分类。

以公司的信用基础为标准，即以公司的交易信用来源和责任承担依据为标准，可将公司分为人合公司、资合公司以及人合兼资合公司。人合公司是指公司的经营活动以股东个人信用而非公司资本的多寡为基础的公司。人合公司的对外信用主要取决于股东个人的信用状况，故人合公司的股东之间通常存在特殊的人身信任或人身依附关系。无限责任公司是典型的人合公司。资合公司是指公司的经营活动以公司的资本规模而非股东个人信用为基础的公司。由于资合公司的对外信用和债务清偿保障主要取决于公司的资本总额及其现有财产状况，因此，为防止公司由于资本不足而损害公司债权人利益，多国法律都对资合公司的设立和运行作了较严的规定，如强调最低注册资本额、法定公示制度等。我国2013年《公司法》取消了法定最低注册资本限制，但也明确规定，法律、行政法规以及国务院决定对公司注册资本实缴、注册资本最低限额另有规定的，从其规定。股份有限公司是典型的资合公司。人合兼资合公司是指公司的设立和经营同时依赖于股东个人信用和公司资本规模，从而兼有两种公司的特点。两合公司、股份两合公司和有限责任公司均属此类公司。

所以，我国《公司法》上，一般的有限责任公司属于以人合为主但兼具资合性质的公司；股份有限公司中的上市公司是典型的资合公司，但股份有限公司中的非上市公司仍具有一定的人合性质。

4.以公司之间的关系为标准分类。

以公司相互之间的法律上的关系为标准，即以公司在财产上、人事上、责任承担上的相互关系为标准，可将公司分为总公司与分公司、母公司与子公司。

总公司又称本公司，是指依法设立并管辖公司全部组织的具有企业法人资格的总机构。总公司通常先于分公司而设立，在公司内部管辖系统中处于领导、支配地位。分公司是指在业务、资金、人事等方面受本公司管辖而不具有法人资格的分支机构。分公司不具有法律上和经济上的独立地位，但其设立程序简单。我国相关法律规定，公司设立分公司，应当向公司登记机关申请登记，领取营业执照。分公司作为分支机构，以自己的名义从事民事活动，产生的民事责任由公司法人承担；也可以先以该分支机构管理的财产承担，不足以承担的，由公司法人承担。分公司不具有法人资格，其民事责任由公司承担。

母公司是指拥有其他公司一定数额的股份或根据协议，能够控制、支配其他公司的人事、财务、业务等事项的公司。母公司最基本的特征不在于是否持有子公司的股份，而在于是否参与子公司业务经营。子公司是指一定数额的股份被另一公司控制或依照协议被另一公司实际控制、支配的公司。子公司具有独立法人资格，拥有自己的财产，自己的公司名称、章程和董事会，对外独立开展业务和承担责任。但涉及公司利益的重大决策或重大人事安排，仍要由母公司决定。《公司法》第13条第1款规定："公司可以设立子公司。子公司具有法人资格，依法独立承担民事责任。"

5.以公司的国籍为标准分类。

以公司的国籍为标准，即以公司在哪一国登记注册并取得主体资格、受该国法律管辖为标准，可将公司分为本国公司、外国公司和跨国公司。《公司法》第243条规定，该法所称外国公司，是指依照外国法律在中华人民共和国境外设立的公司。依照我国《公司法》的规定，允许外国公司在中国境内设立分支机构，从事生产经营活动，但外国公司属于外国法人，其在中国境内设立的分支机构不具有中国法人资格，该分支机构在中国境内进行经营活动而产生的民事责任，由其所属外国公司承担(《公司法》第247条)。

(二)我国法定的公司类型

我国法定的公司类型是指《公司法》上明确规定的公司类型。

1.有限责任公司与股份有限公司。

《公司法》第2条规定："本法所称公司，是指依照本法在中华人民共和国境内设立的有限责任公司和股份有限公司。"因此，有限责任公司和股份有限公司是我国法定的公司类型。

《公司法》第42条规定，有限责任公司由1个以上50个以下股东出资设立。每个股东以其认缴的出资额为限对公司承担责任，公司以其全部资产对其债务承担责任。

《公司法》第92条规定，股份有限公司有1人以上200人以下为发起人，其中应当有半数以上的发起人在中华人民共和国境内有住所，股东以其认购的股份为限对公司承担责任，公司以其全部资产对公司债务承担责任。

有限责任公司和股份有限公司存在以下区别：

(1)设立程序不同。有限责任公司只能采用发起设立方式。发起设立，是指由发起人认缴公司全部出资或者认购设立公司时应发行的全部股份而设立公司。股份有限公司除了能够采取发起设立方式之外，还可以采取募集设立方式。《公司法》第91条第1款、第3款规定，设立股份有限公司，可以采取发起设立或者募集设立的方式。募集设立，是指由发起人认购设立公司时应发行股份的一部分，其余股份向特定对象募集或者向社会公开募集而设立公司。依据《证券法》第9条规定，向特定对象发行股票且累计不超过200人的募集设立为定向募集，向不特定对象发行股票或者向特定对象发行股票累计超过200人的募集设立为公开募集。

(2)股东人数要求不同。有限责任公司设立时的股东人数不得超过50人，而股份有限公司设立的发起人可以达到200人。股份有限公司选择募集设立的，股东人数没有限制。

(3)股权或股份流动性不同。有限责任公司股权对外转让受到其他股东优先购买权的限制；股份有限公司的股份转让遵循股份转让自由原则，原则上不予限制。尽管中国证监会出台了关于控股股东、大股东(持股5%以上的股东)、董事、监事、高级管理人员限制减持的部门规范性文件，对股份转让作出了限制出售期限、出售比例等规定，但总体上，股份有限公司的股份流动性远高于有限责任公司的股权。

(4)是否允许公开募集不同。有限责任公司不允许公开募集，但股份有限公司允许向社会公众公开募集。这也是所谓的封闭性与公众性的区别。就股份有限公司而言，不同类型股份有限公司也存在封闭性与公众性的差异。

2.一人公司。

一人公司，也称为独资公司，是指由单一股东持有公司全部出资或所有股份的公司。《公司法》规定的有限责任公司和股份有限公司均可以由1名股东出资设立。

一人公司显著的法律特征体现在股东的唯一性上，即股东仅为1人，可以是1个自然人，也可以是1个法人，所有的股权或出资额都由这唯一股东持有。尽管股东只有1人，但一人公司依然具有公司的所有法律属性，包括独立的法律人格、独立的财产体系、独立的组织机构和独立承担民事责任的能力。

一人公司与《个人独资企业法》规范的个人独资企业在形式上相似，只有一个投资者。在法律性质上，两者存在本质区别：

(1)一人公司具有法人资格，以公司名义从事商业活动；而个人独资企业不具有法人资格，其所有者以自然人身份进行经济活动。

(2)一人公司的股东以出资为限对公司承担有限责任，一人公司对公司财产享有法人财产权并独立承担法律责任；而个人独资企业投资人对本企业的财产依法享有所有权，其有关权利可以依法进行转让或继承，个人独资企业财产不足以清偿债务的，投资人应当以其个人的其他财产予以清偿。

(3)一人公司必须按照《公司法》的规定组织运营，采用董事会、监事会和经理等组织结构，并接受《公司法》的规范；而个人独资企业的组织结构则由企业主自行决定，既可以由投资人自行管理企业事务，也可以委托或者聘用其他具有民事行为能力的人负责企业的事务管理。

3.国家出资公司。

《公司法》第168条第2款规定："本法所称国家出资公司，是指国家出资的国有独资公司、国有资本控股公司，包括国家出资的有限责任公司、股份有限公司。"

国家出资公司的出资人具有特殊性。根据《公司法》第169条第1款规定，国家出资公司，由国务院或者地方人民政府分别代表国家依法履行出资人职责，享有出资人权益。国务院或者地方人民政府可以授权国有资产监督管理机构或者其他部门、机构代表本级人民政府对国家出资公司履行出资人职责。

国家出资公司的公司治理具有特殊性，具体体现为：

（1）明确党组织在国家出资公司的公司治理中的领导作用，研究讨论公司重大经营管理事项。《公司法》第170条规定，国家出资公司中中国共产党的组织，按照中国共产党章程的规定发挥领导作用，研究讨论公司重大经营管理事项，支持公司的组织机构依法行使职权。

（2）强调国家出资公司中的国有独资公司的董事会经营决策功能。《公司法》第172条规定，国有独资公司不设股东会，由履行出资人职责的机构行使股东会职权。履行出资人职责的机构可以授权公司董事会行使股东会的部分职权，但公司章程的制定和修改，公司的合并、分立、解散、申请破产，增加或者减少注册资本，分配利润，应当由履行出资人职责的机构决定。

（3）法定的内部监督机制。《公司法》第176条规定，国有独资公司在董事会中设置由董事组成的审计委员会行使本法规定的监事会职权的，不设监事会或者监事。

（4）须建立健全内部风险管理和控制的合规体系。《公司法》第177条规定，国家出资公司应当依法建立健全内部监督管理和风险控制制度，加强内部合规管理。

4.上市公司。

根据股票是否可以在证券交易所上市交易，可将股份有限公司分为上市公司和非上市公司。《公司法》第134条规定，上市公司是指其股票在证券交易所上市交易的股份有限公司。

由于上市公司存在众多的公众股东，法律更加注重其交易安全。因此，上市公司的股票发行和交易须遵守特别的法律规定和交易规则，并由专门的有关证券法律、行政法规和证券交易所规则进行规范。我国《公司法》主要就上市公司的有关组织机构问题进行了特别规定，上市公司法律层面的规则均规定在我国《证券法》中。

四、公司的权利能力和行为能力

（一）公司的权利能力

1.公司的权利能力的含义。私法上的权利能力是指一种主体性资格，是法律赋予私法主体从事私法活动、享有权利和承担义务的一般法律前提。公司的权利能力是指公司作为法律主体依法享有权利和承担义务的资格。这种资格是由法律赋予的，是公司在市场经济活动中享有权利、承担义务的前提。

公司的权利能力的起始时间与自然人有所不同。自然人的权利能力始于出生、终于死亡；而公司的权利能力于公司成立时产生，至公司终止时消灭。那么，公司何时成立、何时终止，就是确定公司的权利能力产生和消灭的关键。《民法典》第59条规定，法人的民事权利能力和民事行为能力，从法人成立时产生，到法人终止时消灭。具体而言，依照我国《公司法》第33条第1款的规定，公司营业执照签发日期为公司成立日期。因此，公司营业执照签发之日为公司的权利能力取得之时。同样，依照《公司法》第239条的规定，公司清算结束后，清算组应当制作清算报告，报股东会或者人民法院确认，并报送公司登记机关，申请注销公司登记。因此，公司注销登记之日，即为公司的权利能力丧失之时。

2.公司的权利能力的限制。公司的权利能力与自然人的权利能力有较大不同。公司的权利能力多属于特别的民事权利能力，往往受到《公司法》、公司章程以及公司自身性质的限制。主要有：

（1）性质上的限制。公司毕竟为拟制人格，其本身并非具有新陈代谢功能的生命体，故凡与自然人自身性质相关的权利义务，公司均不可能享有。如前所述，专属于自然人的生命权、健康权、婚姻自主权、继承权、隐私权等，公司都不享有。

（2）目的事业范围的限制。公司作为营利性法人，其所持续经营的事业或业务记载于公司章程，登记于公司营业执照，称为经营范围，即公司设立的宗旨和目的，其意义表现在以下几个方面：其一，公司的经营范围必须由公司章程作出规定，公司章程未规定的，公司不得经营。其二，公司的经营范围必须依法登记，经依法登记的，才产生公示的效力。其三，公司的经营范围中属于法律、行政法规限制的项目，还必须依法进行批准，否则，公司不得经营。其四，公司应当在登记的经营范围内从事经营活动。其五，公司需要变更其经营范围的，必须依照法定程序修改公司章程，并经公司登记机关变更登记，才可以变更其经营范围。《公司法》第9条规定："公司的经营范围由公司章程规定。公司可以修改公司章程，变更经营范围。公司的经营范围中属于法律、行政法规规定须经批准的项目，应当依法经过批准。"

当然，公司如果违反其登记的经营范围从事经营活动，属于违反法律、行政法规以及公司章程的行为，但关于经营范围的规定一般为管理性强制规定，不会因此影响法律行为包括合同的效力。根据法律规定，当事人超越经营范围订立合同，人民法院不因此认定合同无效，但违反国家限制经营，特许经营以及法律、行政法规禁止经营规定的除外。

（二）公司的行为能力

1.公司的行为能力的含义。公司的行为能力是指公司基于自己的意思表示，以自己的行为独立取得权利和承担义务的能力。

公司的行为能力与其权利能力具有一致性。这种一致性不仅表现在公司的行为能力与其权利能力同时产生、同时终止，而且表现在公司的行为能力的范围和内容与其权利能力的范围和内容也是一致的，公司的权利能力受到的限制，也同样适用于公司的行为能力。这也是法人的权利能力、行为能力制度与自然人的权利能力、行为能力制度不同的地方。具体来说，不同的公司法人具有不同的行为能力，其行为能力的差异是由其权利能力的差异导致的，不像自然人那样行为能力的差异是由年龄、智识状况决定的。

2.公司行为能力的实现方式。公司是法人，具有法律上的团体人格，它在按照自己的意志实施行为时，与自然人有所不同。首先，公司的意思能力是一种社团的意思能力，它必须通过公司的法人机关来形成和表示。公司的法人机关就是公司的意思机关。公司的法人机关由公司的股东会、董事会和监事会组成，它们依照《公司法》规定的职权和程序相互配合又相互制衡地进行公司的意思表示。其次，公司的行为能力体现在对外行为的实施上，公司的对外行为由公司的法定代表人来实施，或者由法定代表人的授权代表来实施。

公司的法定代表人按照公司章程的规定，由代表公司执行公司事务的董事或者经理担任。公司的法定代表人以公司名义从事的民事活动，其法律后果由公司承受。公司章程或者股东会对法定代表人职权的限制，不得对抗善意相对人。《民法典》第504条规定，法人的法定代表人或者非法人组织的负责人超越权限订立的合同，除相对人知道或者应当知道其超越权限外，该代表行为有效，订立的合同对法人或者非法人组织发生效力。法定代表人因执行职务造成他人损害的，由公司承担民事责任。公司承担民事责任后，依照法律或者公司章程的规定，可以向有过错的法定代表人追偿。

3.公司越权行为的法律效力。《民法典》第505条规定，当事人超越经营范围订立的合同的效力，应当依照该法第一编第六章第三节和本编的有关规定确定，不得仅以超越经营范围确认合同无效。《公司法》并不以公司超越章程规定的经营范围而否定合同效力，但公司超越经营范围从事的越权行为应当承担罚款或者吊销营业执照等行政责任。

五、公司股东的类型

（一）股东的概念

股东是指向公司出资、持有公司股份、享有股东权利和承担股东义务的人。股东亦被称为出资人、投资人，但出资人、投资人的概念更为宽泛，如向合伙企业出资的主体也可被称为出资人，但《合伙企业法》中称之为合伙人而不称之为股东，股东是对公司法上的出资人的特别称谓。

股东可以是自然人，可以是法人，可以是非法人组织，还可以是国家。当国家作为股东时需明确代表国家行使股东权的具体组织，如国有资产监督管理机构。

法律对股东并无行为能力的要求，所以理论上股东可以是限制行为能力人或无行为能力人。当限制行为能力人或无行为能力人作为股东时，由其法定代理人代理其行使股东权利。

（二）股东的类型

股东身份或者资格的法定证明文件是公司的股东名册。公司登记机关置备的相关文件并非股东资格的法定证明文件，更非唯一文件。但是，若未经公司登记机关的登记，股东资格不具有对抗第三人的效力。

公司可能由下列三种类型的股东构成：

1.参与公司设立或者认购公司首次发行股份或出资的发起人，即公司的原始股东。凡是符合《公司法》规定的条件，参与公司的最初设立活动，在公司章程上签名、盖章且实际认购出资的发起人，或者认购公司首次发行股份的其他人，均可成为公司的原始股东。公司的原始股东对公司的重要意义在于其制定了公司章程，决定了公司的基本构架，也承担了保证公司资本真实的责任。

2.公司成立后的继受股东。继受股东是指在公司存续期间依法继受出资或股份而取得股东地位的人，继受出资或股份的方式包括转让、继承、赠与或法院强制执行等。继受股东也受公司初始章程的约束，并且其取得的股东权利亦受其前手权利状态的影响，继受股东不仅取得股东权利，而且也应承担前手股东的义务。

3.公司成立后因公司增资而加入的新股东。增资是公司为扩大生产经营规模经常使用的一种资本运作方式。公司增资可以向原始股东筹集，也可以向原始股东以外的投资人筹集，公司增资时通常涉及股东新股优先认购权的“选出或选入”的配置模式问题。如果公司向原始股东以外的投资人发行新股，公司就会有新的股东加入。

（三）名义股东与实际股东

所谓名义股东，是指登记于股东名册及公司登记机关的登记文件，但事实上并没有真实向公司出资，并且也不会向公司出资的人。从形式上而言，名义股东是公司的股东，需承担一定的股东义务，但这种义务主要是从保护善意的交易第三人出发的，至于名义股东与实际股东之间的法律关系，则主要从合同法律规定的角度予以规制。所谓实际出资人或者实际股东，就是向公司履行了出资义务，并且实际享有股东权利但其姓名或者名称并未记载于公司股东名册及公司登记机关的登记文件的人。实际股东也被称为隐名股东，名义股东也被称为显名股东。

实践中，名义股东与实际股东往往签订协议，一般称为持股协议或者代持协议，对双方当事人的权利义务包括如何参加公司股东会会议、行使股东权等有明确约定。这种协议并不违反《公司法》的强制性规定，是有效的合同。最高人民法院《关于适用〈中华人民共和国公司法〉若干问题的规定（三）》（以下简称《公司法规定（三）》）第24条第1款规定，有限责任公司的实际出资人与名义出资人订立合同，约定由实际出资人出资并享有投资权益，以名义出资人为名义股东，实际出资人与名义股东对该合同效力发生争议的，如无法律规定的无效情形，人民法院应当认定该合同有效。

如果实际出资人与名义股东因投资权益的归属发生争议，实际出资人以其实际履行了出资义务为由向名义股东主张权利的，人民法院应予支持。名义股东以公司股东名册记载、公司登记机关登记为由否认实际出资人权利的，人民法院不予支持。这就是对于名义股东与实际股东事项采取的实际出资原则。

但是，就其法律上或者名义上而言，名义股东仍然是合法的股东。实际股东如果想要“浮出水面”，取代名义股东的法律地位，必须履行相关的股权转让手续。实际出资人能够提供证据证明有限责任公司过半数的其他股东知道其实际出资的事实，且对其实际行使股东权利未曾提出异议的，对实际出资人提出的登记为公司股东的请求，人民法院依法予以支持。实际出资人未经公司其他股东半数以上同意（现行《公司法》第84条规定已经取消了股东向股东以外的人转让股权须经其他股东过半数同意的前置程序），请求公司变更股东、签发出资证明书、记载于股东名册、记载于公司章程并办理公司登记机关登记的，人民法院不予支持。换言之，必须履行相关的股权转让手续后，实际股东才能成为法律意义上的股东，做到“名实相符”。若涉及对善意第三人利益保护问题，则名义股东和实际股东均须承担相应的责任；若涉及名义股东与实际股东之间的利益问题，则以合同约定为准并兼顾实际出资为原则；若涉及股东资格的认定，则需符合《公司法》的相关规定。

如果名义股东将登记于其名下的股权转让、质押或者以其他方式处分，实际出资人以其对于股权享有实际权利为由，请求认定处分股权行为无效的，人民法院可以参照民事法律关于善意取得的规定处理。也就是说，股权的受让人不知名义股东为名义股东、背后尚有实际股东的，其为善意，股权转让行为有效；股权的受让人明知名义股东为名义股东、背后尚有实际股东，仍然与名义股东签订股权转让协议受让股权的，其为恶意，不能取得股权。在受让人善意取得的情况下，如果名义股东处分股权造成实际出资人损失，实际出资人可以请求名义股东承担赔偿责任。

就对外责任而言，如果公司债权人以登记于公司登记机关的名义股东未履行出资义务为由，请求其对公司债务不能清偿的部分在未出资本息范围内承担补充赔偿责任，股东以其仅为名义股东而非实际出资人为由进行抗辩的，该抗辩不能成立，名义股东应当承担出资不足或者出资不实的赔偿责任。名义股东承担上述赔偿责任后，有权向实际出资人追偿。

但是，冒用他人名义出资并将该他人作为股东在公司登记机关登记的，冒名登记行为人应当承担相应责任；公司、其他股东或者公司债权人以未履行出资义务为由，请求被冒名登记为股东的承担补足出资责任或者对公司债务不能清偿部分的赔偿责任的，人民法院不予支持。

六、公司股东资格的确认与催缴失权制度

（一）股东资格的确认

有限责任公司股东依其出资对公司享有权利、承担责任。为了表明股东的身份和地位，有限责任公司应当向股东出具出资证明书，《公司法》第55条规定：“有限责任公司成立后，应当向股东签发出资证明书，记载下列事项：（一）公司名称；（二）公司成立日期；（三）公司注册资本；（四）股东的姓名或者名称、认缴和实缴的出资额、出资方式和出资日期；（五）出资证明书的编号和核发日期。出资证明书由法定代表人签名，并由公司盖章。”

有限责任公司还应当置备股东名册。记载于股东名册的股东，可以依股东名册主张行使股东权利。《公司法》第56条规定：“有限责任公司应当置备股东名册，记载下列事项：（一）股东的姓名或者名称及住所；（二）股东认缴和实缴的出资额、出资方式和出资日期；（三）出资证明书编号；（四）取得和丧失股东资格的日期。记载于股东名册的股东，可以依股东名册主张行使股东权利。”《公司法》将股东资格取得和丧失的日期规定为股东名册必须记载的事项。公司置备股东名册的目的在于确定股东身份和股权归属、便于查询股东信息、向股东发放股利、记录股权变动情况、与股东进行联络及接受有关部门的审查监督。

须注意的是，股东名册具有确认股东身份的效力，被记入股东名册的主体享有股东资格，股东名册记载的股东信息具有推定效力和免责效力。推定效力，是指公司仅把股东名册上记载的股东推定为本公司的股东，给予股东待遇。

免责效力，是指公司依法对股东名册上记载的股东履行了通知、公告等必须履行的义务后，即推定公司无须承担未通知、公告的相关责任。当股东转让股权时，股东名册的变更是股东权利移转的生效要件。

（二）出资义务的催缴与股东失权制度

《公司法》特别规定了有限责任公司催缴失权制度，分为催缴和失权两个环节。

1.催缴出资。《公司法》第51条规定，"有限责任公司成立后，董事会应当对股东的出资情况进行核查，发现股东未按期足额缴纳公司章程规定的出资的，应当由公司向该股东发出书面催缴书，催缴出资。未及时履行前款规定的义务，给公司造成损失的，负有责任的董事应当承担赔偿责任"。该"股东未按期足额缴纳公司章程规定的出资"的情形，应当包含了非货币出资的实际价额显著低于所认缴的出资额、未按期足额缴纳、股东抽逃部分或者全部出资的情形。

2.股东失权。《公司法》第52条第1款规定，股东未按照公司章程规定的出资日期缴纳出资，公司发出催缴书催缴出资的，可以载明缴纳出资的宽限期。宽限期自公司发出催缴书之日起，不得少于60日。宽限期届满，股东仍未履行出资义务的，公司经董事会决议可以向该股东发出失权通知，通知应当以书面形式发出。自通知发出之日起，该股东丧失其未缴纳出资的股权。

《公司法》第52条规定的催缴失权制度包括：（1）股东未按照公司章程规定的出资日期缴纳出资，公司可以发出载明不少于60日宽限期的催缴书，也可以发出载明少于60日宽限期或者不载明宽限期的催缴书。（2）在公司发出载明不少于60日宽限期的催缴书的前提下，宽限期满后，对于是否要发出失权通知，由公司董事会决议决定。（3）若公司发出失权通知，则被通知的股东自通知发出之日起失权，即失权通知的生效采发出主义。需要注意的是，部分出资的催缴失权并不使股东丧失全部的股权，从而不会失去股东资格；只有全部出资的催缴失权，才会使股东丧失股东资格。（4）失权股东丧失的股权，将作为公司库存股进行管理，由公司依法转让或者减资，6个月内未实现转让或者减资的，为维护公司资本充实，由公司其他股东按出资比例缴足相应出资。（5）失权股东有提出异议之诉的权利。失权股东对失权有异议的，应当自接到失权通知之日起30日内起诉。

七、公司股东的权利

（一）公司股东权的特征

公司股东权简称股权，是指公司股东依据法律和公司章程享有的自益权和共益权的总称。公司股东权利具有以下特征：

1.公司股东权内容具有综合性。公司法理论将股东权分为自益权和共益权。自益权一般属于财产性的权利，如股息或红利分配请求权、新股优先认购权、剩余财产分配权、股份转让权等。共益权则是公司事务参与权，一般为非财产性权利，如表决权、公司文件查阅权、召开临时股东会请求权、对董事及高级职员的监督权等。从公司的本质上讲，公司只不过是为股东谋取利益的工具，因而自益权是目的性权利，而共益权不过是实现自益权的手段性权利。

2.公司股东权是股东通过出资所形成的权利。出资者通过向公司出资，以丧失其出资财产的所有权为代价，换取股权，成为公司股东。

3.公司股东权是一种社员权。股东出资创办作为社团法人的公司，成为该法人成员，因而取得社员权。社员权是一种独立类型的权利，包括财产权和管理参与权。社员权既不同于传统私法中纯粹的物权或债权，又不同于传统私法中纯粹的人格权或身份权。社员权其实更像一种资格或权限，其实质是团体中的成员依其在团体中的地位而产生的具有利益内容的权限。换言之，社员权有法律资格的外观而具有法律权利的实质，其本质属性为新型的私法权利，而这种权利是与法律主体的财产权、人身权、知识产权相并列的权利类型。

（二）股东权的原则

由于绝大部分公司都是由两个以上股东组成的，而每一股东的出资又往往是不一样的，公司以其全部财产对公司的债务承担责任，决定了股东权的两项基本原则，即股东的有限责任原则和股东权平等原则。

股东的有限责任原则，是指股东除按认缴的股份缴足出资款外，对于公司的债务或公司债权人不负任何其他责任，即股东仅以出资额为限对公司承担责任。股东的有限责任是股东权利保护的关键，任何对该原则的突破或者限缩适用都必须要有充分正当的基础。

股东权平等原则是指公司每个股东所享有的权利与应当承担的义务是平等的。持有相同内容和相同数量的股份的股东在基于股东地位而产生的法律关系中享受相同待遇。在现代各国或者地区的公司法中，股东权平等原则是维系公司内部关系的重要原则。股东权平等原则贯彻公司运行全过程，有利于发挥公司筹集资金、分散经营风险的功能。但是，一方面，股东权平等原则要求只要有固定身份，在公司中均享有平等的权利，如出席股东会、行使股东知情权等；另一方面，股东权平等原则并不排除股权具体内容的差异。按照《公司法》规定，股份有普通股和优先股等类型划分，每一股东的出资额在绝大多数情况下都是不一致的，股东只能根据其对公司的出资额的比例来具体享有权利和负担义务，所以每一股东实际享有的权利和负担的义务取决于其出资比例。因此，股东权平等原则仅具有相对性。实践中，近几年我国出现了类别股的现象，即双重股权结构，突破了传统的同股同权原则，主要表现为股东通过约定对不同的股权赋予不同的表决权，此一现象符合公司治理的多元化改革方向以及公司自治的理念。

（三）股东权的分类

股东权可依不同标准进行分类：

1.以权利行使的目的为标准，股东权可分为自益权与共益权。自益权是指股东专为自己利益行使的权利，如发给股票或其他股权证明请求权、股份转让权、股息和红利分配请求权、公司剩余财产分配请求权等；共益权是指股东为自己利益同时也为公司利益而行使的权利，如出席股东会并表决权、请求法院宣告股东会决议无效权、请求召集股东临时会或自行召集权。

2.以权利主体的不同为标准，股东权可分为普通股股东权和特别股股东权。前者是指一般股东享有的权利；后者则是指专属于特别股股东享有的权利。特别股股东权在我国《公司法》中表现为股份有限公司的类别股股东权。股份有限公司的类别股股东权区别于普通股股东权，在某些权利、义务方面有更多的限制或优待。在实践中，主要体现在财产性权利、管理性权利、处分性权利三个方面的差异化权利配置，或是多元化权利组合的差异配置。

依据《公司法》第144条第1款的规定，股份有限公司可以按照公司章程的规定发行下列与普通股权利不同的类别股：（1）优先或者劣后分配利润或者剩余财产的股份；（2）每一股的表决权数多于或者少于普通股的股份；（3）转让须经公司同意等转让受限的股份；（4）国务院规定的其他类别股。各类别股股东按照公司章程的约定和法律规定行使表决权，但同类别的每一股份应当具有同等权利。

发行类别股的公司，当股东会作出修改公司章程、增加或者减少注册资本的决议，公司合并、分立、解散或者变更公司形式的决议以及其他可能影响类别股股东权利的决议时，除应当经出席会议的普通股的股东所持表决权的2/3以上通过外，还应当经出席类别股股东会议的股东所持表决权的2/3以上通过。

3.以权利的性质为标准，股东权可分为固有权和非固有权。前者指根据《公司法》规定不得以章程或股东会议予以剥夺的权利，如特别权与共益权；后者指可以公司章程或股东会议予以剥夺的权利，自益权多属此类权利。

4.以权利的行使方式为标准，股东权可分为单独股东权和少数股东权。前者指股东一人可单独行使的权利，如表决权、股息红利分配请求权、股东代表诉讼权等；后者指达不到一定股份数额便不能行使的权利，如股东会临时召集请求权、公司重整申请权等。

（四）股东权的内容

我国《公司法》第4条第2款规定，公司股东对公司依法享有资产收益、参与重大决策和选择管理者等权利。除该条之外，《公司法》还在其他条文中规定了股东的具体权利。

股东权归纳起来可分为以下12类：（1）发给股票或其他股权证明请求权；（2）股份转让权；（3）股息红利分配请求权，即资产收益权；（4）股东会临时召集请求权或自行召集权；（5）出席股东会并行使表决权，即参与重大决策权和选择管理者的权利；（6）对公司财务的监督检查权和会计账簿的查阅权；（7）公司章程、股东会会议记录、董事会会议决议、监事会会议决议的查阅权和复制权，但股份有限公司的股东没有复制权；（8）优先认购新股权；（9）公司剩余财产分配权；（10）权利损害救济权和股东代表诉讼权；（11）公司重整申请权；（12）对公司经营的建议与质询权。其中，第1、2、3、8、9类为股东权中的财产权，第4、5、6、7、10、11、12类为股东权中的管理参与权。

（五）股东知情权的行使

1.一般知情权。根据《公司法》第57条第1款、第110条第1款的规定，公司股东有权查阅、复制公司的6种文件资料：公司章程、股东名册、股东会会议记录、董事会会议决议、监事会会议决议和财务会计报告。参照最高人民法院《关于适用〈中华人民共和国公司法〉若干问题的规定（四）》（以下简称《公司法规定（四）》）第7条规定，股东起诉请求查阅或者复制公司特定文件材料的，人民法院应当依法予以受理。公司有证据证明前述原告在起诉时不具有公司股东资格的，人民法院应当驳回起诉，但原告有初步证据证明在持股期间其合法权益受到损害，请求依法查阅或者复制其持股期间的公司特定文件材料的除外。

2.股东对公司会计账簿、会计凭证的知情权。任意股东（股份有限公司要求为连续180日以上单独或者合计持有公司3%以上股份的股东，股份有限公司的章程可以对该持股比例有较低规定）也可以要求查阅公司会计账簿和会计凭证，但是，需要符合较为严格的条件。

（1）提出书面请求并说明目的。《公司法》第57条第2款、第110条第2款规定，股东可以要求查阅公司会计账簿、会计凭证。股东要求查阅公司会计账簿、会计凭证的，应当向公司提出书面请求，说明目的。

（2）不正当目的的认定。《公司法》第57条第2款、第110条第2款规定，公司有合理根据认为股东查阅会计账簿、会计凭证有不正当目的，可能损害公司合法利益的，可以拒绝提供查阅，并应当自股东提出书面请求之日起15日内书面答复股东并说明理由。公司拒绝提供查阅的，股东可以向人民法院提起诉讼。此处所称“不正当目的”，应当有相关证据予以证明。《公司法规定（四）》第8条规定，有限责任公司有证据证明股东存在下列情形之一的，人民法院应当认定股东有上述“不正当目的”：①股东自营或者为他人经营与公司主营业务有实质性竞争关系业务的，但公司章程另有规定或者全体股东另有约定的除外；②股东为了向他人通报有关信息查阅公司会计账簿，可能损害公司合法利益的；③股东在向公司提出查阅请求之日前的3年内，曾通过查阅公司会计账簿，向他人通报有关信息损害公司合法利益的；④股东有不正当目的的其他情形。

（3）查阅权被实质性剥夺时的司法救济。如果公司章程、股东之间的协议等实质性剥夺股东对于公司会计账簿和会计凭证的查阅权利，此种规定或约定不具有约束力，股东仍然可以行使查阅权；若股东以此提起诉讼，而公司以存在上述公司章程、股东协议等为由拒绝股东查阅或者复制，人民法院不予支持。

（4）会计账簿查阅权判决的执行。人民法院审理股东请求查阅或者复制公司特定文件材料的案件，如果作出对原告诉讼请求予以支持的判决，应当在判决中明确查阅或者复制公司特定文件材料的时间、地点和特定文件材料的名录。股东依据人民法院生效判决查阅公司文件材料的，可以委托会计师事务所、律师事务所等中介机构进行。股东及其委托的会计师事务所、律师事务所等中介机构查阅、复制有关材料，应当遵守有关保护国家秘密、商业秘密、个人隐私、个人信息等法律、行政法规的规定。

同时，《公司法》第57条第5款、第110条第3款确认了公司的股东有权依据公司知情权的行使规则，要求查阅、复制公司全资子公司相关材料，从而确认了股东知情权可以穿越行使至公司全资子公司的制度。

（六）股东红利分配请求权的行使

1.红利分配请求权的司法救济与诉讼当事人。公司股东如果认为公司没有按照公司章程或者《公司法》的规定进行股息或者利润分配，可以通过诉讼途径行使自己的红利分配请求权。股东请求公司分配利润案件，应当列公司为被告，即使是股东（特别是小股东）认为公司拒绝进行利润分配是大股东控制的结果，也仍然只能以公司为被告提起此等诉讼。

法院受理关于股息与红利分配纠纷案件后，在一审法庭辩论终结前，其他股东基于同一分配方案请求分配利润并申请参加诉讼的，应当将其他股东列为共同原告。

2.红利分配请求权纠纷的实体处理。在红利分配请求权纠纷案件中，如果公司作出了进行利润分配的决议，却又拒绝按照该决议进行实际的利润分配，股东向法院提交了载明具体分配方案的股东会的有效决议，请求公司分配利润，而公司拒绝分配利润且其关于无法执行决议的抗辩理由不成立的，人民法院应当判决公司按照决议载明的具体分配方案向股东分配利润。

相反，如果股东未提交载明具体分配方案的股东会有效决议，请求公司分配利润，人民法院应当驳回其诉讼请求。例外的情形是，如果股东能够证明公司违反法律规定滥用股东权利导致公司不分配利润，给其他股东造成损失，则法院应当支持股东的诉讼请求。

至于利润分配的完成时限，《公司法》第212条规定，股东会作出分配利润的决议的，董事会应当在股东会决议作出之日起6个月内进行分配。该规定同时具有溯及既往的法律效力，最高人民法院《关于适用〈中华人民共和国公司法〉时间效力的若干规定》（以下简称《公司法时间效力规定》）第1条规定，“公司法施行后的法律事实引起的民事纠纷案件，适用公司法的规定。公司法施行前的法律事实引起的民事纠纷案件，当时的法律、司法解释有规定的，适用当时的法律、司法解释的规定，但是适用公司法更有利于实现其立法目的，适用公司法的规定：……（六）公司法施行前作出利润分配决议，因利润分配时限发生争议的，适用公司法第二百一十二条的规定……”

八、公司股东的义务

（一）全体股东的共同义务

作为公司股东，应当根据出资协议、公司章程和法律、行政法规的规定，履行相应的义务。这些义务主要包括：

1.出资义务。这是股东最主要的义务。股东应当根据出资协议和公司章程的规定，履行向公司出资的义务。出资协议或公司章程约定为出资需一次缴纳的，股东应当一次足额缴纳；约定为公司成立后分期缴纳的，股东应当按照约定的期限按时缴纳出资。对以实物特别是不动产、设备等和知识产权出资的，股东应当依相关规定办理财产的权利转移手续，使公司取得出资物的合法权利并能有效行使该权利。股东逾期缴纳出资的，应当向已履行出资义务的股东承担违约责任。对于已缴纳给公司的出资财产，股东不能抽回。

出资人以房屋、土地使用权或者需要办理权属登记的知识产权等财产出资，已经交付公司使用但未办理权属变更手续，公司、其他股东或者公司债权人主张认定出资人未履行出资义务的，可以责令出资人在指定的合理期间内办理权属变更手续；在前述期间内办理了权属变更手续的，应当认定其已经履行了出资义务，自其实际交付财产给公司使用时享有相应股东权利。相反，若出资人以上述财产出资，已经办理权属变更手续但未实际交付给公司使用，其在实际交付之前不享有相应的股东权利。

公司成立后，股东不得抽逃出资。所谓抽逃出资，是指向公司出资后又以各种名义或者手段将出资从公司转移。包括下列情形：(1)制作虚假财务会计报表虚增利润进行分配；(2)通过虚构债权债务关系将其出资转出；(3)利用关联交易将出资转出；(4)其他未经法定程序将出资抽回的行为。股东抽逃出资的，股东应当返还抽逃的出资；给公司造成损失的，负有责任的董事、监事、高级管理人员应当与该股东承担连带赔偿责任。

股东未履行或者未全面履行出资义务或者抽逃出资的，公司根据公司章程或者通过股东会决议，可以对其利润分配请求权、新股优先认购权、剩余财产分配请求权等股东权利作出相应的合理限制，使其不能实际享有或者行使上述权利。

有限责任公司的股东未履行出资义务或者抽逃全部出资，经公司催告缴纳或者返还，其在合理期间内仍未缴纳或者返还出资，公司可以股东会决议解除该股东的股东资格。此称为股东资格之革除。但此种情形仅适用于有限责任公司，不适用于股份有限公司。

此外，股东未按章程规定缴纳出资的，还可以适用《公司法》第51条、第52条规定的股东催缴失权制度。

2.参加股东会会议的义务。参加股东会会议既是股东的权利，也是股东的一项义务。股东应当按照公司机构通知的时间、地点参加股东会会议，不能亲自参加时可以委托其他股东出席股东会会议并行使表决权。

3.不干涉公司正常经营的义务。股东依据公司章程规定的关于股东会的权限以及《公司法》规定的股东权利行使权利，应当尊重公司董事会和监事会依据《公司法》和公司章程各自履行自己的职责，不得干涉董事会、经理的正常经营管理活动，不得干涉监事会的正常工作。

4.特定情形下的表决权禁行义务。《公司法》第15条第2款、第3款规定，公司为公司股东或者实际控制人提供担保的，必须经股东会决议。被提供担保的股东或者受被提供担保的实际控制人支配的股东，不得参加关于该事项的股东会的表决。该项表决由出席会议的其他股东所持表决权的过半数通过。这称为利害关系股东表决权的排除。

5.不得滥用股东权利的义务。《公司法》第21条规定，公司股东应当遵守法律、行政法规和公司章程，依法行使股东权利，不得滥用股东权利损害公司或者其他股东的利益。公司股东滥用股东权利给公司或者其他股东造成损失的，应当承担赔偿责任。

（二）控股股东的特别义务

控股股东，根据《公司法》第265条的规定，是指其出资额占有限责任公司资本总额超过50%或者其持有的股份占股份有限公司股本总额超过50%的股东；出资额或者持有股份的比例虽然低于50%，但依其出资额或者持有的股份所享有的表决权已足以对股东会的决议产生重大影响的股东。所以，控股股东有两种：一是持股比例超过50%的股东；二是虽然持股比例低于50%，但其享有的在股东会的表决权足以实际影响股东会决议的股东。

我国《公司法》对控股股东的特别义务主要体现在以下方面：

1.不得滥用控股股东的权利，损害公司和其他股东的利益。实践中，滥用股东权利的行为主要是控股股东实施的。除控股股东外，还有公司的实际控制人。实际控制人是指虽不是公司的股东，但通过投资关系、协议或者其他安排，能够实际支配公司行为的人。

2.不得利用其关联关系损害公司利益。所谓关联关系，是指公司控股股东、实际控制人、董事、监事、高级管理人员与其直接或者间接控制的企业之间的关系，以及可能导致公司利益转移的其他关系。但是，国家控股的企业之间不因为同受国家控股而具有关联关系。

3.滥用股东权利的赔偿义务。控股股东或实际控制人滥用股东权利或者利用关联关系损害公司或其他股东利益的，应当承担赔偿责任（《公司法》第22条、第23条）。

（三）股东的出资责任

1.股东出资义务的违反。出资是股东最基本、最重要的义务，这种义务既是一种约定义务，也是一种法定义务。如果股东不按要求履行，就可能违反了股东的出资义务。股东违反出资义务的行为一般表现为完全不履行、未完全履行和不适当履行。

（1）完全不履行，是指股东完全未履行出资义务。具体包括以下四种形态：

①拒绝出资，是指股东明确拒绝履行出资义务，或以自己的行为表明其拒绝履行出资义务。

②不能出资，是指客观条件发生了变化，导致股东出资义务履行不能，如股东用作出资的房地产在变更财产登记前发生了毁损灭失等。

③虚假出资，是指股东通过虚假手段表明其已经出资，但事实上并未出资。虚假出资本质上是一种欺诈行为，具体的表现形式有以虚假凭证骗取验资报告等。

④抽逃出资，是指在公司成立或资本验资之后，将缴纳的出资抽回。

（2）未完全履行，又称未足额履行，是指股东只履行了部分出资义务，包括货币出资的不足、非货币出资的价值显著低于章程所确定的价额等。

（3）不适当履行，是指股东的出资存在时间、形式或手续上的不当。主要包括迟延出资、瑕疵出资。迟延出资是指股东未及时按认缴期限交付出资，如未及时交付货币或办理非货币财产的转移手续；瑕疵出资是指股东用作出资的非货币财产存在权利或质量上的瑕疵，如该财产是第三人所有、股东无权处分该财产，又或者该财产并不符合事先约定的质量等，依据《公司法规定（三）》第7条第1款规定，出资人以不享有处分权的财产出资，当事人之间对于出资行为效力产生争议的，可参照善意取得的规定予以认定。

2.股东出资违约责任。

（1）股东向公司足额缴纳的出资责任。《公司法》第49条第3款规定："股东未按期足额缴纳出资的，除应当向公司足额缴纳外，还应当对给公司造成的损失承担赔偿责任。"股东未按期足额缴纳出资，应向公司承担继续履行、补足补缴的违约责任。

（2）股东向公司的赔偿责任。损害赔偿责任是违约责任的一种责任类型，因股东未如期如约出资，可能给公司带来损害，股东需向公司承担损害赔偿责任。

（3）股东对其他股东的违约责任。股东不仅需要向公司承担违约责任，还需要依据设立协议或者发起人协议向其他股东承担违约责任。

3.发起人股东的资本充实责任。发起人股东存在未完全履行出资义务的情形，其他发起人股东均需对此承担连带责任。《公司法》第50条规定："有限责任公司设立时，股东未按照公司章程规定实际缴纳出资，或者实际出资的非货币财产的实际价额显著低于所认缴的出资额的，设立时的其他股东与该股东在出资不足的范围内承担连带责任。"

4.抽逃出资的责任。抽逃出资是指股东未经法定程序，从公司抽回相当于已缴纳出资数额的财产的行为，属于股东对公司财产的侵权行为。根据《公司法规定（三）》第12条的规定，抽逃出资的具体表现包括：制作虚假财务会计报表虚增利润进行分配；通过虚构债权债务关系将其出资转出；利用关联交易将出资转出；其他未经法定程序将出资抽回的行为。依据《公司法》第53条的规定，股东抽逃出资后产生的法律责任可概括如下。

（1）返还出资的责任。《公司法》第53条规定："公司成立后，股东不得抽逃出资。违反前款规定的，股东应当返还抽逃的出资；给公司造成损失的，负有责任的董事、监事、高级管理人员应当与该股东承担连带赔偿责任。"

（2）向公司进行损害赔偿的责任。《公司法》第53条第2款规定，"……给公司造成损失的，负有责任的董事、监事、高级管理人员应当与该股东承担连带赔偿责任"。

（3）因抽逃出资而产生的行政责任。《公司法》第253条规定："公司的发起人、股东在公司成立后，抽逃其出资的，由公司登记机关责令改正，处以所抽逃出资金额百分之五以上百分之十五以下的罚款；对直接负责的主管人员和其他直接责任人员处以三万元以上三十万元以下的罚款。"

九、公司转投资与对外担保

（一）公司转投资

公司向其他企业投资，又称为转投资，一般是指公司为获取能够产生收益的财产、资产或权益而依法投资于其他企业的行为。转投资可以分为单向转投资和双向转投资。单向转投资是指一公司向其他企业投资的单向行为，而双向转投资是指两个企业相互向对方投资的行为。

公司转投资行为对于活跃资本市场和企业扩展经营规模、提高经营效益具有积极的意义，同时转投资又是公司并购、扩张的前提，是公司经营的内在需求。因此，转投资已成为企业间相互联合和重组的重要手段和工具。但与此同时，转投资存在不可避免的负面影响。单向转投资会产生虚增资本的问题，而双向转投资会引发关系企业及董事、监事互相控制的问题。因此，对于转投资的负面效应，公司法必须进行回应。这样，就产生了公司法上的转投资限制制度。

1.公司转投资对象的限制。《公司法》第14条规定，公司可以向其他企业投资。法律规定公司不得成为对所投资企业的债务承担连带责任的出资人的，从其规定。《合伙企业法》第3条规定，国有独资公司、国有企业、上市公司以及公益性的事业单位、社会团体不得成为普通合伙人。《公司法》第14条第2款具有溯及既往的法律效力，《公司法时间效力规定》第2条规定，“公司法施行前与公司有关的民事法律行为，依据当时的法律、司法解释认定无效而依据公司法认定有效，因民事法律行为效力发生争议的下列情形，适用公司法的规定：（一）约定公司对所投资企业债务承担连带责任，对该约定效力发生争议的，适用公司法第十四条第二款的规定……”

2.公司转投资行为的决议机关。依据《公司法》第15条第1款的规定：公司向其他企业投资，须按照公司章程的规定，由董事会或者股东会决议；公司章程对投资的总额及单项投资的数额有限额规定的，不得超过规定的限额。换言之，公司向其他企业投资除了法律规定公司不得成为对所投资企业的债务承担连带责任的出资人的情况之外，公司向其他企业单项投资的限额或者投资总额以及公司对外投资的决议机关都要看公司章程的规定，按照公司章程的规定进行。

（二）公司对外担保

公司对外担保，是指公司为除自己以外的第三人提供担保，当第三人不履行债务时，由公司代为履行债务。公司提供担保的主要方式有保证、抵押、质押等。与公司为自身业务提供担保属于自益行为不同，公司对外提供担保往往是一种单务行为，担保的风险由公司承担，并将进一步影响股东的利益，这涉及公司的根本利益。因此，《公司法》对公司担保行为作了限制性规定。

1.公司为股东或者实际控制人提供担保。依据《公司法》第15条的规定，公司为公司股东或者实际控制人提供担保时，须依法进行。

（1）公司为公司股东或者实际控制人提供担保，该事项的决议机关只能是公司股东会，公司董事会无权作出决议。

（2）公司为公司股东或者实际控制人提供担保，接受公司担保的股东或者接受公司担保的实际控制人支配的股东，不得参加对于该股东或者实际控制人的担保事项的表决。这被称为关联股东表决权回避规则。

（3）公司为公司股东或者实际控制人提供担保，该项表决由出席会议的无关联关系的其他股东所持表决权的过半数通过方可。

2.公司为股东和实际控制人以外的他人提供担保。依据《公司法》第15条的规定，公司为非公司股东或者实际控制人的其他主体的债务提供担保时，须依章程进行。按照公司章程的规定，该担保事项可以由董事会或者股东会决议；公司章程对担保的总额及单项担保的数额有限额规定的，不得超过规定的限额。

3.公司越权担保的效力判断和责任承担。司法实务中，可能会出现公司提供担保未经股东会或者董事会决议，而由法定代表人在担保合同上签字盖章而形成的担保，此种未经决议机关决议的公司担保被称为越权担保。参照《全国法院民商事审判工作会议纪要》（以下简称《九民纪要》）第17条规定，公司担保行为不是法定代表人所能单独决定的事项，而必须以公司股东会、董事会等公司机关的决议作为授权的基础和来源。法定代表人未经授权擅自为他人提供担保的，构成越权代表，人民法院应当根据《民法典》关于法定代表人越权代表的规定，区分订立合同时债权人是否善意分别认定合同效力：债权人善意的，合同有效；反之，合同无效。最高人民法院《关于适用〈中华人民共和国民法典〉有关担保制度的解释》（以下简称《民法典担保制度司法解释》）第7条第1款规定："公司的法定代表人违反公司法关于公司对外担保决议程序的规定，超越权限代表公司与相对人订立担保合同，人民法院应当依照民法典第六十一条和第五百零四条等规定处理：（一）相对人善意的，担保合同对公司发生效力；相对人请求公司承担担保责任的，人民法院应予支持。（二）相对人非善意的，担保合同对公司不发生效力；相对人请求公司承担赔偿责任的，参照适用本解释第十七条的有关规定。"

（1）相对人（被担保人）善意的认定。《民法典担保制度司法解释》第7条第3款规定，此处的善意，是指相对人在订立担保合同时不知道且不应当知道法定代表人超越权限。相对人有证据证明已对公司决议进行了合理审查，人民法院应当认定其构成善意，但是公司有证据证明相对人知道或者应当知道决议系伪造、变造的除外。

《九民纪要》第18条规定，根据《民法典》第61条第3款关于"法人章程或者法人权力机构对法定代表人代表权的限制，不得对抗善意相对人"的规定，只要债权人能够证明其在订立担保合同时对董事会决议或者股东会决议进行了审查，同意决议的人数及签字人员符合公司章程的规定，就应当认定其构成善意，但公司能够证明债权人明知公司章程对决议机关有明确规定的除外。债权人对公司机关决议内容的审查一般限于形式审查，只要求尽到必要的注意义务即可，标准不宜太过严苛。公司以机关决议系法定代表人伪造或者变造、决议程序违法、签章（名）不实、担保金额超过法定限额等事由抗辩债权人非善意的，人民法院一般不予支持。但是，公司有证据证明债权人明知决议系伪造或者变造的除外。

《民法典担保制度司法解释》第8条规定："有下列情形之一，公司以其未依照公司法关于公司对外担保的规定作出决议为由主张不承担担保责任的，人民法院不予支持：（一）金融机构开立保函或者担保公司提供担保；（二）公司为其全资子公司开展经营活动提供担保；（三）担保合同系由单独或者共同持有公司三分之二以上对担保事项有表决权的股东签字同意。上市公司对外提供担保，不适用前款第二项、第三项的规定。"第9条规定："相对人根据上市公司公开披露的关于担保事项已经董事会或者股东大会决议通过的信息，与上市公司订立担保合同，相对人主张担保合同对上市公司发生效力，并由上市公司承担担保责任的，人民法院应予支持。相对人未根据上市公司公开披露的关于担保事项已经董事会或者股东大会决议通过的信息，与上市公司订立担保合同，上市公司主张担保合同对其不发生效力，且不承担担保责任或者赔偿责任的，人民法院应予支持。相对人与上市公司已公开披露的控股子公司订立的担保合同，或者相对人与股票在国务院批准的其他全国性证券交易场所交易的公司订立的担保合同，适用前两款规定。"第10条规定："一人有限责任公司为其股东提供担保，公司以违反公司法关于公司对外担保决议程序的规定为由主张不承担担保责任的，人民法院不予支持。公司因承担担保责任导致无法清偿其他债务，提供担保时的股东不能证明公司财产独立于自己的财产，其他债权人请求该股东承担连带责任的，人民法院应予支持。"

（2）相对人（被担保人）不构成善意，则可能承担缔约过失责任。此时适用《民法典担保制度司法解释》第17条的规定，即"主合同有效而第三人提供的担保合同无效，人民法院应当区分不同情形确定担保人的赔偿责任：（一）债权人与担保人均有过错的，担保人承担的赔偿责任不应超过债务人不能清偿部分的二分之一；（二）担保人有过错而债权人无过错的，担保人对债务人不能清偿的部分承担赔偿责任；（三）债权人有过错而担保人无过错的，担保人不承担赔偿责任。主合同无效导致第三人提供的担保合同无效，担保人无过错的，不承担赔偿责任；担保人有过错的，其承担的赔偿责任不应超过债务人不能清偿部分的三分之一”。换言之，若公司对法定代表人的越权担保被人民法院认定有过错，则可能因该过错而需承担小于等于债务人不能清偿部分的1/2的缔约过失责任。

（3）在公司内部，法定代表人超越权限提供担保造成公司损失，公司有权请求法定代表人承担赔偿责任。

十、公司法人人格否认

公司法人人格独立和股东有限责任是公司法的基本原则。公司法人人格否认制度，是指当公司法人独立地位和股东有限责任被滥用时，否定公司的法人人格，使股东或公司对相关债务承担连带责任的制度，旨在矫正有限责任制度在特定法律事实发生时对债权人保护的失衡现象。换言之，一定条件下，法院可能会拒绝承认公司法人独立人格的存在，尽管它符合法律上设立公司的全部要件。

（一）公司法人人格否认的构成要件

公司法人人格独立以及股东有限责任是公司制度的基石和原则，公司法人人格否认制度仅存在于个案之中，对公司法人人格否认制度的适用必须严格把握条件，绝不能滥用。根据《公司法》和《九民纪要》的规定，依据一般公司法人人格否认法理，公司法人人格否认通常应具备以下构成要件。

1.主体要件。公司法人人格否认通常基于个案认定，不应撇开具体的案情和主体而对公司的法人人格予以抽象的否定，其适用的对象必须是具体的双方当事人：一是公司法人人格的滥用者；二是因公司法人人格滥用而受到损害，并有权提起诉讼的相对人。前者指滥用公司法人人格的股东，而后者必须是因公司法人人格滥用行为而实际受害的债权人，包括公司的自愿债权人和非自愿债权人，他们都因与公司法人人格滥用行为具有利害关系而享有独立的诉权。基于此，公司法人人格否认应根据受害当事人的请求作出，而不应由人民法院主动适用。

2.行为要件。公司法人人格否认适用的基本条件是存在公司股东滥用公司法人人格的事实和行为。《九民纪要》第10条、第11条、第12条将公司法人人格否认的类型梳理为人格混同、过度支配与控制、资本显著不足三种。

（1）人格混同，又称法人人格的形骸化，最根本的判断标准是公司是否具有独立意思和独立财产，最主要的表现是公司的财产与股东的财产是否混同且无法区分。在认定是否构成人格混同时，应当综合考虑以下因素：①股东无偿使用公司资金或者财产，不作财务记载的；②股东用公司的资金偿还股东的债务，或者将公司的资金供关联公司无偿使用，不作财务记载的；③公司账簿与股东账簿不分，致使公司财产与股东财产无法区分的；④股东自身收益与公司盈利不加区分，致使双方利益不清的；⑤公司的财产记载于股东名下，由股东占有、使用的；⑥人格混同的其他情形。

（2）过度支配与控制。公司控制股东对公司过度支配与控制，操纵公司的决策过程，使公司完全丧失独立性，沦为控制股东的工具或躯壳，严重损害公司债权人利益，应当否认公司人格，由滥用控制权的股东对公司债务承担连带责任。实践中常见的情形包括：①母子公司之间或者子公司之间进行利益输送的；②母子公司或者子公司之间进行交易，收益归一方，损失却由另一方承担的；③先从原公司抽走资金，然后再成立经营目的相同或者类似的公司，逃避原公司债务的；④先解散公司，再以原公司场所、设备、人员及相同或者相似的经营目的另设公司，逃避原公司债务的；⑤过度支配与控制的其他情形。其中，其他情形如股东利用公司规避法律的强制性义务，如出于逃税、洗钱等非法目的而成立公司，均系公司法人人格的滥用，有损社会公共利益，有违法人制度的根本宗旨，缺乏存在的合法性和正当性，因而应当适用公司法人人格否认制度“刺破公司面纱”。

（3）资本显著不足。资本显著不足指的是，公司设立后在经营过程中，股东实际投入公司的资本数额与公司经营所隐含的风险相比明显不匹配。股东利用较少资本从事力所不及的经营，表明其没有从事公司经营的诚意，实质是恶意利用公司独立人格和股东有限责任把投资风险转嫁给债权人。由于资本显著不足的判断标准有很大的模糊性，特别是要与公司采取“以小博大”的正常经营方式相区分，因此在适用时要十分谨慎，应当与其他因素结合起来综合判断。

3.结果要件。公司法人人格否认制度适用的一个重要条件是必须有损害事实存在，即滥用行为造成了逃避债务、严重损害公司债权人利益的结果。公司法人人格否认的目的在于平衡公司股东与公司债权人和其他相关利益群体之间的利益冲突，对受害的债权人提供救济，无损害，则无救济。如果公司虽有滥用公司法人人格的行为，但并无损害结果发生，也就没有适用公司法人人格否认的必要。同时，此种损害结果的发生还必须与股东滥用公司人格的行为之间存在因果关系，如果当事人的损失是其他原因引起，而与公司滥用公司法人人格行为无因果关系，也不应适用公司法人人格否认规则。

（二）公司法人人格否认的类型和适用

依据《公司法》的规定，参照《九民纪要》的相关规定，公司法人人格否认可以分为纵向法人人格否认、横向法人人格否认和反向法人人格否认。

1.纵向法人人格否认，是指否认公司的法人人格，使股东对公司债务承担连带责任。《公司法》第23条第1款规定，公司股东滥用公司法人独立地位和股东有限责任，逃避债务，严重损害公司债权人利益的，应当对公司债务承担连带责任。此种情形下的连带责任，应当是一种直接连带责任，而非补充连带责任，即公司债权人可以同时列公司和滥权股东为被告，要求二者承担连带责任，而不需要待到公司无可供执行财产后才能要求滥权股东承担连带责任。此外，需要注意的是，该款规定的适用以严重损害公司债权人的利益为前提，人民法院应审慎科学适用本款。如果轻易地适用该款规定，则会导致对公司制度的完全否定，这样又违背了该款的立法目的。

2.横向法人人格否认，是指否认各关联公司的法人人格，使关联公司对彼此的债务负连带责任。《公司法》第23条第2款规定，股东利用其控制的两个以上公司实施前款规定行为的，各公司应当对任一公司的债务承担连带责任。实践中，股东可能同时滥用多个公司的法人独立地位和股东有限责任，使资金在多个独立的公司之间流动，恶意逃废某一个公司或者某几个公司的债务，这种情况在企业集团情形下较为显著。在企业集团下，关联公司（兄弟公司、姐妹公司）之间财产关系混乱、边界不清、财务混同、利益互相输送，难以计算，在同一控制之下的关联公司实质上已经完全丧失了法人人格的独立性。此时，若仅单独否定这些公司中个别公司的法人人格，将对其他未被否定法人人格的关联公司的债权人不公。《九民纪要》第11条第2款首次通过会议纪要的形式规定了横向法人人格否认：“控制股东或实际控制人控制多个子公司或者关联公司，滥用控制权使多个子公司或者关联公司财产边界不清、财务混同，利益相互输送，丧失人格独立性，沦为控制股东逃避债务、非法经营，甚至违法犯罪工具的，可以综合案件事实，否认子公司或者关联公司法人人格，判令承担连带责任。”

3.反向法人人格否认，是指否认公司的法人人格，使公司对股东的债权人承担连带责任。该种情形并未在《公司法》中明确规定。在公司法人人格否认情形下，公司的债权人既有权要求公司的股东承担连带责任，也有权请求公司的其他关联公司（兄弟公司、姐妹公司）承担连带责任，这意味着在公司法人人格否认情形下，公司的债权人可以同时要求公司股东和其他关联公司（兄弟公司、姐妹公司）承担连带责任。因此，公司股东的债权人也可以要求公司和其他关联公司（兄弟公司、姐妹公司）承担连带责任，即《公司法》第23条在一定程度上也承认了反向法人人格否认。实践中已有最高人民法院判例支持了反向法人人格否认。

4.一人公司法人人格否认的特殊规定。《公司法》第23条第3款规定，只有一个股东的公司，股东不能证明公司财产独立于股东自己的财产的，应当对公司债务承担连带责任。一般情况下，一人公司的股东与其他公司股东一样，是以其对公司的认缴出资或者认购的股份为限，对公司的债务承担责任。因此，一人公司当然适用一般公司的法人人格否认制度。

一人公司由于股东单一，缺少其他非一人公司所具有的内部相互制约，因而非常容易产生公司财产与股东财产混同的现象。故《公司法》在确认一人公司合法性的同时，为了防止股东滥用公司的独立法人人格，将公司财产与自己的财产混同，实现非法目的，特别在第23条第3款中设计了举证责任倒置规则，即若一人公司的股东不能证明公司财产独立于自己财产，则其应当对公司的全部债务承担连带的清偿责任。2023年之后，《公司法》只有一个股东的公司既包括一人有限责任公司，也包括一人股份有限公司。

十一、公司决议的效力与公司决议之诉

公司作为营利法人，其意思形成和表示的机制须依赖于其组织机构。公司组织机构依法形成决议表达公司意思。《公司法》第24条规定，公司股东会、董事会、监事会召开会议和表决可以采用电子通信方式，公司章程另有规定的除外。依据《民法典》第134条的规定，公司决议为民事法律行为的一种，因此，如民法中民事行为的效力体系一样，《公司法》同样规定了公司决议的效力体系。一般而言，在决议的程序和内容均无任何瑕疵的情况下，应当推定决议有效；但如果决议内容或程序上有瑕疵，其效力就会受到影响。效力受影响的公司股东会、董事会决议主要有以下几种情况：决议无效、决议可撤销、决议不成立。

（一）公司决议的无效

1.公司决议无效的原因。《公司法》第25条规定，公司股东会、董事会的决议内容违反法律、行政法规的无效。公司决议无效有以下两方面原因：

（1）违反法律和行政法规的决议无效。股东会是公司的权力机构、董事会是公司的执行机构，股东会和董事会依法作出的决议，体现的是公司的意志，其内容对股东相互之间，股东与公司之间，董事、监事、高级管理人员与公司之间的法律关系乃至公司与债权人之间的法律关系影响重大，公司的经营管理运行和重大事项的决策必须依法进行。因此，《公司法》规定了股东会、董事会决议内容违反法律、行政法规的无效。

《民法典》第153条第1款规定，违反法律、行政法规的强制性规定的民事法律行为无效。但是，该强制性规定不导致该民事法律行为无效的除外。至于何为“该强制性规定不导致该民事法律行为无效”的例外情形，最高人民法院《关于适用〈中华人民共和国民法典〉合同编通则若干问题的解释》（以下简称《合同编解释》）第16条第1款规定：“合同违反法律、行政法规的强制性规定，有下列情形之一，由行为人承担行政责任或者刑事责任能够实现强制性规定的立法目的的，人民法院可以依据民法典第一百五十三条第一款关于‘该强制性规定不导致该民事法律行为无效的除外’的规定认定该合同不因违反强制性规定无效：（一）强制性规定虽然旨在维护社会公共秩序，但是合同的实际履行对社会公共秩序造成的影响显著轻微，认定合同无效将导致案件处理结果有失公平公正；（二）强制性规定旨在维护政府的税收、土地出让金等国家利益或者其他民事主体的合法利益而非合同当事人的民事权益，认定合同有效不会影响该规范目的的实现；（三）强制性规定旨在要求当事人一方加强风险控制、内部管理等，对方无能力或者无义务审查合同是否违反强制性规定，认定合同无效将使其承担不利后果；（四）当事人一方虽然在订立合同时违反强制性规定，但是在合同订立后其已经具备补正违反强制性规定的条件却违背诚信原则不予补正；（五）法律、司法解释规定的其他情形。”股东会、董事会决议若出现符合《民法典》第153条第1款规定，且不具有《合同编解释》第16条第1款规定情形的，则属于无效决议。

（2）违反公序良俗的决议无效。如前所述，依据《民法典》规定，公司决议属于民事法律行为。《民法典》第153条第2款规定，违背公序良俗的民事法律行为无效。《合同编解释》第17条

第1款规定："合同虽然不违反法律、行政法规的强制性规定，但是有下列情形之一，人民法院应当依据民法典第一百五十三条第二款的规定认定合同无效：(一)合同影响政治安全、经济安全、军事安全等国家安全的；(二)合同影响社会稳定、公平竞争秩序或者损害社会公共利益等违背社会公共秩序的；(三)合同背离社会公德、家庭伦理或者有损人格尊严等违背善良风俗的。"故公司决议出现上述法律和司法解释规定的情形的，则会被人民法院依法判定为决议无效。

2.公司决议无效的确认程序。我国《公司法》目前仅规定了决议可撤销的诉讼行使程序，未规定决议无效以及决议不成立的诉讼程序，但依据相关公司法理以及法律行为的基础理论，决议无效与不成立也应当通过诉讼程序加以行使。

《公司法》第25条并未规定提起股东会、董事会决议无效之诉的主体，按照法律行为无效的基础法理，在决议无效的情形下，任何人均应当有权提起无效之诉。但监事会是法定的公司监督机构，若发现股东会和董事会决议存在无效情形，监事会依法应当提起诉讼以维护股东利益和公司利益。同样，与决议存在利益关系的第三人应当同样可以提起股东会、董事会决议的无效之诉。

(二)公司决议的撤销

1.公司决议可撤销的事由。依据《公司法》第26条的规定，公司决议可撤销的事由主要包括：

(1)会议召集程序违反法律、行政法规或公司章程，如由没有召集权的人召集会议，未向部分股东召集，通知时间、通知方法不合法，通知内容不齐全，等等。

(2)会议的表决方式违反法律、行政法规或公司章程。《公司法》第24条规定，公司股东会、董事会、监事会召开会议和表决可以采用电子通信方式，公司章程另有规定的除外。这是对公司决议方式的规定。如出现特别决议事项以普通决议来表决、决议通过的股份数不满足法定要求或表决权计算违法以及表决过程中存在以商业利益交换的拉票行为等情形，或者违反公司章程对于会议决议方式约定的情形的，都属于可以撤销的情形。

(3)会议决议内容违反公司章程，如公司大股东通过2/3多数决方式通过了以侵害小股东利益为内容的决议，侵害了公司章程赋予公司和小股东的利益，即属于可撤销的情形。当然，若决议各项内容具有可分性，也会出现部分决议事项被撤销的情形。

2.公司决议撤销的程序与除斥期间。依《公司法》的规定，我国有权提起决议撤销之诉的主体只能是股东。至于提起撤销之诉的股东是否参与表决、是否投赞成票，《公司法》并未明确规定。一般认为，应当允许股东提起撤销之诉，这可以保护那些虽然在表决中同意议案但并不知道召集程序或表决方法有瑕疵的股东的利益，并且也能起到督促公司股东会在召集和表决中严格按照规定进行的作用。当然，就公司法理论而言，公司的监事会同样有权提起股东会决议的撤销之诉。因为撤销之诉的被告是公司。

至于提起撤销权之诉的期限，因为引起决议撤销之诉的事由并非很严重，所以在法律规定的期间内，没有提起决议撤销之诉的，不得再提起决议撤销之诉。《公司法》第26条规定：行使撤销权的期限为60日，对于参加会议的股东而言，提起撤销之诉的60日期限自决议作出之日起计算；对于未被通知参加股东会的股东，自知道或者应当知道股东会决议作出之日起算60日的期间。为了维护决议的稳定性，《公司法》同时规定了撤销权行使的最长期间为1年，股东自决议作出之日起1年内没有行使撤销权的，撤销权消灭。依据撤销权的法理，此处规定的60日和1年均为除斥期间，不存在中止、中断和延长的情形，如果在此期间无人提起股东会、董事会决议撤销之诉，则该决议成为具有确定法律效力的决议。

对于2024年7月1日之前的具有上述情形的公司决议，《公司法时间效力规定》第1条第2款第1项规定，《公司法》施行前，公司的股东会召集程序不当，未被通知参加会议的股东自决议作出之日起1年内请求人民法院撤销的，适用公司法第26条第2款的规定。

3.公司决议轻微瑕疵的效力。股东会、董事会会议的召集程序或者表决方式仅有轻微瑕疵，对决议未产生实质影响的，《公司法》第26条通过但书条款确定该轻微瑕疵情形不属于可撤销的范畴。这是因为若股东会、董事会的会议召集程序或者表决方式上存在轻微瑕疵，不对决议内容和结果产生实质性影响，在实体上就没有必要撤销该决议，重新召开会议；既节约了公司会议成本和时间成本，也提高了公司的运营效率。

（三）公司决议不成立

公司的决议是法律行为，类推于法律行为成立的理论，在公司股东会、董事会决议缺少了必要的形式要件的情况下，应认定股东会、董事会未作出决议，即公司决议不成立。公司决议的无效和可撤销的前提均是已经作出决议，只不过决议内容或程序违反法律法规或存在瑕疵，但决议不成立相当于认定公司股东会或董事会自始并未作出过决议。

1.公司决议不成立的事由。依据《公司法》第27条的规定，以下四类情形应当认定为公司股东会或董事会的决议不成立：

（1）未召开股东会或董事会会议作出决议。该规定强调股东会和董事会会议的形式作用，要求股东会和董事会必须以开会的形式作出决议。如果会议没有召开，那么股东会或董事会不能进行任何决议表决，未经开会而形成的单纯的书面决议不能作为决议成立的要件。例外情形是《公司法》第59条第3款规定，对于该条第1款所列股东会的九项职权事项，有限责任公司股东以书面形式一致表示同意的，可以不召开股东会会议，直接作出决定，并由全体股东在决定文件上签名或者盖章。

（2）股东会或董事会会议未对决议事项进行表决。如果会议召开了，但在会议上没有对决议事项进行表决，那么这些事项也不会成为正式的决议。未经表决说明被讨论的事项没有经过充分的意见表达，最终是由特定的主体依个人意志促成决议的通过，不符合决议的形式和实质要求。

（3）出席会议的人数或者所持表决权数未达到《公司法》或者公司章程规定的人数或者所持表决权数。我国《公司法》并未对于股东法定出席比例作出规定，股东会出席会议的人数或者所持表决权数主要是通过章程加以规定。《公司法》第124条规定了股份有限公司的董事会会议应当有过半数的董事出席方可举行。我国《公司法》没有规定有限责任公司董事会会议的出席人数。若出席股东会会议的股东人数或者所持表决权没有达到公司章程规定的最低比例，或者出席董事会的人数没有达到法定或者章程规定人数，则不符合公司章程规定的议事方式和表决程序，该股东会、董事会决议不成立。

（4）同意决议事项的人数或者所持表决权数未达到《公司法》或者公司章程规定的人数或者所持表决权数。根据《公司法》或公司章程的规定，对于相应的决议事项需要一定数量的股东或董事同意决议，或者需要他们持有的表决权达到一定的比例才能使决议生效。如果上述要求没有达到，将无法形成有效的决议，已经形成的决议应当被确认为不成立。例如，《公司法》第66条、第116条规定：股东会作出一般决议，有限责任公司应当经代表过半数表决权的股东通过，股份有限公司应当经出席会议的股东所持表决权过半数通过；股东会作出修改公司章程、增加或者减少注册资本的决议，以及公司合并、分立、解散或者变更公司形式的特别决议的，应当经代表2/3以上表决权的股东通过。《公司法》第73条、第124条规定，公司董事会作出决议，应当经全体董事的过半数通过。因此，若股东会决议、董事会决议没有获得《公司法》或者章程规定的人数或者表决权数，则该决议不能成立。

2.公司决议不成立的确认程序。

目前《公司法》并未规定决议不成立之诉的具体程序，参照《公司法规定（四）》的规定以及民事法律行为的不成立的认定程序，公司的股东、董事、监事或与决议事项存在利害关系的主体均可提起该诉讼。该诉讼应当属于确认之诉的类型，即请求法官确认股东会或董事会决议在法律上不成立，从而无法对任何主体产生约束力。提起诉讼的时间也应当限定在决议作出后的合理时间内，以避免决议长期处于效力不确定的状态下。

（四）公司决议无效、被撤销、不成立的法律后果

1.已办理登记事项的后果。股东会、董事会决议被法院裁判确认无效的，对公司产生法律效力；决议被撤销的，决议撤销判决的效力应当溯及决议之时无效，而且，依据被裁判确认无效或者撤销的决议形成的公司登记应依法申请撤销。《公司法》第28条第1款规定，公司股东会、董事会决议被人民法院宣告无效、撤销或者确认不成立的，公司应当向公司登记机关申请撤销根据该决议已办理的登记。

2.对外民事法律关系的后果。公司决议虽然是公司的内部行为，但在有法律规定的情形下也会产生对外效力。为了保护善意相对人的合法权益，保护交易安全，《公司法》第28条第2款规定，股东会、董事会决议被人民法院宣告无效、撤销或者确认不成立的，公司根据该决议与善意相对人形成的民事法律关系不受影响。该规定也与《民法典》第85条的规定完全相符，体现了民商事法律关系中法律对于交易安全秩序的保障。

对于2024年7月1日之前的具有上述不成立情形的公司决议，《公司法时间效力规定》第1条规定，“公司法施行后的法律事实引起的民事纠纷案件，适用公司法的规定。公司法施行前的法律事实引起的民事纠纷案件，当时的法律、司法解释有规定的，适用当时的法律、司法解释的规定，但是适用公司法更有利于实现其立法目的，适用公司法的规定：……（二）公司法施行前的股东会决议、董事会决议被人民法院依法确认不成立，对公司根据该决议与善意相对人形成的法律关系效力发生争议的，适用公司法第二十八条第二款的规定……”

第二节 公司登记

一、公司登记概述

公司登记是指为了设立、变更、登记或者终止公司主体资格以及相关事项，依照法定内容和程序，由当事人将登记事项向登记主管机关提出申请，由登记主管机关进行审查、登记和公示的综合法律行为。公司登记制度具有双重目标，既要保障投资人和公司的私权利，又要实现公法上的调整和控制，横跨民商法与行政法两大制度板块，覆盖公司“从生到死”的整个生命周期（含设立登记、存续阶段的变更登记与退出市场的注销登记），事关投资兴业、并购重组、公司退出、公司治理、股权保护、股权流转、交易安全、债权人安危、公众知情权及社会信用体系的大局，是公司法律制度中的基本法律制度。公司登记也是市场监督管理机构作为主管机构将公司法中的法定事项、章程规定事项或约定事项记载于登记簿并公示于众、开放查询的法律行为。

（一）公司登记的特点

1.公司登记是导致公司设立、变更或者终止的法律行为。依据《市场主体登记管理条例》的规定，在中华人民共和国境内以营利为目的从事经营活动的公司、非公司企业法人及其分支机构等市场主体均应依法在各级市场监督管理部门办理登记。《公司法》也明确规定，公司的设立、变更以及终止均应依法办理登记。公司登记具有创设、变更或终止公司法人主体资格的法律效果。

2.公司登记是一种要式法律行为。必须按照法定要求将法定事项在法定主管机关办理登记，其行为的内容与方式均应符合法律的规定。《市场主体登记管理条例实施细则》第6条规定：“市场主体应当按照类型依法登记下列事项：（一）公司：名称、类型、经营范围、住所、注册资本、法定代表人姓名、有限责任公司股东或者股份有限公司发起人姓名或者名称……”《公司

法》第32条规定:“公司登记事项包括:(一)名称;(二)住所;(三)注册资本;(四)经营范围;(五)法定代表人的姓名;(六)有限责任公司股东、股份有限公司发起人的姓名或者名称。公司登记机关应当将前款规定的公司登记事项通过国家企业信用信息公示系统向社会公示。”

3.公司登记是一种带有公法性质的行政行为。公司登记体现了国家意志,是国家公权力介入商事活动的一种方式。《市场主体登记管理条例》第3条第1款规定:“市场主体应当依照本条例办理登记。未经登记,不得以市场主体名义从事经营活动。法律、行政法规规定无需办理登记的除外。”第5条规定:“国务院市场监督管理部门主管全国市场主体登记管理工作。县级以上地方人民政府市场监督管理部门主管本辖区市场主体登记管理工作,加强统筹指导和监督管理。”

对于公司登记的公法性质,存在公司登记到底是行政许可还是行政确认的争议。在2013年工商登记制度改革之前,绝大多数公司的经营范围都需要通过行政审批才能取得,即公司在注册登记之前,必须先取得相应经营范围的行政审批,获得相应的“许可证”,而后才能向公司登记机关申领营业执照。这种现象被称为“先证后照”。2003年《行政许可法》第12条第5项明确将企业登记规定为一种行政许可。因此,有了主张公司登记是行政许可的观点。2013年3月14日,十二届全国人大一次会议通过《国务院机构改革和职能转变方案》后,国务院相继出台了系列政策文件,将公司法人主体资格登记与经营资格登记在逻辑上进行区分。对于公司法人主体资格,除前置审批事项目录所列事项外,主体登记处于一般允许的状态;对于经营资格,在工商登记制度改革后,除前置审批事项目录、后置审批事项目录和负面清单上所列的事项外,绝大多数的经营事项也处于一般允许的状态,将公司登记以往存在的“先证后照”改为“先照后证”。由此,公司登记成为对公司法人主体资格的记载和公示,并非针对被普遍禁止的经营范围的赋权;这与行政许可以“普遍禁止”为前提的原则相悖,而与行政确认“一般允许”特征相契合。因此,有公司法学者主张公司登记在公法性质上应属行政确认行为,是公司登记机关对公司法人主体资格和营业资格的确认。

(二)公司登记的功能

1.通过强制登记赋予公司法人主体资格,确认公司的市场主体和法人身份。公司登记制度是一项具有公法性质的强制性制度。当事人欲设立公司,取得法人资格和营业资格,就必须进行设立登记。《民法典》第77条规定,营利法人经依法登记成立。《公司法》第29条第1款规定,设立公司,应当依法向公司登记机关申请设立登记。根据上述规定,公司只有经过依法登记后,方可成立。通过公司登记制度,登记机关将公司的名称、住所、法定代表人、注册资本、企业类型、经营范围等事项记载于公司登记簿并予以公示,从而确认公司的成立、变更、终止的法律效力,公司登记制度的目的正是对市场中各类公司进行“身份”和基本权利的确认。

2.公示公司的营业状况和能力状态。在古罗马时期,就有对商人的经营进行公示的制度,开设商店从事经营活动的人必须在其店堂内挂一块牌子,上面写明自己的经营项目、经营范围和经营情况,以表明自己的经营状态。近现代以来,法律之所以要求公司筹办人承担公司登记的义务,其最重要的原因是公司登记制度具有公示的效力,公司可以通过登记公布与营业有关的信息,交易相对方和社会公众可以通过查询登记簿得知该公司的基本状况,从而作出是否与该公司交易的决定,公司的股东可以在公司具体种类得到登记之后获得有限责任的保护。

3.降低交易成本,增进交易安全,提高交易效率。在现代商事交易中,大多交易是陌生人之间的交易。陌生人之间缺乏相互了解和信任,为确保交易安全,交易者需要尽量多掌握交易相对人的情况。公司登记,就是将市场主体的营业状况登记于主管机关的登记系统和登记簿,并且在社会上公示,从而建立一种权威的商业信息服务制度,提供权威、统一的信息来源,为市场交易者提供知悉信息、查询信息的服务,使得公众作为相对人与市场主体进行交易行为时，有所取舍。这种信用公示不仅有利于公司自身营业信用的展示，而且更有利于减少交易风险。具体而言，公司的信用表现在资本状况、责任方式、组织形式、资产状况、经营者的人格信用等多个方面。交易相对人通过对以上事项甚至更多的有关公司的信用状况进行了解和评价，从而确定交易风险的高低，进而作出是否与该公司交易的决定，从而在降低个人交易成本的同时为整个社会经济运行成本的降低奠定了基础。

4.便于国家管理和监控。登记过程中的审查和准入制度，侧重于国家对市场的全面监管与宏观经济安全。对于采用核准制的公司，登记前置的行政审批程序无疑具有市场准入的功能。公司登记制度强制当事人履行登记申报义务，登记机关可以收集到充分而及时的公司商业信息；登记机关对于登记申请材料的审查核实，以及将已登记的公司的有关商业信息通过法定渠道公之于众，便于公众知悉，也体现了市场准入和异动监控的功能。国家通过对已登记的市场主体的数量和分布等数据进行分析，有助于了解和掌握社会经济发展的总体状态和产业结构；同时，只有通过公司登记才能确定纳税义务人，从而对公司本身及其经营者和投资者依法纳税实行有效的监管和征缴。

二、公司登记的类型

（一）根据公司登记的内容不同，可以划分为主体登记和营业登记

1.主体登记，也称为法人登记，是对公司主体资格的确认登记。主体登记是由登记机关对公司登记事项进行审核，授予其法人资格，并对其组织和存续加以监督管理的登记制度。主体登记与企业设立普遍实行的准则主义联系在一起。《市场主体登记管理条例》第3条第2款规定，市场主体登记包括设立登记、变更登记和注销登记。

2.营业登记，又称为商业登记或者商事登记，是在对某项营业的准入性控制之下，须经过相关公权力机关的审核而产生准予营业的登记制度。营业登记产生政府对营业领域的控制和市场准入的效果。营业登记历史较为悠久，可以追溯到西欧中世纪的行会或商人组织设置登记册对商人或加入行会者进行登记的做法。我国古代给牙商发放“牙贴”、给盐商发放“盐引”，都属于营业登记。

《市场主体登记管理条例》第5条规定，国务院市场监督管理部门主管全国市场主体登记管理工作。县级以上地方人民政府市场监督管理部门主管本辖区市场主体登记管理工作，加强统筹指导和监督管理。第14条规定，市场主体的经营范围包括一般经营项目和许可经营项目。经营范围中属于在登记前依法须经批准的许可经营项目，市场主体应当在申请登记时提交有关批准文件。市场主体应当按照登记机关公布的经营项目分类标准办理经营范围登记。可见我国将法人登记与营业登记合二为一，统一由国家市场监督管理机构负责。

（二）根据公司登记的目的不同，公司登记分为设立登记、变更登记、注销登记和撤销登记

1.设立登记。设立登记是公司的筹办人为了创设公司而向登记机关提出申请，登记机关审查后办理登记的法律行为。《公司法》第29条规定，设立公司，应当依法向公司登记机关申请设立登记。法律、行政法规规定设立公司必须报经批准的，应当在公司登记前依法办理批准手续。第31条规定：申请设立公司，符合该法规定的设立条件的，由公司登记机关分别登记为有限责任公司或者股份有限公司；不符合该法规定的设立条件的，不得登记为有限责任公司或者股份有限公司。公司设立登记的事项，《公司法》第32条第1款规定：“公司登记事项包括：(一)名称；(二)住所；(三)注册资本；(四)经营范围；(五)法定代表人的姓名；(六)有限责任公司股东、股份有限公司发起人的姓名或者名称。”

2.变更登记。变更登记是指公司的登记事项发生变更，向公司登记机关申请办理变更手续。《公司法》第34条规定，公司登记事项发生变更的，应当依法办理变更登记。公司登记事项未经登记或者未经变更登记，不得对抗善意

相对人。此处的登记事项即《公司法》第32条第1款规定的事项。

3.注销登记。注销登记是指公司因解散、被宣告破产或者其他法定原因而决定终止营业时，向公司登记机关办理的消灭公司市场主体资格的法律行为。《公司法》第37条规定，公司因解散、被宣告破产或者其他法定事由需要终止的，应当依法向公司登记机关申请注销登记，由公司登记机关公告公司终止。公司注销登记的法定情形：(1)公司解散。《公司法》第229条第1款规定了公司解散的事由：①公司章程规定的营业期限届满或者公司章程规定的其他解散事由出现；②股东会决议解散；③因公司合并或者分立需要解散；④依法被吊销营业执照、责令关闭或者被撤销；⑤人民法院依照《公司法》第231条的规定予以解散。《公司法》第231条规定，公司经营管理发生严重困难，继续存续会使股东利益受到重大损失，通过其他途径不能解决的，持有公司10%以上表决权的股东，可以请求人民法院解散公司。(2)破产清算程序终结。《企业破产法》第121条规定，管理人应当自破产程序终结之日起10日内，持人民法院终结破产程序的裁定，向破产人的原登记机关办理注销登记。(3)其他法定事由，如《公司法》第241条第1款规定："公司被吊销营业执照、责令关闭或者被撤销，满三年未向公司登记机关申请注销公司登记的，公司登记机关可以通过国家企业信用信息公示系统予以公告，公告期限不少于六十日。公告期限届满后，未有异议的，公司登记机关可以注销公司登记。"

4.撤销登记。撤销登记是指将不符合公司登记条件的登记予以撤销，使已经设立登记的公司恢复至登记前的一种登记救济措施。《公司法》第39条规定，虚报注册资本、提交虚假材料或者采取其他欺诈手段隐瞒重要事实取得公司设立登记的，公司登记机关应当依照法律、行政法规的规定予以撤销。发起人、设立时的股东等以虚报注册资本、提交虚假证明文件或者采用其他欺诈手段隐瞒重要事实的方式取得公司设立登记的，不仅妨害了公司登记管理秩序，还侵犯了公司、股东、债权人等利益相关人的合法权益。

根据《公司法》第二章和《市场主体登记管理条例》第3条第2款的规定，公司登记可以分为设立登记、变更登记和注销登记。因此，撤销登记也分为撤销设立登记、撤销变更登记、撤销注销登记三类。具体而言：(1)撤销设立登记，是指将公司设立登记予以撤销，撤销后，公司法人主体资格将归于消灭。(2)撤销变更登记，是指将公司某个或者某几个变更登记予以撤销，撤销后公司仍继续存续。例如，公司变更注册资本的决议被宣告无效、撤销或者确认不成立的，《公司法》第28条第1款规定，公司应当撤销已经办理的变更注册资本登记，使注册资本恢复至变更登记前的状态。(3)撤销注销登记，是指将公司注销登记予以撤销，撤销后，公司将恢复法人主体资格。《公司法》第39条仅适用于撤销设立登记这一种情形。

根据全国人民代表大会常务委员会法制工作委员会《关于公司法第一百九十八条"撤销公司登记"法律性质问题的答复意见》(法工委复〔2017〕2号)的规定，撤销申请人以欺骗等不正当手段取得的公司登记，是对违法行为的纠正，不属于行政处罚。因此，撤销设立登记在法律性质上属于对违法行为的纠正，而非行政处罚。

三、公司登记的效力和管理

(一)登记发照

公司登记机关在受理申请人的申请并对申请材料依法审查之后，应在法定期限内将审核结果及时通知申请人。对于符合条件的公司，应核发营业执照。营业执照可以是纸质的也可以是电子的。电子营业执照与纸质营业执照具有同等法律效力。《公司法》第33条规定，依法设立的公司，由公司登记机关发给公司营业执照。公司营业执照签发日期为公司成立日期。公司营业执照应当载明公司的名称、住所、注册资本、经营范围、法定代表人姓名等事项。公司登记机关可以发给电子营业执照。电子营业执照与纸质营业执照具有同等法律效力。《市场主体登记管理条例》第22条规定，营业执照分为正本和副本，具有同等法律效力。电子营业执照与纸质营业执照具有同等法律效力。营业执照样式、电子营业执照标准由国务院市场监督管理部门统一制定。

营业执照是证明公司法人主体资格和经营资格的执照证明。《公司法》第33条第1款规定，公司营业执照签发日期为公司成立日期。《市场主体登记管理条例》第21条也规定，营业执照签发日期为市场主体的成立日期。

公司登记事项发生变化的，应办理变更登记并换发营业执照。《公司法》第36条规定，公司营业执照记载的事项发生变更的，公司办理变更登记后，由公司登记机关换发营业执照。

（二）登记事项的公示

公司登记机关在办理完毕公司登记事宜后，应当将登记事项依法予以公示。《民法典》第66条规定，登记机关应当依法及时公示法人登记的有关信息。《公司法》第40条规定："公司应当按照规定通过国家企业信用信息公示系统公示下列事项：（一）有限责任公司股东认缴和实缴的出资额、出资方式和出资日期，股份有限公司发起人认购的股份数；（二）有限责任公司股东、股份有限公司发起人的股权、股份变更信息；（三）行政许可取得、变更、注销等信息；（四）法律、行政法规规定的其他信息。公司应当确保前款公示信息真实、准确、完整。"为了规范企业信息公示，强化企业信用约束，维护交易安全，提高政府监管效能，扩大社会监督，国务院制定了《企业信息公示暂行条例》。依据该条例第6条的规定，市场监督管理部门应当通过企业信用信息公示系统，公示其在履行职责过程中产生的下列企业信息：（1）注册登记、备案信息；（2）动产抵押登记信息；（3）股权出质登记信息；（4）行政处罚信息；（5）其他依法应当公示的信息。国家通过法定的企业信用信息公示系统公示企业的日常经营信息、异常信息以及受到行政处罚等负面信息，使社会公众获知企业相关信息，便于提高商事交易效率和公众监督。

（三）公司登记的管理

1.公司登记机关对于公司登记的宏观管理。《公司法》第41条规定，公司登记机关应当优化公司登记办理流程，提高公司登记效率，加强信息化建设，推行网上办理等便捷方式，提升公司登记便利化水平。国务院市场监督管理部门根据本法和有关法律、行政法规的规定，制定公司登记注册的具体办法。

2.公司公示事项发生变动须办理登记。《公司法》第35~38条规定：公司申请变更登记，应当向公司登记机关提交公司法定代表人签署的变更登记申请书、依法作出的变更决议或者决定等文件。公司变更登记事项涉及修改公司章程的，应当提交修改后的公司章程。公司变更法定代表人的，变更登记申请书由变更后的法定代表人签署。公司营业执照记载的事项发生变更的，公司办理变更登记后，由公司登记机关换发营业执照。公司因解散、被宣告破产或者其他法定事由需要终止的，应当依法向公司登记机关申请注销登记，由公司登记机关公告公司终止。公司设立分公司，应当向公司登记机关申请登记，领取营业执照。

3.公司登记违法行为的管理。《市场主体登记管理条例》第17条规定，申请人应当对提交材料的真实性、合法性和有效性负责。《公司法》第39条规定，虚报注册资本、提交虚假材料或者采取其他欺诈手段隐瞒重要事实取得公司设立登记的，公司登记机关应当依照法律、行政法规的规定予以撤销。

第三节 有限责任公司的设立与组织机构

一、有限责任公司的概念和特征

有限责任公司，是指股东以其认缴的出资额为限对公司承担责任，公司以其全部资产对公司债务承担责任的企业法人。有限责任公司的特征有以下几点。

（一）股东人数有最高数额限制

我国《公司法》第42条规定，有限责任公司由1个以上50个以下股东出资设立。从世界各国公司法对有限责任公司股东人数的规定来看，限制人数的最高限是通例，而是否对股东人数的下限作规定则差别较大。目前，越来越多国家的公司法放弃对有限责任公司必须由两人投资组成这一下限的限制，而承认一人有限责任公司的合法性。我国现行《公司法》也采取了允许设立一人有限责任公司的立法政策。

（二）股东以出资额为限对公司承担责任

股东以出资额为限对公司承担责任，这是有限责任公司区别于无限责任公司、两合公司的本质特征，也是有限责任公司兼有资合性的表现。需要注意的是，有限责任是仅对股东而言的，不是指公司对外承担有限责任，公司是以其全部财产对公司债务承担责任的。

（三）设立手续和公司机关简易化

有限责任公司的设立手续与股份有限公司的设立手续相比，较为简单。一般由全体设立人制定公司章程，各自认缴出资额，即可在公司登记机关登记设立。有限责任公司的公司机关也较为简单，如我国《公司法》第60条、第172条规定，一人有限责任公司和国有独资公司不需要设立股东会。《公司法》第75条规定："规模较小或者股东人数较少的有限责任公司，可以不设董事会，设一名董事，行使本法规定的董事会的职权。该董事可以兼任公司经理。"

（四）股东对外转让出资受到较为严格的限制

由于有限责任公司是人合兼资合性质的公司，股东之间的相互信任关系非常重要，所以，法律往往对有限责任公司股东转让出资作较股份有限公司更加严格的限制。我国《公司法》第84条第2款规定，有限责任公司股东向股东以外的人转让股权的，应当将股权转让的数量、价格、支付方式和期限等事项书面通知其他股东，其他股东在同等条件下有优先购买权。股东自接到书面通知之日起30日内未答复的，视为放弃优先购买权。2个以上股东行使优先购买权的，协商确定各自的购买比例；协商不成的，按照转让时各自的出资比例行使优先购买权。

（五）公司的封闭性

有限责任公司一般属于中小规模的公司，与股份有限公司相比，其在组织与经营上具有封闭性或非公开性。除严格限制股东对外转让出资这一点外，公司的封闭性还体现在以下两点：其一，设立程序不公开；其二，公司的经营状况不向社会公开。

二、有限责任公司的设立

（一）公司设立的一般理论

1.公司设立的立法体例与立法主旨

公司设立的立法体例，大体经历了自由设立主义、特许主义、准则主义、严格准则主义的过程。我国《公司法》在2005年修改前对设立有限责任公司基本上采准则主义，对设立股份有限公司采核准主义。2005年《公司法》采取方便投资者设立公司的政策，其最突出的体现就是对公司设立的原则采准则主义和核准主义相结合，即一般情况下实行准则主义，但公开发行股票的股份有限公司的设立要经过国务院证券监督管理机构核准。不仅如此，2005年《公司法》在公司设立的条件、方式、程序等方面也充分体现了自由设立公司和方便设立公司的立法主旨。例如，允许设立一人有限责任公司；减少了公司设立条件中不必要的限制性内容，允许有限责任公司股东、股份有限公司发起人分期缴纳出资。2023年《公司法》扩大可用作出资的财产范围，明确股权、债权可以作价出资；放宽一人有限责任公司设立的限制，并允许设立一人股份有限公司。

2.公司设立的方式

公司设立的方式基本为两种，即发起设立和募集设立。

发起设立又称"同时设立""单纯设立"等，是指公司的全部股份或首期发行的股份由发起人自行认购而设立公司的方式。有限责任公司只能采取发起设立的方式，由全体股东出资设立。股份有限公司也可以采取发起设立的方式。根据我国《公司法》第91条第1款的规定，股份有限公司可以采取发起设立的方式，也可以采取募集设立的方式。发起设立在程序上较为简便。

（二）有限责任公司的设立条件

公司是营利法人，根据《民法典》第58条的规定，法人应当依法成立，法人应当有自己的名称、组织机构、住所、财产或者经费。2023年《公司法》删除了有限责任公司设立条件的规定。综合来看，有限责任公司的设立条件包括：

1.股东的人数和资格符合法律规定，这是公司设立的人的要件。《公司法》第42条规定："有限责任公司由一个以上五十个以下股东出资设立。"这表明，在我国设立有限责任公司，股东最多不能超过50个，最少为1个，此种情形下为一人有限责任公司。除国有独资公司外，有限责任公司的股东可以是自然人，也可以是法人。

2.股东出资符合法律规定，这是公司设立的资本要件。

（1）注册资本。根据《公司法》第47条的规定，有限责任公司的注册资本为在公司登记机关登记的全体股东认缴的出资额。法律、行政法规以及国务院决定对有限责任公司注册资本实缴、注册资本最低限额另有规定的，从其规定。

（2）出资方式。有限责任公司股东的出资方式可以是多样的。依据《公司法》第48条第1款的规定，股东除了可以用货币出资外，还可以用实物、知识产权、土地使用权、股权、债权等可以用货币估价并可以依法转让的非货币财产作价出资。该条规定具有溯及既往的法律效力。《公司法时间效力规定》第1条规定："公司法施行后的法律事实引起的民事纠纷案件，适用公司法的规定。公司法施行前的法律事实引起的民事纠纷案件，当时的法律、司法解释有规定的，适用当时的法律、司法解释的规定，但是适用公司法更有利于实现其立法目的，适用公司法的规定：……（三）公司法施行前，股东以债权出资，因出资方式发生争议的，适用公司法第四十八条第一款的规定……"

股东可以其他公司的股权出资。出资人以其他公司股权出资，符合下列条件的，可以认定出资人已履行出资义务：①出资的股权由出资人合法持有并依法可以转让；②出资的股权无权利瑕疵或者权利负担；③出资人已履行关于股权转让的法定手续；④出资的股权已依法进行了价值评估。股权出资不符合上述规定的，公司、其他股东或者公司债权人可以请求在合理期间内采取补正措施，逾期未补正的，视为未全面履行出资义务。

公司还可以数据、网络虚拟财产作价出资。《公司登记管理实施办法》第6条规定，法律对数据、网络虚拟财产的权属等有规定的，股东可以按照规定用数据、网络虚拟财产作价出资。但是，法律、行政法规规定不得作为出资的财产除外。

（3）出资期限。有限责任公司股东认缴的出资，可以在公司成立时一次缴清，也可以在公司成立后分次缴清，但是分次缴纳的最长期限不得超过5年，即《公司法》第47条规定的"全体股东认缴的出资额由股东按照公司章程的规定自公司成立之日起五年内缴足"。

对于2023年《公司法》修订之前设立的、章程约定的认缴出资的期限过长的公司，国务院《关于实施〈中华人民共和国公司法〉注册资本登记管理制度的规定》第2条第1款规定了过渡期，"2024年6月30日前登记设立的公司，有限责任公司剩余认缴出资期限自2027年7月1日起超过5年的，应当在2027年6月30日前将其剩余认缴出资期限调整至5年内并记载于公司章程，股东应当在调整后的认缴出资期限内足额缴纳认缴的出资额；股份有限公司的发起人应当在2027年6月30日前按照其认购的股份全额缴纳股款。"

对于公司出资期限、注册资本明显异常的，公司登记机关可以结合公司的经营范围、经营状况以及股东的出资能力、主营项目、资产规模等进行研判，认定违背真实性、合理性原则的，可以依法要求其及时调整。《公司登记管理实施办法》第10条规定："2024年6月30日前登记设立的公司存在下列情形之一的，公司登记机关应当对公司注册资本的真实性、合理性进行研判：（一）认缴出资期限三十年以上；（二）注册资本十亿元人民币以上；（三）其他明显不符合客观常识的情形。公司登记机关可以结合公司的经营范围、经营状况以及股东的出资能力、主营项目、资产规模等进行综合研判，必要时组织行业专业机构进行评估或者与相关部门协商。公司及其股东应当配合提供情况说明以及相关材料。公司登记机关认定公司出资期限、注册资本明显异常，违背真实性、合理性原则的，依法要求公司及时调整，并按程序向省级市场监督管理部门报告，接受省级市场监督管理部门的指导和监督。”

《公司登记管理实施办法》第9条规定：“2024年6月30日前登记设立的公司生产经营涉及国家利益或者重大公共利益的，由国务院有关主管部门或者省级人民政府提出意见，经国家市场监督管理总局同意，可以按2024年6月30日前确定的出资期限出资。”

公司依法调整股东认缴和实缴的出资额、出资方式、出资期限，或者调整发起人认购的股份数等，应当自相关信息产生之日起20个工作日内通过国家企业信用信息公示系统向社会公示。

（4）出资程序。股东应当按期足额缴纳公司章程规定的各自所认缴的出资额。

①股东以货币出资的，应当将货币足额存入有限责任公司在银行开设的账户。

②股东以非货币财产出资的，应当评估作价，核实财产，不得高估或者低估作价。评估确定的价额显著低于公司章程所定价额的，应当认定出资人未依法全面履行出资义务。缴纳出资时应当依法办理财产权的转移手续。

③股东不按公司章程规定缴纳所认缴的出资，除应当向公司足额缴纳外，还应当对给公司造成的损失承担赔偿责任。

④有限责任公司设立时，股东未按照公司章程规定实际缴纳出资，或者实际出资的非货币财产的实际价额显著低于所认缴的出资额的，设立时的其他股东与该股东在出资不足的范围内承担连带责任。

3.公司章程，这是公司设立的组织要件之一。设立有限责任公司，应当由股东共同制定公司章程。公司章程是指公司所必备的，规定其名称、宗旨、资本、组织机构等对内对外事务的基本文件。公司章程作为规范公司的组织和活动的基本规则，在公司存续期间具有重要意义。

（1）公司章程的基本特征。

①法定性。法定性主要强调公司章程的法律地位、主要内容及修改程序、效力都由法律强制规定，任何公司都不得违反。公司章程是公司设立的必备条件之一，无论是设立有限责任公司还是设立股份有限公司，都必须由全体股东或发起人订立公司章程，并且必须在公司设立登记时提交公司登记机关备案。

②真实性。真实性主要强调公司章程记载的内容必须是客观存在、与实际相符的事实。

③自治性。自治性主要体现在：其一，公司章程作为一种行为规范，不是由国家而是由公司依法自行制定的，是公司股东意思表示一致的结果；其二，公司章程是一种法律以外的行为规范，由公司自己来执行，无须国家强制力来保证实施；其三，公司章程作为公司内部规章，其效力仅及于公司和相关当事人，而不具有普遍的约束力。

④公开性。公司章程的内容不仅要对投资人公开，还要对包括债权人在内的一般社会公众公开。《公司法》第32条规定了公司登记的具体事项，包括公司名称、住所、注册资本、经营范围、法定代表人姓名、有限责任公司股东或股份有限公司发起人的姓名或者名称。这些事项大部分为公司章程的内容，公司登记机关应当将上述公司登记事项通过国家企业信用信息公示系统向社会公示。《公司法》第40条还规定了公司应当通过国家企业信用信息公示系统公示的具体事项，该事项内容同样包括公司章程的部分内容。

（2）公司章程的订立。

公司章程的订立通常有两种方式：一是共同订立，是指由全体股东或发起人共同起草、协商制定公司章程，否则公司章程不得生效。《公司法》第45条规定了设立有限责任公司应当由股东共同制定公司章程。二是部分订立，是指由股东或发起人中的部分成员负责起草、制定公司章程，而后再经其他股东或发起人签字同意的制定方式。

(3)公司章程的内容。

公司章程的内容是指公司章程所记载的事项。公司章程的具体内容可因公司种类、公司经营范围、公司经营方式的不同而有所区别，但都可以归为以下三类：

①绝对记载事项。公司章程的绝对记载事项，是指法律规定公司章程中必须记载的事项。对于绝对记载事项，公司必须一一记载，公司没有权利作出自由选择。如果缺少其中任何一项或者任何一项的记载不合法，则整个公司章程无效。

②相对记载事项。公司章程的相对记载事项，是指法律列举规定了某些事项，但这些事项是否记入公司章程，由公司章程制定者决定。相对记载事项，非经载明于公司章程，不产生效力。

③任意记载事项。公司章程的任意记载事项，是指法律并无明文规定，但公司章程制定者认为需要协商记入公司章程，以便公司更好运转且不违反强行法规定和公序良俗原则的事项。例如，公司的存续期限，股东会的表决程序，变更公司的事由，董事、监事、高级管理人员的报酬等。

(4)我国《公司法》对有限责任公司章程内容的规定。

我国《公司法》第46条规定："有限责任公司章程应当载明下列事项：(一)公司名称和住所；(二)公司经营范围；(三)公司注册资本；(四)股东的姓名或者名称；(五)股东的出资额、出资方式和出资日期；(六)公司的机构及其产生办法、职权、议事规则；(七)公司法定代表人的产生、变更办法；(八)股东会认为需要规定的其他事项。股东应当在公司章程上签名或者盖章。"这是法定的有限责任公司章程的绝对记载事项。

2023年《公司法》规定公司章程不需要具体载明法定代表人的姓名或者名称，只需规定法定代表人的产生、变更办法，这意味着法定代表人变化不再需要修改公司章程了。

(5)公司章程的效力。

《公司法》第5条规定："设立公司应当依法制定公司章程。公司章程对公司、股东、董事、监事、高级管理人员具有约束力。"

①公司章程对公司的效力。公司章程对公司的效力表现在，公司自身的行为要受公司章程的约束。具体而言：一是公司应当依其章程规定的办法，产生权力机构、业务执行和经营意思决定机构、监督机构等公司组织机构，并按章程规定的权限范围行使职权；二是公司应当使用公司章程上规定的名称，在公司章程确定的经营范围内从事经营活动；三是公司依其章程对公司股东负有义务，股东的权利如果受到公司侵犯，可以对公司起诉。

②公司章程对股东的效力。公司章程由公司股东制定，并对股东具有约束力。这种约束力不仅限于对起草、制定公司章程的股东，而且对后来加入公司的股东也是同样的，这是由公司章程的自治规则性质所决定的。公司章程对股东的效力主要表现为股东依章程规定享有权利和承担义务。例如，股东有权出席股东会，行使表决权，转让出资，查阅有关公开资料，获取股息红利等，同时，股东应缴纳所认缴的出资及履行公司章程规定的其他义务。

③公司章程对董事、监事和高级管理人员的效力。公司章程对董事、监事、高级管理人员的效力表现为，公司的董事、监事、高级管理人员应当遵守公司章程，依照法律和公司章程的规定行使职权。若董事、监事、高级管理人员的行为超出公司章程对其赋予的职权范围，其应就自己的行为对公司负责。

(6)公司章程的变更。

公司章程的变更是指已经生效的公司章程的修改。原则上，公司章程所记载的事项，无论是绝对记载事项还是任意记载事项，只要确属必要，均可变更。但公司章程在变更时，应遵循以下原则：其一，不损害股东利益；其二，不损害债权人利益；其三，不妨害公司法人的一致性原则，即不得因公司章程的变更，而使一个公司法人转变为另一个公司法人。

就公司章程变更的程序而言：首先，由董事会提出修改公司章程的提议；其次，将修改公司章程的提议通知其他股东；最后，由股东会表决通过。根据我国《公司法》第66条第3款的规定，有限责任公司修改公司章程的决议，必须经代表2/3以上表决权的股东通过。

4.公司设立的其他条件。设立有限责任公司除需要具备上述三项条件外，还应当具备下列条件：

（1）有公司名称。《公司法》第6条第1款规定："公司应当有自己的名称。公司名称应当符合国家有关规定。"

（2）有公司的组织机构。《民法典》第80条规定："营利法人应当设权力机构。权力机构行使修改法人章程，选举或者更换执行机构、监督机构成员，以及法人章程规定的其他职权。"第81条第1款和第2款规定："营利法人应当设执行机构。执行机构行使召集权力机构会议，决定法人的经营计划和投资方案，决定法人内部管理机构的设置，以及法人章程规定的其他职权。"第82条规定："营利法人设监事会或者监事等监督机构的，监督机构依法行使检查法人财务，监督执行机构成员、高级管理人员执行法人职务的行为，以及法人章程规定的其他职权。"

（3）有必要的生产经营条件。例如，公司住所，《公司法》第8条规定，公司以其主要办事机构所在地为住所。

（三）有限责任公司的设立程序

依据《公司法》及《市场主体登记管理条例》等相关法律法规的规定，有限责任公司的设立应经过下列程序。

1.股东发起

《公司法》第43条规定，有限责任公司设立时的股东可以签订设立协议，明确各自在公司设立过程中的权利和义务。具体而言，股东首先要对设立有限责任公司进行可行性分析和预测，确定设立公司的意向。在股东有数人时，可以签订设立协议，明确在公司设立过程中股东各自的权利义务。设立协议在法律性质上被视为合伙协议，其主要内容包括公司经营的宗旨、项目、范围和生产规模、注册资本、投资总额及各方出资额、出资方式、经营管理、盈余的分配和风险分担的原则等。

2.制定公司章程

《公司法》第45条规定，设立有限责任公司，应当由股东共同制定公司章程。在公司设立阶段，制定公司章程的主体是公司的发起人。公司章程需要全体股东共同制定，以确保对公司治理和运营的有效规范。需要注意的是，"共同制定"并不要求每一个公司发起人都积极参与章程的起草讨论，其只要在公司章程上签字或者盖章就表示同意了公司章程的内容，承认公司章程表达了自己的真实意思，如此就应当认为该公司章程是"共同制定"的。

3.缴纳出资

缴纳出资，是公司设立中履行设立协议或公司章程中规定的出资义务的行为。《公司法》第47~52条分别对有限责任公司股东出资的方式以及缴纳要求等作了明确规定。

4.申请设立登记

根据《市场主体登记管理条例》第16条第1款的规定，申请设立公司，应当向登记机关提交的文件包括：（1）申请书；（2）申请人资格文件、自然人身份证明；（3）住所或者主要经营场所相关文件；（4）公司章程；（5）法律、行政法规和国务院市场监督管理部门规定提交的其他材料。其中，第5项兜底条款中，根据法律、行政法规和国务院决定规定，设立公司应当报经批准的，应当提交在公司登记前依法取得的批文。根据《市场主体登记管理条例实施细则》第22条的规定，法律、行政法规或者国务院决定规定公司申请登记、备案事项前需要审批的，在办理登记、备案时，应当在有效期内提交有关批准文件或者许可证书。有关批准文件或者许可证书未规定有效期限，自批准之日起超过90日的，申请人应当报审批机关确认其效力或者另行报批。公司设立后，前述批准文件或者许可证书内容有变化、被吊销、撤销或者有效期届满的，应当自批准文件、许可证书重新批准之日或者被吊销、撤销、有效期届满之日起30日内申请办理变更登记或者注销登记。另外，根据《市场主体登记管理条例实施细则》第26条的规定，申请办理公司设立登记，还应当提交法定代表人、董事、监事和高级管理人员的任职文件和自然人身份证明。涉及发起人首次出资属于非货币财产的，还应当提交已办理财产权转移手续的证明文件。

5.登记发照

就各设立申请，登记机关应依法进行审查。根据《市场主体登记管理条例》第17条、第19条第1款的规定，申请人应当对提交材料的真实性、合法性和有效性负责，登记机关仅对申请材料进行形式审查。这意味着，提交真实、合法和有效的申请材料，是当事人的义务。同时，公司登记机关并无义务对这些材料的真实性、合法性和有效性进行实质审查。

这一环节涉及公司登记机关的审查模式问题。审查是指受理登记申请的机关，在接到申请者所提交的申请后，于法定期限内，对申请者提交的申请内容依法进行审查的活动。只有符合法定要求的登记申请，登记主管机关才予以登记。依据《市场主体登记管理条例》第19条第1款的规定，登记机关应当对申请材料进行形式审查。该条明确了公司登记机关的形式审查义务。

《公司法》第30条第2款规定，申请材料不齐全或者不符合法定形式的，公司登记机关应当一次性告知需要补正的材料。该款是对公司登记机关义务的规定，即要求公司登记机关在通过形式审查后，发现当事人申请材料不齐全或者不符合法定形式的，要一次性告知所有需要补正的内容，便利当事人补正材料，以免当事人反复前往公司登记机关。

《公司法》第33条规定："依法设立的公司，由公司登记机关发给公司营业执照。公司营业执照签发日期为公司成立日期。公司营业执照应当载明公司的名称、住所、注册资本、经营范围、法定代表人姓名等事项。公司登记机关可以发给电子营业执照。电子营业执照与纸质营业执照具有同等法律效力。"凭登记机关颁发的企业法人营业执照，公司可以刻制印章、开立银行账户、申请纳税登记。

6.公示

公司成立后，应该依照《市场主体登记管理条例》的规定，通过企业信用信息公示系统依法公示。《公司法》第40条规定："公司应当按照规定通过国家企业信用信息公示系统公示下列事项：（一）有限责任公司股东认缴和实缴的出资额、出资方式和出资日期，股份有限公司发起人认购的股份数；（二）有限责任公司股东、股份有限公司发起人的股权、股份变更信息；（三）行政许可取得、变更、注销等信息；（四）法律、行政法规规定的其他信息。公司应当确保前款公示信息真实、准确、完整。"

（四）有限责任公司设立中的债权债务处理

《公司法》第44条规定：有限责任公司设立时的股东为设立公司从事的民事活动，其法律后果由公司承受。公司未成立的，其法律后果由公司设立时的股东承受；设立时的股东为二人以上的，享有连带债权，承担连带债务。设立时的股东为设立公司以自己的名义从事民事活动产生的民事责任，第三人有权选择请求公司或者公司设立时的股东承担。设立时的股东因履行公司设立职责造成他人损害的，公司或者无过错的股东承担赔偿责任后，可以向有过错的股东追偿。该条规定了公司设立成功后或者设立不成功时因公司设立行为而产生的债权债务的处理规则。

设立公司有时是一个复杂的过程，尤其是股份公司的设立。设立是一个法律行为，公司成立是设立行为的后果，但有时可能并不能成立公司，即设立失败。当出现设立失败的情况时，容易产生发起人的责任。公司从设立开始到公司最终成立这一阶段，称为设立中公司。

发起人在公司设立过程中的相互关系属于合伙性质的关系，其权利、义务、责任可以适用合伙的有关规定。

1.发起人为设立公司而以自己的名义对外签订合同的，合同相对人有权请求该发起人承担合同责任。如果最终公司得以成立，且公司对发起人以自己的名义对外签订的合同予以确认的，或者公司已经实际享有合同权利或者履行合同义务的，合同相对人也可以请求公司承担合同责任。

2.发起人如果是以公司的名义在设立公司过程中对外签订合同，则公司成立后由公司承担合同责任。但是，如果公司能够证明发起人利用设立中公司的名义为自己的利益与相对人订立合同，则公司可以抗辩，但此种抗辩不能对抗善意的第三人。

3.公司设立失败时，发起人对设立公司产生的费用和债务承担连带清偿责任。换言之，债权人有权请求全体或者部分发起人承担全部清偿责任。对外承担了清偿责任的发起人，对内取得求偿权，有权向其他发起人追偿。其他发起人应当按照约定的责任承担比例分担责任。若没有约定责任承担比例，则按照约定的出资比例分担责任；若出资比例也没有约定，则按照均等份额分担责任。

4.在公司设立过程中，发起人因自己的过失使公司利益受到损害的，应当对公司承担赔偿责任。

5.发起人因履行公司设立职责而给第三人造成损害的，公司成立后由公司承担对第三人的赔偿责任；若公司未成立，则由全体发起人对第三人承担连带赔偿责任。公司或者无过错的发起人在承担对外责任后可以向有过错的发起人追偿。

三、有限责任公司的组织机构

公司作为法人组织，具有法人的权利能力和行为能力，不同于自然人，公司的意思形成和实现是通过公司组织机构来完成的。公司的组织机构是公司依法设立的实现其民事权利能力和民事行为能力的有机的组织系统。依据公司法人人格独立和股东有限责任的基本原则，公司股东不可能全体都参与公司的生产经营和管理活动，因此公司形成了所有权与经营权分离的法人治理结构，须依法组成公司的组织机构来运行公司的各种权力。

一般来说，现代公司的组织机构由以下四个机关构成：

1.权力机关，即公司的股东会议。公司由股东投资形成，由股东组成的股东会议自然成为公司的权力机关。

2.决策机关，公司的决策机关为董事会。董事会由股东会选举产生，由若干名董事组成，负责行使公司经营决策权和管理权。

3.监督机关。监督机关的设置在不同国家有所不同。英美法系国家的传统是单轨制，即只设董事会而不设监事会，公司的监督机关是董事会中的外部董事或独立董事。日本则设立监察人作为公司监督机构。在德国，公司股东和工会选举产生监事会，监事会负责监督，还负责产生董事会，因此其权力较大。监督机关的主要职责是监督董事、董事会和经理的经营行为，对其违法和不当的经营行为，以及其他侵犯公司利益、股东利益的行为进行监督和纠正。

4.业务执行机关。业务执行机关是决策机关下负责具体事务执行和日常经营管理的机关，主要的代表为经理。

《公司法》第三章专章规定了有限责任公司的设立和组织机构。

（一）股东会

1.股东会的性质和组成。有限责任公司股东会由全体股东组成。股东会是有限责任公司的权力机关，依照公司法的规定行使职权。除公司法规定的某些特殊类型的公司，如国有独资公司，不设立股东会，其职权由国有资产监督管理机构行使或者授权给董事会行使部分股东会职权外，股东会是有限责任公司依法必须设立的机构。但股东会是非常设机关，即它不是常设的公司机构，而仅以会议形式存在，只有在召开股东会会议时，股东会才作为公司机关存在。股东会由全体股东组成，股东是按其所认缴的出资额向有限责任公司缴纳出资的人。

2.股东会的职权。根据《公司法》第59条的规定，有限责任公司的股东会行使下列职权：

（1）选举和更换董事、监事，决定有关董事、监事的报酬事项；

（2）审议批准董事会的报告；

（3）审议批准监事会的报告；

（4）审议批准公司的利润分配方案和弥补

亏损方案；

（5）对公司增加或者减少注册资本作出决议；

（6）对发行公司债券作出决议，股东会可以授权董事会对发行公司债券作出决议；

（7）对公司合并、分立、解散、清算或者变更公司形式作出决议；

（8）修改公司章程；

（9）公司章程规定的其他职权。

3.股东会的召开。股东会分为定期会议和临时会议两种。定期会议的召开时间按照公司章程规定按时召开。临时会议可经代表1/10以上表决权的股东、1/3以上的董事或者监事会提议而召开。

股东会的首次会议由出资最多的股东召集和主持；以后的股东会会议由董事会召集，董事长主持。

董事长不能履行职务或者不履行职务的，由副董事长主持；副董事长不能履行职务或者不履行职务的，由过半数的董事共同推举一名董事主持。董事会不能履行或者不履行召集股东会会议职责的，由监事会召集和主持；监事会不召集和主持的，代表1/10以上表决权的股东可以自行召集和主持。

召开股东会会议，应当于会议召开15日前通知全体股东。该通知应写明股东会会议召开的日期、时间、地点和目的，以使股东对拟召开的股东会有最基本的了解。

对《公司法》第59条第1款所列事项，有限责任公司股东以书面形式一致表示同意的，可以不召开股东会会议，直接作出决定，并由全体股东在决定文件上签名或者盖章。

只有一个股东的有限责任公司不设股东会。股东作出《公司法》第59条第1款所列事项的决定时，应当采用书面形式，并由股东签名或者盖章后置备于公司。

4.股东会决议。有限责任公司股东会可依职权对所议事项作出决议。一般情况下，股东会作出决议时，采取“资本多数决”原则，即股东按照出资比例行使表决权，应当经代表过半数表决权的股东通过。但公司章程可以对股东会决议的作出方式另行予以规定，而不按出资比例行使表决权。

案例分析　能力训练

股东会的议事方式和表决程序，除《公司法》有规定的外，由公司章程规定。但下列事项必须经代表2/3以上表决权的股东通过：

（1）修改公司章程；

（2）公司增加或者减少注册资本；

（3）公司合并、分立、解散或者变更公司形式。

全体股东对股东会议决事项以书面形式一致表示同意的，可以不召开股东会会议，而可以直接作出决定，并由全体股东在决定文件上签名或者盖章。

（二）董事会

1.董事会的性质及其组成。董事会是有限责任公司的业务执行机关，享有业务执行权和日常经营的决策权。它是一般有限责任公司的必设机关和常设机关，但股东人数较少或公司规模较小的有限责任公司除外，董事会对股东会负责。

有限责任公司董事会成员为3人以上，其成员中可以有公司职工代表。职工人数300人以上的有限责任公司，除依法设监事会并有公司职工代表的外，其董事会成员中应当有公司职工代表。董事会中的职工代表由公司职工通过职工代表大会、职工大会或者其他形式民主选举产生。董事的任期由公司章程规定，各个公司可有所不同，但每届任期不得超过3年。换言之，公司章程可以规定董事的任期少于3年，但不得超过3年。董事任期届满时，连选可以连任，并无任职届数的限制。

股东会可以决议解任董事，决议作出之日解任生效。公司无正当理由，在任期届满前解任董事的，该董事可以要求公司予以赔偿。董事任期内辞任的，应当以书面形式通知公司，公司收到通知之日辞任生效；但若存在董事任期届满未及时改选，或者董事在任期内辞任导致董事会成员低于法定人数的，在改选出的董事就任前，原董事仍应当依照法律、行政法规和公司章程的规定，履行董事职务。

2.董事会的职权。根据《公司法》第67条的规定，有限责任公司的董事会行使下列职权：

(1)召集股东会会议，并向股东会报告工作；

(2)执行股东会的决议；

(3)决定公司的经营计划和投资方案；

(4)制订公司的利润分配方案和弥补亏损方案；

(5)制订公司增加或者减少注册资本以及发行公司债券的方案；

(6)制订公司合并、分立、解散或者变更公司形式的方案；

(7)决定公司内部管理机构的设置；

(8)决定聘任或者解聘公司经理及其报酬事项，并根据经理的提名决定聘任或者解聘公司副经理、财务负责人及其报酬事项；

(9)制定公司的基本管理制度；

(10)公司章程规定或者股东会授予的其他职权。

3.董事会的召开。董事会会议由董事长召集和主持。董事长不能履行职务或者不履行职务的，由副董事长召集和主持；副董事长不能履行职务或者不履行职务的，由过半数的董事共同推举一名董事召集和主持。

董事会会议应当有过半数的董事出席方可举行。董事会作出决议，应当经全体董事的过半数通过。董事会决议的表决，实行一人一票制。董事会应当对所议事项的决定作成会议记录，出席会议的董事应当在会议记录上签名。

4.董事长和副董事长。有限责任公司董事会设董事长一人，可以设副董事长。董事长、副董事长的产生办法由公司章程规定。《公司法》未规定董事长的职责，一般而言，董事长的职权有：(1)主持股东会会议，召集和主持董事会会议；(2)检查董事会决议的实施情况；(3)对外代表公司；(4)设立分公司时，向公司登记机关申请登记，领取营业执照；(5)公司章程规定的其他职权。董事长可以是公司的法定代表人。

根据我国《公司法》第75条的规定，规模较小或者股东人数较少的有限责任公司，可以设一名董事，不设董事会。该董事可以兼任公司经理，可以是公司的法定代表人。至于“股东人数较少”或“规模较小”的判断标准，《公司法》并未规定，故实践中有较大的意思自治的余地，由股东协商决定是否设立董事会，并记载于公司章程中。

(三)经理

有限责任公司的经理是负责公司日常经营管理工作的高级管理人员。根据我国《公司法》第74条的规定，有限责任公司可以设经理，由董事会决定聘任或者解聘，经理对董事会负责。经理根据公司章程的规定或者董事会的授权行使职权；经理列席董事会会议。经理可以担任公司的法定代表人。

(四)监事会

1.监事会的性质及其组成。监事会为经营规模较大的有限责任公司的常设监督机关，专司监督职能。监事会对股东会负责，并向其报告工作。监事会由监事组成，其成员3人以上。监事会应当包括股东代表和适当比例的公司职工代表，其中职工代表的比例不得低于1/3，具体比例由公司章程规定。监事会中的股东代表，由股东会选举产生；监事会中的职工代表由职工民主选举产生。公司董事、高级管理人员不得兼任监事。

监事的任期是法定的，每届为3年。监事任期届满，连选可以连任。监事会设主席一人，由全体监事过半数选举产生。监事会主席召集和主持监事会会议；监事会主席不能履行职务或者不履行职务的，由过半数的监事共同推举一名监事召集和主持监事会会议。

规模较小或者股东人数较少的有限责任公司，可以不设监事会，设一名监事，行使本法规定的监事会的职权；经全体股东一致同意，也可以不设监事。

《公司法》第69条规定：“有限责任公司可以按照公司章程的规定在董事会中设置由董事组成的审计委员会，行使本法规定的监事会的职权，不设监事会或者监事。公司董事会成员中的职工代表可以成为审计委员会成员。”

2.监事会的职权。依照我国《公司法》第78条的规定，监事会行使下列职权：

（1）检查公司财务；

（2）对董事、高级管理人员执行职务的行为进行监督，对违反法律、行政法规、公司章程或者股东会决议的董事、高级管理人员提出解任的建议；

（3）当董事、高级管理人员的行为损害公司的利益时，要求董事、高级管理人员予以纠正；

（4）提议召开临时股东会会议，在董事会不履行《公司法》规定的召集和主持股东会会议职责时召集和主持股东会会议；

（5）向股东会会议提出提案；

（6）依照《公司法》第189条的规定，对董事、高级管理人员提起诉讼；

（7）公司章程规定的其他职权。

监事会行使职权所必需的费用，由公司承担。

此外，为便于对董事的监督，我国《公司法》还规定：

（1）监事有权列席董事会会议，并对董事会决议事项质询或者提出建议。

（2）监事会发现公司经营情况异常，可以进行调查，必要时可以聘请会计师事务所等协助其工作，费用由公司承担。

（3）监事会还有权要求董事、高级管理人员提交执行职务的报告。董事、高级管理人员应当如实向监事会提供有关情况和资料，不得妨碍监事会或者监事行使职权。

3.监事会的召开。监事会每年度至少召开一次会议，监事可以提议召开临时监事会会议。监事会的议事方式和表决程序，由公司章程规定。监事会决议应当经全体监事的过半数通过。监事会决议的表决，应当一人一票。监事会应当对所议事项的决定作成会议记录，出席会议的监事应当在会议记录上签名。

第四节 有限责任公司的股权转让

有限责任公司的股权转让有两种方式：一种是在公司内部发生的股权转让，即股东将股权转让给现有的股东；另一种是向公司外部进行的股权转让，即股东将股权转让给现有股东以外的其他投资者。

一、股权对内转让的规则

有限责任公司的股东相互之间可以自由转让股权，没有任何限制。《公司法》第84条第1款规定，有限责任公司的股东之间可以相互转让其全部或者部分股权。在转让部分股权的情况下，转让方仍保留股东身份，只是转让方与受让方各自的股权比例发生变化而已。在全部转让的情况下，转让方退出公司。

二、股权对外转让的规则

有限责任公司的股东可以将其持有的公司股权转让给现有股东以外的第三人，但须符合《公司法》规定的相关条件，包括以下三个条件。

（一）转让通知

转让股东要尽到通知义务。股东向股东以外的第三人转让股权，应当将股权转让的数量、价格、支付方式和期限等事项书面通知其他股东。

（二）其他股东的优先购买权

对于股东对外转让的股权，其他股东在同等条件下有优先购买权。股东自接到书面通知之日起30日内未答复的，视为放弃优先购买权。

对“同等条件”的理解，可以参考转让股权的数量、价格、支付方式及期限等因素。

两个以上股东行使优先购买权的，协商确定各自的购买比例；协商不成的，按照转让时各自的出资比例行使优先购买权。公司章程对股权转让另有规定的，从其规定。

《公司法》第84条第2款的规定具有溯及既往的法律效力，《公司法时间效力规定》第1条规定，“公司法施行后的法律事实引起的民事纠纷案件，适用公司法的规定。公司法施行前的法律事实引起的民事纠纷案件，当时的法律、司法解释有规定的，适用当时的法律、司法解释的规定，但是适用公司法更有利于实现其立法目的，适用公司法的规定：……（四）公司法施行前，有限责任公司股东向股东以外的人转让股权，因股权转让发生争议的，适用公司法第八十四条第二款的规定……”此类争议不适用2023年修订前的《公司法》第71条的规定。

（三）强制执行程序中的股东优先购买权

在股权质押担保等情形导致人民法院依法采取强制执行措施转让有限责任公司的股东在公司中的股权的情形下，人民法院应当将此强制执行措施的有关情况通知股东所在的公司和全体股东，包括被强制执行股权的股东和其他股东。其他股东在同等条件下享有优先购买权，但该优先购买权应当自接到人民法院的通知之日起20日内行使，逾期不行使的，视为放弃优先购买权，第三人可以通过强制执行措施受让该股权。对于该非通过协商而是通过强制执行程序购买股权的新股东，公司和其他股东不得否认其效力。公司应当注销原股东的出资证明书，并向新股东签发出资证明书，修改公司章程和股东名册中有关股东及其出资额的记载。此项对于公司章程的修改无须股东会表决而直接发生效力。

三、股权转让的程序性规定

根据《公司法》第86条第1款的规定，有限责任公司股东转让股权的，应当书面通知公司，请求变更股东名册；需要办理变更登记的，请求公司向公司登记机关办理变更登记。公司拒绝或者在合理期限内不予答复的，转让人、受让人可以依法向人民法院提起诉讼。

案例分析　能力训练

股权转让的，受让人自记载于股东名册时起可以向公司主张行使股东权利，即受让人的股东身份自记载于公司股东名册时开始。

股东依法转让股权后，公司应当及时注销原股东的出资证明书，向新股东签发出资证明书，并相应修改公司章程和股东名册中有关股东及其出资额的记载。对公司章程的该项修改不需再由股东会表决。

有限责任公司股权转让涉及公司登记事项发生变动。《公司法》第34条规定：“公司登记事项发生变更的，应当依法办理变更登记。公司登记事项未经登记或者未经变更登记，不得对抗善意相对人。”

四、瑕疵股权转让的法律后果

《公司法》第88条第1款规定，股东转让已认缴出资但未届出资期限的股权的，由受让人承担缴纳该出资的义务；受让人未按期足额缴纳出资的，转让人对受让人未按期缴纳的出资承担补充责任。该条规定仅适用于2024年7月1日之后发生的未届出资期限的股权转让行为，最高人民法院《关于〈中华人民共和国公司法〉第八十八条第一款不溯及适用的批复》规定，2024年7月1日起施行的《公司法》第88条第1款仅适用于2024年7月1日之后发生的未届出资期限的股权转让行为。对于2024年7月1日之前股东未届出资期限转让股权引发的出资责任纠纷，人民法院应当根据原公司法等有关法律的规定精神公平公正处理。

《公司法》第88条第2款规定，未按照公司章程规定的出资日期缴纳出资或者作为出资的非货币财产的实际价额显著低于所认缴的出资额的股东转让股权的，转让人与受让人在出资不足的范围内承担连带责任；受让人不知道且不应当知道存在上述情形的，由转让人承担责任。

五、异议股东的股权收购请求权

有限责任公司有较强的人合性质，股东相互之间的信任与合作对于公司的经营管理和发展非常重要。如果某一或某些股东对继续作为公司股东失去信心或不愿意与其他股东继续合作，又无第三人愿意受让其股权，或者其不愿意对外转让股权，在此情形下，法律应当为这些股东提供合理的救济渠道，保障股东退出公司的自由，保护人们的投资积极性与安全感。我国

《公司法》对此作出了相应的规定。

根据《公司法》第89条的规定，有下列情形之一的，对股东会该项决议投反对票的股东可以请求公司按照合理的价格收购其股权：

（1）公司连续5年不向股东分配利润，而公司该5年连续盈利，并且符合《公司法》规定的分配利润条件。

（2）公司合并、分立、转让主要财产。

（3）公司章程规定的营业期限届满或者章程规定的其他解散事由出现，股东会通过决议修改章程使公司存续。

（4）公司的控股股东滥用股东权利，严重损害公司或者其他股东利益的，其他股东有权请求公司按照合理的价格收购其股权。2023年修订前的《公司法》并未规定本条内容，《公司法时间效力规定》第4条规定赋予其溯及既往的法律效力："公司法施行前的法律事实引起的民事纠纷案件，当时的法律、司法解释没有规定而公司法作出规定的下列情形，适用公司法的规定：……（二）有限责任公司的控股股东滥用股东权利，严重损害公司或者其他股东利益，其他股东请求公司按照合理价格收购其股权的，适用公司法第八十九条第三款、第四款的规定……"

案例分析 能力训练

在上述任何一种情形下，对公司股东会会议通过上述决议不赞成，并且投的是反对票的股东，有权自股东会决议作出之日起60日内提出请求，请求公司收购其持有的公司股权。收购股权的价格由该股东与公司协商确定，如果该股东与公司不能就股权收购事宜达成一致，该股东可以自股东会决议作出之日起90日内向人民法院提起诉讼，通过诉讼途径解决该争议。公司因上述情形收购的本公司股权，应当在6个月内依法转让或者注销。

六、自然人股东资格的继承

有限责任公司的自然人股东如果死亡或者被宣告死亡，该股东有符合法律规定的合法继承人的，该合法继承人可以继承股东资格。但是，如果公司章程对此种情形另有规定，则从其规定。例如，公司章程规定，股东死亡时，死亡股东的继承人不能自动取得股东资格而须有其他股东一定比例的同意，或者规定继承人在符合何种条件时方能继承股东资格等。

根据《公司法规定（四）》第16条的规定，有限责任公司的自然人股东因继承发生变化时，其他股东主张依据公司法股权对外转让规定行使优先购买权的，人民法院不予支持，但公司章程另有规定或者全体股东另有约定的除外。如果公司章程没有相反的规定，当自然人股东死亡时，其合法继承人愿意取得股东资格的，其他股东应当允许。如果继承人不愿意取得股东资格，则应协商或者评估确定该股东的股权价格，由其他股东受让该股权或由公司收购该股权，由继承人取得股权转让款。如果该股东有数个合法继承人，且都愿意继承股东资格，则由该数个继承人通过协商确定各自继承股权的份额。

第五节 股份有限公司的设立和组织机构

一、股份有限公司的概念和特征

股份有限公司，简称股份公司，是指其全部资本分为等额股份，股东以其所持股份为限对公司承担责任，公司以其全部资产对公司的债务承担责任的企业法人。它具有以下特征：

1.公司的全部资本分为等额股份。股份有限公司全部资本分为等额股份，是指公司资本划分为股份，每股金额相等，由发起人或股东认购并持有。股份作为公司资本的基本单位，是股份有限公司最重要的特征。

2.股东负有限责任。股份有限公司股东对公司的责任仅以其所持股份为限，公司则以其全部资产对外承担责任。这与有限责任公司的股东所负的有限责任是相同的。

3.开放性与社会性。股份有限公司可以通过对外公开发行股票，向社会募集资金。任何投资者都可以通过购买股票而成为股份有限公司的股东，从而使股份有限公司具有了最广泛的社会性。股东可以自由转让其持有的公司股份。并且，为了便于投资者的决策及有利于对公司的法律监管，法律规定了股份有限公司的信息披露制度。所以，股份有限公司也被称为开放性公司。

二、股份有限公司的设立

（一）设立条件

按照《公司法》的规定，设立股份有限公司应当具备下列条件：

1.发起人符合法定人数。《公司法》第92条规定，设立股份有限公司，应当有1人以上200人以下为发起人，其中须有半数以上的发起人在中国境内有住所。股份有限公司也可以是一人公司。公司设立时的发起人不能超过200人。发起人可以是自然人，也可以是法人或其他经济组织。一个自然人也可以设立股份有限公司。

2.有符合公司章程规定的全体发起人认购的股本总额或者募集的实收股本总额。由于股份有限公司实行有限的授权资本制度，股份有限公司的注册资本是在公司登记机关登记的已发行股份的股本总额。

3.股份发行、筹办事项符合法律规定。

4.发起人制定公司章程。设立股份有限公司，应当由发起人共同制定公司章程。股份有限公司章程应当载明下列事项：（1）公司名称和住所；（2）公司经营范围；（3）公司设立方式；（4）公司注册资本、已发行的股份数和设立时发行的股份数，面额股的每股金额；（5）发行类别股的，每一类别股的股份数及其权利和义务；（6）发起人的姓名或者名称、认购的股份数、出资方式；（7）董事会的组成、职权和议事规则；（8）公司法定代表人的产生、变更办法；（9）监事会的组成、职权和议事规则；（10）公司利润分配办法；（11）公司的解散事由与清算办法；（12）公司的通知和公告办法；（13）股东会认为需要规定的其他事项。

5.有公司名称，建立符合股份有限公司要求的组织机构。

6.有公司住所。《公司法》第8条规定，公司以其主要办事机构所在地为住所。

（二）设立方式

股份有限公司的设立方式有两种：一是发起设立；二是募集设立。

1.发起设立。发起设立，是指由发起人认购公司应发行的全部股份，不向发起人之外的任何人募集股份而设立公司。发起设立的程序包括以下几方面：

（1）发起人认购股份。发起人应当认足公司章程规定的公司设立时应发行的股份。认购采用书面形式，载明认股人的姓名或名称、住所、认股数、应缴股款金额、出资方式，由认股人填写、签章。认购书一经填妥并签署，即具有法律上的约束力。

（2）发起人缴清股款。发起人在认购股份后，应当在公司成立前按照其认购的股份全额缴纳股款。发起人的出资，适用《公司法》第48条、第49条第2款关于有限责任公司股东出资的规定。发起人以实物、知识产权、非专利技术或者土地使用权出资的，应当依法估价，并办理财产权转移手续。

《公司法》第152条规定，股份有限公司章程或者股东会可以授权董事会在3年内决定发行不超过已发行股份50%的股份。但以非货币财产作价出资的应当经股东会决议。董事会依照公司法规定决定发行股份导致公司注册资本、已发行股份数发生变化的，对公司章程该项记载事项的修改不需再由股东会表决。《公司法》第153条规定，股份有限公司章程或者股东会授权董事会决定发行新股的，董事会决议应当经全体董事2/3以上通过。

（3）选举董事会和监事会。发起人缴纳首期出资后，应当选举董事会和监事会。

（4）申请设立登记。董事会应向公司登记机关申请设立登记，对符合法律规定条件的，登记机关发给公司营业执照。公司以营业执照签发日期为成立日期。

2.募集设立。募集设立，是指由发起人认购设立公司时应发行股份的一部分，其余股份向特定对象募集或者向社会公开募集而设立公司。募集设立的程序如下：

（1）发起人认购股份。以募集方式设立股份有限公司的，发起人认购的股份不得少于公司章程规定的公司设立时应发行股份总数的35%。法律、行政法规对此另有规定的，从其规定。发起人均应当在公司成立前按照其认购的股份全额缴纳股款。

（2）公告招股说明书，制作认股书。招股说明书应当附有发起人制定的公司章程，并载明下列事项：发行的股份总数；面额股的票面金额和发行价格或者无面额股的发行价格；募集资金的用途；认股人的权利和义务；股份种类及其权利和义务；本次募股的起止日期及逾期未募足时认股人可以撤回所认股份的说明。公司设立时发行股份的，还应当载明发起人认购的股份数。股份有限公司发起人向社会公开募集股份，应当公告招股说明书，并制作认股书。认股书应当载明《公司法》第154条第2款、第3款所列事项，由认股人填写认购的股份数、金额、住所，并签名或者盖章。认股人应当按照所认购股份足额缴纳股款。向社会公开募集股份的股款缴足后，应当经依法设立的验资机构验资并出具证明。

（3）签订承销协议和代收股款协议。发起人就股份承销的方式、数量、起止日期、承销费用的计算与支付等具体事项，与证券公司签订承销协议；发起人就代收和保存股款的具体事宜，与银行签订代收股款协议。代收股款的银行应当按照协议代收和保存股款，向缴纳股款的认股人出具收款单据，并负有向有关部门出具收款证明的义务。

（4）召开成立大会。成立大会通常被认为是股份有限公司募集设立过程中的决议机构。发起人应当自公司设立时应发行股份的股款缴足之日起30日内主持召开成立大会，发起人应当在成立大会召开15日前将会议日期通知各认股人或者予以公告。成立大会应当有持有表决权过半数的认股人出席，方可举行。成立大会的职权包括：①审议发起人关于公司筹办情况的报告；②通过公司章程；③选举董事、监事；④对公司的设立费用进行审核；⑤对发起人非货币财产出资的作价进行审核；⑥发生不可抗力或者经营条件发生重大变化直接影响公司设立的，可以作出不设立公司的决议。成立大会对上述事项作出决议，必须经出席会议的认股人所持表决权过半数通过。

（5）设立登记并公告。董事会应当授权代表，于公司成立大会结束后30日内向公司登记机关申请设立登记。

（6）公司设立时应发行的股份未募足，或者发行股份的股款缴足后，发起人在30日内未召开成立大会的，认股人可以按照所缴股款并加算银行同期存款利息，要求发起人返还。

发起人、认股人缴纳股款或者交付非货币财产出资后，除未按期募足股份、发起人未按期召开成立大会或者成立大会决议不设立公司的情形外，不得抽回其股本。

三、股份有限公司的组织机构

股份有限公司的组织机构包括股东会、董事会、经理和监事会。

（一）股东会

1.股东会的性质及其组成。股东会为股份有限公司必须设立的机关，是股份有限公司的最高权力机关。股东会由全体股东组成。

2.股东会的职权。股份有限公司股东会的职权与有限责任公司股东会完全一致，主要有两类：其一，审议批准事项。例如，审议批准董事会的报告；审议批准监事会的报告；审议批准公司的利润分配方案和弥补亏损方案；等等。其二，决定、决议事项。例如，对公司增加或者减少注册资本作出决议；对发行公司债券作出决议；对公司合并、分立、解散、清算或者变更公司形式作出决议；选举和更换董事，决定有关董事的报酬事项；选举和更换由股东代表出任的监事，决定有关监事的报酬事项；对公司增加或减少注册资本作出决议；对发行公司债券作出决议；对公司合并、分立、解散和清算等事项作出决议；修改公司章程；等等。

3.股东会的召开。股东会分为年会和临时会议两种。年会应当每年召开一次，通常在每个会计年度终了后6个月内召开。临时股东会则应在出现下列情况之一的2个月内召开：

（1）董事人数不足《公司法》规定的人数或者公司章程规定的人数的2/3时；

（2）公司未弥补的亏损达到股本总额的1/3时；

（3）单独或合计持有公司股份10%以上的股东请求时；

（4）董事会认为必要时；

（5）监事会提议召开时；

（6）公司章程规定的其他情形。

股东会会议由董事会召集，董事长主持；董事长不能履行职务或者不履行职务时，由副董事长主持；副董事长不能履行职务或者不履行职务时，由半数以上董事共同推举一名董事主持。

董事会不能履行或者不履行召集股东会会议职责的，监事会应当及时召集和主持；监事会不召集和主持的，连续90日以上单独或者合计持有公司10%以上股份的股东可以自行召集和主持。单独或者合计持有公司10%以上股份的股东请求召开临时股东会会议的，董事会、监事会应当在收到请求之日起10日内作出是否召开临时股东会会议的决定，并书面答复股东。

召开股东会会议，应在会议召开的20日前通知各股东。通知中应写明股东会会议将审议的事项、股东会会议召开的日期和地点等。临时股东会不得对通知中未列明的事项作出决议。

单独或者合计持有公司1%以上股份的股东，可以在股东会会议召开10日前提出临时提案并书面提交董事会。临时提案应当有明确议题和具体决议事项。董事会应当在收到提案后2日内通知其他股东，并将该临时提案提交股东会审议；但临时提案违反法律、行政法规或者公司章程的规定，或者不属于股东会职权范围的除外。公司不得提高提出临时提案股东的持股比例。公开发行股份的公司，应当以公告方式作出会议通知。

4.股东会的决议。股东出席股东会会议，所持每一股份有一表决权，类别股股东除外。公司持有的本公司股份没有表决权。

股东会的决议实行股份多数决定原则。所谓股份多数决定原则，是指股东会依持有多数股份的股东的意志作出决议。股东会决议实行股份多数决定原则，必须具备两个条件：一是要有代表多数股份的股东出席；二是要有出席会议的股东所持表决权的多数通过。股东会作出决议，必须经出席会议的股东所持表决权过半数通过，但是股东会作出修改公司章程、增加或者减少注册资本的决议，以及公司合并、分立、解散或者变更公司形式的决议，必须经出席会议的股东所持表决权的2/3以上通过。股东委托代理人出席股东会会议的，应当明确代理人代理的事项、权限和期限；代理人应当向公司提交股东授权委托书，并在授权范围内行使表决权。

股东会对所议事项的决定应当作成会议记录，主持人、出席会议的董事应当在会议记录上签名。会议记录应当与出席股东的签名册及代理出席的委托书一并保存，供股东查阅。

股东会必须按照法定的召集方法召集，并依照法定的决议方法通过内容不违法的决议。具备该条件的决议，才具有法律效力。如果股东会的决议违法，股东有权通过诉讼途径请求法院宣告决议无效或撤销决议。

5.累积投票权。股东会选举董事、监事，可以依照公司章程的规定或者股东会的决议，实行累积投票制，即股东会选举董事、监事时，每一股份拥有与应选董事、监事人数相同的表决权，股东拥有的表决权可以集中使用。

所谓累积投票权，是指股东会选举两名以上的董事或监事时，股东所持的每一股份拥有与当选董事或监事总人数相等的投票权，股东既可以用所有的投票权集中投票选举某一人，也可以分散投票选举数人，按得票多少依次决定董事或监事人选。由此可见，累积投票权是股份有限公司的股东会在投票表决一些重要事项时，如选举董事或监事时，给予全体股东的一种与表决公司的其他一般事项不同的特别表决权。这种表决权的特别之处主要表现在两点：第一，表决权的数额。在实行累积投票制时，股东的表决权票数是按照股东所持有的股票数与所选举的董事或监事人数的乘积计算，而不是直接按照股东所持有的股票数计算。简单地说，股东的表决权票数等于股东所持有的股票数乘以所选举的董事或监事人数。例如，某公司要选5名董事，公司股份共1000股，股东共10名，其中1名大股东持有510股，即拥有公司51%的股份，其余9名股东共计持有490股，合计拥有公司49%的股份。若按直接投票制度，每一股有一个表决权，则控股51%的大股东就能够使自己推选的5名董事全部当选，其他股东无法表达自己的意志。但若采取累积投票制，表决权的总数就有1000×5＝5000票，控股股东总计拥有的票数为2550票，其他9名股东合计拥有2450票。第二，根据累积投票制，股东拥有的表决权可以集中使用，即可以集中投票给一个或几个董事候选人，并按所得同意票数多少的排序确定当选董事，因此从理论上来说，其他股东至少可以使自己推选的2名董事当选，而控股比例超过半数的股东最多只能选上3名自己推选的董事。累积投票权制度的意义在于限制大股东或控股股东对董事、监事选举过程的控制与操纵，有利于保护中小股东的利益。需要注意的是，《公司法》规定的累积投票权制度是任意性的，而非强制性的，即公司可以采用累积投票权制度，也可以不采用该制度，是否采用由公司章程作出规定或由股东会作出决议。

（二）董事会

1.董事会的性质及其组成。董事会是股份有限公司必设的业务执行和经营意思决定机构，对股东会负责。

董事会由全体董事组成。董事会成员同样为3人以上。董事的产生有两种情况：第一，在公司设立时，采取发起方式设立的公司，董事由发起人选举产生；采取募集方式设立的公司，董事由成立大会选举产生。第二，在公司成立后，董事由股东会选举产生。

董事会设董事长1人，可以设副董事长。董事长和副董事长由董事会以全体董事的过半数选举产生。董事长主持股份有限公司股东会会议和董事会会议，为会议主席。董事的任期由公司章程规定，但每届任期不得超过3年。董事任期届满，连选可以连任。董事在任期届满前，股东会不得无故解除其职务。

公司可以按照公司章程的规定在董事会中设置审计委员会或者其他委员会。

2.董事会的职权。股份有限公司董事会的职权适用《公司法》第67条关于有限责任公司董事会的职权的规定。

3.董事会会议的召开。股份有限公司的董事会会议分为定期会议和临时会议两种。董事会定期会议，每年度至少召开两次，每次应于会议召开10日以前通知全体董事和监事；董事会召开临时会议，其会议通知方式和通知时限，可由公司章程作出规定。董事会会议由董事长负责召集。董事长检查董事会决议的实施情况。副董事长协助董事长工作，董事长不能履行职务或者不履行职务的，由副董事长履行职务；副董事长不能履行职务或者不履行职务的，由过半数的董事共同推举一名董事履行职务。

董事会会议，应当由董事本人出席；董事因故不能出席，可以书面委托其他董事代为出席，委托书应当载明授权范围。股份有限公司董事会会议应有过半数的董事出席方可举行。董事会作出决议，必须经全体董事的过半数通过。董事会决议的表决，应当一人一票。董事会会议的结果表现于董事会决议之中。董事会应当对所议事项的决定作成会议记录，由出席会议的董事在会议记录上签名。董事应当对董事会的决议承担责任。董事会的决议违反法律、行政法规或者公司章程、股东会决议，给公司造成严重损失的，参与决议的董事对公司负赔偿责任。经证明在表决时曾表明异议并记载于会议记录的，该董事可以免除责任。

4.董事会审计委员会。审计委员会的设立是董事会监督职能体系的重要制度建构。在2023年修订前的《公司法》的制度框架下，监事会是公司的监督机构且为必设机构。近年来，各种公司治理模式之间开始出现相互借鉴的趋势。在我国市场经济体制逐步建立、完善的过程中，公司（尤其是上市公司）治理频频出现混乱，监事会未能有效发挥监督作用正是其原因之一。相较而言，董事会是公司的业务执行机关，对公司的业务应当有充分的了解。在决策的事前、事中以及事后都有充分的可能性去主动了解公司的业务，并且业务范围并不限于公司的财务状况，公司可以在董事会设置审计委员会承担监督职能。

股份有限公司可以按照公司章程的规定在董事会中设置由董事组成的审计委员会，行使《公司法》规定的监事会的职权，从而不设监事会或者监事。

审计委员会成员为3名以上，过半数成员不得在公司担任除董事以外的其他职务，且不得与公司存在任何可能影响其独立客观判断的关系。公司董事会成员中的职工代表可以成为审计委员会成员。审计委员会作出决议，应当经审计委员会成员的过半数通过。审计委员会决议的表决，应当一人一票。审计委员会的议事方式和表决程序，除《公司法》有规定的外，由公司章程规定。

（三）经理

经理是对股份有限公司日常经营管理负有全责的高级管理人员，由董事会聘任或解聘，对董事会负责。经理根据公司章程的规定或者董事会的授权行使职权。经理列席董事会会议。

规模较小或者股东人数较少的股份有限公司，可以不设董事会，设1名董事，行使《公司法》规定的董事会的职权。该董事可以兼任公司经理。

（四）监事会

1.监事会的性质及其组成。监事会是股份有限公司的监督机构，对公司的财务及业务执行情况进行监督。

监事会由监事组成，其人数不得少于3人。监事由股东代表和公司职工代表构成，其中职工代表的比例不得低于1/3。股东代表由股东会选举产生；职工代表由公司职工通过职工代表大会、职工大会或者其他形式民主选举产生。监事会设主席1人，可以设副主席。监事会主席、副主席由全体监事过半数选举产生。监事的任期每届为3年，监事任期届满，连选可以连任。

2.监事会的职权。《公司法》第78~80条关于有限责任公司监事会职权的规定，适用于股份有限公司监事会。

规模较小或者股东人数较少的股份有限公司，可以不设监事会，设1名监事，行使《公司法》规定的监事会的职权。

3.监事会的召开和表决。监事会每6个月至少召开一次会议。监事可以提议召开临时监事会会议。

监事会的议事方式和表决程序，除《公司法》有规定的外，由公司章程规定。

监事会决议应当经全体监事的过半数通过。监事会决议的表决，应当一人一票。监事会应当对所议事项的决定作成会议记录，出席会议的监事应当在会议记录上签名。

四、上市公司组织机构的特别规定

上市公司是指所发行的股票经国务院或者国务院授权的证券管理部门批准在证券交易所上市交易的股份有限公司。上市公司的股票依照法律、行政法规及证券交易所的交易规则上市交易。

1.上市公司在一年内购买、出售重大资产或者向他人提供担保的金额超过公司资产总额30%的，应当由股东会作出决议，并经出席会议的股东所持表决权的2/3以上通过。

2.上市公司在董事会中设置审计委员会的，董事会对下列事项作出决议前应当经审计委员会全体成员过半数通过：（1）聘用、解聘承办公司审计业务的会计师事务所；（2）聘任、解聘财务负责人；（3）披露财务会计报告；（4）国务院证券监督管理机构规定的其他事项。

3.上市公司设立独立董事制度。

中国证券监督管理委员会于2022年1月5日公布了修订之后的《上市公司独立董事规则》，其主要制度内容为：

（1）独立董事的概念与独立性的要求。

独立董事是指不在上市公司担任除董事外

的其他职务，并与其所受聘的上市公司及其主要股东不存在可能妨碍其进行独立客观判断关系的董事。

为保证独立董事的独立性，下列人员不得担任独立董事：①在上市公司或者其附属企业任职的人员及其直系亲属、主要社会关系；②直接或间接持有上市公司已发行股份1%以上或者是上市公司前十名股东中的自然人股东及其直系亲属；③在直接或间接持有上市公司已发行股份5%以上的股东单位或者在上市公司前五名股东单位任职的人员及其直系亲属；④最近一年内曾经具有前三项所列举情形的人员；⑤为上市公司或者其附属企业提供财务、法律、咨询等服务的人员；⑥法律、行政法规、部门规章等规定的其他人员；⑦公司章程规定的其他人员；⑧中国证监会认定的其他人员。

（2）独立董事的组成。

上市公司董事会成员中应当至少包括1/3独立董事。上市公司董事会下设薪酬与考核、审计、提名等专门委员会的，独立董事应当在审计委员会、提名委员会、薪酬与考核委员会成员中占多数，并担任召集人。上市公司应当在公司章程中明确，聘任适当人员担任独立董事，其中至少包括1名会计专业人员。

（3）独立董事的职权。

独立董事除应当具有《公司法》和其他相关法律、法规赋予董事的职权外，还包括以下特别职权：①重大关联交易（指上市公司拟与关联人达成的总额高于300万元或高于上市公司最近经审计净资产值的 5%的关联交易）应由独立董事事前认可；独立董事作出判断前，可以聘请中介机构出具独立财务顾问报告，作为其判断的依据。②向董事会提议聘用或解聘会计师事务所。③向董事会提请召开临时股东大会。④提议召开董事会。⑤在股东大会召开前公开向股东征集投票权。⑥独立聘请外部审计机构和咨询机构，对公司的具体事项进行审计和咨询。

独立董事行使上述第①项至第⑤项职权，应当取得全体独立董事的1/2以上同意；行使前款第⑥项职权，应当经全体独立董事同意。

（4）独立董事应当发表独立意见的事项。

独立董事应当对以下事项向董事会或股东大会发表独立意见：①提名、任免董事；②聘任或解聘高级管理人员；③公司董事、高级管理人员的薪酬；④上市公司的股东、实际控制人及其关联企业对上市公司现有或新发生的总额高于300万元或高于上市公司最近经审计净资产值的5%的借款或其他资金往来，以及公司是否采取有效措施回收欠款；⑤独立董事认为可能损害中小股东权益的事项；⑥法律、行政法规、中国证监会和公司章程规定的其他事项。独立董事应当就前款事项发表以下几类意见之一：同意；保留意见及其理由；反对意见及其理由；无法发表意见及其障碍。

（5）独立董事的履职保障。

为了保证独立董事有效行使职权，上市公司应当为独立董事履行职责提供所必需的工作条件，包括：①上市公司董事会秘书应积极为独立董事履行职责提供协助，如介绍情况、提供材料等，定期通报公司运营情况，必要时可组织独立董事实地考察。②独立董事发表的独立意见、提案及书面说明应当公告的，上市公司应及时协助办理公告事宜。③上市公司应当保证独立董事享有与其他董事同等的知情权。凡须经董事会决策的事项，上市公司必须按法定的时间提前通知独立董事并同时提供足够的资料，独立董事认为资料不充分的，可以要求补充。④独立董事行使职权时，上市公司有关人员应当积极配合，不得拒绝、阻碍或隐瞒，不得干预其独立行使职权。⑤独立董事聘请中介机构的费用及其他行使职权时所需的费用由上市公司承担。⑥上市公司应当给予独立董事适当的津贴。津贴的标准应当由董事会制订预案，股东大会审议通过，并在公司年报中进行披露。除上述津贴外，独立董事不应从该上市公司及其主要股东或有利害关系的机构和人员取得额外的、未予披露的其他利益。⑦上市公司可以建立必要的独立董事责任保险制度，以降低独立董事正常履行职责可能引致的风险。

4.上市公司设董事会秘书，负责公司股东

会和董事会会议的筹备、文件保管以及公司股东资料的管理，办理信息披露事务等事宜。

5.上市公司董事与董事会会议决议事项所涉及的企业或者个人有关联关系的，该董事应当及时向董事会书面报告。有关联关系的董事不得对该项决议行使表决权，也不得代理其他董事行使表决权。该董事会会议由过半数的无关联关系董事出席即可举行，董事会会议所作决议须经无关联关系董事过半数通过。出席董事会会议的无关联关系董事人数不足3人的，应当将该事项提交上市公司股东会审议。

6.上市公司应当依法披露股东、实际控制人的信息，相关信息应当真实、准确、完整。禁止违反法律、行政法规的规定代持上市公司股票。

7.上市公司控股子公司不得取得该上市公司的股份。上市公司控股子公司因公司合并、质权行使等原因持有上市公司股份的，不得行使所持股份对应的表决权，并应当及时处分相关上市公司股份。

第六节　股份有限公司的股份发行和转让

一、股份有限公司的股份

（一）股份的概念和特征

公司股份是由股东出资形成的资本构成单位，是构成资本的最小均等计量单位，也是划分股份有限公司股东权利义务的基本构成单位。《公司法》第142条第1款规定："公司的资本划分为股份。公司的全部股份，根据公司章程的规定择一采用面额股或者无面额股。采用面额股的，每一股的金额相等。"

股份的主要法律特征可以概括为以下四个方面。

1. 股份的等额性。股份是对股份有限公司资本的等额划分，具有数额的等额性。表现为股份有限公司同一类别股份所包含的权利义务一律平等，每一股份代表一份股权。股份等额便于计算股东权利义务。股份划分为较小单位，使得普通人能够购买股份而成为公司股东，从而也扩大了公司的融资能力。

2. 股份的不可分性。股份是构成股份有限公司资本的最小单位，具有不可分性。任何股份有限公司的资本均被划分为股份，股份不可再分。股份的不可分性并不排除某一股份为数人所共有。

3. 股份的证券性。股份有限公司股份采取股票形式，表现为有价证券。股票是股份有限公司成立后以公司名义发行的代表股份的一种有价证券，具有可自由转让性。除法律另有规定外，股份可以自由转让和流通，合法取得股票者即合法取得股份，从而也取得股权。

4.股份的可转让性。依据公司法人人格原理，股东向公司缴付出资之后即不得再抽回股本。股东投资购买股票之后，仅能通过公司利润分配获得投资收益以及通过转让股份收回投资。股份有限公司是资合公司，股东可以自由转让各自的股份，而无须事先征得公司或者其他股东同意。除非法律有特别规定，公司章程或者决议不得限制股份的自由转让，保证股东退出股份有限公司的畅通渠道。

（二）股票

股份的表现形式是股票。《公司法》第147条第1款规定："公司的股份采取股票的形式。股票是公司签发的证明股东所持股份的凭证。"股份与股票形同表里，股份是股票依附的物质内容，股票的存在价值在于使得股份财产实现证券化。股票的主要法律特征可以概括如下：

1. 股票是一种证权证券。证权证券和设权证券相对应，二者的区别主要在于：证权证券以证明权利的存在为目的；而设权证券以设定权利为目的。股票只是一种证明股权已存在的证券，股权并不因股票的签发而创设，而是因股东认缴或者实缴股份而产生。

2. 股票是一种有价证券。股票的价值在于股份的价值，即在于该股份所代表的资本金额及股权的大小。有价证券代表的权利与证券本身是不可分离的，证券转移则权利也随之转移。股票也是如此。

3.股票是一种要式证券。《公司法》第149条规定，股票采用纸面形式或者国务院证券监督管理机构规定的其他形式。股票采用纸面形式的，应当载明下列主要事项：公司名称；公司成立日期或者股票发行的时间；股票种类、票面金额及代表的股份数，发行无面额股的，股票代表的股份数。股票采用纸面形式的，还应当载明股票的编号，由法定代表人签名，公司盖章。发起人股票采用纸面形式的，应当标明发起人股票字样。

4.股票是一种流通证券。股份的自由转让即意味着股票的自由流通。以上市公司为例，其股票是可以公开发行且自由转让的，即可以在证券交易所内自由流通。

（三）股东名册

股份有限公司特别是上市公司，股东众多，为了掌握股东的基本情况，保障股东的权益，各国或地区的公司立法一般规定股份有限公司应置备股东名册。

1.股东名册的记载事项

《公司法》第102条规定："股份有限公司应当制作股东名册并置备于公司。股东名册应当记载下列事项：（一）股东的姓名或者名称及住所；（二）各股东所认购的股份种类及股份数；（三）发行纸面形式的股票的，股票的编号；（四）各股东取得股份的日期。"

2.股东名册的封闭

股东名册的封闭，是指公司为了确定行使股东权的股东而在一定时期停止股东名册的记载和变更。股东名册封闭的意义主要体现在以下方面：（1）股东名册的封闭有时是因为公司实施重大事项前需要确定具体股东名单，以便于股东行使权利，避免因股东一直处于变动状态而无法确定行权股东。例如，《公司法》第159条第2款规定，"股东会会议召开前二十日内或者公司决定分配股利的基准日前五日内，不得变更股东名册。法律、行政法规或者国务院证券监督管理机构对上市公司股东名册变更另有规定的，从其规定"。（2）封闭股东名册后，封闭当时在股东名册上的股东就被确定为可以行使股东权的股东。股份有限公司的股份转让频繁，股权随时都有可能发生变动，即使在股东权利行使的过程中，股权仍有可能发生变动。因此，有必要在一定期间停止股东名册的记载，以便公司确定股东权利的行使者。

（四）股份分类

按照不同的标准，可将股份区分为不同的类型。各国公司法上有多种类型的股份。具体的股份分类如下。

1.记名股和无记名股

依据是否在股票票面和股东名册上记载股东姓名，可以将股票分为记名股票和无记名股票。

记名股是在股票票面和股东名册上记载股东姓名或者名称的一类股票；反之，就是无记名股。记名股有利于公司对股东信息和股票流通的全面掌握，可以有效地防止股票投机行为；无记名股最显著的优点则是便于股份的流通。各国或地区的公司立法一般对记名股和无记名股的转让方式作不同的规定。

《公司法》第147条第2款规定，公司发行的股票，应当为记名股票。意味着我国股份有限公司只能发行记名股票。

2.面额股和无面额股

依据股票有无表示金额，股票可分为面额股和无面额股。

面额股是指股票记载票面金额的股份。许多国家或地区的公司法对公司股票的最低面值作了规定。《公司法》第148条规定，面额股股票的发行价格可以按票面金额，也可以超过票面金额，但不得低于票面金额。超过票面金额发行股票所得溢价款，应列入公司资本公积金。

无面额股是指股票票面不记载金额的股票。在公司发行无面额股的情况下，公司的股份数量与资本总额相分离，使得经营不善、股价低于股票面值的公司可以不受禁止折价发行规则的限制，通过发行新股获得新的融资，帮助公司走出困境，提高公司融资效率。

《公司法》第142条创设了股份有限公司面额股和无面额股择一模式，股份有限公司可以在设立时的章程中明确选择采用面额股或者无面额股，也可以在公司运行过程中根据公司章程的规定将已发行的面额股全部转换为无面额股，或者将无面额股全部转换为面额股。需要注意的是，公司可以自主选择采用面额股或者无面额股，但公司不能同时设置面额股和无面额股。

《公司法》同时对无面额股与注册资本之间的联系作出了明确的规定。《公司法》第142条第3款规定，采用无面额股的，应当将发行股份所得股款的1/2以上计入注册资本。《公司法》第213条规定，“公司以超过股票票面金额的发行价格发行股份所得的溢价款、发行无面额股所得股款未计入注册资本的金额以及国务院财政部门规定列入资本公积金的其他项目，应当列为公司资本公积金”。

3. 普通股和特别股

以股份所代表的权益和承担的风险大小为标准，股票可以分为普通股和特别股。

（1）普通股是股份有限公司最基本、最重要的股票种类，也是发行量最大的股票种类。普通股是具有完全股权的股份，普通股的股东一般享有表决权，即参与公司重大问题决策的权利；普通股是全风险型股份，普通股的股东在分配股利时，不享有特别利益，均按持股参加分配，分配与否及分配金额大小依据当年公司盈利状况确定，存在不确定性，且只能在公司支付债息和优先股股东权益后才可参加分配。在公司进行清算时，持有普通股的股东有权分得公司剩余财产，但普通股股东必须在公司的债权人、优先股股东获得偿付之后才能分配剩余财产。

（2）特别股是有某种特别权利或者某种特别义务的股份。特别股主要有下列分类：

①分配公司盈余的特别股。分配公司盈余的特别股包括分红权优先于普通股股东的优先股和劣后于普通股股东的劣后股。公司有可分配的盈余时，应先分配给优先股股东；如有剩余，再分配给普通股股东；再有剩余，才分配给劣后股股东。

②分配公司剩余财产的特别股。分配公司剩余财产的特别股指公司解散清算时，可以优先或者劣后于普通股分配公司剩余财产的特别股份。

③行使表决权的特别股。行使表决权的特别股是指投票权高于一股一票或者低于一股一票的特别股。目前，较常见的是公司上市前发行的赋予创始人股东超级多数表决权的股份。

④可赎回的特别股。一般的股份在发行之后不得由公司随意赎回。但公司可以发行可赎回的特别股。公司在发行这种股份后的一定时期内，可以将其赎回。

4. 其他特殊类型的股份

（1）以投资主体为标准，将股份分为国家股、法人股、社会公众股和外资股。

①国家股是指国家以国有资产向股份有限公司投资所形成的股份。在我国股份制改造过程中，根据各地的不同做法，国家股曾经主要有三种代表模式：一是由政府国有资产管理部门来代表国家；二是由国家授权的其他政府部门来代表国家；三是由国家专门成立的国有资产经营公司来代表国家。

②法人股是指具备法人资格的社会组织向股份有限公司投资而形成的股份。

③社会公众股是指社会个人投资人向股份有限公司投资而形成的股份。在我国公司法实践中，社会公众股包括一般社会公众股和公司职工股，以投资者是否属于股份有限公司员工为区分标准。

④外资股有狭义和广义之分。狭义的外资股是指外国投资人所持有的我国股份有限公司的股份；广义的外资股还包括我国香港、澳门特别行政区和我国台湾地区的投资人所持有的我国内地（大陆）股份有限公司的股份。

（2）按照上市公司股份能否在证券交易所交易，股份可以分为流通股和非流通股。流通股是指上市公司股份中，可以在证券交易所交易的股份。非流通股是指暂时不能上市流通的股份。股权分置改革之后，非流通股在目前的上市公司中几乎不存在。

（3）有限售条件股份和无限售条件股份。

顾名思义，有限售条件股份是指依法律、法规或者依持股人的承诺，有转让限制的股份。例如，《公司法》第160条第2款规定，公司董事、监事、高级管理人员所持本公司股份自公司股票上市交易起1年内不得转让。《证券法》第75条规定，在上市公司收购中，收购人持有的被收购的上市公司的股票，在收购行为完成后的18个月内不得转让。无限售条件股份是指没有限售条件，在证券市场上流通转让不受限制的股份。一般情况下，中小投资者通过竞价交易买入的股票不存在限售限制。

（4）以上市交易地为标准对注册地在中国境内的上市公司所发行的股票进行分类，可分为境内上市股和境外上市股。

在中国境内上市交易的股票分为A股和B股。

①A股，又称人民币股票，是指在上海、深圳及北京证券交易所上市交易，以人民币标明股票面值，由中国境内投资者以人民币认购和交易的股票，我国香港、澳门特别行政区和我国台湾地区及其他国家的境外投资者不能直接开户买卖。

②B股，又称人民币特种股票。B股同样在上海、深圳及北京证券交易所上市交易，是以人民币标明股票面值，由外国和我国港澳台地区投资者以外汇认购和买卖的股票，我国内地（大陆）投资者不能购买。2001年以后，B股市场对我国内地（大陆）投资者开放，买卖B股需将现汇存款或外币现钞存款存入股票资金账户。

（五）我国公司法中的类别股制度

《公司法》第143~146条规定了股份有限公司的类别股制度。所谓类别股，是指股权的各项子权利可以分离并重新进行排列组合，从而得到股东权利差异化安排的不同类别的股份。

长期以来，我国公司法奉行同股同权的原则，公司中往往只有普通股，每一股份承载的股东权利也相同。但是，随着资本市场的发展，单一股份类别难以满足公司发展和治理的需求，引入类别股制度可以很好地平衡融资方和投资者各自的利益诉求，实现共赢。《公司法》第143~146条对类别股作了相关规定，主要包括：类别股的发行主体、类别股的法定种类、章程强制记载公示、分类表决制度等方面的内容。

1.类别股的发行主体

类别股相关的条文主要被放置在《公司法》第六章，即“股份有限公司的股份发行和转让”中。可见，当前类别股制度仅适用于股份有限公司，有限责任公司并无类别股制度的适用空间。目前，我国只有股份有限公司才能够发行类别股，有限责任公司不能发行类别股。

2.类别股的法定种类

《公司法》采用了类别股种类法定的立法模式。《公司法》第144条第1款规定，股份有限公司有权发行的类别股种类有且仅有优先或劣后分配利润或剩余财产的股份、每一股的表决权数多于或少于普通股的股份、限制转让的股份及国务院规定的其他类别股四种。公司无权自行创设新的类别股种类，当然，在我国类别股制度平稳运行后，国务院可以出台行政法规增加类别股的种类。

《公司法》规定的四种法定类别股具体如下：

（1）优先或劣后分配利润或剩余财产的股份。这是典型的资产收益性类别股，具有融资功能。与普通股相比，这类股份在利润和剩余财产的分配上具有优先性或劣后性。公司可以根据融资需求，自由组合其权利内容。公司应按照公司章程的规定优先满足优先股东的分配需求。在公司清算时，按照法定清偿顺序清偿完毕后，若公司还有剩余财产可供分配，则按照公司章程的规定优先向优先股股东分配，再按普通股股东的出资比例或普通股股东之间的约定向普通股股东分配。股份享有优先权利的代价则往往是对公司经营话语权的让渡，优先股实质上是以分离一部分股权权能为代价来换取一部分债权权能，是具有一定债权色彩的股权。

（2）每一股的表决权数多于或少于普通股的股份。每一特别表决权股份拥有的表决权数量多于或少于每一普通股份拥有的表决权数量，形成了差异化表决权。差异化表决权结构是一种灵活的公司控制权的安排，通过赋予每股特别表决权股份多数表决权的方式实现公司创始人在上市后对公司的持续控制。需要注意的是,《公司法》第144条第3款对特别表决权股份作出了一定限制,即特别表决权股份对于监事或者审计委员会成员的选举和更换,与普通股每一股的表决权数相同。

(3)限制转让的股份。一般而言,股份有限公司股东转让其持有股份的,不受任何限制。《公司法》第157条规定,“公司章程对股份转让有限制的,其转让按照公司章程的规定进行”。转让股份有限公司股权不存在有限责任公司中的其他股东优先购买权等限制,但《公司法》允许公司章程对其作出例外规定,如转让需经过公司同意。较之可自由转让的普通股份,转让受限的股份也属类别股。

(4)国务院规定的其他类别股。如国务院2015年发布的《关于国有企业发展混合所有制经济的意见》中,允许国有股东在特定事项上行使否决权。《优先股试点管理办法》第2条规定:“本办法所称优先股是指依照《公司法》,在一般规定的普通种类股份之外,另行规定的其他种类股份,其股份持有人优先于普通股股东分配公司利润和剩余财产,但参与公司决策管理等权利受到限制。”可见,这一兜底性规定为日后法律扩展类别股的权利义务内容预留了空间。

此外,《公司法》第144条第2款明确规定,公开发行股份的公司不得发行每一股的表决权数多于或少于普通股的股份和限制转让的股份,除非这两类股份在公司公开发行股份前已发行。

3.章程强制记载公示

《公司法》第145条规定,发行类别股的公司,应当将类别股的相关事项记载于公司章程。应当载明的类别股事项包括:(1)类别股分配利润或者剩余财产的顺序;(2)类别股的表决权数;(3)类别股的转让限制;(4)保护中小股东权益的措施;(5)股东会认为需要规定的其他事项。章程强制记载的意义在于公示,通过告知外界公司的类别股具体权利配置,避免公司通过发行类别股的方式损害投资者或债权人的利益,保护交易安全。值得注意的是,目前《公司法》规定的公司应当通过国家企业信用信息公示系统公示的事项并不包括章程内容,只有上市或者新三板挂牌的股份有限公司根据证券监管法规才需要披露公司章程内容。

4.分类表决制度

类别股分类表决制度是保护类别股股东的重要制度。根据《公司法》第146条第1款的规定,发行类别股的公司需要对“修改公司章程”“增加或者减少注册资本”“公司合并、分立、解散”“变更公司形式”等事项作出决定时,若“可能影响类别股股东权利”,那么除了需要经过出席普通股股东会议的股东所持表决权的2/3以上表决通过,还应当经出席类别股股东会议的股东所持表决权的2/3以上通过。此外,《公司法》第146条第2款规定,公司章程可以对需经类别股股东会议决议的其他事项作出规定。

二、股份有限公司的股份发行

股份有限公司全部资本划分为等额股份,股份是股份公司股东持有的、公司资本的基本构成单位,也是划分股份公司股东权利义务的基本构成单位。股份发行是指股份公司发起人、认股人对股份的认购。由于股份公司股份发行条件的严格性和发行程序的复杂性,各国公司法为股份公司的资本募集专设了股份发行制度,区别于有限公司的资本募集制度。同时,公司法关于股份发行的许多规则,在没有冲突的情形下,也可直接或参照适用于有限公司。

(一)股份发行的原则

《公司法》第143条第1款规定,股份的发行,实行公平、公正的原则,同类别的每一股份应当具有同等权利。《证券法》第3条规定,证券的发行、交易活动,必须遵循公开、公平、公正的原则。故股份发行的原则为公开、公平和公正原则。具体而言,股份有限公司发行股份时应当做到:

其一,当公司向社会公开募集股份时,应就有关股份发行的信息依法公开披露。股份发行需公开的具体信息内容较为广泛,大体可分为两类，一类是公司及其发行股份的基本情况，包括发起人的情况、股份发行可行性、募集资金的用途、公司经营业绩、未来效益预测等；另一类是股份发行操作安排方面的情况，包括发行的数量、方式、对象、价格、条件、程序等。《公司法》第154条和第209条特别对公司公告招股说明书、财务会计报告作了具体规定。

其二，股份发行对所有投资者应给予平等的对待，一视同仁，不得歧视。同次发行的同类别股份，每股的发行条件和价格应当相同，同股同权，同股同利。

其三，对股份发行活动的监管和对股份发行争议或纠纷的处理应正确适用法律，对当事人公正对待，处理结果客观公正。公正原则与公平原则密切联系，但公平原则应是适用于当事人之间交易关系并确定其实体权利义务的法律原则。公正原则则应是执法和司法机关监管当事人行为和处理权益争议时适用的法律原则。股份发行中虚假陈述、内幕交易、操纵市场、欺诈客户等违法、违规行为的存在是客观现实，当事人之间的利益冲突和权益纠纷也难以避免。行政机关对股份发行活动的监管和司法机关对发行纠纷的处理过程中，只有正确适用法律，不偏不倚，才能有力地制止和防范各种不正当行为，保护投资者的合法权益，化解各种矛盾和冲突，增强投资者信心，维持市场稳定。

（二）股份发行程序

《证券法》第12条规定了公开发行新股的条件。募集设立时股份公开发行的程序已在股份有限公司的设立制度部分介绍，此处概括介绍股份有限公司新股公开发行的程序。

1.审议通过发行决议

股份有限公司发行新股必然增加注册资本，根据《公司法》第67条的规定，需由董事会制订公司增加注册资本的方案，并需要提交股东会审议，经代表2/3以上表决权的股东通过。

依据《公司法》第151条的规定，公司发行新股时，股东会应当对下列事项作出决议：（1）新股种类及数额；（2）新股发行价格；（3）新股发行的起止日期；（4）向原有股东发行新股的种类及数额；（5）发行无面额股的，新股发行所得股款计入注册资本的金额。公司发行新股，可以根据公司经营情况和财务状况，确定其作价方案。

股份有限公司实行有限的授权资本制度，公司章程或者股东会可以授权董事会在3年内决定发行不超过已发行股份50%的股份。但以非货币财产作价出资的应当经股东会决议。董事会依照法律规定决定发行股份导致公司注册资本、已发行股份数发生变化的，对公司章程该项记载事项的修改不需再由股东会表决。公司章程或者股东会授权董事会决定发行新股的，董事会决议应当经全体董事2/3以上通过。

2.预先披露

《证券法》第20条规定，发行人申请首次公开发行股票的，在提交申请文件后，应当按照国务院证券监督管理机构的规定预先披露有关申请文件。预先披露的好处在于，可以发挥市场及舆论监督力量，让市场监督注册文件的真实性。实行注册制后，股份有限公司作为发行人应当按规定，将招股说明书、发行保荐书、上市保荐书、审计报告和法律意见书等文件在证券交易所网站预先披露。

3.证券交易所审核

《证券法》第21条第2款规定，按照国务院的规定，证券交易所等可以审核公开发行证券申请，判断发行人是否符合发行条件、信息披露要求，督促发行人完善信息披露内容。《首次公开发行股票注册管理办法》第5条规定，首次公开发行股票并上市，应当符合发行条件、上市条件以及相关信息披露要求，依法经交易所发行上市审核，并报证监会注册。因此，在注册制下，证券交易所履行审核主体的责任。

《证券法》第13条规定，公司公开发行新股，应当报送募股申请和下列文件：（1）公司营业执照；（2）公司章程；（3）股东大会决议；（4）招股说明书或者其他公开发行募集文件；（5）财务会计报告；（6）代收股款银行的名称及地址。依照《证券法》规定聘请保荐人的，还应当报送保荐人出具的发行保荐书。依照本法规定实行承销的，还应当报送承销机构名称及有关的协议。

交易所设立独立的审核部门，负责审核发行人公开发行并上市申请；设立科技创新咨询委员会或行业咨询专家库，负责为板块建设和发行上市审核提供专业咨询和政策建议；设立上市委员会，负责对审核部门出具的审核报告和发行人的申请文件提出审议意见。交易所主要通过向发行人提出审核问询、发行人回答问题方式开展审核工作，判断发行人是否符合发行条件、上市条件和信息披露要求，督促发行人完善信息披露内容。

交易所按照规定的条件和程序，形成发行人是否符合发行条件和信息披露要求的审核意见。认为发行人符合发行条件和信息披露要求的，将审核意见、发行人注册申请文件及相关审核资料报证监会注册；认为发行人不符合发行条件或者信息披露要求的，作出终止发行上市审核决定。

4.证监会注册

证监会收到交易所审核意见及相关资料后，基于交易所审核意见，依法履行发行注册程序。在20个工作日内对发行人的注册申请作出予以注册或者不予注册的决定。证监会认为交易所对新增事项的审核意见依据明显不充分，可以退回交易所补充审核。交易所补充审核后，认为发行人符合发行条件和信息披露要求的，重新向证监会报送审核意见及相关资料。

5.发行与承销

证监会的予以注册决定，自作出之日起1年内有效，发行人应当在注册决定有效期内发行股票，发行时点由发行人自主选择。发行人和主承销商应当签订承销协议，在承销协议中约定双方的权利义务关系，约定明确的承销基数。采用包销方式的，明确包销责任；采用代销方式的，约定发行失败后的处理措施。发行人和主承销商应在招股说明书和发行公告中披露本次发行证券的定价方式。首次公开发行证券，可以通过询价的方式确定证券发行价格，也可以通过发行人与主承销商自主协商直接定价等其他合法可行的方式确定发行价格。发行人和主承销商可以自主协商确定有效报价条件、配售原则和配售方式，并按照事先确定的配售原则确定配售证券的对象。投资者申购证券获得配售后，应按时足额缴付认购资金。投资者申购缴款结束后，发行人和主承销商应当聘请符合《证券法》规定的会计师事务所对申购和募集资金进行验证，并出具验资报告。

6.履行上市程序

发行人在首次公开发行股票经证监会予以注册并完成公开发行后，向证券交易所提出上市申请，并提交上市申请书、证监会予以注册的决定、首次公开发行股票结束后发行人全部股票已经结算公司登记的证明文件、验资报告，以及控股股东、董监高等出具的证明，声明及承诺等文件，交易所收到发行人完备的上市申请文件后5个交易日内，作出是否同意上市的决定。

三、股份有限公司的股份转让

股份有限公司的股份转让实行自由转让的原则。

（一）股份转让的限制

为了保护公司、股东及债权人的利益，《公司法》对股份转让作了必要的限制。主要有：

1.公司章程对股份转让的限制。《公司法》第157条规定，股份有限公司的股东持有的股份可以向其他股东转让，也可以向股东以外的人转让；公司章程对股份转让有限制的，其转让按照公司章程的规定进行。该规定具有溯及既往的法律效力，《公司法时间效力规定》第5条规定，“公司法施行前的法律事实引起的民事纠纷案件，当时的法律、司法解释已有原则性规定，公司法作出具体规定的下列情形，适用公司法的规定：（一）股份有限公司章程对股份转让作了限制规定，因该规定发生争议的，适用公司法第一百五十七条的规定……”

2.对股份转让场所的限制。《公司法》第158条规定，股东转让其股份，应当在依法设立的证券交易场所进行或者按照国务院规定的其他方式进行。

3.对公司公开发行股份前已发行的股份转让的限制。公司公开发行股份前已发行的股份，自公司股票在证券交易所上市交易之日起1

年内不得转让。法律、行政法规或者国务院证券监督管理机构对上市公司的股东、实际控制人转让其所持有的本公司股份另有规定的，从其规定。

4.对董事、监事、高级管理人员持有的本公司股份转让的限制。公司董事、监事、高级管理人员应当向公司申报所持有的本公司的股份及其变动情况，在就任时确定的任职期间每年转让的股份不得超过其所持有本公司股份总数的25%；所持本公司股份自公司股票上市交易之日起1年内不得转让。上述人员离职后半年内，不得转让其所持有的本公司股份。此外，具有下列情形之一的，上市公司董事、监事、高级管理人员不得减持股份：（1）董事、监事、高级管理人员因涉嫌证券期货违法犯罪，在被中国证监会立案调查或者被司法机关立案侦查期间，以及在行政处罚决定、刑事判决作出之后未满6个月的；（2）董事、监事、高级管理人员因违反证券交易所规则，被证券交易所公开谴责未满3个月的；（3）证监会规定的其他情形。并且，其若计划通过证券交易所集中竞价交易减持股份，应当在首次卖出的15个交易日前向证券交易所报告并预先披露减持计划，由证券交易所予以备案。

5.对上市公司控股股东和持股5%以上股东（大股东）减持其非通过证券交易所集中竞价交易买入的上市公司股份的限制。具有下列情形之一的，上市公司大股东不得减持股份：（1）上市公司或者大股东因涉嫌证券期货违法犯罪，在被中国证监会立案调查或者被司法机关立案侦查期间，以及在行政处罚决定、刑事判决作出之后未满6个月的；（2）大股东因违反证券交易所规则，被证券交易所公开谴责未满3个月的；（3）证监会规定的其他情形。此外，其若计划通过证券交易所集中竞价交易减持股份，应当在首次卖出的15个交易日前向证券交易所报告并预先披露减持计划，由证券交易所予以备案，且在3个月内通过证券交易所集中竞价交易减持股份的总数，不得超过公司股份总数的1%。通过协议转让方式减持股份并导致股份出让方不再具有上市公司大股东身份的，股份出让方、受让方应当在减持后6个月内继续遵守上述规定。

6.对股东减持其持有的公司首次公开发行前发行的股份、上市公司非公开发行的股份的限制。股东通过证券交易所集中竞价交易减持其持有的公司首次公开发行前发行的股份、上市公司非公开发行的股份，不得超过公司股份总数的1%；股东通过协议转让方式减持其持有的公司首次公开发行前发行的股份、上市公司非公开发行的股份，股份出让方、受让方应当在减持后6个月内继续遵守上述规定。此外，股东持有上市公司非公开发行的股份，在股份限售期届满后12个月内通过集中竞价交易减持的数量，还应当符合证券交易所规定的比例限制。

7.股份在法律、行政法规规定的限制转让期内出质的，质权人不得在限制转让期内行使质权。

（二）股份有限公司的股份回购

股份回购，是指公司收购本公司已发行的股份。股份回购是国际通行的公司实施并购重组、优化治理结构、稳定股价的重要手段，是资本市场的一项基础性制度安排。我国公司法原则上不允许公司回购自己的股份。1993年《公司法》规定了两种允许股份回购的例外情形，即公司为减少资本而注销股份或者与持有本公司股票的其他公司合并。2005年《公司法》修订时，增加了将股份奖励给本公司职工，以及股东因对股东大会作出的公司合并、分立决议持异议，要求公司收购其股份两种例外情形，并对股份回购的决策程序、数额限制等作了规定。2018年10月，立法机关专门针对公司股份回购而对《公司法》进行了修正。2019年修订后的《证券法》新设了股份回购制度，要求欺诈发行人或其控股股东、实际控制人回购其发行的证券。2023年《公司法》新增加了股份有限公司与有限责任公司完全一样的法定情形下的股东异议回购请求权。

1.不公开发行股份的股份有限公司的股东异议回购请求权。

公司收购股权本质上仍属于股东撤回投资退出公司的行为，须遵守严格的条件限制，《公司法》第161条规定，有下列三种情形之一，并且股东会在该股东投反对票的情况下依然作出了有效的决议，该投反对票的股份有限公司的股东才可以请求公司按照合理价格的收购其股份：

（1）公司连续5年不向股东分配利润，而公司该5年连续盈利，并且符合《公司法》规定的分配利润条件。当公司满足利润分配要件时，股东即享有获得投资收益的权利，而依据资本多数决规则形成的股东会决议现实阻碍了股东分配利润的合理利益实现，应允许其退出公司。

（2）公司转让主要财产。在该情形下，公司现有赖以开展生产经营活动的主要财产出现变化，未来的发展充满不确定性甚至可能产生风险；尽管股东会按照资本多数决规则形成了合法的决议，但与少数表决权股东的意愿相反，改变了其在设立公司时的合理利益期待，应允许其退出公司。

（3）公司章程规定的营业期限届满或者章程规定的其他解散事由出现，股东会通过决议修改章程使公司存续。章程规定的营业期限届满或章程规定的其他解散事由出现时，公司应当解散，股东可以退出经营。然而，经股东会决议后公司得以因修改章程而存续，让异议股东继续待在存续公司中，与公司章程订立时其意愿存在重大差异。法律不能强迫其继续成为公司股东面对公司存续经营的风险，使其退出公司更具正当性。

异议股东享有请求公司以合理价格收购其股份的权利，公司也负有法定的缔约义务。如果股东与公司不能达成股份收购协议，既包括股东与公司不能就收购协议内容尤其是股价协商一致的情形，也包括公司拒绝与股东协商的情形，但只要在法定期间内，即前述股东会决议作出之日起60日内，双方未达成股份收购协议，异议股东即可向法院寻求救济。这是因为在股份有限公司中，如果股东与公司长时间不能就股份收购达成协议，那么也可能影响请求收购股东的合法权益，也会对公司正常生产经营造成困扰，因而需要设置权利行使期间予以限制，以平衡异议股东与公司间的利益。异议股东诉权的行使期间为自股东会决议作出之日起90日内，超过该法定期限的，法院不予受理。

此外，为防止公司长时间持有自己的股份，避免公司的实际财产能力与其明示的资本数额和信用脱节，本条第3款亦明确规定：股份有限公司收购异议股东股份后，应在6个月内完成转让或注销程序。

《公司法》第161条具有溯及既往的法律效力，《公司法时间效力规定》第4条规定，“公司法施行前的法律事实引起的民事纠纷案件，当时的法律、司法解释没有规定而公司法作出规定的下列情形，适用公司法的规定：……（三）对股份有限公司股东会决议投反对票的股东请求公司按照合理价格收购其股份的，适用公司法第一百六十一条的规定……”

2.股份有限公司对本公司股份的回购。

通常情形下，公司自身不应通过持有本公司股份而成为本公司的成员。若允许公司自由决定回购本公司股份，则可能产生损害资本维持原则、损害股票交易的公平性等诸多弊端。然而，特定情形下的股份回购具有一定的合理性，如能够减少资本冗余，有利于保持股本结构、维持公司控制权等。世界上主要国家和地区普遍对股份回购实行“原则禁止，例外允许”。《公司法》第162条规定了我国股份有限公司可以回购本公司股份的法定情形。

（1）减少公司注册资本。公司减少注册资本的，应当经股东会决议，由公司对股东发出收购要约。一般而言，收购条件应使每一股东均有机会按照持股比例出让一定数额的股份。在公司完成收购后，应当自收购之日起10日内注销该部分股份，完成减资程序。

（2）与持有本公司股份的其他公司合并。公司股份可以为其他公司持有，当公司与持有本公司股份的其他公司合并时，被合并的其他公司的资产都归属于本公司，也包括其他公司所持有的本公司的股份，形成股份回购。该事项亦应经股东会决议，公司回购股份后，应当在回购之日起6个月内转让或者注销股份。

（3）将股份用于员工持股计划或者股权激励。员工持股计划是指公司根据员工意愿，通过合法方式使员工获得本公司股票并长期持有，股份权益按约定分配给员工的制度安排；员工持股计划的参加对象为公司员工，包括管理层人员。股权激励是指上市公司以本公司股票为标的，对其董事、高级管理人员及其他员工进行的长期性激励，激励对象可以包括上市公司的董事、高级管理人员、核心技术人员或者核心业务人员等。公司推行员工持股计划或者股权激励，也可以通过发行新股进行，但可能稀释未来股权收益；而通过股份回购进行，有利于提升股价，也不会稀释未来股权收益，既维护了既有股东利益，也有利于对员工的激励。为提高效率以利于公司及时把握市场机会，《公司法》对这一情形下的股份回购决策程序进行了简化，即可以依照公司章程的规定或者股东会的授权，经2/3以上董事出席的董事会会议决议。回购股份后，公司可根据具体实际情况适时推行员工持股计划或者股权激励计划，但公司持股最长不得超过3年。

（4）股东因对股东会作出的公司合并、分立决议持异议，要求公司收购其股份。为维护异议股东权利，当股东对股东会作出的合并、分立决议持异议时，可以要求公司回购其股份，公司应当回购，无须经股东会或者董事会决议。公司回购股份后，应当在回购之日起6个月内转让或者注销股份。

（5）将股份用于转换公司发行的可转换为股票的公司债券。可转换为股票的公司债券是以债券形式发行的，在一定时期内依据约定的条件可以转换为股票的债券。《公司法》第202条第1款规定："股份有限公司经股东会决议，或者经公司章程、股东会授权由董事会决议，可以发行可转换为股票的公司债券，并规定具体的转换办法。上市公司发行可转换为股票的公司债券，应当经国务院证券监督管理机构注册。"公司为转换可转债的需要回购股份，避免发行新股稀释未来股权收益，有利于股东和可转债持有人的利益。同时，为提高效率简化决策程序，此类回购可以依照公司章程的规定或者股东会的授权，经2/3以上董事出席的董事会会议决议。所回购的股份，应当在3年内按照可转债募集办法的规定转换给可转债持有人。

（6）上市公司为维护公司价值及股东权益所必需。为提高效率简化决策程序，此类回购可以依照公司章程的规定或者股东会的授权，经2/3以上董事出席的董事会会议决议。所回购的股份，应当在3年内转让或者注销。

3. 股份回购后的程序与处理。

公司因《公司法》第161条规定的股东主张股份回购请求权的情形收购本公司股份的，无须经过股东会决议，应当在6个月内依法转让或者注销。

公司因《公司法》第162条第1款第1、2项规定的情形收购本公司股份的，应当经股东会决议；公司因第3、5、6项规定的情形收购本公司股份的，可以依照公司章程或股东会的授权，经2/3以上董事出席的董事会会议决议。

公司依照上述规定收购本公司股份后，属于第1项情形的，应当自收购之日起10日内注销公司股份；属于第2、4项情形的，应当在6个月内转让或者注销公司股份；属于第3、5、6项情形的，公司合计持有的本公司股份数不得超过本公司已发行股份总数的10%，并应当在3年内转让或者注销。

4.上市公司的股份回购。

上市公司收购本公司股份的，除需要符合《公司法》的上述规定外，还应当依照《证券法》的规定履行信息披露义务。上市公司因《公司法》第162条第1款第3、5、6项规定的情形收购本公司股份的，应当通过公开的集中交易方式进行，而不能通过协议收购的方式进行。

5.公司接受本公司股票质押的禁止规定。

《公司法》规定，除了法定特殊情况外，公司不得拥有本公司股份。因此，本公司的股份不能作为质押权标的用来对公司债权进行担保；即使设立了以本公司股份为质押权标的的担保，最后也无法实现。因此，公司不得接受本公司的股票作为质押权的标的。

6.根据《公司法》第163条的规定，公司不得为他人取得本公司或者其母公司的股份提供赠与、借款、担保以及其他财务资助，公司实施员工持股计划的除外。

为公司利益，经股东会决议，或者董事会按照公司章程或者股东会的授权作出决议，公司可以为他人取得本公司或者其母公司的股份提供财务资助，但财务资助的累计总额不得超过已发行股本总额的10%。董事会作出决议应当经全体董事的2/3以上通过。

违反上述规定，给公司造成损失的，负有责任的董事、监事、高级管理人员应当承担赔偿责任。

前述《公司法》第163条规定的内容为2023年《公司法》修订新增的内容，《公司法时间效力规定》第3条规定，“公司法施行前订立的与公司有关的合同，合同的履行持续至公司法施行后，因公司法施行前的履行行为发生争议的，适用当时的法律、司法解释的规定；因公司法施行后的履行行为发生争议的下列情形，适用公司法的规定：……（三）股份有限公司为他人取得本公司或者母公司的股份提供赠与、借款、担保以及其他财务资助合同，适用公司法第一百六十三条的规定……”

第七节　国家出资公司组织机构的特别规定

一、国家出资公司概述

国家出资公司，是指国家出资的国有独资公司、国有资本控股公司，包括国家出资的有限责任公司、股份有限公司。国家出资公司进入《公司法》也反映了我国国企改革政策的法律化过程。《企业国有资产法》第5条规定，国家出资企业，是指国家出资的国有独资企业、国有独资公司，以及国有资本控股公司、国有资本参股公司。

《企业国有资产法》第4条规定，国务院和地方人民政府依照法律、行政法规的规定，分别代表国家对国家出资企业履行出资人职责，享有出资人权益。国务院确定的关系国民经济命脉和国家安全的大型国家出资企业，重要基础设施和重要自然资源等领域的国家出资企业，由国务院代表国家履行出资人职责。其他的国家出资企业，由地方人民政府代表国家履行出资人职责。因此，国家出资公司由国务院或者地方人民政府分别代表国家依法履行出资人职责，享有出资人权益。国务院或者地方人民政府可以授权国有资产监督管理机构或者其他部门、机构代表本级人民政府对国家出资公司履行出资人职责。

国家出资公司中中国共产党的组织，按照《中国共产党章程》的规定发挥领导作用，研究讨论公司重大经营管理事项，支持公司的组织机构依法行使职权。

国家出资公司应当依法建立健全内部监督管理和风险控制制度，加强内部合规管理。

二、国有独资公司

（一）国有独资公司的概念和特征

国有独资公司是指国家单独出资、由国务院或者地方人民政府授权本级人民政府国有资产监督管理机构履行出资人职责的公司。国有独资公司的主要特征有：

1.国有独资公司的形式，依据《公司法》的规定，可以是有限责任公司也可以是股份有限公司。

2.国有独资公司股东的唯一性。国有独资公司与一般的公司不同，国有独资公司仅有1个股东。所以，国有独资公司在性质上属于一人公司。

3.国有独资公司股东的法定性。国有独资公司的股东只能是国家，只能由国家单独出资设立，具体则由国务院或者地方人民政府分别代表国家依法履行出资人职责，享有出资人权益。国务院或者地方人民政府可以授权国有资产监督管理机构或者其他部门、机构代表本级人民政府对国家出资公司履行出资人职责。

（二）国有独资公司的组织机构

1.国有独资公司的权力机关。《公司法》第172条规定，国有独资公司不设股东会。但不设股东会并不意味着国有独资公司没有权力机关，其唯一股东就是公司的权力机关，即履行出资人职责的机构以唯一股东的身份行使股东会的职权。其职权主要有：（1）委派或更换董事会成员，从董事会成员中指定董事长、副董事长；（2）授权董事会行使股东会部分职权；（3）依照法律、行政法规的规定，对公司的国有资产实施监督管理；（4）对公司资产的转让，依照法律、行政法规的规定，办理审批和财产权转移手续；（5）决定公司的合并、分立、解散、增减资本和发行公司债券。

2.国有独资公司的董事会与经理。国有独资公司设董事会，为公司的执行机关。国有独资公司的董事会成员中，应当过半数为外部董事，董事会成员的人选来自两个方面：一是由履行出资人职责的机构委派；二是由公司职工代表担任，董事会成员中应当有公司职工代表。董事会成员中的职工代表由公司职工代表大会选举产生。董事会成员的任期每届不得超过3年，连选可以连任。

董事会设董事长1人，可以设副董事长。董事长、副董事长由履行出资人职责的机构从董事会成员中指定。

国有独资公司董事会的职权比一般有限责任公司董事会的职权要多。国有独资公司董事会的职权包括两部分：一部分是法定职权，即依照《公司法》的规定，行使一般有限责任公司董事会的职权；另一部分是因授权而行使的职权，即依照《公司法》第172条的规定，由国有资产监督管理机构授权行使一般有限责任公司股东会的部分职权。根据法律的规定，国有独资公司的董事会有权决定公司的重大事项，但下列事项必须由履行出资人职责的机构决定：（1）公司章程的制定和修改；（2）公司的合并、分立、解散、申请破产；（3）增加或者减少注册资本；（4）分配利润。

国有独资公司设经理，经理根据公司章程的规定或者董事会的授权行使职权。经理由董事会决定聘任或者解聘。经履行出资人职责的机构同意，董事会成员可以兼任经理。

国有独资公司的董事、高级管理人员，未经履行出资人职责的机构同意，不得在其他有限责任公司、股份有限公司或者其他经济组织兼职。

3.国有独资公司的审计委员会。《公司法》第176条规定，国有独资公司在董事会中设置由董事组成的审计委员会行使该法规定的监事会职权的，不设监事会或者监事。

第八节 公司的董事、监事、高级管理人员的资格和义务

公司董事是指由公司股东选举产生的有限责任公司、股份有限公司董事会的全体董事。公司监事是指由公司股东选举产生的有限责任公司的监事会的全体监事或者不设监事会的有限责任公司的监事，以及股份有限公司监事会的全体监事。公司的高级管理人员是指为了公司的利益而管理公司日常事务并有权为公司签署法律文件的人，一般指公司的经理、副经理、财务负责人，上市公司董事会秘书和公司章程规定的其他人员。因此，可以说董事、监事、高级管理人员拥有公司的决策权、监督权和执行权，他们在很大程度上实际掌握着公司的运营。但他们与股东不同，他们仅仅是公司的“代理者”而非公司的“所有者”。一方面，他们与公司和股东的利益具有一致性，因此被赋予经营管理公司的职权；另一方面，他们又是一个个独立的个体，有着自己的利益，甚至有时会与股东乃至公司的利益产生冲突。因此，各国公司法通常对公司董事、监事和高级管理人员采用激励与约束并行的原则，规定他们的任职资格、义务和责任。

一、公司董事、监事、高级管理人员的任职资格

由于董事、监事和高级管理人员对于公司

的经营管理和业绩效益负有重要的责任，公司法对他们的任职资格有较为严格的限制条件。限制条件一般包括积极条件和消极条件。积极条件是指满足某些条件才能担任职务。消极条件是指在何种条件下不得担任职务。我国公司法规定了董事、监事和高级管理人员的消极条件。

（一）董事、监事和高级管理人员的消极任职条件

《公司法》第178条第1款规定，有下列情形之一的，不得担任公司的董事、监事、高级管理人员：

1.无民事行为能力或者限制民事行为能力。董事、监事、高级管理人员应当具备完全民事行为能力，这是执行公司职务，独立行使权利、履行义务、承担责任的基本要求，行为能力不完全者不能担任。

2.因贪污、贿赂、侵占财产、挪用财产或者破坏社会主义市场经济秩序，被判处刑罚，或者因犯罪被剥夺政治权利，执行期满未逾5年，被宣告缓刑的，自缓刑考验期满之日起未逾2年。董事、监事、高级管理人员管理、监督公司的财产经营，因此对于前述涉及财产性犯罪的人员，因其存在使用非法手段牟取财产方面私利的前科，在一定期限内不宜担任公司的董事、监事、高级管理人员。

3.担任破产清算的公司、企业的董事或者厂长、经理，对该公司、企业的破产负有个人责任的，自该公司、企业破产清算完结之日起未逾3年。此类人员往往缺乏经营管理方面的专业知识、行业经验及公司经营能力，因此有必要设置一定时限内禁止从事经营管理工作的限制。

4.担任因违法被吊销营业执照、责令关闭的公司、企业的法定代表人，并负有个人责任的，自该公司、企业被吊销营业执照、责令关闭之日起未逾3年。此类对于公司的重大违法行为负有领导责任的人员，往往缺乏法律观念，应先增强其法律观念与合规意识，以保障公司的合法合规经营。

5.个人因所负数额较大债务到期未清偿被人民法院列为失信被执行人。公司及股东可通过失信被执行人信息公开系统查询其拟选举、委派的董事、监事及高级管理人员的征信情况。若其存在因到期不清偿债务，或经营不善无力偿还债务而被列入失信被执行人的情形，由其担任管理人员不仅增加了公司经营管理上的风险，还会影响公司信誉。

（二）违反董事、监事、高级管理人员消极任职资格的法律后果

《公司法》对于董事、监事和高级管理人员消极任职资格的规定是强制性规范，公司必须遵守。违反法定任职资格而选举、委派董事之行为，属于无效委任行为；此处的无效，指的是相应法律行为自始不发生法律效力，即自始无效。

相应地，公司董事、监事、高级管理人员在任职期间出现上述情形的，公司应当解除其职务重新进行选任。

二、董事、监事、高级管理人员的义务

董事、监事、高级管理人员对公司负有忠诚义务和勤勉义务。忠诚义务强调董事、监事、高级管理人员应当忠诚于公司，不得为有损公司利益的行为；勤勉义务强调董事、监事、高级管理人员应当积极履行职责，依法谋求公司利益和股东利益的最大化。

（一）一般规定

《公司法》第179条规定，董事、监事、高级管理人员应当遵守法律、行政法规和公司章程。第180条规定，董事、监事、高级管理人员对公司负有忠实义务，应当采取措施避免自身利益与公司利益冲突，不得利用职权牟取不正当利益。董事、监事、高级管理人员对公司负有勤勉义务，执行职务应当为公司的最大利益尽到管理者通常应有的合理注意。公司的控股股东、实际控制人不担任公司董事但实际执行公司事务的，适用董事、监事和高级管理人员的忠实义务和勤勉义务的规定。该规定确立了董事、监事和高级管理人员对公司的忠实义务和勤勉义务。

（二）公司董事、监事、高级管理人员的忠实义务

1.不得侵占、挪用公司财产的义务。享有

公司经营权的董事、监事和高级管理人员在执行公司职务过程中应依法使用公司财产，不得有侵占和挪用公司财产的非法行为。《公司法》第181条规定："董事、监事、高级管理人员不得有下列行为：（一）侵占公司财产、挪用公司资金；（二）将公司资金以其个人名义或者以其他个人名义开立账户存储……"

2.不得获取非法、不正当利益的义务。公司董事、监事、高级管理人员在行使公司经营管理权过程中，应当以善良管理人的地位履职，不得牟取非法利益。《公司法》第181条规定："董事、监事、高级管理人员不得有下列行为：……（三）利用职权贿赂或者收受其他非法收入；（四）接受他人与公司交易的佣金归为己有……"

3.不得披露公司秘密的义务。《公司法》第181条规定："董事、监事、高级管理人员不得有下列行为：……（五）擅自披露公司秘密……"此处的"公司秘密"是指公司采取了适当手段加以保密的公司各项技术、商业秘密、管理诀窍、财务秘密、内部文件等。

4.规范进行关联交易的义务。关联交易是指交易双方之间存在公司法意义上的关联关系的交易。《公司法》第265条规定，关联关系，是指公司控股股东、实际控制人、董事、监事、高级管理人员与其直接或者间接控制的企业之间的关系，以及可能导致公司利益转移的其他关系。公司董事、监事、高级管理人员与公司订立合同或者进行交易，应当依法进行。《公司法》第182条规定："董事、监事、高级管理人员，直接或者间接与本公司订立合同或者进行交易，应当就与订立合同或者进行交易有关的事项向董事会或者股东会报告，并按照公司章程的规定经董事会或者股东会决议通过。董事、监事、高级管理人员的近亲属，董事、监事、高级管理人员或者其近亲属直接或者间接控制的企业，以及与董事、监事、高级管理人员有其他关联关系的关联人，与公司订立合同或者进行交易，适用前款规定。"

5.不得篡夺公司机会的义务。《公司法》第183条规定："董事、监事、高级管理人员，不得利用职务便利为自己或者他人谋取属于公司的商业机会。但是，有下列情形之一的除外：（一）向董事会或者股东会报告，并按照公司章程的规定经董事会或者股东会决议通过；（二）根据法律、行政法规或者公司章程的规定，公司不能利用该商业机会。"

6.竞业禁止义务。《公司法》第184条规定："董事、监事、高级管理人员未向董事会或者股东会报告，并按照公司章程的规定经董事会或者股东会决议通过，不得自营或者为他人经营与其任职公司同类的业务。"

上述有关公司董事、监事、高管人员违反忠实义务的行为以及法律责任的规定具有溯及既往的法律效力。《公司法时间效力规定》第5条规定，"公司法施行前的法律事实引起的民事纠纷案件，当时的法律、司法解释已有原则性规定，公司法作出具体规定的下列情形，适用公司法的规定：……（二）对公司监事实施挪用公司资金等禁止性行为、违法关联交易、不当谋取公司商业机会、经营限制的同类业务的赔偿责任认定，分别适用公司法第一百八十一条、第一百八十二条第一款、第一百八十三条、第一百八十四条的规定；（三）对公司董事、高级管理人员不当谋取公司商业机会、经营限制的同类业务的赔偿责任认定，分别适用公司法第一百八十三条、第一百八十四条的规定；（四）对关联关系主体范围以及关联交易性质的认定，适用公司法第一百八十二条、第二百六十五条第四项的规定。"

（三）公司董事、监事、高级管理人员的勤勉义务

《公司法》第180条第2款规定："董事、监事、高级管理人员对公司负有勤勉义务，执行职务应当为公司的最大利益尽到管理者通常应有的合理注意。"

《公司法》第51条、第52条规定的有限责任公司股东催缴失权制度规定了公司董事会应当对股东的出资情况进行核查，发现股东未按期足额缴纳公司章程规定的出资的，应当由公司向该股东发出书面催缴书，催缴出资。该催缴义务应当属于勤勉义务的范畴。

对于2024年7月1日之前存在的，不担任公司董事的控股股东、实际控制人在执行公司事务时也应当尽到与公司董监高人员一样的忠实义务和勤勉义务。《公司法时间效力规定》第4条规定："公司法施行前的法律事实引起的民事纠纷案件，当时的法律、司法解释没有规定而公司法作出规定的下列情形，适用公司法的规定：……（四）不担任公司董事的控股股东、实际控制人执行公司事务的民事责任认定，适用公司法第一百八十条的规定……"

（四）违反忠实义务和勤勉义务的法律责任

1.关联关系表决权的禁止。《公司法》第185条规定："董事会对本法第一百八十二条至第一百八十四条规定的事项决议时，关联董事不得参与表决，其表决权不计入表决权总数。出席董事会会议的无关联关系董事人数不足三人的，应当将该事项提交股东会审议。"

2.公司对非法收入的归入权。《公司法》第186条规定："董事、监事、高级管理人员违反本法第一百八十一条至第一百八十四条规定所得的收入应当归公司所有。"

3.公司及相关人员的赔偿责任。《公司法》第188条规定："董事、监事、高级管理人员执行职务违反法律、行政法规或者公司章程的规定，给公司造成损失的，应当承担赔偿责任。"第191条规定："董事、高级管理人员执行职务，给他人造成损害的，公司应当承担赔偿责任；董事、高级管理人员存在故意或者重大过失的，也应当承担赔偿责任。"第192条规定："公司的控股股东、实际控制人指示董事、高级管理人员从事损害公司或者股东利益的行为的，与该董事、高级管理人员承担连带责任。"该规定具有溯及既往的法律效力，《公司法时间效力规定》第4条规定，"公司法施行前的法律事实引起的民事纠纷案件，当时的法律、司法解释没有规定而公司法作出规定的下列情形，适用公司法的规定：……（五）公司的控股股东、实际控制人指示董事、高级管理人员从事活动损害公司或者股东利益的民事责任认定，适用公司法第一百九十二条的规定……"。

三、董事、监事、高级管理人员的责任追究

（一）直接诉讼

直接诉讼是指公司或者股东在自身权利受到董事、监事、高级管理人员违反法律或者公司章程的行为的侵害时，以自己的名义对侵害者提起的诉讼。

当董事、高级管理人员的行为违反法律、行政法规或者公司章程的规定，给股东本人利益造成损害时，股东可以以自己的名义进行直接诉讼。《公司法》第190条规定："董事、高级管理人员违反法律、行政法规或者公司章程的规定，损害股东利益的，股东可以向人民法院提起诉讼。"

当公司董事、监事、高级管理人员执行公司职务时违反法律、行政法规或者公司章程的规定，给公司造成损害时，公司董事会应代表公司向责任人追究其赔偿责任。若公司董事会受到侵害人的控制或影响而不能或不愿提起此诉讼时，有限责任公司的股东、股份有限公司连续180日以上单独或者合计持有公司1%以上股份的股东，有权依据《公司法》第189条的规定，书面请求监事会向人民法院提起诉讼；监事有上述情形的，前述股东可以书面请求董事会向人民法院提起诉讼。此时，若董事会或监事会接受该请求，以公司名义对侵害人提起诉讼，则该诉讼是以公司名义为公司利益所进行的诉讼，仍属于直接诉讼的范畴。

（二）股东代表诉讼

股东代表诉讼，又称派生诉讼、股东代位诉讼，是指当公司的合法权益受到董事、高级管理人员或者他人的不法侵害而公司却怠于起诉时，公司的股东即以自己的名义起诉侵害者，所获赔偿归于公司的一种诉讼制度。股东代表诉讼是实践中追究董事、监事和高级管理人员责任的又一常见途径。《公司法》第189条对股东代表诉讼的主体、提起诉讼的理由、诉讼前置程序及其例外等作了规定。

1.股东代表诉讼制度的特征

（1）救济对象方面的特征。股东代表诉讼所要救济的是被公司董事、经理、监事或者其他人侵害的公司权利和利益，而不是提起诉讼的

股东个人的权利和利益。此与股东直接诉讼不同,在股东直接诉讼中,被侵害的是股东个人的权利和利益。在股东代表诉讼中,公司利益和股东个人利益事实上都受到了损害,但公司是直接的受害人,股东是间接的受害人。

(2)诉因方面的特征。股东代表诉讼的诉因并非股东个人权利受到侵害或个人利益发生纠纷,就法律关系而言,事实上纠纷与股东个人无直接权利义务关系,能够提起诉讼的股东所依据的实体意义上的诉权不专属于某一个股东,而是属于公司,原告股东只是以代表人的身份,代公司行使原本属于公司的诉权。因此,对同一事实其他股东也可以提起代表诉讼,并且在诉讼中也无法排除其他股东的介入。

(3)诉讼当事人方面的特征。在股东代表诉讼中,股东以自己的名义提起诉讼,即股东具有原告的身份;被告则是实施侵害公司利益行为的人,包括公司董事、经理、监事和其他人。公司不是股东代表诉讼的被告。

(4)诉讼效果方面的特征。股东代表诉讼的后果由公司承担,诉讼效果归于公司,而不是归于提起诉讼的股东。

2.股东代表诉讼制度的功能

股东代表诉讼制度是随着对少数股东权保护的加强而逐渐发展起来并不断完善的。在公司权力中心由股东会转移至董事会和公司管理层后,股东权得不到充分保护和救济的社会问题日益突出。股东代表诉讼制度即属于为此而设计的诸多法律制度中的一种,其功能主要体现在以下两个方面:一是救济功能,即在公司利益受到董事、监事、高级管理人员、控股股东以及其他人的非法侵害时,股东通过提起代表诉讼的方式,使公司及时获得经济赔偿或其他救济,保护公司的合法权益,并最终保护全体股东的合法权益。二是预防功能,即通过增加公司董事、监事、高级管理人员、控股股东等相关人员从公司谋取不当利益的风险成本,从而起到预防、减少该类行为的作用。

3.股东代表诉讼中的原告资格

在股东代表诉讼中,为了防止股东滥诉,一般对起诉股东的资格从持股期限、持股数量上进行限制。《公司法》第189条规定,可以提起股东代表诉讼的原告分为下列两类:(1)有限责任公司的任一股东。(2)股份有限公司中持股时间连续180日以上、单独或合计持有公司1%以上股份的股东。依据相关司法解释,这里的“180日以上”连续持股期间,是指股东向人民法院提起诉讼时,已期满的持股时间;这里的“合计持有公司1%以上股份”,是指两个以上股东持股份额的合计。

4.股东代表诉讼中公司的法律地位

在股东代表诉讼中,股东是以自己的名义代表公司起诉,因此,在诉讼中,公司本身处于一个微妙的地位。对于股东代表诉讼中公司的法律地位,有的国家将公司规定为原告,有的国家则规定为被告,还有的国家规定为第三人。根据《公司法规定(四)》第24条的规定,在我国司法实践中,人民法院受理股东代表诉讼案件后,应列公司为第三人参加诉讼,即法院应通知公司以第三人身份参加诉讼。

5.股东代表诉讼中被告的范围

股东代表诉讼的被告可能是任何侵害公司利益的第三人。依据《公司法》第189条的规定,股东代表诉讼的适格被告为董事、监事、高级管理人员和“他人”。现行立法没有对“他人”的范围予以明确,理论上,公司的控股股东、实际控制人以及其他侵害公司合法权益的主体都包含在“他人”的概念之中。因此,凡是对公司实施了不正当行为而对公司负有民事责任的人,在公司怠于对其行使诉权的情形下,都可以成为股东代表诉讼的被告。同样,在该条引入股东双重代表诉讼制度的背景下,股东双重代表诉讼的适格被告还应包括公司全资子公司的董事、监事、高级管理人员和“他人”。这些人员侵犯公司全资子公司利益的,有限责任公司的股东、股份有限公司连续180日以上单独或者合计持有公司1%以上股份的股东,可以依法书面请求全资子公司的监事会、董事会向人民法院提起诉讼或者以自己的名义直接向人民法院提起诉讼。

6.股东代表诉讼中可诉行为的范围

根据《公司法》第188条、第189条的规定,股东代表诉讼的可诉行为为所有损害公司利益的行为，具体包括两种情形：

（1）董事、监事、高级管理人员执行公司职务时违反法律、行政法规或者公司章程的规定，给公司造成损失，应当承担赔偿责任的情形。

（2）他人侵犯公司合法权益，应当承担赔偿责任的情形。

7.股东代表诉讼的前置程序

股东代表诉讼案件，本质上是一种代位诉讼，是对公司内部监督体制失灵设计的补充救济。因此立法设置了股东代表诉讼的前置程序，股东在发现公司遭到违法行为侵害后，不能立即直接以个人名义提起诉讼，而必须先向公司提出由公司进行诉讼的请求，只有在请求已落空或注定落空、救济已失败或注定失败时，才可以代表公司提起诉讼。公司诉权本属于公司，股东仅在公司内部救济手段用尽后方得以自己的名义起诉，这实际也是尊重公司独立人格的体现。

依据《公司法》第69、83、121、133、189条等的规定，一般的股东代表诉讼的前置条件包括：

（1）如果是董事、高级管理人员侵害公司权益，原告股东需首先书面请求监事会或监事、不设监事会的公司的董事会审计委员会向人民法院提起诉讼；如果是监事侵害公司权益，则向董事会或不设董事会的董事提出上述请求。

（2）监事会、监事、董事会审计委员会、董事会、董事收到前述书面请求后拒绝提起诉讼，或者自收到请求之日起30日内未提起诉讼。

符合上述两个条件时，股东方可提起代表诉讼。为避免僵化的前置程序可能带来的消极影响，法律又规定了前置程序的免除条件，即当“情况紧急、不立即提起诉讼将会使公司利益受到难以弥补的损害”时，股东可以不受前述前置条件的限制，直接提起代表诉讼。

此外，对于股东双重代表诉讼应履行的前置程序，《公司法》第189条第4款规定：“公司全资子公司的董事、监事、高级管理人员有前条规定情形，或者他人侵犯公司全资子公司合法权益造成损失的，有限责任公司的股东、股份有限公司连续一百八十日以上单独或者合计持有公司百分之一以上股份的股东，可以依照前三款规定书面请求全资子公司的监事会、董事会向人民法院提起诉讼或者以自己的名义直接向人民法院提起诉讼。”

8.股东双重代表诉讼制度

这是2023年《公司法》第189条新规定的制度。在公司集团的治理语境下，若全资子公司利益受损，则有权提起直接诉讼的系子公司本身；有权提起股东代表诉讼的系子公司的股东即母公司。如子公司的股东（母公司）不愿提起股东代表诉讼，母公司的股东即有权提起第二层次的股东代表诉讼。股东双重代表诉讼可以形象地理解为“股东的股东”代表公司提起代表诉讼，这是企业集团法的重要制度设计之一。

（1）适格原告的实体要件。《公司法》第189条第4款将股东双重代表诉讼的主体限定于全资母子公司之间，即母公司为子公司的唯一股东的情形。

（2）股东双重代表诉讼的前置程序。《公司法》第189条第4款规定，符合条件的股东“可以依照前三款规定书面请求全资子公司的监事会、董事会向人民法院提起诉讼或者以自己的名义直接向人民法院提起诉讼”。依据《公司法》的规定，股东双重代表诉讼的前置程序系母公司股东书面请求全资子公司的监事会、董事会提起诉讼，即仅要求“竭尽子公司的内部救济”，而不要求其向母公司董事会、监事会再行请求。

（3）股东双重代表诉讼的胜诉利益应归属于子公司而非母公司。

9.胜诉利益的归属

《公司法规定（四）》第25条规定，股东依据《公司法》提起股东代表诉讼的案件，胜诉利益归属于公司。股东请求被告直接向其承担民事责任的，人民法院不予支持。

10.诉讼费用的负担

《公司法规定（四）》第26条规定，股东依据《公司法》提起股东代表诉讼的案件，其诉讼请求部分或者全部得到人民法院支持的，公司应当承担股东因参加诉讼支付的合理费用。

第九节 公司债券

（参见第七章“证券法”的相关内容）

第十节 公司的财务与会计制度

我国《公司法》第207条规定：“公司应当依照法律、行政法规和国务院财政部门的规定建立本公司的财务、会计制度。”

公司财务会计制度主要包括两个方面的内容：一是财务会计报告制度，即公司应当依法编制财务会计报告。二是收益分配制度，即公司的年度分配，应当依照法律规定及股东会的决议，将公司利润用于缴纳税款、提取公积金以及进行红利分配。

公司应当聘用会计师事务所承办公司的审计业务。会计师事务所的聘用和解聘应由公司的股东会、董事会或者监事会决定。公司股东会、董事会或者监事会就解聘会计师事务所进行表决时，应当允许会计师事务所陈述意见。

一、公司的财务会计报告制度

公司的财务会计报告是指公司业务执行机构在每一会计年度终了时制作的反映公司财务会计状况和经营效果的书面文件。公司应当在每一会计年度终了时编制财务会计报告，并依法经会计师事务所审计。

（一）公司财务会计报告的内容

1.资产负债表。这是反映公司在某一特定日期财务状况的报表。它是根据“资产=负债+所有者权益”这一会计公式，按照资产、负债和所有者权益分项列示并编制而成的。资产负债表为人们提供公司一定时期的静态的财务状况，可以使人们了解公司在某一特定时点上的资本构成、公司的负债以及投资者拥有的权益。由此可以评价公司的变现能力和偿债能力，考核公司资本的保值增值情况，预测公司未来的财务状况变动趋势。

2.损益表。损益表又称利润表，是反映公司一定期间的经营成果及其分配情况的报表。损益表向人们提供一定期间内动态的公司营业盈亏的实际情况，人们可以利用该表分析公司利润增减变化的原因，评价公司的经营成果和投资的价值，判断公司的盈利能力和未来一定时期内的盈利趋势。

3.财务状况变动表。财务状况变动表是综合反映公司一定会计期间内营运资金来源、运用及其增减变动情况的报表。财务状况变动表向人们提供公司在一定会计期间内财务状况变动的全貌，说明资金变化的原因。人们通过分析财务状况变动表，能够了解公司流动资金流转情况，判断公司经营管理水平高低。

4.财务情况说明书。财务情况说明书是对财务会计报表所反映的公司财务状况作进一步说明和补充的文书。它主要说明公司的营业情况、利润实现和分配情况、资金增减和周转情况、税金缴纳情况、各项财产物资变动情况、对本期或者下期财务状况发生重大影响的事项以及需要说明的其他事项。

5.利润分配表。利润分配表是反映公司利润分配和年末未分配利润情况的报表。它是损益表的附属明细表。利润分配表通常按税后利润、可供分配利润、未分配利润分项列示。

（二）公司财务会计报告的提供

制作公司财务会计报告的主要目的，是向有关人员和部门提供财务会计信息，满足有关各方了解公司财务状况和经营成果的需要。因此，公司的财务会计报告应及时报送有关人员和部门。

《公司法》第208条规定，公司应当在每一会计年度终了时编制财务会计报告，并依法经会计师事务所审计。财务会计报告应当依照法律、行政法规和国务院财政部门的规定制作。第209条规定，有限责任公司应当按照公司章程规定的期限将财务会计报告送交各股东。股份有限公司的财务会计报告应当在召开股东会年会的20日前置备于本公司，供股东查阅；公开发行股份的股份有限公司应当公告其财务会计报告。

二、公司的收益分配制度

（一）公司收益分配顺序

依照我国《公司法》的相关规定，公司当年税后利润分配规定的法定顺序是：(1)弥补亏损，即在公司的法定公积金不足以弥补以前年度亏损时，先用当年利润弥补亏损。(2)提取法定公积金，即应当提取利润的10%列入公司法定公积金；公司法定公积金累计额为公司注册资本的50%以上的，可以不再提取。(3)提取任意公积金，即经股东会决议，可以提取任意公积金。任意公积金不是法定必须提取的，是否提取以及提取比例由股东会决议。(4)支付股利，即在公司弥补亏损和提取公积金后，所余利润应分配给股东。

（二）股东利润的分配

分配利润是公司股东最重要的权利，也是股东投资公司的目的所在。股东从公司所分配的利润称为红利、股利或股息。

公司在弥补亏损和提取法定公积金后，才能将所余利润分配于股东。这表明，公司向股东分配股利，必须以有这种盈余为条件。

有限责任公司股东原则上按照股东实缴的出资比例分配红利。但如果全体股东约定不按出资比例分配红利，该约定具有法律效力，应依照该约定分配红利，而不依各股东的出资比例。股份有限公司的股东原则上依其所持有的股份比例分配红利。但股东可以通过公司章程规定不按持股比例分配红利。《公司法》第210条第4款规定：“公司弥补亏损和提取公积金后所余税后利润，有限责任公司按照股东实缴的出资比例分配利润，全体股东约定不按照出资比例分配利润的除外；股份有限公司按照股东所持有的股份比例分配利润，公司章程另有规定的除外。”

公司在弥补亏损和提取法定公积金之前即向股东分配红利，属于违反《公司法》的行为，股东应当将其分配的利润退还给公司。因此给公司造成损失的，股东及负有责任的董事、监事、高级管理人员应当承担赔偿责任。

公司向股东支付红利的方式一般有以下两种，即现金支付和股份分派（也称分配红股），由股东会决定具体采用哪种方式。现金支付和股份分派可以同时使用，即股东的红利一部分以现金方式支付给股东，另一部分分配红股。公司持有的本公司股份不得分配利润。

（三）公积金

公积金又称储备金，包括法定公积金和任意公积金，是指公司为增强自身财产能力，扩大生产经营和预防意外亏损，依法从公司利润中提取的一种款项。公司以超过股票票面金额的发行价格发行股份所得的溢价款、发行无面额股所得股款未计入注册资本的金额以及国务院财政部门规定列入资本公积金的其他项目，应当列为公司资本公积金。

公积金主要用于：(1)弥补公司的亏损；(2)扩大公司生产经营；(3)转增公司注册资本。公积金弥补公司亏损，应当先使用任意公积金和法定公积金；仍不能弥补的，可以按照规定使用资本公积金。当法定公积金转增注册资本时，所留存的法定公积金不得少于转增前公司注册资本的25%。法定公积金的提取比例属于《公司法》的强行性规范，公司必须遵守。

第十一节　公司合并、分立、增资、减资

一、公司的合并

公司合并，是指两个或两个以上的公司订立合并协议，依照公司法的规定，不经过清算程序，直接结合为一个公司的法律行为。

（一）公司合并的形式

公司合并有两种形式：一是吸收合并，是指一个公司吸收其他公司后存续，被吸收的公司解散；二是新设合并，是指两个或两个以上的公司合并设立一个新的公司，合并各方解散。《公司法》第218条规定："公司合并可以采取吸收合并或者新设合并。一个公司吸收其他公司为吸收合并，被吸收的公司解散。两个以上公司合并设立一个新的公司为新设合并，合并各方解散。"

（二）公司合并的程序

依照《公司法》的有关规定，公司合并的程序为：

1.作出合并决定或决议。有限责任公司由股东会就公司合并作出决议，《公司法》第66条第3款、第116条第3款分别规定，有限责任公司股东会对公司合并作出决议，应当经代表2/3以上表决权的股东通过；股份有限公司股东会对公司合并作出决议，应当经出席会议的股东所持表决权的2/3以上通过。《公司法》第172条规定，国有独资公司的合并应由履行出资人职责的机构决定。

依据《公司法》第89条和第162条规定的异议股东股份回购请求权，对股东会作出的公司合并决议持异议的股东，可以依法请求公司按照合理的价格收购其股权或股份。

2.签订合并协议。合并协议由合并各方共同签订。合并协议应当包括下列主要内容：合并各方的名称、住所；合并后存续公司或新设公司的名称、住所；合并各方的资产状况及其处理办法；合并各方的债权债务处理办法。

3.编制资产负债表和财产清单。

4.通知债权人。公司应当自作出合并决议之日起10日内通知债权人，并于30日内在报纸上或者国家企业信用信息公示系统公告。债权人自接到通知之日起30日内，未接到通知的自公告之日起45日内，可以要求公司清偿债务或者提供相应的担保。

（三）简易合并

简易合并是指无须经过股东会决议，仅需董事会决议即可进行的公司合并。简易合并简化了合并程序，使得合并不再需要经过股东会决议而只需要董事会决议，从而降低了合并的交易成本，提高了合并效率。《公司法》第219条规定了两种情形下的简易合并。

1.母子公司之间的简易合并。常见的合并交易样态为合并公司是母公司，被合并的公司是子公司。母子公司之间的简易合并，指的是母公司对其子公司持有90%以上股权或者股份时，不需要经过子公司的股东会表决，二者就能合并的制度。

由于母公司对子公司持有绝对多数比例股权或者股份，母公司作为控股股东可以单方面决定实施合并，这就构成控股股东的自我交易。在此情况下，利益冲突可能导致子公司少数股东不能获得公平的交易对价；而简易合并又省略了子公司的股东会决议，子公司少数股东无法行使其表决权。因此，《公司法》规定，子公司的少数股东享有知情权，且有权请求公司按照合理的价格收购其股权或者股份。

2.小规模合并。小规模合并，指的是当合并双方规模有很大差异时，由规模较大的公司对规模较小的公司进行收购、合并。《公司法》规定的简易合并适用于公司合并支付的价款不超过收购公司净资产10%的情形。当然，公司章程可以对小规模合并作出另外的规定，如排除小规模合并适用简易合并程序，或者对认定构成小规模合并设置其他条件。

（四）公司合并的法律效果

1.参与合并的公司的变更、消灭或设立。吸收合并中被吸收的公司消灭，而新设合并中参与合并的各方公司均消灭。被解散的公司无须清算，其办理公司注销登记后丧失法人资格。吸收合并后存续的公司承继了合并各方的债权债务，其登记事项发生变更，应当办理变更登记。新设合并后设立新的公司，该新设公司应办理设立登记。

2.权利和义务的概括承受。根据民商法的原理和我国民事法律有关规定，公司合并是合同权利义务即债权债务概括移转的法定原因，合并后的公司必须承受原公司的全部债权和债务，除非公司与债权人达成了另外的协议。如果公司在合并时未清偿债务，债权人有权请求合并后的公司清偿合并前的公司所负的债务。《公司法》第221条规定："公司合并时，合并各方的债权、债务，应当由合并后存续的公司或者新设的公司承继。"

二、公司的分立

公司分立，是指一个公司依法签订分立协议，不经过清算程序，分为两个或两个以上公司的法律行为。公司分立有两种形式：一是派生分立，又称应续分立，是指公司以其部分资产另设一个或数个新的公司，原公司存续；二是新设分立，是指公司全部资产分别划归两个或两个以上的新公司，原公司解散。

（一）公司分立的程序

1.作出分立决定和决议。公司分立属于影响公司利益的重大事项，需要经过股东会特别多数决通过。根据《公司法》第66条第3款、第116条第3款的规定，有限责任公司分立需经代表2/3以上表决权的股东通过，股份有限公司分立需经出席会议的股东所持表决权的2/3以上通过。根据《公司法》第172条的规定，国有独资公司的分立应由履行出资人职责的机构决定。

2.签订分立协议。公司分立协议一般包括下列主要内容：分立协议各方拟定的名称、住所、法定代表人；分立后公司的投资总额和注册资本；分立形式；分立协议各方对拟分立公司财产的分割方案；分立协议各方对拟分立公司债权、债务的承继方案；职工安置办法；违约责任；解决争议的方式；签约日期、地点；分立协议各方认为需要规定的其他事项。

3.编制资产负债表和财产清单。公司的分立会导致公司财产被相应分割。根据《公司法》第222条第2款的规定，公司分立，应当编制资产负债表及财产清单。编制相关报表的目的在于厘清分立前的公司资产、负债、所有者权益等情况，便于股东就公司资产分离及后续在新旧公司的持股进行协商和安排，并保护公司债权人的知情权。

4.通知债权人与公告。《公司法》第222条第2款规定，公司应当自作出分立决议之日起10日内通知债权人，并于30日内在报纸上或者国家企业信用信息公示系统公告。此处与公司合并的重要不同之处在于，公司分立并未赋予债权人要求公司清偿债务或者提供相应担保的权利。

5.办理公司登记。与公司合并一样，公司分立也涉及公司的设立、消灭和登记事项的变更。无论是派生分立还是解散分立，所分立出来的新公司都应办理设立登记。派生分立的，原公司应办理变更登记。解散分立的，原公司应办理注销登记。

（二）公司分立的法律效果

1.债权、债务的承受。《公司法》第223条规定，原则上公司分立前的债务由分立后的公司承担连带责任。但是，公司在分立前与债权人就债务清偿达成的书面协议另有约定的除外。正因为法律明确了公司分立前的债务由分立后的公司承担连带责任，所以公司分立情形下，《公司法》不再为债权人配置要求公司清偿债务或者提供相应担保的权利。

2.股东和股权的变动。公司的分立直接关系到原公司股东与股东所持有的股权。新设分立中的股东一般将会获得新公司的股权，原公司的股权随原公司的解散而消灭。派生分立中的股东既有可能在持有原公司股权的同时，获得新公司的股权，也有可能减少在原公司的持股比例，甚至退出原公司。

三、公司的增资

公司增资，是指公司成立后，基于筹集资金、扩大经营等目的，依照法定的条件和程序增加公司资本总额的法律行为。

（一）公司增资的方式

有限责任公司与股份有限公司皆存在增资需求，但二者因公司资本和股东出资形式不同而增资方式上存在差异。一般而言，公司增资的方式可以分为以下几种：

1. 内部增资与外部增资。内部增资，是指公司仅向现有股东发行新股，由现有股东认购新增的公司资本。外部增资，是指公司向现有股东以外的投资者发行新股，由其认购新增的公司资本。公司可以在一次增资中同时采用内部增资与外部增资两种方式。

2.追加性增资与分配性增资。追加性增资，是指通过现有股东或者其他投资者对公司新的投资而增资，其结果是不仅增加了公司资本，也增加了公司的资产或运营资金。分配性增资仅适用于内部增资情形，是指在现有股东不作新的投入的情况下，直接将未分配利润用于股东出资缴纳或者把公积金转为公司资本。该种方式仅改变公司资产的性质和结构，但不会改变公司总的价值金额。换言之，该种方式仅增加公司资本总额，并不会导致公司资产与运营资金增加。

3.同比增资与不等比增资。这是内部增资的再分类。同比增资，是指内部增资时现有股东按其原本的出资比例或持股比例同步认缴或实缴新增股权或股份，增资后各股东的股权比例或持股比例保持不变。不同比增资，是指内部增资时现有股东不按照其原本的出资比例或持股比例认缴或实缴新增股权或股份，有的股东可能不增加出资，增资后各股东的股权比例或持股比例将会改变。

4.公司债转换增资与债转股增资。这两种增资方式都具有特殊性。其中，公司债转换增资是上市公司特有的增资方式，具体是指公司发行的可转换为股票的公司债券到期后，债券持有人对转换股票或者不转换股票享有选择权，如果债权人要求转换，相应的债券金额即转换为公司资本，使得公司资本增加。债转股增资则是我国商业银行改革和资产重组的过程中所实行的特殊增资方式，目前尚未形成系统规定，而仅是实践中出现的情况。债转股增资，是指银行依照约定方法，将对债务人公司享有的债权折抵为公司一定金额的股权，银行即从公司债权人转变为公司股东，这亦可导致公司资本增加。

5.配股增资与送股增资。这两种增资方式是我国上市公司广泛采用的内部增资方式。配股增资，是指上市公司根据现有股东的持股数量按照一定的比例向其发售股份，配股对象仅限于现有股东，配股条件通常要优于公司对外发行的条件。送股增资，又称送红股，是指上市公司根据现有股东的持股数量按照一定比例向其无偿分配股份。该行为本质上属于公司向股东进行收益分配，但其分配的是公司股份而非货币，实质上是一种分配性增资。

（二）公司增资的程序

增资提高了公司的信用，增强了公司的实力。对公司现有股东而言，增资不仅会导致股权结构调整，还可能稀释股权，是对现有股东利益产生重大影响，甚至可能引发严重利益冲突的事项。而且，不同股东对公司增资的需求也存在差异。为此，《公司法》明确增资必须经过股东会决议并变更公司章程，其后完成公司相应变更登记的手续。公司增资的主要程序如下：

1.公司决议。根据《公司法》第59条第1款和第112条第1款、第67条第2款和第120条第2款的规定，公司增资方案由公司董事会制订，提交股东会决议。《公司法》第66条第3款的规定，有限责任公司增资应当经代表2/3以上表决权的股东通过。第116条第3款规定，股份有限公司增资应当经出席会议的股东所持表决权的2/3以上通过。

2.认缴出资或认购股份。依照《公司法》第228条的规定，有限责任公司增加注册资本或股份有限公司为增加注册资本发行新股时，股东认缴新增资本的出资或认购新股，分别依照该法设立有限责任公司缴纳出资或股份有限公司缴纳股款的有关规定执行。

3.变更登记。根据《公司法》第35条的规定，公司增资应当变更公司章程，并办理相应的变更登记手续。

4.特别程序。是指在证券交易所上市交易的股份有限公司增资时的特别程序。根据《公司法》第151条和《证券法》第12条、第13条的规定，按照股份有限公司公开发行新股的程序，且须在证券交易所和证券监管机构完成注册程序。

违反上述公司增资的程序的，理论上应该导致增资行为的无效或被撤销。

（三）公司增资时原股东的优先认购权

《公司法》第227条规定，有限责任公司增加注册资本时，股东在同等条件下有权优先按照实缴的出资比例认缴出资。但是，全体股东约定不按照出资比例优先认缴出资的除外。股份有限公司为增加注册资本发行新股时，股东不享有优先认购权，公司章程另有规定或者股东会决议决定股东享有优先认购权的除外。

有限责任公司的股东有权优先按实缴的出资比例认缴公司新增的注册资本，即有限责任公司的股东享有新股优先认购权。因为新股认购本身就是股东获得利益的一种方式，其优先认购也是股东当然的权利。公司成立后因业务发展的需要而增加公司注册资本，认购新股往往意味着股东可以获取更多的公司发展利益，所以才有此规定。但若全体股东一致同意，新股优先认购权可以被排除适用。

股份有限公司的股东一般情况下不享有优先认购权，但若经过公司章程或者股东会决议允许，股份有限公司的股东也可以享有优先认购权。当然，此处的“股东会决议”应理解为股东会特别决议，须经出席会议的股东所持表决权的2/3以上通过。

四、公司的减资

公司减资，是指公司基于某种情况或者需要，按照法定条件和程序，减少公司资本总额的法律行为。按照公司法确立的资本不变和资本维持原则，通常情况下公司资本不得随意减少，如减少必须符合法定的条件并经过法定的程序。

（一）同比例减资原则

《公司法》第224条第3款规定，公司减少注册资本，应当按照股东出资或者持有股份的比例相应减少出资额或者股份，法律另有规定、有限责任公司全体股东另有约定或者股份有限公司章程另有规定的除外。《公司法》增加了同比例减资的原则性规定，要求公司按照股东出资或者持有股份的比例相应减少出资额或者股份；不同比减资为例外情形，即法律另有规定、有限责任公司全体股东另有约定、股份有限公司章程另有规定的除外情形。

公司不同比减资的法定情形，在《公司法》中主要有以下情形：

（1）基于《公司法》第52条规定的有限公司股东丧失未缴纳出资的股权而进行的减资、注销情形；

（2）基于《公司法》第89条第1款、第4款规定的对有限公司股东会决议提出异议的股东请求公司按合理价格收购其股权而进行的减资、注销情形；

（3）基于《公司法》第89条第3款、第4款规定的对有限公司的控股股东滥用股东权利，严重损害公司或者其他股东利益的，其他股东请求公司按照合理的价格收购其股权而进行的减资、注销情形；

（4）基于《公司法》第161条第1款、第3款规定的对非上市股份公司股东会决议提出异议的股东请求公司按合理价格收购其股权而进行的减资、注销情形；

（5）基于《公司法》第162条第1款、第3款规定的股份公司为减少注册资本而收购本公司股份的情形而进行的减资、注销情形。

有限责任公司全体股东另有约定的情形包括：全体股东对不等比减资的议事规则和表决条件签署了专门的股东协议；经全体股东一致表决同意的公司章程中对不等比减资的议事规则和表决条件作出了规定；公司实施不等比减资的股东会决议已经全体股东一致表决同意；等等。

《公司法》并未要求股份公司不等比减资须由全体股东作出约定，故对股份公司章程中不等比减资规定的表决，仍适用公司法有关减资的绝对资本多数决的规定，由出席股东会会议的股东所持表决权的2/3以上通过，即为有效。

（二）公司减资的程序

公司减资属于股东会特别决议事项，有限责任公司应当经代表2/3以上表决权的股东通过，股份有限公司应当经出席会议的股东所持表决权的2/3以上通过。《公司法》对公司注册资本减少程序作了强行性的规定。

1.公司作出减资决议。

2.编制资产负债表及财产清单。资产负债表可以反映公司的资产和负债情况，财产清单记载公司的现存财产状况。编制资产负债表及财产清单的目的是让公司债权人清楚地了解公司的生产经营状况和负债情况，有利于他们依法采取措施，保护自己的合法债权。

3.通知债权人并公告。公司资本一经注册就具有公示效力，这实际上构成了对债权人的承诺和担保，因此公司减资时必须对债权人作出相应的救济和保障。为了防止公司减资成为股东逃避债务的途径和方式，《公司法》规定公司应当在股东会作出减少注册资本决议之日起10日内通知债权人，并于30日内在报纸上或者国家企业信用信息公示系统公告。

4.债权人自接到通知之日起30日内，未接到通知的自公告之日起45日内，有权要求公司清偿债务或者提供相应的担保。减资可能影响债权的实现，是对债权人利益的直接影响，需要为其提供救济途径以保障债权人的合法权益。

（三）公司简易减资

简易减资是2024年7月1日起施行的《公司法》新增的一项制度，即公司以任意公积金、法定公积金、资本公积金弥补亏损后，仍有亏损的，可以亏损数额为限，相应地减少公司的注册资本数额。该制度简化了一般减资情形下的债权人保护程序，仅需公司依法进行公告即可。公司通过简易减资弥补亏损是公司通过财务处理减少亏损的方式，实质上并没有增加或减少公司的资产，但是在注册资本减少的情况下，净资产与注册资本之间的差值减少，公司的账面亏损也有所降低。若能使亏损公司使用减资程序减少注册资本，就可以消除注册资本和公司实质资产之间的亏空，从而消除公司的亏损状态，使得以后年度的盈利可以分配给股东，帮助实现股东获取收益的投资目的。

1.简易减资的适用条件和程序。

（1）公司确实存在亏损，并且已经用尽其他补亏手段。公司确定是否存在亏损的方式一般是进行资产评估，若进行资产评估后，公司的净资产低于注册资本，则认定其存在亏损。此时，根据《公司法》第214条第2款的规定，在使用任意公积金、法定公积金、资本公积金弥补亏损后，仍存在亏损时，公司可以进行简易减资。换言之，注册资本是公司补亏的最后一个财源。

（2）公司通过简易减资弥补亏损应依法依规进行。简易减资虽然减免了对债权人的通知及公告、提前清偿或担保程序，但其他程序并未简化，仍应依法进行。需要注意的是，在简易减资过程中，公司不得向股东分配，也不得免除股东缴纳出资或者股款的义务。

（3）简易减资无须通知债权人，但应当自股东会作出减少注册资本决议之日起30日内在报纸上或者国家企业信用信息公示系统公告。在简易减资的过程中，公司的偿债能力没有任何降低，不会对债权人的债权实现产生不利影响，因而不需要经过债权人同意，亦不需要赋予债权人异议权。但公司仍应于法定期限内在报纸上或者国家企业信用信息公示系统公告，在最低限度上保障债权人的知情权。

2.简易减资对股东分红权产生一定期限内的限制效力。公司简易减资可以实现账目上的不亏损，也能使注册资本更精确地反映公司的经营情况和偿债能力，但这并不意味着允许减少公司的责任财产。因此，简易减资后的利润分配应受到限制。公司在获得收入时，首先需要偿还债务、提取公积金，在达到法律规定的额度前，即在法定公积金和任意公积金累计额达到公司注册资本50%前，不得分配利润。

（四）违法减资的法律责任

公司违法减资时，股东及负有责任的董事、监事、高级管理人员应当承担侵权法律责任。《公司法》第226条规定，违反该法规定减少注册资本的，股东应当退还其收到的资金，减免股东出资的应当恢复原状；给公司造成损失的，股东及负有责任的董事、监事、高级管理人员应当承担赔偿责任。

该规定具有有利溯及既往的法律效力，《公司法时间效力规定》第1条规定，“公司法施行后的法律事实引起的民事纠纷案件，适用公司法的规定。公司法施行前的法律事实引起的民事纠纷案件，当时的法律、司法解释有规定的，适用当时的法律、司法解释的规定，但是适用公司法更有利于实现其立法目的，适用公司法的规定：……（五）公司法施行前，公司违反法律规定向股东分配利润、减少注册资本造成公司损失，因损害赔偿责任发生争议的，分别适用公司法第二百一十一条、第二百二十六条的规定……”。

第十二节　公司的解散与清算

一、公司的解散

公司的解散是指已成立的公司基于一定的合法事由而使公司消灭的法律行为。公司解散的原因有三大类：第一类是一般解散的原因；第二类是强制解散的原因；第三类是股东请求解散的原因。

（一）一般解散

一般解散的原因是指只要出现了解散公司的事由，公司即可解散。我国《公司法》规定的一般解散的原因有：

1.公司章程规定的营业期限届满或者公司章程规定的其他解散事由出现。但在此种情形下，可以通过修改公司章程而使公司继续存在，并不意味着公司必须解散。

2.股东会决议解散。

对于上述两种情形，如果有限责任公司经代表股东大会2/3以上表决权的股东通过或者股份有限公司经出席股东会会议的股东所持表决权的2/3以上通过修改公司章程的决议，公司可以继续存在。

3.因公司合并或者分立需要解散。《公司法》第218条第2款规定，一个公司吸收其他公司为吸收合并，被吸收的公司解散。两个以上公司合并设立一个新的公司为新设合并，合并各方解散。

（二）强制解散

强制解散的原因是指由于某种情况的出现，主管机关或人民法院要求公司解散。我国《公司法》规定的强制解散公司的原因主要有：

1.被吊销营业执照。如《公司法》第260条第1款规定，公司成立后无正当理由超过6个月未开业的，或者开业后自行停业连续6个月以上的，公司登记机关可以吊销营业执照，但公司依法办理歇业的除外。

2.责令关闭。公司违反法律、行政法规被主管机关依法责令关闭的，应当解散。

3.被撤销。如《公司法》第39条规定，虚报注册资本、提交虚假材料或者采取其他欺诈手段隐瞒重要事实取得公司设立登记的，公司登记机关应当依照法律、行政法规的规定予以撤销。

（三）股东请求解散

《公司法》规定，公司经营管理发生严重困难，继续存续会使股东利益受到重大损失，通过其他途径不能解决的，持有公司10%以上表决权的股东，可以请求人民法院解散公司。

具体而言，可以申请解散公司的理由有：（1）公司持续2年以上无法召开股东会，公司经营管理发生严重困难的；（2）股东表决时无法达到法定或者公司章程规定的比例，持续2年以上不能作出有效的股东会决议，公司经营管理发生严重困难的；（3）公司董事长期冲突，且无法通过股东会解决，公司经营管理发生严重困难的；（4）经营管理发生其他严重困难，公司继续存续会使股东利益受到重大损失的情形。但是要特别注意的是，股东的知情权、利润分配请求权等权益受到损害，或者公司亏损、财产不足以偿还全部债务，以及公司被吊销企业法人营业执照未进行清算等，均不构成请求法院解散公司的理由。

（四）公司解散事由的公示

公司出现上述解散事由，应当在10日内将解散事由通过国家企业信用信息公示系统予以公示。

二、公司的清算

公司的清算是终结已解散公司的一切法律关系，处理公司剩余财产的程序。

（一）公司清算的程序

依照我国《公司法》的规定，除因合并或分立而解散的公司无须清算，以及因破产而解散的公司适用破产清算程序外，其他公司解散都应当按《公司法》的规定进行清算。其程序为：

1.成立清算组。解散的公司中，董事为公司清算义务人，应当自解散之日起15日内成立清算组。清算组由董事组成，但是公司章程另有规定或者股东会决议另选他人的除外。董事作为清算义务人未及时履行清算义务，给公司或者债权人造成损失的，应当承担赔偿责任。

公司依法应当清算，逾期不成立清算组进行清算或者成立清算组后不清算的，利害关系人可以申请人民法院指定有关人员组成清算组进行清算。人民法院应当受理该申请，并及时组织清算组进行清算。

公司因依法被吊销营业执照、责令关闭或者被撤销而解散的，作出吊销营业执照、责令关闭或者撤销决定的部门或者公司登记机关，可以申请人民法院指定有关人员组成清算组进行清算。

2.清算组的职责。清算组负责解散公司财产的保管、清理、处理和分配工作。按照我国《公司法》第234条的规定，清算组在清算期间行使下列职权：

（1）清理公司财产，分别编制资产负债表和财产清单；

（2）通知、公告债权人；

（3）处理与清算有关的公司未了结的业务；

（4）清缴所欠税款以及清算过程中产生的税款；

（5）清理债权、债务；

（6）分配公司清偿债务后的剩余财产；

（7）代表公司参与民事诉讼活动。

清算组成员履行清算职责，负有忠实义务和勤勉义务。清算组成员怠于履行清算职责，给公司造成损失的，应当承担赔偿责任；因故意或者重大过失给债权人造成损失的，应当承担赔偿责任。

清算期间，公司存续，但不得开展与清算无关的经营活动。

3.通知债权人申报债权。清算组应当自成立之日起10日内通知债权人，并于60日内在报纸上或者国家企业信用信息公示系统公告。债权人应当自接到通知之日起30日内，未接到通知的自公告之日起45日内，向清算组申报债权。债权人申报债权，应当说明债权的有关事项，并提供证明材料。清算组应当对债权进行登记。在申报债权期间，清算组不得对债权人进行清偿。

4.清理财产清偿债务。清算组对公司资产、债权、债务进行清理。在清算期间，公司不得开展与清算无关的经营活动。任何人未经清算组批准，不得处分公司财产。清算组在清理公司财产、编制资产负债表和财产清单后，应当制订清算方案，并报股东会或者人民法院确认。

清算组在清理公司财产、编制资产负债表和财产清单后，发现公司财产不足清偿债务的，应当向人民法院申请宣告破产。人民法院受理破产申请后，清算组应当将清算事务移交给人民法院指定的破产管理人。公司财产能够清偿公司债务的，清算组应先拨付清算费用，然后按照下列顺序清偿：（1）职工工资、社会保险费用和法定补偿金；（2）所欠税款；（3）公司债务。

5.分配剩余财产。在清偿公司债务后，清算组应将剩余的公司财产分配给股东。有限责任公司按照股东的出资比例进行分配，股份有限公司按照股东持有的股份比例进行分配。公司财产在未清偿公司债务前，不得分配给股东。

6.清算终结。公司清算结束后，清算组应当制作清算报告，报股东会或者人民法院确认，并报送公司登记机关，申请注销公司登记。

（二）强制清算

当公司自行清算不能时，为防止公司财产流失、利害关系人合法权益受损，需要以公权力介入公司事务，启动司法清算程序，这就是强制清算。强制清算能畅通公司市场退出机制，清理市场环境，维护市场交易安全，重塑社会信用，促进经济良好发展。公司法中强制清算应被严格限制。

1.强制清算的启动条件

申请强制清算的前置条件是公司发生解散事由。根据《公司法》第233条以及相关规定，公司解散后应当清算，逾期不成立清算组进行清算或者成立清算组后不清算、故意拖延清算的，利害关系人可以申请人民法院指定有关人员组成清算进行清算。

公司解散后应当清算，逾期不成立清算组进行清算，指的是公司出现解散事由后15日内，清算义务人未成立清算组进行清算。清算组成立后不实际开展清算工作，或有长期怠于履行通知、公告等法定义务的故意拖延清算行为，也符合申请强制清算的情形。

《公司法时间效力规定》规定了2024年7月1日《公司法》修订案生效前后的公司强制清算的衔接规则。其第6条规定，应当进行清算的法律事实发生在《公司法》施行前，因清算责任发生争议的，适用当时的法律、司法解释的规定。应当清算的法律事实发生在《公司法》施行前，但至《公司法》施行日未满15日的，适用《公司法》第232条的规定，清算义务人履行清算义务的期限自公司法施行日重新起算。

2.强制清算的申请人

强制清算的申请人是利害关系人。利害关系人指的是股东、董事以及债权人等其他利害关系人。其他利害关系人包括实际控制人、公司职工等主体。

公司因依法被吊销营业执照、责令关闭或者被撤销而解散的，作出吊销营业执照、责令关闭或者撤销决定的部门或者公司登记机关，也可以成为强制清算申请人，申请人民法院指定有关人员组成清算组进行清算。

3.强制清算的程序

强制清算的程序，主要包括确定管辖、确定审判组织、提交申请材料、听证、受理、清算程序的进行与终结等。

（三）公司的注销

公司注销是公司终止的最后一步，只有办理了公司注销登记，公司法人资格才得以消灭。完整的公司注销制度包括普通注销制度、简易注销制度和强制注销制度。

1.普通注销。普通注销的流程为，公司完成清算后，分别注销税务登记、企业登记、社会保险登记；涉及海关报关等相关业务的公司，还需要办理海关报关单位备案注销等事宜。在这一过程中，公司需要向多个有关机关提交注销登记申请书、股东会决议、清算报告、清税证明等繁杂的材料。普通注销制度希望以完整严密的程序和繁多的材料提交实现预防企业恶意逃废债务、维护市场竞争秩序和降低竞争的不稳定性等目的。

2.简易注销。《公司法》第240条规定了简易注销制度，其适用于公司在存续期间未产生债务，或者已清偿全部债务，并经全体股东承诺的情形。《市场主体登记管理条例》第33条对此作出更详细的规定：申请简易注销登记的公司，应未发生债权债务或者已将债权债务清偿完结，未发生或者已结清清偿费用、职工工资、社会保险费用、法定补偿金、应缴纳税款（滞纳金、罚款），并由全体投资人书面承诺对上述情况的真实性承担法律责任。存在异常状态的公司不能适用简易注销制度，如被列入经营异常名录或市场监督管理严重违法失信名单的公司，存在股权（财产份额）被冻结、出质或动产抵押情形的公司，正在被立案调查、采取行政强制措施或者正在诉讼、仲裁程序中的公司等。

通过简易程序注销公司登记，应当通过国家企业信用信息公示系统予以公告，公告期限不少于20日。公告期限届满后，未有异议的，公司可以在20日内向公司登记机关申请注销公司登记。公司通过简易程序注销公司登记，股东对“公司在存续期间未产生债务，或者已清偿全部债务的”内容承诺不实的，应当对注销登记前的债务承担连带责任。

3.强制注销。当公司应当注销，缺乏主动申请注销的动力，长期滞留市场，挤占有限的市场和监管资源时，为了降低市场风险，维护交易秩序，法律规定公司登记机关可依职权注销公司，这就是强制注销制度。

《公司法》第241条规定，强制注销的适用对象为被吊销营业执照、责令关闭或者被撤销，且满3年未向公司登记机关申请注销公司登记的公司；可依职权注销公司的行政机关仅限于公司登记机关。强制注销的程序为：公司登记机关通过国家企业信用信息公示系统公告，公告期限不少于60日；公告期限届满后，未有异议的，公司登记机关可以注销公司登记。若公告期间内有利害关系主体提出异议且异议成立，强制注销程序应当终止；公司登记机关认为异议不成立的，应当在规定期限内告知异议人并恢复强制注销程序。

强制注销能够快速清除僵尸公司，同时关注对公司利益相关者合法权益的保护。公司被强制注销后，不能再进行营业，也失去了名称权等权利，但其债权债务关系、股权结构等并未作实体上的变更。基于此，《公司法》第241条第2款规定，被强制注销公司登记的，原公司股东、清算义务人的责任不受影响。也即公司被强制注销后，公司债权人可以追究原股东的出资责任等；同时，强制注销先以公权力完成公司注销，后再开展清算，故公司债权人也可以追究清算义务人未履行清算义务的责任。

第十三节 外国公司的分支机构

一、外国公司分支机构的概念

外国公司分支机构是指外国公司依照我国公司法在我国境内设立的从事生产经营活动的分支机构。所谓外国公司，依照我国《公司法》第243条的规定，是指依照外国法律在我国境外设立的公司。外国公司本身不是我国公司法调整的对象，不是《公司法》的主体。《公司法》规制的是外国公司在我国境内设立的分支机构。外国公司在我国境内设立的分支机构不具有我国法人资格。外国公司对其分支机构在我国境内进行经营活动承担民事责任。

二、外国公司分支机构的设立

1.外国公司分支机构的设立条件。外国公司可以在我国境内设立分支机构。在我国境内设立分支机构，应当具备以下条件：

（1）外国公司的证明文件。外国公司在我国境内申请设立分支机构，必须提交包括公司章程、所属国的公司登记证书等足以反映该公司真实情况和合法资格的证明文件。该外国公司章程还应当置备于分支机构，以供随时查阅。

（2）分支机构的名称。外国公司分支机构的名称中，必须标明该外国公司的国籍及责任形式。

（3）分支机构的代表人或者代理人。外国公司必须在我国境内指定负责其分支机构的代表人或者代理人。该代表人或代理人的国籍不限。

（4）分支机构的经营资金。外国公司必须向在我国境内的分支机构拨付与其所从事的经营活动相适应的资金。必要时，国务院可以规定外国公司分支机构经营资金的最低限额。

2.外国公司分支机构的设立程序。对外国公司在我国境内设立分支机构，我国《公司法》采取的是审批主义，即须经批准才能设立。外国公司在我国境内设立分支机构，必须向我国的主管机关提出申请。目前受理申请的机关为商务部。申请时，应当提交以下证明文件：（1）该外国公司的公司章程、所属国的公司登记证书等有关文件；（2）该外国公司在我国境内指定的代表人或者代理人的姓名、住所及有关身份证明文件；（3）该外国公司向其分支机构拨付经营资金的证明。

外国公司在我国境内设立分支机构的申请获得我国主管机关的批准之后，申请人凭批准文件，并提交公司登记所需的有关文件，向公司登记机关办理登记，领取营业执照。

【本章主要法律规定】

1.《公司法》

2. 最高人民法院《关于适用〈中华人民共和国公司法〉若干问题的规定（一）》
3. 最高人民法院《关于适用〈中华人民共和国公司法〉若干问题的规定（二）》
4. 最高人民法院《关于适用〈中华人民共和国公司法〉若干问题的规定（三）》
5. 最高人民法院《关于适用〈中华人民共和国公司法〉若干问题的规定（四）》
6. 最高人民法院《关于适用〈中华人民共和国公司法〉若干问题的规定（五）》
7.《中华人民共和国市场主体登记管理条例》
8.《中华人民共和国证券法》

本章重点、难点与疑点辨析

由于对公司相关法律关系的调整，呈现行政监管和司法救济并重的特点，本章的内容众多。在公司的设立，公司的财务与会计制度，公司的解散与清算，外国公司的分支机构，上市公司董事、监事、高级管理人员的任职资格和股权转让限制中，有大量行政监管的相关规定，如公司登记、行政审批、信息披露等。相关行政监管性质的规定虽然数量多，但是易于理解，不属于本章的重点或者疑难点。

在学习公司法时，应以股东权利的行使以及交易安全和债权人合法权益保护为基础，以司法救济为中心，重点掌握以下内容：第一，公司设立中的发起人责任与公司责任的区分；第二，公司的资本制度，股东出资义务及违反该义务时对公司、其他股东和公司债权人的法律责任；第三，股东资格的认定标准，如名义股东与实际股东问题；第四，股东权利的内容、分类及司法救济手段，如股东红利分配之诉、公司决议之诉、股东代表诉讼等；第五，有限责任公司股权转让的特殊规则及其法律效果，如优先购买权、异议股东的股权收购请求权；第六，股份有限公司对股份回购的原则禁止与例外的允许事由；第七，公司合并与分立的程序及对公司债权人的保护；第八，公司解散与清算程序中对公司债权人的保护。

对于公司法的疑难点，以下各点特别值得提及：

1.股东权利的性质与内容。股东权利既不是债权也不是物权，而是一种综合性权利。股东权利的特殊之处在于其作为社员权具有的双重属性。在股东与公司的关系上，股东权利具有相对性，主要表现为管理参与权；在股东与其他人的关系上，股东权利表现为财产权。在股东与公司之间的关系的意义上，有些股东权利是比例性的权利，其内容与持股比例直接相关，比如表决权、股息红利分配请求权、剩余财产分配请求权和优先认购权，这些权利原则上都根据股东的持股比例享有；有些股东权利的内容与持股比例无关，每个股东都享有，如发给股票或其他股权证明请求权、对公司财务等信息的知情权、权利损害救济权；有些股东权利的存在以持有一定比例的股权为条件，即少数股东权，如股东会临时召集请求权或自行召集权、股东提案权、公司重整申请权和股东代表诉讼权，这种对持股比例的要求是基于平衡股东权利和公司经营效率的考虑。在股东与其他人之间的关系的意义上，股东权利与其他的财产权基本没有差异，可以进行转让或者质押等处分，但是有限责任公司股权的对外转让受到其他股东的优先购买权的限制。

2.公司资本的概念与意义。公司资本也称股本，是指由公司章程确定并载明的、全体股东的出资总额，即注册资本。除募集设立的股份有限公司和法律、行政法规以及国务院决定规定采取实缴制的公司外，在我国设立公司实行认缴资本制，因此，注册资本是股东承诺投入公司的资产总和，即公司的初始净资产。不同于公司负债需要偿本付息，公司资本是公司的自有资本，不需要偿本付息，分红也不能损及公司资本。传统上公司资本被视为公司信用的一项重要指标，表明公司承受亏损能力的强弱。公司资本三原则旨在维持公司资本的真实确定并限制公司资产向股东净流出以保护公司债权人。但是，公司真实的信用状况是由其资产状况和营利能力决定的。法定资本制，是基于公司资本三原则理念设计的复杂的公司法规则和会计规则，如出资形式要求、分红条件、减资程序、原则上禁止回购等，以使公司净资产不因股东转移公司财产而低于公司资本，然后由债权人根据公司资本判断公司的偿债能力。现行《公司法》规定了股份有限公司采取有限的授权资本制度。

3.股东违反出资义务的责任。资本认缴制下，在约定的出资义务的履行期限界至前，股东享有期限利益，不履行出资义务也不违反出资义务。我国《公司法》及其司法解释将违反出资义务的形态分为未履行出资义务、未全面履行出资义务和抽逃出资。未履行出资义务，指出资义务的履行期限届满后仍未履行出资义务。未全面履行出资义务，指出资义务的履行期限届满后未足额缴纳出资，仅履行了部分出资义务，如作为出资的非货币财产具有权利瑕疵或者真实价额显著低于公司章程所定价额。抽逃出资，指履行出资义务之后未经法定程序将出资抽回。对于违反出资义务，《公司法》及其司法解释为公司、其他股东和公司债权人规定了多种救济途径。对于违反出资义务的股东，公司或者其他股东都可以请求其向公司依法全面履行出资义务或者向公司返还抽逃出资的本息。公司债权人可以请求未履行出资义务、未全面履行出资义务和抽逃出资的股东在未出资或者抽逃出资的本息范围内对公司债务不能清偿的部分承担补充赔偿责任。股东未履行或者未全面履行出资义务或者抽逃出资的，公司根据公司章程或者通过股东会决议，可以对其利润分配请求权、新股优先认购权、剩余财产分配请求权等股东权利作出相应的合理限制，使其不能实际享有或者行使上述权利。有限责任公司的股东完全未履行出资义务或者抽逃全部出资，经公司催告缴纳或者返还，其在合理期间内仍未缴纳或者返还出资，公司可以股东会决议解除该股东的股东资格。

第二章
合伙企业法

本章导读

合伙企业是公司法人之外最为重要的一类商事主体，且二者在是否享有法人资格、成员责任之无限或有限、企业财产之法律性质等核心关键点上，恰相形成对比。在规范对象上，《合伙企业法》以普通合伙企业作为其典型规范形态，有限合伙企业以及特殊的普通合伙企业，则为特别形态。在规范逻辑上，《合伙企业法》以企业之设立、运行以致终止的动态轨迹，规定合伙企业的设立要件与程序、合伙企业财产关系、内部事务执行、外部与第三人的关系、合伙人之入伙与退伙、合伙企业解散与终止等事项。而特殊的普通合伙企业与有限合伙企业，可在与普通合伙企业这一基础形态的对比中，突显其规则上的特殊性。

第一节　合伙制度概述

一、合伙与合伙企业的概念

合伙的概念既可以从法律行为的角度给出，也可以从组织形态或者主体的角度给出。法律行为角度的合伙概念，指的是两个以上的民事主体（各合伙人）间共同达成的协议（合伙协议）；而主体角度的合伙概念，则指各合伙人以合伙协议为基础所形成的能参与民事法律关系的组织体。合伙企业则是主体角度下的概念。

合伙协议也是一种合同，且在《民法典》之后，已正式成为一种有名合同（参见《民法典》合同编第二十七章，第967～978条）。主体意义上的合伙，包括原《民法通则》规定的“个人合伙”[参见原《民法通则》“公民（自然人）”章之第30～35条]，以及《合伙企业法》所规范的合伙企业，即形成主体意义上的普通民事合伙与

(商事性的)合伙企业之二分格局。但《民法典》未继续规定“个人合伙”制度，故就普通民事合伙，现行法付之阙如。本章主要阐述合伙企业法意义上的合伙企业。

需要注意的是，就合伙企业之设立、内部组织机构与事务执行、对外关系、解散与终止等，在规范适用上以《合伙企业法》为主，但就各合伙人间的内部关系，在《合伙企业法》未有特别规定时，应可适用《民法典》中关于合伙合同的相关规定。

二、合伙企业的类型与特征

(一)合伙企业的类型

依《合伙企业法》，我国法上的合伙企业，包括普通合伙企业和有限合伙企业两种类型(第2条第1款[①])。普通合伙企业的所有合伙人对合伙企业的债务都承担无限连带责任(第2条第2款)；有限合伙企业则包括普通合伙人和有限合伙人，其中前者对合伙企业债务承担无限连带责任，后者则只以其认缴的出资额为限对合伙企业债务承担责任(第2条第3款)。另外，在普通合伙企业中，又存在“特殊的普通合伙企业”(第55～59条)，适用于以专业知识和专门技能为客户提供有偿服务的各种专业服务机构。

各类合伙企业的共同点在于：第一，各类合伙企业在主体属性上，均不享有法人资格，而是属于《民法典》所规定的“非法人组织”(参见《民法典》第102条)。第二，各类合伙企业的设立，均以合伙协议为基础，且合伙协议须由全体合伙人协商一致、以书面形式依法订立(第4条)。第三，各类合伙企业须办理企业登记，方取得合伙企业的主体资格；且合伙企业在领取营业执照前，合伙人不得以合伙企业名义从事合伙业务，合伙企业的营业执照签发日期，为合伙企业成立日期(第11条)。第四，就合伙企业的生产经营所得和其他所得，按照国家有关税收规定，由合伙人分别缴纳所得税，合伙企业自身不必另行缴纳所得税(第6条)。

(二)合伙企业的特征——以普通合伙企业为例

鉴于普通合伙企业是合伙企业的基础类型，有限合伙企业的特征可通过与其进行对比而获得体现，故下述仅以普通合伙企业为例，说明合伙企业的特征，以阐明合伙企业的基本原理。

1.合伙协议是合伙企业得以成立的法律基础

如果说公司是以公司章程为成立基础，那么合伙企业就是以合伙协议为成立基础。但公司章程与合伙协议在性质上有很大的不同。公司章程是公司组织和行为的基本准则，是公司的“宪法”，具有公开的对外效力，其功能主要是约束作为法人组织的公司本身；而合伙协议是处理合伙人相互之间的权利义务关系的内部法律文件，原则上仅具有对内的效力，即只约束合伙人，合伙人之外的人如欲入伙，须经全体合伙人同意，并在合伙协议上签字。所以，合伙协议是调整合伙关系、规范合伙人相互间的权利义务、处理合伙纠纷的基本法律依据，也是合伙企业得以成立的法律基础，此即合伙的契约性。合伙协议的订立，应当采用书面形式(第4条)，且合伙人订立合伙协议时，应当遵循自愿、平等、公平、诚实信用原则(第5条)。

我国的《合伙企业法》充分体现了合伙企业的自治性，突出了合伙协议的作用，大部分的规则都只是在合伙协议没有约定时才适用，如果合伙协议有不同或相反约定均优先适用合伙协议的约定。

2.合伙企业须由全体合伙人共同出资、共同经营

(1)出资是合伙人的基本义务，也是其取得合伙人资格的前提。与公司不同的是，合伙出资的形式丰富多样，比公司灵活，公司股东一般只能以现金、实物、土地使用权和知识产权四种方式出资，而合伙人除了可以上述四种方式出资外，还可以其他财产权利出资，如债权、技术等，也可以劳务的方式出资，只要其他合伙人同意即可(第16条)。

(2)合伙人共同经营是合伙企业不同于公司的又一特征。公司的股东不一定都参与公

[①] 本章所引用的法条，若未特别标明，均为《合伙企业法》的规定。

司的经营管理，甚至不从事公司的任何营业行为。而在普通合伙企业，合伙人必须共同从事经营活动，以合伙为职业和谋生之本。相互之间无共同经营之目的与行为，则纵使有某种利益上的关联，也非合伙，如约定一方为另一方设定担保或基于约定由一方独立处理经营事务而另一方坐分利润，不参与经营，则均非合伙，而是其他法律关系。所以可以说，合伙人之间是风雨同舟、荣辱与共的关系，合伙的一些具体制度如竞业禁止等即是基于此而产生的。当然，有限合伙企业的情形有所不同，有限合伙人不参加合伙企业的营业，不执行合伙事务。

（3）合伙从事的行为或活动，一般是具有经济利益的营业行为。合伙企业属于商事合伙的性质，是一种营利性组织，且须以企业经营之方式，从事营利性的经营活动。

3.合伙人共负盈亏，共担风险，对外承担无限连带责任

这也是合伙企业与公司的主要区别之一。公司股东按其出资比例和所持股份分享公司利润，当公司资不抵债时，股东只以其出资额为限或所持股份为限对公司债务承担责任。而在普通合伙企业，合伙人则既可按对合伙的出资比例分享合伙盈利，也可按合伙人约定的其他办法来分配合伙盈利（第33条第1款）；当合伙企业的合伙财产不足以清偿合伙债务时，合伙人还需以其个人财产来清偿债务，即承担无限责任，而且任何一个合伙人都有义务清偿全部合伙债务（无论其出资比例如何），即承担连带责任（第38条、第39条）。不过，在有限合伙企业中，仅普通合伙人对合伙企业债务承担无限连带责任，有限合伙人则仅以其出资额为限承担有限责任。

第二节　普通合伙企业的设立条件与程序

一、普通合伙企业的设立条件

根据《合伙企业法》第14条的规定，设立普通合伙企业应具备以下五个条件。

（一）有符合要求的合伙人

关于合伙人，需掌握以下几点：

1.关于合伙人的人数。合伙人数应不少于2人。出资人只有1人，则是独资企业而非合伙。《合伙企业法》未规定合伙企业的人数的上限，即合伙企业人数没有上限限制，这是大陆法系合伙立法的普遍做法。当然，由于合伙的人合性质，合伙人相互之间的信任尤为重要，所以实践中合伙人人数一般不会太多。

2.关于合伙人的行为能力。合伙人必须具有相应的民事行为能力，即为完全民事行为能力人。限制民事行为能力人不得作为合伙人，无民事行为能力人当然更不得作为合伙人，所以只有18周岁以上的人和已满16周岁未满18周岁但以自己的劳动收入作为主要生活来源的人，才能作为合伙人。

但需要注意的是：其一，根据《合伙企业法》第48条第2款的规定，普通合伙人被依法认定为无民事行为能力或限制民事行为能力人的，经其他合伙人一致同意，可以依法转为有限合伙人，此时普通合伙企业转为有限合伙企业。其二，根据《合伙企业法》第50条的规定，合伙人死亡或被宣告死亡的，其继承人根据合伙协议的约定或经全体合伙人同意，可取得合伙人资格；继承人为无民事行为能力或限制民事行为能力人的，经合伙人一致同意，可以依法成为有限合伙人，普通合伙企业转为有限合伙企业。这意味着：第一，无民事行为能力人或限制民事行为能力人不能成为合伙企业设立时的创始合伙人；第二，无民事行为能力人或限制民事行为能力人可以且只能成为有限合伙人，而不能成为普通合伙人。

3.关于合伙人的职业禁止。法律、行政法规禁止从事营利性活动的人，不得成为合伙企业的合伙人，如国家公务员、法官、检察官及警

察等。

4.关于合伙人的种类。根据《合伙企业法》的规定，除自然人外，法人和其他组织均可以成为合伙企业的合伙人，从而自然人之间可以设立合伙企业，法人或其他组织之间可以设立合伙企业，自然人和法人或其他组织之间也可以设立合伙企业。

5.普通合伙人的资格限制。《合伙企业法》第3条明确规定："国有独资公司、国有企业、上市公司以及公益性的事业单位、社会团体不得成为普通合伙人。"依该规定，这些公司或企业不能成为普通合伙企业的合伙人，但法律并未限制其成为有限合伙企业的合伙人，亦即国有独资公司、国有企业、上市公司、公益性的事业单位和社会团体可以成为有限合伙企业的合伙人。

（二）须有书面的合伙协议

合伙协议是指合伙人为设立合伙企业而签订的合同。合伙协议必须采用书面形式（第4条），并载明以下内容：（1）合伙企业的名称和主要经营场所的地点；（2）合伙目的和合伙企业的经营范围；（3）合伙人的姓名或者名称及其住所；（4）合伙人出资的方式、数额和缴付出资的期限；（5）利润分配和亏损分担办法；（6）合伙企业事务的执行；（7）入伙与退伙；（8）争议解决办法；（9）合伙企业的解散与清算；（10）违约责任（第18条）。合伙协议经全体合伙人签名、盖章后生效（第19条第1款）。合伙协议的修改或补充应当经过全体合伙人一致同意，但合伙协议另有约定的除外（第19条第2款）。

（三）有合伙人认缴或者实际缴付的出资

合伙人必须向合伙组织出资，合伙人出资的形式可以是货币、实物、知识产权、土地使用权或者其他财产权利；此外，经全体合伙人协商一致，并于合伙协议中载明时，合伙人也可以用劳务出资（第16条第1、3款）。合伙人的出资是设立合伙企业的基本物质条件，也是合伙人资格取得的必备条件。合伙人以货币以外的形式出资，一般应进行评估作价，即折价入伙。评估作价由合伙人协商确定，也可以由全体合伙人委托法定评估机构进行评估，以评估报告作为折价的依据（第16条第2款）。若以劳务出资，其评估办法由合伙人协商确定，并在合伙协议中载明。

合伙人应当按照合伙协议约定的出资方式、数额和缴付出资的期限，履行出资义务（第17条第1款）。以非货币财产出资的，依照法律、行政法规的规定需要办理财产权转移手续的，合伙人应当依法办理该等手续（第17条第2款）。如果合伙人违反了出资义务，即构成违约，其他合伙人可追究其违约责任。合伙人只能以其实际向合伙缴付的出资作为其出资份额，并据此享有权利和承担义务。《合伙企业法》没有规定合伙企业的最低注册资本，所以合伙企业不存在法定最低注册资本的问题。

（四）有合伙企业的名称

合伙企业作为市场主体之一，应有自己的名称。合伙企业只有拥有自己的名称，才能以自己的名义参与民事法律关系，享有民事权利，承担民事义务并参与诉讼，成为诉讼当事人。根据民事法律的规定（参见《民法典》第1013条），合伙企业享有名称权，即合伙企业对其登记的名称享有专有使用的权利，其他人未经许可，不得使用合伙企业的名称，否则构成民事侵权行为，合伙企业有权要求行为人停止侵害、消除影响、赔礼道歉，并可以要求其赔偿损失。

合伙企业的名称中应当标明"普通合伙"字样（第15条）。立法之所以有此明确要求，意在通过企业名称来标识其企业形式。至于合伙企业能否使用"公司"字样，略有争议。本书认为，尽管《公司法》并未规定非公司企业不能使用"公司"字样，且使用"公司"字样并不当然表明企业的责任形式，而且我国事实上也存在除有限责任公司和股份有限公司以外的其他企业采用"公司"字样的现象，但根据主体类型法定原则，企业在其名称中应使用与其企业形式相应的称呼，故在法理上，合伙企业不得在其企业名称中使用"公司"字样。

（五）有生产经营场所

依据《合伙企业法》第14条第4项的规定，设立合伙企业，需具备企业的生产经营场所。

所谓生产经营场所，一般指合伙企业从事生产经营活动的所在地，合伙企业一般只有一个经营场所，即在企业登记机关登记的营业地点。需要注意的是，《合伙企业法》未使用“住所”概念，故为正确理解计，本项所称的“生产经营场所”，其法律意义应与“住所”相同，即在于确定债务履行地、诉讼管辖、法律文书送达等。

二、合伙企业的设立程序

（一）申请人与登记机关

设立合伙企业，应由全体合伙人指定的代表或者共同委托的代理人向企业登记机关申请设立登记。登记机关为市场监管部门。

（二）申请时应提交的材料

申请设立合伙企业，应向企业登记机关提交登记申请书、合伙协议书、全体合伙人的身份证明等文件（第9条第1款）。合伙企业的经营范围中有属于法律、行政法规规定在登记前须经批准的项目的，该项经营业务应当依法经过批准，并在登记时提交批准文件（第9条第2款）。

（三）登记

设立申请人所提交的登记申请材料，若齐全且符合法定形式，企业登记机关能够当场登记，则应予当场登记，并发给营业执照（第10条第1款）。就其他情形，则企业登记机关应自受理申请之日起20日内，作出是否登记的决定；予以登记的，发给营业执照；不予登记的，应当给予书面答复，并说明理由（第10条第2款）。合伙企业的营业执照签发日期，为合伙企业成立之日（第11条第1款）。合伙企业领取营业执照之前，合伙人不得以合伙企业的名义从事合伙业务（第11条第2款）。

合伙企业可以设立分支机构。合伙企业设立分支机构的，应当向分支机构所在地的企业登记机关申请登记，领取营业执照（第12条）。

第三节　普通合伙企业的财产与损益分配

一、合伙财产的概念与范围

由于合伙不享有法人资格，不形成统一的法人财产所有权，故合伙财产的性质比法人财产的更为复杂，且在学理上也有争议。合伙的财产主要由两部分组成，即合伙人出资形成的财产和以合伙企业名义取得的收益和依法取得的其他财产，下面分述之。

（一）合伙财产的概念

合伙财产指合伙存续期间，合伙人的出资和所有以合伙企业名义取得的收益和依法取得的其他财产。

（二）合伙财产的范围

合伙财产包括两部分：一是全体合伙人的出资。合伙人对合伙企业的出资是指各合伙人按照合伙协议实际缴付的出资。二是合伙企业成立后解散前，以合伙企业名义取得的全部收益和依法取得的其他财产。

二、合伙企业财产的性质

《合伙企业法》第20条规定，合伙人的出资、以合伙企业名义取得的收益，以及以合伙企业名义依法取得的其他财产，均为合伙企业的财产（类似表述，亦见《民法典》第969条第1款关于民法合伙财产的规定）。但该条规定只是列明合伙企业财产的来源或范围，并未明确合伙财产的法律性质。就这一合伙企业制度的核心问题，本书分析如下。

（一）合伙企业财产构成其清偿对外债务的财产基础

合伙企业作为能以自己名义参与民事法律关系的主体，须有相应的责任财产，以在制度上保障其债权人的利益。这一点在立法上的直接体现，就是《合伙企业法》第38条所确立的“合伙企业对其债务，应先以其全部财产进行清偿”规则。而明确合伙企业财产的法律属性，则是确定其责任财产的制度前提。

（二）确定合伙企业财产的性质时，不应区分出资财产与积累财产

理论上曾有观点认为，应区分合伙人的出资财产和合伙的积累财产，并对二者作不同的处理。该说的依据，似为原《民法通则》第32条的规定。本书认为，该观点不具合理性，理由如下：第一，《民法通则》第32条存在多种解释的可能性，更何况《民法通则》现已失效，而在《民法通则》之后的立法中，无论是《合伙企业法》还是《民法典》关于合伙合同的规定，均未采取出资财产与积累财产区别对待的立场。第二，就出资财产来说，虽然在以现金或明确以财产所有权出资的情形下，出资就意味着所有权的转移，出资人不再享有出资财产的所有权，转由全体合伙人共有，但是在以其他形式财产来出资的情形下，并不意味着不能形成全体合伙人的共有。具言之，比如在以房屋使用权、商标使用权、专利使用权等权利出资的情形下，尽管出资人并不因出资行为而丧失房屋所有权、商标权、专利权等权利，即继续归出资人享有，但是合伙企业仍因该出资行为而取得房屋使用权、商标使用权、专利使用权等权利。也就是说，这些权利同样因出资行为而成为合伙企业的财产，进而由全体合伙人享有。因此，合伙企业中的出资行为，如同公司法中的股东出资行为，在构成上均要求所出资财产权利的转让，只是所转让的，可以是所有权，也可以是其他种类的财产性权利。这一基本原理，实际上已为《合伙企业法》第17条第2款（“以非货币财产出资的，依照法律、行政法规的规定，需要办理财产权转移手续的，应当依法办理”）规定所明揭。第三，合伙积累财产，或者更准确地说，合伙企业存续期间所取得的财产，应包括以合伙企业名义所取得的所有的财产；又因为财产概念在法律意义上指的就是财产性权利，故所谓的积累财产，也就应指在合伙企业存续期间以其名义所取得的所有各种财产性权利。这些财产性权利从抽象类型上看，与各合伙人出资财产所表现出的权利种类，原则上并无差异，可为实物上的所有权或他物权，也可为债权性使用权、商标使用权、专利使用权等其他财产性权利，从而在归属状态上，与因出资所形成的合伙财产，亦别无二致，均属于全体合伙人共同享有。综上所述，在判断或认定合伙企业财产的法律属性时，并无区别对待出资财产与积累财产的道理。

（三）合伙企业财产属于全体合伙人共有，且属于共同共有

尽管现行法已确立合伙企业的民事主体地位（《民法典》第102条），但并未明确赋予合伙企业可以独立享有所有权或成为民事权利之独立的归属主体。目前的理论通说，也尚未承认合伙企业可以自己名义独立享有所有权或其他权利。就此而论，所谓的合伙企业财产，无论是因出资所形成的财产，还是在存续期间以其名义所取得的各种财产性权利，均无法如同公司法人情形，理解为合伙企业独立享有所有权或其他权利的构造。对合伙企业财产享有权利的主体，只能是全体合伙人。又因合伙人在人数上必须为2人以上，从而对合伙企业财产的享有状态，也就只能通过全体合伙人共有制度来理解其法律性质。共有制度在我国现行法上，虽规定在《民法典》物权编之中，但共有的客体，显然不限于所有权或他物权，故在理论上可通过对《民法典》物权编第310条（“两个以上组织、个人共同享有用益物权、担保物权的，参照适用本章的有关规定”）的准用或“参照适用”，来构造或说明对商标使用权、专利使用权乃至债权等各种其他财产权利的共有关系。合伙企业财产的表现形式，如上所述，可为各种不同的财产权利，故以全体合伙人共有的模式来解释其法律性质，不存在实证法以及理论上的障碍。

本书认为合伙企业财产应属于全体合伙人共同共有，因为：第一，按份共有乃所共有权利（所有权或其他权利）之量上的分割，应遵循物权客体特定原则，每一共有客体上均存在一个按份共有关系，从而在各共有人间存在数个共有客体时（如甲、乙、丙按份共有一台电脑、一辆自行车等），应成立与客体数量相等的数个按份共有关系（关于电脑的按份共有关系、关于自

行车的按份共有关系等），而不是一个笼统或概括的共有关系；且在每个按份共有关系中，各共有人原则上可自由处分其共有份额（甲将其对电脑的共有份额转让给他人，但仍可保留对自行车等客体的共有份额），即通过对其共有份额的处分而间接地影响共有客体的法律命运。一言以蔽之，按份共有乃围绕单个且特定的客体，来建构各共有人的权利义务等按份共有规则。而合伙企业财产显然不可能仅由某单项且特定的财产来构成，而是聚集了全体合伙人的各项出资财产以及合伙企业经营期间所取得的各项财产，亦即形成一个财产总体（构成一项“特别财产”），且该财产总体上承载着全体合伙人共同的事业目的追求，因此在各单项财产客体进入这一财产总体之后，各合伙人对各单项财产客体，哪怕该项财产源于其最初的出资行为，也不能享有单独的决定权或影响。由此可以看出，按份共有规则与合伙企业的制度属性之间，凿枘不投，合伙企业财产显然无法采用全体合伙人按份共有的规则来进行构造。第二，依理论通说，共同共有之成立，须以某基础性法律关系的存在为其前提，且因基础关系而纳入共同共有的客体，通常为数项财产，并集合为财产总体即“特别财产”。合伙企业财产的构成，恰与共同共有的概念特征相吻合，故本书认为，将合伙企业财产解释为全体合伙人共同共有，在理论上更具合理性。

三、合伙人与合伙企业财产之间的关系：合伙企业财产份额

合伙企业财产归由全体合伙人共同共有，这一定性也就决定了各合伙人与合伙企业财产之间的关系构造：对属于或构成合伙企业财产的各单项财产，包括合伙人因出资而投入合伙企业的财产，各合伙人在其上不必成立或享有一个份额权，这是有别于按份共有的关键之处；各合伙人只能对合伙企业财产之总体，享有一个抽象的份额，亦即《合伙企业法》所称的合伙人在合伙企业中的“财产份额”。换言之，就属于或构成合伙企业财产的各单项财产，各合伙人既不享有直接的处分权（如转让、设定物权性的担保等），也不享有单项财产上的份额及其处分权；对合伙企业各单项财产的处分，首先应遵循《合伙企业法》所规定的合伙企业内部治理规则，如就某些财产的处分须遵守合伙企业内部的一致决规则（第31条第3、4项）；若合伙人未经合伙企业之内部程序而擅自处分合伙企业的某一财产，也就构成无权处分，应按无权处分规则来予以处理；不过就此无权处分行为，《合伙企业法》为保障交易安全计，特规定“合伙企业不得以此对抗善意第三人”（第21条第2款）。

就合伙人在合伙企业中的“财产份额”，在理解上须把握：第一，“份额”言下之意即比例，也就是各合伙人在合伙企业财产总体中所占或所享的比例。就该份额或比例的确定，《合伙企业法》并未规定计算方法或标准，故原则上属于合伙企业的自治事项，因此该份额或比例可为各合伙人的出资比例，也可经由合伙协议或全体合伙人决议而为其他的比例标准，但在合伙协议或合伙人决议未另有规定时，在解释上应以各合伙人之出资比例为准。第二，该“财产份额”的法律意义，不能局限于字面上的财产关系，而应是各合伙人与合伙企业间法律关系的全部体现。这是因为，合伙企业在我国法律上，首先应是主体法意义上的组织体，属于一种人合性的组织，组织体成员与组织体间的关系，虽源于合伙协议以及合伙企业设立行为，但在制度上的核心内容，则是合伙企业的成员权制度，即各合伙人是合伙企业的成员，对合伙企业享有成员权，并以成员权之享有与行使的方式，来参与对合伙企业的共同管理与经营，以实现共同的事业目的。而合伙人享有成员权在我国法上的体现，就是各合伙人对合伙企业财产所享有的财产份额，从而“财产份额”与“成员权”或“合伙企业之合伙人地位或身份”，原则上也就应具有同等的含义。享有财产份额，即意味着享有对合伙企业的成员权，或具有合伙企业之合伙人地位；转让财产份额或丧失财产份额，即导致丧失其成员权或合伙人地位；二者间乃一体两面的关系，不存在仅有财产份额而不享有成员权或合伙人地位的

情形。

正因为合伙人之合伙财产份额具有如此重要的制度意义，对该财产份额的处分必然会引发合伙人地位的变动，故《合伙企业法》就财产份额的处分，特设如下规则：

1.在合伙企业存续期间，合伙人向合伙人以外的人转让其在合伙企业中的全部或部分财产份额时，除合伙协议另有约定外，须经其他合伙人一致同意（第22条第1款）。这一点，有别于公司法中有限责任公司股权对外转让的规则。之所以采取更为严格的一致决要求，其原因在于合伙企业乃典型的人合性组织体，且以契约性的合伙协议为贯穿其始终的法律关系基础。合伙人以外的人依法受让合伙财产份额后，经修改合伙协议即成为合伙企业的合伙人，新的合伙人依照修改后的合伙协议享有权利、承担责任（第24条）。

2.在合伙企业财产份额对外转让时，在同等条件下，其他合伙人享有优先购买权（第23条第一分句）。这一规则的制度基础，同样源于合伙企业的人合性特征。不过，其他合伙人之优先购买权规则，乃任意法规范，可通过合伙协议予以排除（第23条第二分句）。

3.在合伙企业存续期间，合伙人之间可以转让在合伙企业中的全部或者部分财产份额，但应通知其他合伙人（第22条第2款）。

4.在合伙企业存续期间，合伙人以其在合伙企业中的财产份额出质的，须经其他合伙人一致同意。否则，出质行为无效，因此给善意第三人造成损失的，由行为人依法承担赔偿责任（第25条）。

四、合伙企业的利润分配与亏损分担

就合伙企业的利润分配与亏损分担，《合伙企业法》第33条第1款设有规定，具体如下：合伙企业的利润分配方法和亏损分担方法，均由合伙协议约定，按照约定处理。如果合伙协议对利润分配或亏损分担未作约定或者约定不明，则由合伙人协商确定；协商不成的，由各合伙人按照实际缴纳的（而非约定的）出资比例分配利润和分担亏损。如果无法确定各合伙人的出资比例，则由各合伙人平均分配利润和分担亏损。

但是，合伙协议不得约定将全部利润分配给部分合伙人或者由部分合伙人承担全部亏损。如果有这样的约定，则属无效，而应依照《合伙企业法》第33条第1款的相关规定来处理。

第四节　普通合伙事务的执行

一、合伙人执行合伙事务的平等权利

合伙事务的执行，是指为实现合伙目的而进行的业务活动。需要说明的是，《合伙企业法》第二章第三节所称之“合伙事务执行”，侧重于合伙企业内部事务的执行，即围绕合伙企业组织体的运行与目的事业的实现，合伙企业内部的决议机制、监督机制等治理机构上的规则；但是，合伙企业在运行与经营过程中所涉及的事项，往往不仅是内部性的执行问题，同时更会体现为外部性交易行为。如在上游市场购进原材料或机器设备、在下游市场出售产品等，就事项的整体完成来说，表面上看好像仅为外部性的交易行为，但是该交易行为对合伙企业来说，又涉及应由谁来负责完成、该人的权限到底有多大、是否须先经内部的同意程序等问题，已属于合伙企业内部性的事务执行范畴。就此而言，对“合伙事务执行”概念的学理理解，不应机械，而应就所执行事务涉及的内外关系，予以综合考察。

执行合伙事务是合伙人的权利，每一个合伙人，不管出资额多少，对合伙事务享有同等的权利，即采取各合伙人地位平等原则。《合伙企业法》第26条第1款对此有明确的规定：合伙人对执行合伙事务享有同等的权利。

二、合伙事务的执行方式

合伙人的平等权利并不意味着每一个合伙人都必须同样地执行合伙事务。事实上，合伙事务的执行可以采取灵活的方式，只要全体合伙人同意即可。具体方式包括四种：

1.由全体合伙人共同执行。这种方式适合于合伙人数较少的合伙。

2.由各合伙人分别单独执行合伙事务。

3.由一名合伙人执行合伙事务。也就是说，一名合伙人受托代表全体合伙人执行合伙事务（第26条第2款）。这种方式适合于人数较多的合伙。

4.由数名合伙人共同执行合伙事务。也就是说，由全体合伙人委托数名合伙人执行合伙事务（第26条第2款）。这种方式同样适合于人数较多的合伙。每一合伙人有权将其对合伙事务的执行权委托其他合伙人代理，而自己不参与合伙事务的执行。

法人或其他组织作为合伙人的，其执行合伙事务由其委派的代表执行（第26条第3款）。

三、合伙事务的执行规则

1.如果根据合伙协议的约定或者经过全体合伙人一致同意，由一人或者数个合伙人执行合伙事务的，则其他合伙人不再执行合伙事务（第27条第1款）。

2.不执行合伙事务的合伙人有权监督执行事务合伙人执行合伙事务的情况（第27条第2款）；执行事务合伙人应当定期向其他合伙人报告事务执行情况以及合伙企业的经营和财务状况（第28条第1款）。

3.所有合伙人为了解合伙企业的经营状况和财务状况，都有权查阅合伙企业的财务会计账簿等财务资料（第28条第2款）。

4.合伙人分别执行合伙事务的，执行事务合伙人可以对其他合伙人执行的事务提出异议。提出异议时，应当暂停该项事务的执行；如果合伙人之间因此发生争议，应当由合伙人按照合伙协议约定的表决方式进行表决（第29条第1款）。

5.受委托执行合伙事务的合伙人不按照合伙协议或者全体合伙人的决定执行事务的，其他合伙人可以决定撤销该委托（第29条第2款）。

四、合伙企业事务执行后果的承担

执行合伙事务的合伙人，对外代表合伙组织，其执行合伙事务所产生的收益归合伙企业，所产生的费用和亏损由合伙企业承担（第28条第1款）。

五、合伙事务的决议

合伙事务依法可由一名或数名合伙人代表全体合伙人执行，也可由全体合伙人执行。无论是何种情形，合伙事务执行人享有事务执行权的依据，乃合伙协议约定或合伙决议，或者立法的直接规定（第26条第1、2款）。但就若干重要事项，单个合伙人乃至执行事务合伙人往往并不享有单独的决定权，而是需要先经合伙企业内部之决议机关作出决议。合伙企业内部的决议机关，担负着合伙企业内部意思形成与决定的功能，其体现即为全体合伙人会议。

（一）合伙事务的决议方式

根据《合伙企业法》第30条第1款的规定，合伙人对合伙企业有关事项作出决议，按合伙协议约定的表决方式办理。如果合伙协议对表决办法没有约定或者约定不明，则实行一人一票并经全体合伙人过半数通过的表决办法。依此规定，合伙企业的表决方式可以通过合伙协议加以约定，可以是一人一票，也可以是别的方式，而不实行一人一票；可以约定哪些事项需要2/3以上的合伙人通过，哪些事项需要过半数通过。在没有约定或者约定不明的情况下，则依一人一票且过半数通过的方式处理。但是，《合伙企业法》对表决方式另有规定的，则从其规定。

（二）合伙事务全票决的事项

全票决亦称一致决，即需要全体同意才能作出有效决议。根据《合伙企业法》第31条的规定，须经全体合伙人一致同意的事项包括下列各项：

1.改变合伙企业名称；

2.改变合伙企业的经营范围、主要经营场

所的地点；

3.处分合伙企业的不动产；

4.转让或者处分合伙企业的知识产权和其他财产权利；

5.以合伙企业的名义为他人提供担保；

6.聘任合伙人以外的人担任合伙企业的经营管理人员。

除了上述《合伙企业法》第31条规定的关于执行合伙事务方面的全票决情形，根据《合伙企业法》的其他条文的规定，还须注意须经全体合伙人一致同意才能作出决议的下列事项：

1.修改或者补充合伙协议（第19条第2款）；

2.合伙人向第三人转让其在合伙企业中的全部或者部分财产份额（第22条第1款）；

3.吸收新的合伙人（第43条第1款）。

但是，对于上述合伙事务执行方面和其他方面的决议事项，《合伙企业法》都采取了约定优先的原则，即合伙协议另有约定的，依照合伙协议的约定，只有在合伙协议没有约定或者约定不明时，才适用《合伙企业法》的规定。

从以上规定可以看出，我国《合伙企业法》对合伙企业中须经全体一致同意方能作出决定的事项规定的范围较广，其优势是有利于保障各合伙人之间的平等地位，防止因出资不同而产生的合伙人之间的歧视；其缺陷则是某些情况下可能不利于合伙企业决策的高效，进而对合伙企业的经营管理产生一定的负面影响。

六、合伙人的竞业禁止义务

在合伙企业存续期间，合伙人不得从事对合伙企业不利的活动，其中最主要的就是合伙人的竞业禁止义务，即合伙人不得自营或者与他人合作经营与本合伙企业相竞争的业务（第32条第1款）。合伙人不得未经全体合伙人同意，且合伙协议也没有约定时，与本合伙企业进行交易（第32条第2款）。对合伙人行为的上述限制，是为了维护全体合伙人共同的利益。

第五节 普通合伙与第三人的关系

合伙企业与外部第三人尤其是交易相对人间的关系，主要包括两方面：其一，合伙企业与交易相对人是如何建立起交易关系的，亦即合伙企业是通过什么样的机制，与交易相对人订立对合伙企业发生拘束力的合同。其具体问题则涉及在合伙企业中，何人依何种依据享有何种签约权限，可以合伙企业的名义与交易相对人订立合同，以及在该人不享有相应权限仍以合伙企业名义签订合同时，该合同关系如何处理等。对这些问题，《合伙企业法》仅有零星规定，颇不完善。其二，就合伙企业对交易相对人（及其他债权人）所负之债务，其清偿机制如何。以下分述之。

一、合伙与善意第三人的关系

就合伙企业与交易相对人间的交易关系，《合伙企业法》未有正面的规定，仅就对善意第三人的保护，设置《合伙企业法》第37条规定，即“合伙企业对合伙人执行合伙事务以及对外代表合伙企业权利的限制，不得对抗善意第三人”。

善意第三人是指与合伙企业进行法律行为的人，其主观上不知合伙企业内部对合伙人执行合伙事务的权利限制，包括善意取得合伙财产和善意与合伙企业设定其他法律关系的人。合伙人设立合伙的目的是通过合伙经营活动而盈利，而合伙的经营活动不是封闭的，必须通过市场与第三人进行相应的民事活动，达到经营目的。合伙人或聘用的经营管理人执行合伙企业事务受约定或法律规定的限制，但这些限制不得对抗不知情的善意第三人。如根据《合伙企业法》的规定，转让合伙企业的不动产必须经全体合伙人决定，但作为合伙企业事务执行人的甲以合伙企业的名义将合伙企业的不动产转让给第三人，而甲的这一行为并没有事先征得全体合伙人的同意，作为受让方的第三人不知道或不能知道甲的行为超出了限制范围，则合伙企业不能以甲的行为超越了限制范围为理由而对抗善意第三人，即合伙企业仍须承担甲的行为后果。

二、合伙与债权人的关系

（一）合伙债务的性质

《合伙企业法》规定，合伙企业对其债务，应先以其全部财产进行清偿（第38条）；合伙企业财产不足以清偿到期债务的，各合伙人应当承担无限连带清偿责任（第39条）。

由上述规定可知，合伙人对于合伙债务的清偿责任的性质属于补充性责任，即只有当合伙财产不足以清偿合伙债务时方由合伙人承担责任。也就是说，合伙债务的债权人应当先向合伙财产求偿；只有该合伙财产不足以清偿时，才应向各合伙人求偿。

（二）合伙人对合伙债务承担无限责任

各合伙人对于合伙财产不足以清偿的债务，负无限清偿责任，而不以出资额为限。此即普通合伙人的无限责任（第39条）。

（三）合伙人对合伙债务承担连带责任

连带责任意味着：其一，每个合伙人均须对全部合伙债务负责，债权人可以依其选择，请求全体、部分或者个别合伙人清偿债务，被请求的合伙人即须清偿全部的合伙债务，不得以超过自己承担的份额为由拒绝；其二，每个合伙人对合伙债务的清偿，均对其他合伙人发生清偿的效力；其三，合伙人由于承担连带责任所清偿债务数额超过其应当承担的数额时，有权向其他合伙人追偿（第40条）。

（四）双重优先原则的适用

由于无限连带责任的存在，在合伙的债务清偿中，若同时存在对合伙企业和合伙人的两个债权，或者说，同时存在合伙企业债务和合伙人个人债务，当合伙人与合伙企业都处于资不抵债的境地时，如何确定清偿这两种债务的先后顺序是立法和司法实践中须面对和解决的问题。对此有两种解决办法：一是合伙企业债权优先受偿原则；二是双重优先原则。前者是指合伙企业的债权人就合伙财产优先受偿，不足部分与合伙人个人的债权人就合伙人的个人财产共同受偿。后者是指合伙财产优先用于清偿合伙债务，个人财产优先用于清偿个人债务，即合伙人个人的债权人优先于合伙企业的债权人从合伙人的个人财产中得到清偿，合伙企业的债权人优先于合伙人个人的债权人从合伙财产中得到清偿。这种原则公平合理地维护了合伙债权人和合伙人个人债权人双方的利益，使二者都有均等的机会从合伙财产和合伙人个人财产中得到清偿。我国《合伙企业法》对此问题未规定，但实践中应当依照双重优先原则处理相关的纠纷。

（五）合伙人个人债务的清偿规则

所谓的合伙人之个人债务，指的是合伙人以其个人名义所发生的，与合伙企业无关的一切债务，包括合同债务与各种法定债务。因此，合伙人个人债务之债权人，也就不是合伙企业的债权人，不得就合伙企业财产主张清偿责任。不过，合伙人在合伙企业中所享有的财产份额，属于合伙人个人的责任财产范围，故合伙人个人债务之债权人可就该财产份额予以主张。

1.债权人抵销权的禁止。当某一合伙人发生与合伙企业无关的债务，而该合伙人的债权人同时又负有对合伙企业的债务时，该债权人只能请求合伙人履行债务，而不得以其对合伙企业的债务主张相互抵销，即不得以其对某一合伙人的债权抵销其对合伙企业的债务（第41条第一分句）。

2.代位权的禁止。当合伙人发生与合伙企业无关的债务时，该合伙人的债权人不得以其债权人的身份而主张代位行使合伙人在合伙企业中的权利（第41条第二分句）。

3.合伙份额的强制执行。如上所述，如果合伙人的自有其他财产不足清偿其个人债务（与合伙企业无关的债务），则该合伙人的债权人可以请求人民法院强制执行该合伙人在合伙企业中的财产份额以清偿债务（第42条第1款）。

人民法院强制执行合伙人的财产份额时，应当通知全体合伙人，其他合伙人享有优先购买权（第42条第2款第一分句）。人民法院强制执行合伙人的财产份额通常可以采用协议转让或拍卖、变卖的方法；若采用拍卖或变卖的方法，合伙人以外的第三人可以参加竞买。但是，如果其他合伙人不同意将该合伙人的财产份额转让给第三人，则第三人不能受让该财产份额。其他合伙人不购买该强制执行的财产份额，又不同意将该财产份额转让给合伙人以外的第三人的，则按退伙处理，合伙企业应当为该合伙人办理退伙结算，该合伙人退出合伙（第42条第2款第二分句）。如果强制执行的只是该合伙人的部分财产份额而非全部财产份额，则应当为该合伙人办理削减其相应财产份额的结算，即该合伙人被人民法院强制执行的部分财产份额由受让人持有，该合伙人持有份额的比例相应减少。

第六节　普通合伙的入伙与退伙

一、入伙

入伙是指在合伙企业存续期间，合伙人以外的第三人加入合伙企业并取得合伙人资格的行为。

（一）普通合伙入伙的条件与程序

入伙是一种民事法律行为，因此，入伙应具备一定的条件：

1.全体合伙人的同意。依《合伙企业法》第43条第1款的规定，入伙使入伙人取得合伙人的资格，与其他合伙人共同成为合伙组织的成员，因此须经其他合伙人的一致同意。但是，如果合伙协议对入伙的同意条件另有约定，则从其约定。例如，如果合伙协议约定吸收新的合伙人经全体合伙人2/3同意即可，则无须全体同意。

2.入伙人与原合伙人订立书面合伙协议（第43条第1款）。入伙协议的签订表明原合伙人对入伙人的接受，也表明了入伙人的入伙意愿。原合伙人与入伙人签订入伙协议时，应履行其告知的义务，即告知入伙人原合伙企业的经营状况和财务状况（第43条第2款）。因为入伙人入伙后，对入伙前的合伙企业债务要与原合伙人共同承担连带责任。原合伙人履行告知义务，目的是有利于第三人决定是否入伙。入伙协议中关于入伙人债权债务承担的约定不得对抗第三人，但对内具有效力。

（二）入伙的后果

入伙的后果是入伙人取得合伙人的资格；新合伙人对入伙前合伙企业的债务承担无限连带责任；除入伙协议另有约定外，新合伙人与原合伙人享有同等权利，承担同等责任（第44条）。

二、退伙

退伙是在合伙企业存续期间，合伙人资格的消灭。

（一）退伙的形式

退伙的形式包括：

1.声明退伙。声明退伙又称自愿退伙，是指合伙人基于自愿的意思表示而退伙。声明退伙又可分为单方退伙和通知退伙。

（1）单方退伙，指当合伙协议约定了合伙的经营期限时，某一合伙人要求退伙的情形。《合伙企业法》第45条规定：如果合伙协议约定了合伙期限，在该期限内若有下列情形之一，合伙人可以退伙：

①合伙协议约定的退伙事由出现；

②经全体合伙人同意退伙；

③发生合伙人难以继续参加合伙企业的事由；

④其他合伙人严重违反合伙协议约定的义务。

依此规定，在约定有合伙期限的情形下，合伙人有两种途径退出合伙：一是与其他合伙人协商，取得其他合伙人的一致同意，则无须任何理由都可以退伙；二是出现上述第①③④种情形时，合伙人可以单方提出退伙，无须取得其他合伙人的同意。

（2）通知退伙，指在合伙协议未约定合伙期限的情况下的退伙。根据《合伙企业法》第46条的规定，合伙协议未约定合伙期限的，在不给合伙事务执行造成不利影响的前提下，合伙人可以不经其他合伙人同意而退伙，但应当提前30日通知其他合伙人。

2.法定退伙。法定退伙指直接根据法律的规定而退伙。法定退伙又可分为当然退伙和除名退伙。

（1）当然退伙，指发生了某种客观情况而导致的退伙，《合伙企业法》第48条第1款规定了这些客观情况：

①作为合伙人的自然人死亡或者被依法宣告死亡。合伙人死亡时，其合法继承人能否通过继承取得合伙人资格，取决于合伙协议的约定；如合伙协议没有约定，则取决于合伙人会议的决议，继承人不能自动取得合伙人资格。

②个人丧失偿债能力。

③作为合伙人的法人或者其他组织依法被吊销营业执照、责令关闭、撤销，或者被宣告破产。

④法律规定或者合伙协议约定合伙人必须具有相关资格而丧失该资格。

⑤合伙人在合伙企业中的全部财产份额被人民法院强制执行。

如果作为合伙人的自然人被依法认定为无民事行为能力或者限制民事行为能力人的，并不必然导致退伙。在此种情形下，若经其他合伙人一致同意，该合伙人可以依法转为有限合伙人，普通合伙企业依法转为有限合伙企业。但是，如果未能取得其他合伙人的一致同意，则该合伙人退伙。

（2）除名退伙，也称开除退伙，是指在合伙人出现法定事由的情形下，由其他合伙人决议将该合伙人除名。《合伙企业法》第49条第1款规定了开除退伙的事由：

①未履行出资义务；

②因故意或者重大过失给合伙企业造成损失；

③执行合伙事务时有不正当行为；

④合伙协议约定的其他事项。

由此可见，当然退伙与除名退伙的不同之处在于：当然退伙的原因是客观性的，应当退伙的合伙人主观上并无过错，并未实施损害合伙企业利益的行为，而除名退伙的原因是主观性的，即退伙的合伙人发生了损害合伙企业利益的行为，其退伙含有惩罚性的因素。所以，在判断哪些是导致当然退伙的原因、哪些是导致除名退伙的原因时，合伙人的主观状态即是否存在过错、是否实施了损害合伙企业利益的行为，是关键的判断因素。

合伙企业作出对某一合伙人的除名决议，应当书面通知被除名人。被除名人接到除名通知之日，除名生效，被除名人退伙。但是，被除名人对除名决议有异议的，可以自接到除名通知之日起30日内向人民法院起诉，通过诉讼以最终确认除名决议的效力。

（二）退伙的效力

就退伙的效力而言，声明退伙与法定退伙基本是一致的，具体表现为：

1.退伙人丧失合伙人身份，脱离原合伙协议约定的权利义务关系。

2.导致合伙财产的清理与结算。退伙时的结算应遵循如下规则：

（1）合伙人退伙，其他合伙人应当与该退伙人按照退伙时的合伙企业财产状况进行结算，退还退伙人的财产份额（第51条第1款第一句）。退伙时有未了结的合伙企业事务的，可以待该事务了结后再进行结算（第51条第2款）。

（2）退伙人对给合伙企业造成的损失负有赔偿责任的，可以相应扣减其应当赔偿的数额（第51条第1款第2句）。

（3）退伙人在合伙企业中财产份额的退还办法，由合伙协议约定或者由全体合伙人决定，可以退还货币，也可以退还实物（第52条）。

（4）如果退伙时合伙企业的财产少于合伙企业债务，亦即资不抵债，则退伙人应当根据合伙协议的约定或者《合伙企业法》第33条第1款的规定分担亏损（第54条）。

（5）退伙人退伙时，对基于其退伙前的原因发生的合伙企业债务，仍应与其他合伙人一起承担无限连带责任（第53条）。

3.退伙并不必然导致合伙企业的解散。只有在合伙人为2人的情况下，其中1人退伙才导致合伙企业的解散。当然，即使是在合伙人为2人的情况下，如果另一合伙人同意，也可以由退伙人将其份额转让给第三人，则合伙企业继续存在。

第七节 特殊的普通合伙企业

特殊的普通合伙企业是指以专门知识和技能为客户提供有偿服务的专业服务机构，这些服务机构可以设立为特殊的普通合伙企业，如律师事务所、会计师事务所、医师事务所、设计师事务所等。特殊的普通合伙企业必须在其企业名称中标明"特殊普通合伙"字样（第56条），以区别于普通合伙企业。

特殊的普通合伙仅适用于以专门知识和技能（如法律知识与技能、医学和医疗知识与技能、会计知识与技能等）为客户提供有偿服务的机构，因为这些专门知识和技能通常只为少数的、受过专门知识教育与培训的人才所掌握，而在向客户提供专业服务时，个人的知识、技能、职业道德、经验等往往起着决定性的作用，与合伙企业本身的财产状况、声誉、经营管理方式等都没有直接的和必然的联系，合伙人个人的独立性极强。

所以，《合伙企业法》规定：在特殊的普通合伙企业中，一个合伙人或数个合伙人在执业活动中因故意或者重大过失造成合伙企业债务的，应当承担无限责任或者无限连带责任，其他合伙人则仅以其在合伙企业中的财产份额为限承担责任（第57条第1款）。这与普通合伙企业是不同的，在普通合伙企业中，合伙人即使是基于故意或者重大过失而给合伙企业造成债务，在对外责任的承担上依然是由全体合伙人承担无限连带责任，尽管对内其他合伙人可以追索有过错的合伙人。而在特殊的普通合伙企业中，出现由于个别合伙人的故意或者重大过失而导致的合伙企业债务时，没有过错的其他合伙人是不需要承担对外无限责任的。

当然，若特殊的普通合伙企业的合伙人并非因为故意或者重大过失而导致合伙企业的债务，此种情形下与普通合伙企业一样，应当由全体合伙人承担无限连带责任（第57条第2款）。

特殊的普通合伙企业的合伙人在因故意或者重大过失而造成合伙企业债务时，首先以合伙企业的财产承担对外清偿责任，不足时由有过错的合伙人承担无限责任或者无限连带责任，没有过错的合伙人不再承担责任。当以合伙企业的财产承担对外责任后，有过错的合伙人应当按照合伙协议的约定对给合伙企业造成的损失承担赔偿责任（第58条）。

第八节 有限合伙企业

一、有限合伙企业的概念

有限合伙企业是指由一个以上的普通合伙人和一个以上的有限合伙人共同设立的合伙企业（第2条第3款）。换言之，有限合伙企业中至少有一个普通合伙人和至少有一个有限合伙人，否则就不能成为有限合伙。

二、有限合伙企业的设立

根据《合伙企业法》的规定，有限合伙企业由2个以上50个以下合伙人设立，但法律另有规定的除外（第61条第1款）。这意味着有限合伙的合伙人最多不超过50人，除非其他法律对某种情形的有限合伙有另外的规定。

有限合伙企业的名称中应当标明“有限合伙”字样（第62条），以区别于普通合伙企业。

有限合伙企业的合伙协议除需要记载普通合伙企业协议应当载明的事项外，《合伙企业法》第63条还需要载明以下特殊事项：（1）执行事务合伙人应具备的条件和选择程序；（2）执行事务合伙人的权限与违约处理办法；（3）执行事务合伙人的除名条件和更换程序；（4）有限合伙人入伙、退伙的条件、程序以及相关责任；（5）有限合伙人和普通合伙人相互转变程序。

有限合伙人可以货币、实物、知识产权、土地使用权或者其他财产权利作价出资，但不得以劳务出资（第64条）。这是有限合伙人与普通合伙人在出资方式上的唯一差别。

有限合伙企业登记事项中应当载明有限合伙人的姓名或者名称及认缴的出资数额（第66条）。

三、有限合伙企业的事务执行

有限合伙企业的事务由普通合伙人执行（第67条）。有限合伙人不执行合伙事务，也不得对外代表有限合伙企业（第68条第1款）。这是有限合伙企业与普通合伙企业的重大区别。在普通合伙企业中，任何一个合伙人都有权执行合伙事务，都有权对外代表合伙企业，其地位是完全平等的。

依据《合伙企业法》第68条第2款的规定，有限合伙人的下列行为不视为执行合伙事务：（1）参与决定普通合伙人入伙、退伙；（2）对企业的经营管理提出建议；（3）参与选择承办有限合伙企业审计业务的会计师事务所；（4）获取经审计的有限合伙企业财务会计报告；（5）对涉及自身利益的情况，查阅有限合伙企业财务会计账簿等财务资料；（6）在有限合伙企业中的利益受损时，向有责任的合伙人主张权利或者提起诉讼；（7）执行事务合伙人怠于行使权利时，督促其行使权利或者为了本企业的利益以自己的名义提起诉讼；（8）依法为本企业提供担保。

四、有限合伙人的特殊权利

1.有限合伙人仅以其认缴的出资额为限对合伙企业的债务承担责任，而普通合伙人需要对合伙企业债务承担无限连带责任。新入伙的有限合伙人对入伙前合伙企业的债务也是以其认缴的出资额为限承担责任（第77条）。

2.除非合伙协议另有约定，有限合伙人可以同合伙企业进行交易（第70条），而普通合伙人通常是不可以的，除非合伙协议另有约定或者经过全体合伙人同意。

3.除非合伙协议另有约定，有限合伙人可以自营或者同他人合作经营与本合伙企业相竞争的业务（第71条），而普通合伙人是不可以的。

4.除非合伙协议另有约定，有限合伙人可以将其在合伙企业中的财产份额出质（第72条），而普通合伙人须经其他合伙人一致同意方可以其在合伙企业中的财产份额出质。

5.有限合伙人可以按照合伙协议的约定向合伙人以外的人转让其在合伙企业中的财产份额，只需提前30日通知其他合伙人即可（第73条）。而普通合伙人对外转让财产份额时须经其他合伙人一致同意，除非合伙协议另有约定。

6.作为有限合伙人的自然人在合伙企业存续期间丧失民事行为能力的，其他合伙人不得因此要求其退伙（第79条）。而普通合伙人丧失民事行为能力，除非经得全体合伙人一致同意，否则只能作退伙处理。

五、表见普通合伙

有限合伙人仅以其认缴的出资额为限对合伙企业债务承担责任。但是，如果有限合伙人的行为足以使得第三人合理信赖其为普通合伙人，则有限合伙人得承担普通合伙人的责任，即承担无限连带责任。此即《合伙企业法》第76条第1款规定：第三人有理由相信有限合伙人为普通合伙人并与其交易的，该有限合伙人对该笔交易承担与普通合伙人同样的责任。但这一规定明确表见的普通合伙仅适用于该笔交易特定的情形，而非从合伙人地位上完全否认有限合伙人的身份，对其他不构成表见普通合伙的情形，有限合伙人仍旧承担有限责任。

六、有限合伙与普通合伙的转换

1.当有限合伙企业仅剩普通合伙人时，有限合伙企业转为普通合伙企业，并应当进行相应的变更登记（第75条第二分句）。

2.当有限合伙企业仅剩有限合伙人时，则该企业不再是合伙企业，故应解散（第75条第一分句）。

3.经全体合伙人一致同意，普通合伙人可以转变为有限合伙人，有限合伙人可以转变为普通合伙人（第82条）。有限合伙人转变为普通合伙人的，对其作为有限合伙人期间合伙企业发生的债务承担无限连带责任（第83条）；普通合伙人转变为有限合伙人的，对其作为普通合伙人期间合伙企业发生的债务承担无限连带责任（第84条）。

第九节　合伙的解散与清算

一、合伙的解散

合伙的解散是指合伙因某些法律事实的发生而使合伙归于消灭的行为。根据《合伙企业法》第85条的规定，合伙解散的事由包括：

1.合伙协议约定的经营期限届满，合伙人决定不再继续经营的。合伙协议约定有经营期限，期限届满时合伙人不愿意继续经营，合伙当然终止。这意味着合伙协议约定的经营期限届满并不必然引起合伙企业的解散，只有在与合伙人不愿继续经营的条件同时具备时，才会引起合伙企业解散的后果。如果合伙协议约定的经营期限届满后合伙人对继续经营合伙事业均无异议，则可认为合伙人一致同意延长合伙经营期限，延长后的期限则为不定期限。但此时应在原约定的经营期限届满之日起15日内向原登记机关办理有关变更登记手续。

2.合伙协议约定的解散事由出现。合伙协议如约定当某一事由出现时合伙便解散，则设立合伙的行为实为附解除条件的法律行为，条件成就时协议解除，合伙解散。

3.全体合伙人决定解散。合伙可由合伙人基于合意而设立，自然也可基于合伙人的合意而解散。无论合伙协议是否约定有合伙经营期限，合伙人均可通过合意而终止合伙协议，解散合伙。如果一部分合伙人同意解散合伙，而一部分不同意，则合伙不解散，由同意解散的合伙人退伙，合伙企业继续存在。当然，在不同意解散合伙的合伙人只有1人时，合伙关系自当消灭，合伙解散。

4.合伙人已不具备法定人数满30日。根据《合伙企业法》的规定，合伙组织的合伙人必须是2人以上，合伙成立后不断发生退伙而致只剩下1人时，便出现了合伙人不足法定人数的现象，当这种情形持续满30日时，合伙企业应当解散。

5.合伙协议约定的合伙目的已经实现或者无法实现。

6.被依法吊销营业执照、责令关闭或者被撤销。

7.出现法律、行政法规规定的合伙企业解散的其他原因。

二、合伙企业的清算

合伙企业解散的结果是合伙企业的终止，但从合伙企业宣布解散或自解散事由发生到最后终止有一个过程，中间过程就是要对合伙的债权、债务进行清算，解决合伙与债权人、债务人的关系及合伙人内部的关系。合伙清算结束后，原办理了合伙企业登记的，应依法办理合伙企业的注销登记。

1.清算人的确定。合伙解散，应确定清算人，由清算人依法进行清算工作（第86条第1款）。清算人应由全体合伙人担任；如果未能由全体合伙人担任清算人的，经全体合伙人过半数同意，可以自合伙企业解散后15日内指定1名或者数名合伙人，或者委托第三人担任清算人（第86条第2款）。自合伙企业解散事由出现之日起15日内未确定清算人的，合伙人或者其他利害关系人可以申请人民法院指定清算人（第

86条第3款）。

2.清算人的职责。清算人在清算期间执行的事务包括：清算合伙企业财产，分别编制资产负债表和财产清单；处理与清算有关的合伙企业未了结的事务；清缴所欠税款；清理债权、债务；处理合伙企业清偿债务后的剩余财产；代表合伙企业参与诉讼或者仲裁活动（第87条）。

3.清算程序。依据《合伙企业法》第88条第1款与第2款的规定，清算人确定后，应当自确定之日起10日内将合伙企业解散事项通知合伙企业的债权人，并且应当于60日内在报纸上予以公告。债权人自接到通知书之日起30日内，未接到通知书的自公告之日起45日内，向清算人申报债权。债权人申报债权时应当说明债权的有关事项，并提供证明材料。清算人应当对债权进行登记。

清算结束后，清算人应当编制清算报告，经全体合伙人签名、盖章后，在15日内向企业登记机关报送清算报告，申请办理合伙企业注销登记（第90条）。

合伙企业清算期间，其企业主体资格仍然存续，但不得开展与清算无关的经营活动（第88条第3款）。

4.清偿的顺序。根据《合伙企业法》第89条的规定，合伙企业财产在支付清算费用后，应按下列顺序清偿：合伙企业所欠职工工资、社会保险费、法定补偿金；合伙企业所欠税款；合伙企业的债务。合伙企业财产按上述顺序清偿后仍有剩余的，则按约定或法定的比例在原合伙人间分配。如果合伙企业的财产不足以清偿其债务的，由原合伙人承担无限连带责任。

5.合伙企业注销后的债务承担。根据《合伙企业法》第91条的规定，合伙企业注销后，原普通合伙人对合伙企业存续期间的债务仍应承担连带责任，债权人仍然可以向普通合伙人进行求偿。

6.合伙企业的破产与债务清偿。合伙企业不能清偿到期债务的，债权人可以依法向人民法院提出破产清算申请，也可以要求普通合伙人清偿（第92条第1款）。依此规定，当合伙企业不能清偿到期债务时，债权人可以选择以下两种途径中的任何一种以保护自己的债权：其一，根据《企业破产法》的规定，向人民法院提出破产清算的申请，通过破产清算程序实现自己的债权；其二，直接要求普通合伙人按照无限连带责任的规定偿还债务。如果选择破产清算程序，则合伙企业在依法被宣告破产后，普通合伙人对合伙企业的债务仍然需要承担无限连带责任（第92条第2款）。

【本章主要法律规定】

《合伙企业法》

本章重点、难点与疑点辨析

尽管相较于公司法人，合伙企业在制度构成上的疑难点并不见少，《合伙企业法》规范本身又较为简约，这些均导致在学习与掌握合伙企业制度时存在不小的难度。

在学习合伙企业法时，须时时与公司法人制度进行比较，并重点掌握以下内容：第一，合伙企业的设立要件与程序；第二，合伙人之合伙财产份额与合伙企业财产关系；第三，合伙企业内部事务执行之权限分工与程序；第四，合伙企业债务的清偿规则；第五，入伙与退伙的要件、程序与法律效果；第六，合伙企业之解散事由、程序与效果；第七，特殊的普通合伙企业与有限合伙企业的特殊规则。

就合伙企业制度的疑难点，以下各点特别值得提及：

1.合伙企业不具有法人资格，无法成为财产权利之归属主体，成员或合伙人对合伙企业债务承担无限连带责任。这是合伙企业区别于公司法人的根本所在，也成为理解合伙企业制度的难点。在把握这些特征时，不仅要掌握各点的内容，更要关注各点间的逻辑关联，注意现代私法主体制度的发展趋势，避免对其进行机械的理解。

2. 合伙人在合伙企业中的财产份额制度。对合伙企业财产享有财产份额，是投资人投资合伙企业成为其合伙人，进而在合伙企业中享有权利、承担义务的集中体现。财产份额的取得或丧失，也就意味着合伙人身份的得失变动。而合伙企业之人合性典型特征，也决定着对财产份额的处分，无论是转让还是设定质权负担，均有着相较于有限责任公司股权转让更为严格的规则。

3. 合伙企业的内部治理机制。相较于公司有股东会、董事会、经理、监事会等一套较为成熟与典型的内部分权与治理机制，《合伙企业法》就合伙企业的内部治理，较少提供一套法定性的治理模式，而是更多让诸合伙企业的内部自治。如何在其中总结出自治的边界，如何判断合伙企业内部分权，进而判断相应的外部性法律行为的有效性，无疑是其难点所在。

4. 合伙企业债务的承担与清偿制度。这是合伙企业制度构造上的重点，无论怎么强调也不为过。对此，一方面须与合伙企业的财产制度予以关联理解；另一方面又要重点把握所谓“双重优先原则”的基本原理。此外，还须关注对合伙企业主张债权时，民事诉讼法与强制执行法上的若干特殊规定。

5. 合伙企业的解散与清算。就此，不仅要注意合伙企业在解散事由上与公司解散规则的不同之处，还须把握合伙企业清算结束后的法律效果规定，并对其予以原理上的理解。

6. 关于特殊的普通合伙企业。其特殊之处在于所适用的范围，即仅适用于某些特殊的行业活动形式。进而，特殊的普通合伙企业之特殊的债务承担规则，也就必须在这些行业运营的特点中，找到其理解根据。

7.关于有限合伙企业。有限合伙企业是以普通合伙企业为底本，融进有限责任公司元素的构造，故如何融进“有限合伙人”这一异质性元素，又不完全破坏“合伙企业”这一底本，就成为其制度设计上的难点。

第三章
个人独资企业法

本章导读

个人独资企业，是由一个自然人投资，全部资产为投资人所有的营利性经济组织。个人独资企业是一类特殊的商事主体，具有组织体属性，但是不具有法人资格，投资人对企业债务承担无限责任。在本章的学习中，应通过个人独资企业与个体工商户、一人有限公司、外商独资企业、全资国有企业的比较，掌握个人独资企业在设立、事务管理、对外关系、解散与清算等方面的特殊规定。

第一节　个人独资企业概述

一、个人独资企业的概念与特征

个人独资企业，简称独资企业，是指由一个自然人投资，全部资产为投资人所有的营利性经济组织。独资企业是一种很古老的企业形式，至今仍广泛运用于商业经营中，其典型特征是个人出资、个人经营、个人自负盈亏和自担风险。

《个人独资企业法》于1999年8月30日由第九届全国人大常委会第十一次会议通过并公布，自2000年1月1日起施行。该法共6章48条。该法第2条规定的独资企业的概念是：本法所称个人独资企业，是指依照本法在中国境内设立，由一个自然人投资，财产为投资人个人所有，投资人以其个人财产对企业债务承担无限责任的经营实体。

个人独资企业具有以下特征：

1.投资主体方面的特征。个人独资企业仅由一个自然人投资设立。这是独资企业在投资主体上与合伙企业和公司的区别所在。我国合伙企业法规定的普通合伙企业的投资人尽管也是自然人，但人数为2人以上；公司的股东可以是1个，但不仅包括自然人，还包括法人和非法人组织。

2.企业财产方面的特征。个人独资企业的全部财产为投资人个人所有，投资人（也称业主）是企业财产（包括企业成立时投入的初始出资财产与企业存续期间积累的财产）的唯一所有者。基于此，投资人对企业的经营与管理事物享有绝对的控制与支配权，不受任何其他人的干预。个人独资企业就财产方面的性质而言，属于私人财产所有权的客体。

3.责任承担方面的特征。个人独资企业的投资人以其个人财产对企业债务承担无限责任。这是在责任形态方面独资企业与公司（包括一人有限责任公司）的本质区别。所谓投资人以其个人财产对企业债务承担无限责任，包括三层意思：一是企业的债务全部由投资人承担；二是投资人承担企业债务的责任范围不限于出资，其责任财产包括独资企业中的全部财产和其他个人财产；三是投资人对企业的债权人直接负责。换言之，无论是企业经营期间还是企业因各种原因而解散时，对经营中所产生的债务如不能以企业财产清偿，则投资人须以其个人所有的其他财产清偿。

4.主体资格方面的特征。个人独资企业不具有法人资格。尽管独资企业有自己的名称或商号，并以企业名义从事经营行为和参加诉讼活动，但它不具有独立的法人地位。其一，独资企业本身不是财产所有权的主体，不享有独立的财产权利；其二，独资企业不承担独立责任，而是由投资人承担无限责任。这一特点与合伙企业相同而区别于公司。独资企业不具有法人资格，但属于独立的法律主体，其性质属于非法人组织，享有相应的权利能力和行为能力，能够以自己的名义进行法律行为。

二、个人独资企业和相关经济组织的区别

个人独资企业在出资形式上和个体工商户、一人公司、国有企业有相类似的地方，在责任承担上与合伙企业有相类似的地方，但相互之间的不同是明显的。

（一）个人独资企业和个体工商户的区别

个人独资企业和个体工商户都是自然人出资，这是它们的共同点。两者的区别是：

1.个人独资企业仅能以个人出资设立；个体工商户则可以是一个自然人设立，也可以是家庭出资设立。

2.个人独资企业，投资人以其个人财产对企业债务承担无限责任；仅在企业设立登记时明确以其家庭共有财产作为个人出资的，才依法以家庭共有财产对企业债务承担无限责任。而根据民事法律规定，个体工商户的债务，个人经营的，以个人财产承担；家庭经营的，以家庭财产承担；无法区分的，以家庭财产承担。

3.依据的法律不同。个人独资企业依照《个人独资企业法》的规定设立，个体工商户依照《促进个体工商户发展条例》的规定设立。

4.个人独资企业是经营实体，是一种企业组织形态，性质上属于非法人组织，具有团体人格的组织体属性。个体工商户则不采用企业形式，不具有组织体的属性。《个人独资企业法》颁布之前，我国曾以雇工人数对个人独资企业与个体工商户加以区别，雇工8人以上者为个人独资企业，雇工不足8人者为个体工商户。显然，这种区分标准缺乏科学性，《个人独资企业法》颁布后不再采用这一标准，即雇工人数少于8人的也可设立独资企业，关键看是否进行了独资企业登记，领取独资企业营业执照。

（二）个人独资企业和一人公司的区别

一人公司是指只有一个股东的公司，即公司的投资人为1人，由投资人独资经营，但投资人对公司债务仅负有限责任。我国现行公司法规定了一人有限责任公司和一人股份有限公司，自然人和法人都可以出资设立。除自然人和法人出资设立的一人公司外，我国公司法上的国有独资公司也属于一人有限责任公司，只是其股东地位特殊而已。个人独资企业和一人公司都是一个主体出资建立的企业，但两者性质是完全不同的，体现在：

1.出资人不同。个人独资企业只能由自然人出资设立，一人公司既可以由自然人出资设立，也可以由法人出资设立，还可以由国家出资设立。

2.主体资格不同。个人独资企业属于非法人组织，不具有法人资格；一人公司作为公司的一种，是企业法人，在公司成立时取得法人资格。

3.责任承担不同。个人独资企业的投资人对企业的债务承担无限责任；一人公司的投资人（股东）仅以出资额为限对公司负责，即负有限责任。

4.设立的法律依据不同。个人独资企业依照个人独资企业法设立；一人公司则须依照公司法设立。

（三）个人独资企业与全资国有企业的区别

传统的国有企业即全资的国有企业，也是一种独资企业。两者的共同之处是独资形式，但两者的不同之处是明显的。

1.个人独资企业不具有企业法人资格；全资的国有企业则是依法成立的企业法人。

2.个人独资企业的投资人是自然人；全资的国有企业的投资人是国有出资人。

3.个人独资企业的投资人对企业的债务承担无限责任；国有出资人仅以出资额为限对国有企业负责。

4.个人独资企业法依照个人独资企业法设立；全资的国有工业企业则依照全民所有制工业企业法设立，其他的全资国有企业也需依照全民所有制工业企业法规定的原则设立。

（四）个人独资企业与外商独资企业的区别

我国的外商投资企业中的外商独资企业与个人独资企业有相类似之处，即投资人仅为1人，二者的主要区别是：

1.资本的来源不同。前者来自中华人民共和国境外；后者来自中华人民共和国境内。

2.出资者不同。前者的出资者可以是单个自然人，也可以是单个法人；后者只能是单个的自然人。

3.设立依据不同。前者依照外商投资法设立；后者依照个人独资企业法设立。

4.责任承担不同。前者主要为有限责任（也可采取其他责任形式）；后者为无限责任。

（五）个人独资企业与普通合伙企业的区别

个人独资企业和普通合伙企业的出资人均为自然人，对企业债务都承担无限责任，都属于法律主体中的非法人组织，这是二者的相同之处。二者的不同之处是：

1.投资人人数不同。个人独资企业的出资人仅为1人，普通合伙企业为2人以上。

2.财产归属不同。个人独资企业的财产归出资人一人所有，普通合伙企业的财产由全体合伙人共有。

3.责任承担有所不同。个人独资企业仅由出资人一人承担无限责任，普通合伙企业则由全体合伙人承担连带无限责任。

第二节　个人独资企业的设立

一、个人独资企业的设立条件

根据《个人独资企业法》第8条的规定，设立独资企业须具备以下五个方面的条件。

1.投资人为一个自然人。个人独资企业的投资人必须是一个人，而且只能是一个自然人。此处所称的自然人只能是具有中华人民共和国国籍的自然人，不包括外国的自然人，所以外商独资企业不适用独资企业法，而适用外资企业法。

2.有合法的企业名称。如前所述，独资企业享有名称权和商号权。独资企业的名称应当与其责任形式及所从事的营业相符合。企业的名称应遵守企业名称登记管理规定。企业只准使用一个名称，在登记主管机关辖区内不得与已登记注册的同行业企业名称相同或者近似。独资企业的名称中不得使用“有限”“有限责任”字样。

3.有投资人申报的出资。一定的资本是任何企业得以存在的物质基础，独资企业也不例外。但由于独资企业的出资人承担的是无限责任，而并不是仅以出资额为限承担责任，对与之进行交易的第三人并无所虞，故独资企业法不要求个人独资企业有最低注册资本金，仅要求投资人有自己申报的出资即可。这一规定便于独资企业的设立，有利于独资企业的发展。

4.有固定的生产经营场所和必要的生产经营条件。

5.有必要的从业人员。

二、个人独资企业的设立程序

个人独资企业的设立采取直接登记制，即设立独资企业无须经过任何部门的审批，而由投资人根据设立准则直接到市场监管部门申请登记。

三、个人独资企业分支机构的设立

独资企业的分支机构是指独资企业在住所地以外设立的从事业务活动的办事机构。独资企业分支机构的设立与登记程序与独资企业的设立程序大体相同。

四、个人独资企业的变更

个人独资企业的变更是指个人独资企业存续期间登记事项发生的变更。如企业名称、住所、经营范围、经营期限等方面发生的改变。

第三节 个人独资企业的投资人及事务管理

一、个人独资企业的投资人

（一）个人独资企业投资人的条件

由于个人独资企业具有投资主体的单一性、经营管理的直接性的特点，与公司大为不同，所以个人独资企业法没有对企业的组织机构作出具体规定，而是集中在投资人的条件以及企业设立的事务管理。

个人独资企业投资人，是指以其财产投资设立独资企业的自然人。投资人只能是一个自然人；投资的财产必须是私人所有的财产。关于独资企业投资人的条件，《个人独资企业法》并未规定其积极条件，而只规定了其消极条件，即不得成为个人独资企业投资人的条件。该法第16条规定，法律、行政法规禁止从事营利性活动的人，不得作为投资人申请设立个人独资企业。这一规定表明，除法律、行政法规禁止从事营利性活动的自然人以外，其余自然人均可以作为个人独资企业的投资人。我国现行法律、行政法规所禁止从事营利性活动的人包括：（1）法官，即凡取得法官任职资格、依法行使国家审判权的审判人员；（2）检察官，即凡取得检察官任职资格、依法行使国家检察权的检察人员；（3）人民警察；（4）国家公务员。

（二）个人独资企业投资人的权利

1.个人独资企业投资人对企业财产享有所有权。独资企业成立时的出资和经营过程中积累的财产都归独资企业的投资人所有。此处的财产主要是指企业的有形财产，如房屋、机器、设备、原材料等。

2.个人独资企业的投资人的有关权利可以依法进行转让或继承。由于独资企业投资人的人格与企业的人格密不可分，企业财产均归投资人所有，所以投资人对于企业财产享有充分和完整的支配与处置权，他可以将企业财产的某一部分转让给他人，也可以将整个企业转让给他人。同时，当投资人死亡或被宣告死亡时，其继承人可以依继承法律的相关规定对独资企业行使继承权。

（三）个人独资企业投资人的责任

个人独资企业投资人对企业债务承担无限责任。依照《个人独资企业法》第18条的规定，个人独资企业投资人在申请企业设立登记时明确以其家庭共有财产作为个人出资的，应当依法以家庭共有财产对企业债务承担无限责任。换言之，以投资人个人财产出资设立的，由投资人的个人财产承担无限责任；以投资人的家庭财产出资设立的，由投资人的家庭财产承担无限责任。由于我国目前尚无完善的财产登记制度，个人财产与家庭财产往往难以区分，实践中主要根据独资企业设立登记时在市场监管机关的投资登记来确定投资人是以其个人财产还是家庭财产来对企业债务承担责任。

二、个人独资企业的事务管理

（一）个人独资企业事务管理的方式

1.投资人有权自主选择企业事务的管理形式。个人独资企业事务管理主要有三种模式。

（1）自行管理。即由个人独资企业投资人本人对本企业的经营事务直接进行管理。

（2）委托管理。即由个人独资企业的投资人委托其他具有民事行为能力的人负责企业的事务管理。

（3）聘任管理。即个人独资企业的投资人聘用其他具有民事行为能力的人负责企业的事务管理。

2.委托或聘用管理应签订书面合同。委托管理，须由投资人与受托人签订书面合同，明确委托的具体内容和授予的权利范围。聘用他人管理企业事务，须由投资人与被聘用的人签订书面合同，明确委托的具体内容和授予的权利范围。投资人委托或者聘用的人员管理个人独资企业事务时违反双方订立的合同，给投资人造成损害的，应承担民事赔偿责任。

3.投资人对受托人或者被聘用的人员职权的限制，不得对抗善意第三人。

（二）受托人或者被聘用的管理人的义务

受托人或者被聘用人应当履行诚信、勤勉义务，按照与投资人签订的合同负责个人独资企业的事务管理。

根据《个人独资企业法》第20条的规定，投资人委托或者聘用的管理个人独资企业事务的人员不得有下列行为：（1）利用职务上的便利，索取或者收受贿赂；（2）利用职务或者工作上的便利侵占企业财产；（3）挪用企业的资金归个人使用或者借贷给他人；（4）擅自将企业资金以个人名义或者以他人名义开立账户储存；（5）擅自以企业财产提供担保；（6）未经投资人同意，从事与本企业相竞争的业务；（7）未经投资人同意，同本企业订立合同或者进行交易；（8）未经投资人同意，擅自将企业商标或者其他知识产权转让给他人使用；（9）泄露本企业的商业秘密；（10）法律、行政法规禁止的其他行为。

投资人委托或者聘用的人员违反上述规定，侵犯个人独资企业财产权益的，责令其退还侵占的财产；给企业造成损失的，依法承担赔偿责任；有违法所得的，没收违法所得；构成犯罪的，依法追究刑事责任。

（三）个人独资企业的财务管理

个人独资企业应当依法设置会计账簿，进行会计核算。

（四）个人独资企业劳动管理与社会保障

1.个人独资企业招用职工的，应当依法与职工签订劳动合同，保障职工的劳动安全，按时、足额发放职工工资。

2.个人独资企业应当按照国家规定参加社会保险，为职工缴纳社会保险费用。独资企业的职工社会保险主要包括养老保险、工伤保险和医疗保险等。

3.独资企业的职工可以依法组建工会组织，以维护职工的合法权益，独资企业应当为本企业工会提供必要的活动条件。

4.个人独资企业违反个人独资企业法的规定，侵犯职工合法权益，未保障职工劳动安全，不缴纳社会保障费用的，按照有关法律、行政法规予以处罚，并追究有关责任人员的责任。

第四节　个人独资企业的解散与清算

一、个人独资企业的解散

个人独资企业的解散是指独资企业因出现某些法律事由而导致其民事主体资格消灭的行为。解散仅仅是个人独资企业消灭的原因，企业并非因解散的事实发生而立即消灭。根据《个人独资企业法》第26条的规定，个人独资企业有下列情形之一时，应当解散：

1.投资人决定解散。这是个人独资企业解散的任意原因。只要不违反法律规定，投资人有权决定在任何时候解散独资企业。

2.投资人死亡或者被宣告死亡，无继承人或者继承人放弃继承。在投资人死亡或宣告死亡的情况下，如果其继承人继承了独资企业，则企业可继续存在，只需办理投资人的变更登记，但若出现无继承人或全部继承人均决定放弃继承的情形，独资企业失去继续经营的必备条件，故应当解散。

3.被依法吊销营业执照。这是独资企业解散的强制原因。被处以吊销营业执照的处罚的原因，包括独资企业提交虚假文件以欺骗手段取得登记情节严重的行为，涂改、出租、转让营业执照情节严重的行为，企业成立后无正当理由超过6个月未开业或开业后自行停业连续6个月以上的行为等。

4.法律、行政法规规定的其他解散情形。

二、个人独资企业的清算

如前所述，解散仅仅是个人独资企业消灭的原因，企业并非因解散的事实发生而立即消灭。独资企业的清算即是处理解散企业未了结的法律关系的程序。清算结束，进行注销登记，独资企业才最后消灭。

（一）清算人的产生

清算人是指清算企业中执行清算事务及对外代表者。清算企业因解散而丧失经营活动的能力，不能继续进行经营活动，而只存在清算事务。因此，企业的管理人应代之为清算人。《个人独资企业法》第27条第1款规定，个人独资企业解散，由投资人自行清算或者由债权人申请人民法院指定清算人进行清算。因此，个人独资企业的清算原则上以投资人为其清算人。但经债权人申请，人民法院得指定投资人以外的人为清算人。

（二）通知与公告程序

投资人自行清算的，应当在清算前15日内书面通知债权人，无法通知的，应当予以公告。债权人应当在接到通知之日起30日内，未接到通知的应当在公告之日起60日内，向投资人申报其债权。

（三）清产偿债程序

清算人应在债权人申报债权后清理企业的债权、债务。在清算期间，个人独资企业不得开展与清算目的无关的经营活动。在清偿债务前，投资人不得转移、隐匿财产。个人独资企业及其投资人在清算前或清算期间隐匿或转移财产、逃避债务的，依法追回其财产，并按照有关规定予以处罚；构成犯罪的，追究其刑事责任。

（四）财产清偿顺序

个人独资企业解散的，财产应当按照下列顺序清偿：

1.所欠职工工资和社会保险费用；

2.所欠税款；

3.其他债务。

个人独资企业财产不足以清偿债务的，投资人应当以其个人的其他财产予以清偿。

（五）责任消灭制度

个人独资企业解散后，原投资人对个人独资企业存续期间的债务仍应承担偿还责任，但债权人自独资企业解散后5年内未向债务人提出偿债请求的，该责任消灭。

（六）注销登记程序

根据《个人独资企业法》第32条的规定，个人独资企业清算结束后，投资人或者人民法院指定的清算人应当编制清算报告，并于15日内到登记机关办理注销登记。注销登记一旦完成，个人独资企业即告消灭。

【本章主要法律规定】

《个人独资企业法》

本章重点、难点与疑点辨析

本章的难点是个人独资企业与个体工商户、一人公司等类似商事主体在设立条件、运行机制、责任承担方式等方面的区别：（1）个人独资企业的投资人只能是一个自然人，不能是法人；（2）个人独资企业是一种企业组织形态，性质上属于非法人组织，具有团体人格的组织体属性；（3）个人独资企业不具有独立的法人人格，投资人以其个人财产对企业债务承担无限责任。

此外有两点需要特别注意：（1）个人独资企业的投资人以其个人财产对企业债务承担无限责任，但是根据《个人独资企业法》第18条的规定，个人独资企业在申请企业设立登记时明确以其家庭共有财产作为个人出资的，应当依法以家庭共有财产对企业债务承担无限责任；（2）个人独资企业解散后，原投资人对个人独资企业存续期间的债务仍应承担偿还责任，但债权人在5年内未向债务人提出偿债请求的，该责任消灭。

第四章 外商投资法

本章导读

《外商投资法》是一部新的立法。本章主要内容包括：外商投资、外国投资者等概念；促进外商投资的主要制度，包括准入前国民待遇，如负面清单管理制度、与内资企业在政策适用方面的平等性、外商投资企业的平等参与机会；外商投资的保护制度，包括审慎的征收制度、资金汇出的自由化、加强知识产权保护等；外商投资的管理制度，包括外商投资准入负面清单制度、集中审查制度、外商投资企业对《公司法》《合伙企业法》等法律的统一适用、信息报告制度、安全审查制度等。

第一节　外商投资法概述

一、我国外商投资的立法过程

我国的对外开放立法，是从外商投资立法起步和发展起来的。1979年7月第一批出台的7部法律中，即包括《中外合资经营企业法》，标志着中国打开大门引进外资、实行对外开放。1986年和1988年，全国人民代表大会又先后制定和颁布了《外资企业法》和《中外合作经营企业法》，国务院、有关部门和地方陆续制定了一大批有关外商投资的实施性、配套性法规和规章，特别是上述三个法律的实施条例或实施细则，均由国务院颁布对于外商投资企业的规制起到了十分重要的作用。上述三个法律被统称为“三资企业法”或“外资三法”，为外商投资企业在我国发展创造了良好法治环境，对推动改革开放伟大历史进程发挥了重要作用。但随着我国改革开放的持续深入、市场化进程的实质性加快，“三资企业法”已难以适应新时代改革开放实践的需要。并且，“三资企业法”的很多相关规范已逐步为公司法、合伙企业法等市场主体和市场交易方面的法律所涵盖，有的甚至发生了法律适用上的冲突并陷入困境。同时，新形势下全面加强对外商投资的促进和保护、进一步规范外商投资管理的要求，也大大超出了“三资企业法”的调整范围。因此，需要在总结我国吸引外商投资实践经验的基础上，制定一部新的外商投资基础性法律以取代原来的“三资企业法”。此即《外商投资法》的出台背景。

2019年3月15日，十三届全国人大二次会议通过了《外商投资法》，自2020年1月1日起施行。2019年12月16日，最高人民法院审判委员会第1787次会议通过最高人民法院《关于适用〈中华人民共和国外商投资法〉若干问题的解释》(以下简称《外商投资法解释》)，自2020年1月1日起施行。《外商投资法实施条例》经2019年12月12日国务院第74次常务会议通过，自2020年1月1日起施行。之前颁布且实施已久的《中外合资经营企业法》《外资企业法》《中外合作经营企业法》同时废止。

《外商投资法》共分为6章、42款条文，即第一章“总则”、第二章“投资促进”、第三章“投资保护”、第四章“投资管理”、第五章“法律责任”、第六章“附则”。

二、外商投资、外国投资者、外商投资企业的概念

(一)外商投资及相关投资合同的概念与类型

根据第2条第2款[①]的规定，所谓的外商投资，是指外国的自然人、企业或者其他组织(以下简称外国投资者)直接或者间接在中国境内进行的投资活动，具体包括下列四种情形。

1.外国投资者单独或者与其他投资者共同在中国境内设立外商投资企业。这些外商投资企业可以是公司制企业，可以是合伙制企业，也可以是个人独资企业。其中的公司制企业既可以是有限责任公司，也可以是股份有限公司；既可以是上市公司，也可以是非上市公司。合伙制企业既可以是普通合伙企业，也可以是有限合伙企业或特殊普通合伙企业。这是最典型的直接投资方式。

2.外国投资者取得中国境内企业的股份、股权、财产份额或者其他类似权益。这种外商投资方式并非新设一个企业，而是通过受让股权等法律行为取得已经存在的企业的股份(针对股份有限公司)或股权(针对有限责任公司)或财产份额(针对合伙企业)或其他类似权益(如各种基金等)。此类投资方式既可以是直接投资，也可以是间接投资。

3.外国投资者单独或者与其他投资者共同在中国境内投资新建项目。通常来讲，此种投资方式不设立新的企业，亦非对存续企业的股权投资，而是对某一项目通过约定进行投资，投资者与相关合作者的权利义务取决于合同的约定。

4.法律、行政法规或者国务院规定的其他方式的投资。例如，向境内企业提供商业融资借款等形式的投资，以及协议控制、返程投资等方式的投资。

而与外商投资相关的“投资合同”，则是指外国投资者，即外国的自然人、企业或者其他组织，因直接或者间接在中国境内进行投资而形成的相关协议，包括设立外商投资企业合同、股权转让合同、股份转让合同、财产份额或者其他类似权益转让合同、新建项目合同等。此外，外国投资者通过赠与、财产分割、企业合并与分立等方式取得相应投资权益而设定的合同也在此范畴内。

(二)外国投资者的概念与范围

外国投资者，是指外国的自然人、企业或者其他组织。

需要注意的是，《外商投资法》中的外国投资者不包括我国香港特别行政区、澳门特别行政区、台湾地区的投资者。

港澳台投资在性质上既不同于外国投资者的投资，又不完全等同于内资。实践中，对我国香港特别行政区、澳门特别行政区投资在原则上参照适用外商投资的法律制度进行管理，对我国台湾同胞投资则适用《台湾同胞投资保

---

① 本章所引用的法条，若无特别标明，均为《外商投资法》的规定。

护法》和《台湾同胞投资保护法实施细则》的规定，若《台湾同胞投资保护法》和《台湾同胞投资保护法实施细则》没有规定的，则参照适用有关外商投资的法律法规。按照既要保持港澳台投资政策的稳定性和连续性，又要为政策调整留有空间的原则，《外商投资法实施条例》对港澳台投资的法律适用进行了明确规定，具体是：我国香港特别行政区、澳门特别行政区投资者在内地投资，参照《外商投资法》和《外商投资法实施条例》执行；法律、行政法规或者国务院另有规定的，从其规定。我国台湾地区投资者在大陆投资，适用《台湾同胞投资保护法》和《台湾同胞投资保护法实施细则》的规定；《台湾同胞投资保护法》和《台湾同胞投资保护法实施细则》未规定的事项，参照《外商投资法》和《外商投资法实施条例》执行。此外，定居在国外的中国公民在中国境内投资，参照《外商投资法》和《外商投资法实施条例》执行；法律、行政法规或者国务院另有规定的，从其规定。

（三）外商投资企业的概念与类型

外商投资企业，是指依照我国的法律规定，在我国境内经登记注册设立的，由外国投资者与中国投资者共同投资或者仅由外国投资者投资的企业，包括中外合资经营企业、中外合作经营企业和外资企业三种类型，即通常所称的外商投资企业或者三资企业。外商投资企业是外商投资中的直接投资形式，是我国改革开放中最常见的吸引外资的方式和外国投资者在我国进行投资的方式。《外商投资法》实施后，前述三个有关外商投资企业的法律即《中外合资经营企业法》、《外资企业法》和《中外合作经营企业法》被废止，但外商投资企业仍存在，只是外商投资企业的设立、管理、保护等制度适用新的法律即《外商投资法》。

第二节　外商投资促进制度

一、准入前国民待遇与负面清单管理制度

《外商投资法》第4条第1款规定："国家对外商投资实行准入前国民待遇加负面清单管理制度。"

国民待遇，又称平等待遇，是指一国给予外国人和本国人以相同的待遇。在投资领域，国民待遇的适用范围按投资阶段可以分为"外资准入前国民待遇"（或"准入阶段国民待遇"）和"外资准入后国民待遇"。所谓"准入前国民待遇"，是指在企业设立、取得、扩大等阶段给予外国投资者及其投资不低于本国投资者及其投资的待遇（第4条第2款）。

所谓"负面清单"，是指国家规定在特定领域对外商投资实施的准入特别管理措施（第4条第2款）。国家对负面清单之外的外商投资，给予国民待遇。对负面清单之内的外商投资，则实行审核制，不适用国民待遇。

负面清单，又称消极清单、否定列表。一个国家在施行外商投资准入前国民待遇的同时，一般都会列出负面清单。外商投资负面清单是禁止外资进入或限定外资进入方式或比例的行业清单。在负面清单上，一国明确开列不予外商投资准入或有限制要求的领域，清单以外领域则充分开放。简言之，市场准入负面清单以外的行业、领域、业务等，各类市场主体包括外国投资者皆可依法平等进入。"准入前国民待遇加负面清单"是国际上新的高标准投资规则之一。

"准入前国民待遇加负面清单"管理制度，并不等于准入后不对其实行国民待遇。事实上，准入后的外商投资企业和外国投资者在我国都享有国民待遇，甚至是"超国民待遇"，即比内资企业更优惠的各种待遇。现在《外商投资法》明确规定实行"准入前国民待遇"，是将原来的只在准入后赋予外商投资企业和外国投资者国民待遇的制度提前到了准入前，扩大了国民待遇原则的适用范围。2013年之前，我国在国际投资协定谈判中未承诺给予"准入前国民待遇"。相较于2013年之前我国的缔约立场，

"准入前国民待遇加负面清单"管理制度是将国民待遇原则的适用范围从准入后扩大到准入前加准入后，而不是否认准入后继续实行国民待遇。

二、促进外商投资的具体措施

（一）与内资企业同等适用各项政策

《外商投资法》第9条规定："外商投资企业依法平等适用国家支持企业发展的各项政策。"第10条第1款进一步规定："制定与外商投资有关的法律、法规、规章，应当采取适当方式征求外商投资企业的意见和建议。"外商投资领域政策性很强，此一措施旨在营造更好的外商投资政策环境，防止内外资企业在企业发展方面享受差别政策与待遇。

当然，根据国际惯例，如果任何国家或者地区在投资方面对我国采取歧视性的禁止、限制或者其他类似措施的，我国可以根据实际情况对该国家或者该地区采取相应的措施。《外商投资法》第40条对此有相应的规定。

（二）外资企业有权平等参与我国的标准化工作

《外商投资法》第15条规定："国家保障外商投资企业依法平等参与标准制定工作，强化标准制定的信息公开和社会监督。国家制定的强制性标准平等适用于外商投资企业。"

根据我国《标准化法》的规定，标准是指农业、工业、服务业以及社会事业等领域统一的技术要求。标准包括国家标准、行业标准、地方标准、团体标准和企业标准。国家标准又分为强制性标准、推荐性标准。行业标准、地方标准是推荐性标准。强制性标准必须执行，不符合强制性标准的产品、服务，不得生产、销售、进口或者提供。"三资企业法"、《标准化法》、《标准化法实施条例》和《国家标准管理办法》均未对外商投资企业参与标准化工作专门作出规定，也未强调强制性标准平等适用于外商投资企业。实践中也存在在制定相关标准时听取外商投资企业意见不充分的情况。2017年1月国务院发布的《关于扩大对外开放积极利用外资若干措施的通知》提出，要"促进内外资企业公平参与我国标准化工作"。为贯彻该通知的有关要求，国家标准化管理委员会、国家发改委和商务部于2017年11月印发了《关于外商投资企业参与我国标准化工作的指导意见》，提出"外商投资企业参与我国标准化工作，与内资企业享有同等待遇"，并对外商投资企业如何参与我国标准化工作作出了指导性规定。例如，"外商投资企业可以参与国家标准起草工作和国家标准外文版翻译工作，也可以在标准立项、征求意见、标准实施等过程中提出意见和建议"。《外商投资法》以法律形式再次确认了外商投资企业参与我国标准化工作的制度，并规定国家制定的强制性标准平等适用于外商投资企业。《外商投资法实施条例》进一步将其具化为外商投资企业依法和内资企业平等参与国家标准、行业标准、地方标准和团体标准的制定、修订工作，可以向标准化行政主管部门和有关行政主管部门提出标准的立项建议，在标准立项、起草、技术审查以及标准实施信息反馈、评估等过程中提出意见和建议，并按照规定承担标准起草、技术审查的相关工作以及标准的外文翻译工作。国家制定的强制性标准对外商投资企业和内资企业平等适用，不得专门针对外商投资企业适用高于强制性标准的技术要求。

（三）外资企业可公平参与政府采购

《外商投资法》第16条规定："国家保障外商投资企业依法通过公平竞争参与政府采购活动。政府采购依法对外商投资企业在中国境内生产的产品、提供的服务平等对待。"根据《政府采购法》的规定，政府采购是指各级国家机关、事业单位和团体组织，使用财政性资金采购依法制定的集中采购目录以内的或者采购限额标准以上的货物、工程和服务的行为。此前的"三资企业法"、《政府采购法》和《政府采购法实施条例》均未对外商投资企业参与政府采购活动作出专门规定。国务院于2017年1月发布的《关于扩大对外开放积极利用外资若干措施的通知》指出，要"深化政府采购改革，坚持公开透明、公平竞争原则，依法依规对外商投资企业在我国境内生产的产品一视同仁、平等对待，促进内外资企业公平参与政府采购招投标”。此次《外商投资法》以法律形式赋予了外商投资企业依法公平参与政府采购活动的权利和机会。

（四）外资企业可通过资本市场融资

《外商投资法》第17条规定：“外商投资企业可以依法通过公开发行股票、公司债券等证券和其他方式进行融资。”此前的“三资企业法”并未对外商投资企业通过资本市场融资作出专门规定，但实践中较早以前就已经允许外商投资企业在境内通过资本市场进行融资。2001年，中国证监会等多部门发布《关于上市公司涉及外商投资有关问题的若干意见》（已失效），从部门规章的层次确立了外商投资企业在境内发行股票、上市融资的依据。上述国务院于2017年1月发布的《关于扩大对外开放积极利用外资若干措施的通知》进一步指出，要“支持外商投资企业拓宽融资渠道。外商投资企业可以依法依规在主板、中小企业板、创业板上市，在新三板挂牌，以及发行企业债券、公司债券、可转换债券和运用非金融企业债务融资工具进行融资”。此次《外商投资法》以法律形式赋予了外商投资企业依法通过资本市场进行融资的权利和机会。

（五）鼓励和引导外商投资

《外商投资法》第18条规定：“县级以上地方人民政府可以根据法律、行政法规、地方性法规的规定，在法定权限内制定外商投资促进和便利化政策措施。”依据此项规定，地方政府将有权根据当地经济发展实际情况，依法因地制宜制定外商投资促进和便利化政策措施，以扩大引进外资力度。这对促进我国外商投资具有重要的意义，因为地方政府对于吸引和利用外资特别是先进技术、管理经验等都具有很强的积极性，以前有关吸引外资的政策措施均来自中央政府的统一规定，现在地方政府可以根据各个地方的经济社会等具体情况而制定更适合于本地的利用外资的政策措施。这显然是有利于整个国家的促进外商投资的政策的，也与《外商投资法》第3条第1款规定的“国家坚持对外开放的基本国策，鼓励外国投资者依法在中国境内投资”的基本国策相吻合。

此外，《外商投资法实施条例》进一步规定，国家根据国民经济和社会发展需要，制定鼓励外商投资产业目录，列明鼓励和引导外国投资者投资的特定行业、领域、地区。外国投资者、外商投资企业可以依照法律、行政法规或者国务院的规定，享受财政、税收、金融、用地等方面的优惠待遇。外国投资者以其在中国境内的投资收益在中国境内扩大投资的，依法享受相应的优惠待遇。

（六）提高外商投资政策的透明度

《外商投资法实施条例》规定，起草与外商投资有关的法律、法规、规章、规范性文件应当听取外商投资企业和有关商会、协会等方面的意见和建议；对反映集中或者涉及外商投资企业重大权利义务问题的意见和建议，应当通过适当方式反馈采纳的情况。与外商投资有关的规范性文件应当依法及时公布，未经公布的不得作为行政管理依据。与外商投资企业生产经营活动密切相关的规范性文件，应当结合实际，合理确定公布到施行之间的时间。

第三节 外商投资保护制度

《外商投资法》规定了一系列保护外商投资的具体制度与措施。

一、审慎的外资征收制度

《外商投资法》第20条规定：“国家对外国投资者的投资不实行征收。在特殊情况下，国家为了公共利益的需要，可以依照法律规定对外国投资者的投资实行征收或者征用。征收、征用应当依照法定程序进行，并及时给予公平、合理的补偿。”

征收是指征收主体(国家)基于公共利益需要,以行政权力取得民事主体的财产所有权或者其他权益并给予适当补偿的行政行为。一个国家的政府如果对外商投资企业或者外国投资者的财产或其他民事权益轻易进行征收,收归国有,显然不利于创造良好的吸引外资的环境,外国投资者会望而却步。早在20世纪70年代末和80年代颁布的"三资企业法"中,我国即明确不对外商投资企业进行征收。改革开放以来,我国也确实没有启动任何一件对外商投资企业的征收事件。但法律上仍然需要明确规定国家的征收政策,通过法律承诺不对外商投资进行征收。

在特殊情况下,如果不得已确实需要对外商投资进行征收,第一,必须是基于公共利益的需要;第二,必须依照法律规定的程序进行征收;第三,必须对被征收的民事主体进行补偿,且补偿必须是及时的、公平的和合理的。

尽管之前的"三资企业法"也规定了有关对外商投资企业的征收政策,但与之前的"国家对合营企业/外资企业不实行国有化和征收;在特殊情况下,根据社会公共利益的需要,对合营企业、外资企业可以依照法律程序实行征收,并给予相应的补偿"的表述比较,《外商投资法》突出了补偿的及时性、公平性和合理性。

二、外国投资者资金的汇入汇出的自由化

《外商投资法》第21条规定:"外国投资者在中国境内的出资、利润、资本收益、资产处置所得、知识产权许可使用费、依法获得的补偿或者赔偿、清算所得等,可以依法以人民币或者外汇自由汇入、汇出。"与"三资企业法"的规定相比,《外商投资法》将可以汇入汇出的范围进行了详细的列举,具体包括外国投资者的出资、利润、资本收益、资产处置所得、知识产权使用费、依法获得的补偿或者赔偿等。同时,原来"三资企业法"规定的是"可以汇往国外""可以依法汇往国外"等,仅允许单向汇出,而《外商投资法》的表述是"自由汇入或者汇出",允许资金双向流动。这些新的鼓励措施对于增强外国投资者的投资安全感具有积极的意义。

三、强化对外国投资者和外商投资企业的知识产权保护

《外商投资法》第22条第1款规定:"国家保护外国投资者和外商投资企业的知识产权,保护知识产权权利人和相关权利人的合法权益;对知识产权侵权行为,严格依法追究法律责任。"

国务院于2017年1月发布的《关于扩大对外开放积极利用外资若干措施的通知》提出"依法依规严格保护外商投资企业知识产权。健全知识产权执法机制,加强知识产权执法、维权援助和仲裁调解工作"。2017年9月,全国打击侵犯知识产权和制售假冒伪劣商品工作领导小组办公室会同知识产权局以及其他有关政府部门制定了《外商投资企业知识产权保护行动方案》,采取多项措施打击侵犯外商投资企业知识产权的违法犯罪行为,保护外商投资企业合法权益。这些措施最终都被反映和总结到了《外商投资法》中有关保护外国投资者和外商投资企业知识产权的条文中。

《外商投资法》保护外国投资者和外商投资企业知识产权的另一项举措是对强制技术转让作出了明确的禁止性规定。《外商投资法》第22条第2款规定:"国家鼓励在外商投资过程中基于自愿原则和商业规则开展技术合作。技术合作的条件由投资各方遵循公平原则平等协商确定。行政机关及其工作人员不得利用行政手段强制转让技术。"同时,《外商投资法》第23条还规定:"行政机关及其工作人员对于履行职责过程中知悉的外国投资者、外商投资企业的商业秘密,应当依法予以保密,不得泄露或者非法向他人提供。"

四、要求地方政府严守依法作出的政策承诺和合同约定

《外商投资法》第25条第1款规定:"地方各级人民政府及其有关部门应当履行向外国投资者、外商投资企业依法作出的政策承诺以及依法订立的各类合同。"《外商投资法实施条例》进一步明确规定,地方政府及其有关部门不得以行政区划调整、政府换届、机构或者职能调整以及相关责任人更替等为由违约毁约。实践

中，有的地方政府为了招商引资、吸引外资，在开始阶段或磋商谈判中允诺给予外国投资者或外商投资企业各种优惠与承诺，但后续阶段往往又不兑现承诺，随意修改招商引资政策，故《外商投资法》明确要求地方政府必须向外国投资者和外商投资企业兑现承诺，不得单方任意取消或修改投资政策，不得单方毁约。

如果确因国家利益、社会公共利益需要而改变政策承诺、合同约定的，应当依照法定权限和程序进行，并依法对外国投资者、外商投资企业因此受到的损失予以补偿。

五、不得减损外商投资企业的合法权益

《外商投资法》第24条规定："各级人民政府及其有关部门制定涉及外商投资的规范性文件，应当符合法律法规的规定；没有法律、行政法规依据的，不得减损外商投资企业的合法权益或者增加其义务，不得设置市场准入和退出条件，不得干预外商投资企业的正常生产经营活动。"《外商投资法实施条例》进一步明确规定，政府及其有关部门制定涉及外商投资的规范性文件，应当按照国务院的规定进行合法性审核。依据上述规定，首先，地方政府制定的涉及外商投资的规范性文件应当进行合法性审核，不得与作为上位法的法律法规相抵触，必须符合法律法规的规定；其次，在没有上位法作为依据的情况下，地方政府制定的涉及外商投资的规范性文件中不得含有减损外商投资企业的合法权益或者增加其义务的内容；再次，地方政府无权为外商投资设定市场准入或退出条件；最后，地方政府必须尊重外商投资企业的经营自主权，不得插手或干涉外商投资企业的正常生产经营活动。

六、建立外商投资企业投诉机制

《外商投资法》第26条第1款规定："国家建立外商投资企业投诉工作机制，及时处理外商投资企业或者其投资者反映的问题，协调完善相关政策措施。"

外商投资企业的投诉机制在"三资企业法"时代是没有相关法律规定的。实践中不少地方自己建立了解决外商投资企业投诉的机构和程序。建立完善外商投资企业投诉工作机制，有利于解决营商环境方面的突出问题，保护外商投资合法权益并及时处理外商投资企业反映的问题。《外商投资法》以法律的形式明确国家建立外商投资企业投诉工作机制，构成了保护外商投资制度的重要内容。

外商投资企业或者其投资者认为行政机关及其工作人员的行政行为侵犯其合法权益的，可以通过外商投资企业投诉工作机制申请协调解决。除此之外，还可以依法申请行政复议、提起行政诉讼。

七、不得强制外商投资企业转让技术和保护商业秘密

《外商投资法实施条例》规定，行政机关及其工作人员不得利用实施行政许可、行政检查、行政处罚、行政强制以及其他行政手段，强制或者变相强制外国投资者、外商投资企业转让技术。行政机关依法履行职责，确需外国投资者、外商投资企业提供涉及商业秘密的信息的，应当限定在履行职责所必需的范围内，严格控制知悉范围，并应当建立健全内部管理制度，采取有效措施保护履行职责过程中知悉的外国投资者、外商投资企业的商业秘密。

第四节　外商投资管理制度

《外商投资法》在鼓励外商投资、保护外商投资合法权益的同时，完善了对外商投资的管理措施，更新了对外商投资的管理理念。

一、外商投资准入负面清单制度

对外商投资企业的设立，原来的"三资企业法"基本上是实行严格的审批与行政许可制

度,《外商投资法》则规定了现在国际通用、国内也逐步推行的负面清单管理制度,由国务院发布或者授权发布负面清单,凡是负面清单之外的领域、行业、项目均无须进行行政审批,投资者向主管部门申请设立,主管部门予以登记备案即可。对于负面清单以内的领域、行业或项目,则继续实行审批与行政许可制度,区分禁止外商投资的行业、限制外商投资的行业,分类进行审批与核准。外商投资准入负面清单规定禁止投资的领域,外国投资者不得投资。外商投资准入负面清单规定限制投资的领域,外国投资者进行投资应当符合负面清单规定的条件。外商投资需要办理投资项目核准、备案的,按照国家有关规定执行。外国投资者在依法需要取得许可的行业、领域进行投资的,应当依法办理相关许可手续。有关主管部门应当按照与内资一致的条件和程序,审核外国投资者的许可申请,法律、行政法规另有规定的除外。

根据《外商投资法》第36条的规定,外国投资者投资外商投资准入负面清单规定禁止投资的领域的,由有关主管部门责令停止投资活动,限期处分股份、资产或者采取其他必要措施,恢复到实施投资前的状态;有违法所得的,没收违法所得。外国投资者的投资活动违反外商投资准入负面清单规定的限制性准入特别管理措施的,由有关主管部门责令限期改正,采取必要措施满足准入特别管理措施的要求;逾期不改正的,依照上述规定处理。

为维护负面清单制度,尽可能地保证投资合同的有效,《外商投资法解释》以负面清单为标,就投资合同的效力认定,从以下几个方面分别加以规定:一是对于负面清单之外的领域形成的投资合同,当事人以合同未经有关行政主管部门批准、登记为由主张合同无效或者未生效的,人民法院不予支持。二是外国投资者投资负面清单所列禁止投资的领域,当事人主张投资合同无效的,人民法院予以支持。三是对外国投资者投资负面清单规定限制投资的领域作细化的处理,如果当事人以违反限制性准入特别管理措施为由,主张投资合同无效,人民法院予以支持;同时,《外商投资法解释》进一步规定,即使外国投资者投资了负面清单所列限制投资的领域,只要在人民法院作出生效裁判之前,当事人采取了必要的补正措施,人民法院仍然可以认定该投资合同有效。四是以前瞻和长远的视角维护负面清单的实施,即考虑到我国不断调整负面清单以适应扩大开放新局面的发展趋势,《外商投资法解释》还作出规定,即便在投资合同签订时未符合负面清单的要求,但在生效裁判作出前,国家对负面清单的调整,取消了禁止性或限制性要求的,人民法院也可以认定投资合同有效。

二、外商投资经营者集中审查

《外商投资法》第33条规定:“外国投资者并购中国境内企业或者以其他方式参与经营者集中的,应当依照《中华人民共和国反垄断法》的规定接受经营者集中审查。”《关于外国投资者并购境内企业的规定》(2009年修订)中已对该项内容进行了规定:“依据《反垄断法》的规定,外国投资者并购境内企业达到《国务院关于经营者集中申报标准的规定》规定的申报标准的,应当事先向商务部申报,未申报不得实施交易。”

根据《国务院关于经营者集中申报标准的规定》的规定,经营者集中是指下列情形:(1)经营者合并;(2)经营者通过取得股权或者资产的方式取得对其他经营者的控制权;(3)经营者通过合同等方式取得对其他经营者的控制权或者能够对其他经营者施加决定性影响。经营者集中达到下列标准之一的,经营者应当事先向国务院反垄断执法机构申报,未申报的不得实施集中:(1)参与集中的所有经营者上一会计年度在全球范围内的营业额合计超过人民币100亿元,并且其中至少两个经营者上一会计年度在中国境内的营业额均超过人民币4亿元;(2)参与集中的所有经营者上一会计年度在中国境内的营业额合计超过人民币20亿元,并且其中至少两个经营者上一会计年度在中国境内的营业额均超过人民币4亿元。

三、组织形式、组织机构及其活动准则的法律适用

《外商投资法》第31条规定：外商投资企业的组织形式、组织机构及其活动准则，适用《中华人民共和国公司法》《中华人民共和国合伙企业法》等法律的规定。这是统一内外资法律法规的重要举措，即对于外商投资企业的组织形式、组织结构、活动准则等一般内容，按照内外资一致的原则，统一适用《公司法》《合伙企业法》等适用于各类市场主体的法律法规。《外商投资法》正式实施后，将取代"三资企业法"成为外资领域的基础性法律，而《外商投资法》不再直接规范外商投资企业的组织形式、组织机构、活动准则等内容，将直接适用《公司法》和《合伙企业法》等法律的规定。

就外商投资企业的组织形式、组织结构及其活动准则的法律适用上新法与旧法的衔接问题，《外商投资法》规定了5年的过渡期，即《外商投资法》施行前依照"三资企业法"设立的外商投资企业，包括中外合资经营企业、中外合作经营企业和外资企业，在《外商投资法》施行后5年内可以继续保留原企业组织形式等，也可以依照《公司法》和《合伙企业法》等法律的规定调整其组织形式、组织机构等，并依法办理变更登记。5年的过渡期届满后，现存所有外商投资企业需要全面遵循《公司法》和《合伙企业法》等法律的规定。

四、外商投资信息报告制度

《外商投资法》第34条规定："国家建立外商投资信息报告制度。外国投资者或者外商投资企业应当通过企业登记系统以及企业信用信息公示系统向商务主管部门报送投资信息。外商投资信息报告的内容和范围按照确有必要的原则确定；通过部门信息共享能够获得的投资信息，不得再行要求报送。"

根据《外商投资法》第37条的规定，外国投资者、外商投资企业违反《外商投资法》的规定，未按照外商投资信息报告制度的要求报送投资信息的，由商务主管部门责令限期改正；逾期不改正的，处10万元以上50万元以下的罚款。

五、外商投资安全审查制度

《外商投资法》第35条规定："国家建立外商投资安全审查制度，对影响或者可能影响国家安全的外商投资进行安全审查。依法作出的安全审查决定为最终决定。"我国现行外商投资安全审查制度主要涉及国务院办公厅发布的《关于建立外国投资者并购境内企业安全审查制度的通知》（国办发〔2011〕6号）和《关于印发〈自由贸易试验区外商投资国家安全审查试行办法〉的通知》（国办发〔2015〕24号）。前者适用于外商投资并购境内企业的情形，后者适用于外国投资者在自贸试验区内投资的情形。

外商投资安全审查制度不仅涵盖并购投资，也涵盖新设投资。但对于外商投资安全审查的范围和具体事项，以及审查程序等，有待将来发布实施细则。

对于主管部门作出的安全审查方面的决定，其效力为最终决定，不存在申请复议或提起行政诉讼的情形。

【本章主要法律规定】

《外商投资法》

第五章
企业破产法

本章导读

企业破产法既有债务清理法的功能，也有企业法的功能。债务清偿属于民法范畴，与合同、物权等民法制度联系紧密，不仅涵盖各种债与合同的关系，也涉及物权关系、担保关系。从债的关系来说，不仅涉及民法上的合意之债和非合意之债，还涉及税法、劳动法等公法关系。从企业法功能来说，既涉及企业的重组再生（法人变更），也涉及企业的终止（法人消灭）。从现实生活的角度看，破产法不仅关系到债务清偿秩序和金融风险防控，也关系到企业困境治理和职工就业，甚至是社会稳定。因此，企业破产法的重要性和复杂性不容小觑。

企业破产法是程序法和实体法的结合，在基本的程序框架下，既有系统的程序性规则，也有一系列实体性规范，包括当事人财产权利的特殊规定和破产程序特别机构的权利义务规定；程序制度服务于实体权利，实体权利服从于程序规定，它们共同构成了实现公平清理债权债务、保护债权人和债务人合法权益的法律秩序。由于企业破产往往涉及众多的债权人、职工和其他利害关系人，作为集合性财产管理和集体性债务清理的程序，与普通的民事程序大不相同。尤其在企业重整的情况下，还涉及继续营业中的各种生产经营和财产处分，因此，法院和管理人对程序公平、财产价值和当事人权利等各方面利益需求的保护，都要于法有据，合理合规。对法律工作者来说，学习掌握企业破产法的制度目标、制度体系和具体规则，是具备处理破产事务能力的基本条件。

第一节　一般规定

一、破产程序的适用范围

（一）破产案件的适用程序

破产案件是指通过司法程序处理的无力偿债事件。这里所说的司法程序包括和解、重整和破产清算三种。不能把破产案件简单地归结为清算倒闭事件；破产清算是公平清理债务的一种方法，但不是唯一方法。我国企业破产法鼓励当事人积极寻求以避免企业倒闭清算的方式来公平清理债务。

破产法设立的重整、和解和破产清算三种程序之间，存在一定的可转换性。在它们之间，当事人有一定程度的选择自由。具体来说，包括以下要点：（1）债务人在提出破产申请时可以选择适用重整程序、和解程序或者清算程序，债权人在提出破产申请时可以选择适用重整程序或者清算程序。（2）债权人申请债务人破产清算的案件，在破产宣告前，债务人可以申请和解，债务人或者其出资人可以申请重整。（3）债务人进入重整程序或者和解程序后，可以在具备破产法规定的特定事由时，经破产宣告转入破产清算程序。（4）债务人一旦经破产宣告进入破产清算程序，则不得转入重整或者和解程序。

（二）破产程序的适用范围

《企业破产法》第2条规定，破产法的适用范围为企业法人，其中不仅包括国有企业，也包括具有法人资格的集体企业、民营企业以及设在中国领域内的外商投资企业等。

此外，《企业破产法》附则中对于国有企业破产、金融机构破产和非法人组织破产还有特别规定。

二、破产原因

破产原因是适用破产程序所依据的特定法律事实。它是人民法院进行破产宣告所依据的特定事实状态。按照现行法律，它也是破产案件受理的实质条件。其特点是：（1）它必须是实际存在的事实状态；（2）它必须是符合法律规定的事实状态。作为破产原因的法律事实，可以是单一的，也可以是复合的。目前，各国关于破产原因的立法通例，是采用单一规定，即以债务人不能清偿到期债务为唯一原因。而《企业破产法》第2条第1款采用了复合规定和单一规定并存的方式。

1.复合规定：企业法人不能清偿到期债务，并且资产不足以清偿全部债务。

“不能清偿到期债务”即无力偿债，国际上也称作“非流动性”，又称“现金流标准”，其含义是“债务人已全面停止偿付到期债务，而且没有充足的现金流量偿付正常营业过程中到期的现有债务”。无力偿债的认定，不以债权人已经提出清偿请求为必要条件。

“资产不足以清偿全部债务”又称“资不抵债”，国际上也称作“资产负债表标准”，主要是指企业法人的资产负债表上，全部资产之和小于其对外的全部债务。这一标准的依据是：资不抵债即表明遇到财务困难。但是，由于这一标准依赖于受债务人控制的资料，因此，采用资产负债表标准有一定的局限性。

在能够证明企业同时存在“不能清偿到期债务”和“资产不足以清偿全部债务”的情况时，企业有充分理由适用破产程序。此时，如果企业管理层既不申请破产，又不采取积极措施对企业实施拯救，造成企业财产流失，甚至实施导致企业责任财产减少的资产处分或个别清偿的行为，致使债权人权益受损，相关责任人员应当依照《企业破产法》第125、128条的规定承担法律责任。

2.单一规定：企业法人不能清偿到期债务，并且明显缺乏清偿能力。

以“明显缺乏清偿能力”替代“资不抵债”作为与“不能清偿到期债务”并列的条件，是对后者的一个限定。根据这一限定，一时不能支付但仍有偿付能力的企业不适用破产程序。

本项标准代表了破产法起草的一个指导思想，即鼓励适用破产程序，特别是再建型的破产程序（重整、和解），以积极清理债务，避免社会中大量的债务积淀和资产闲置，并减少企业长期困境下的道德风险以及由此造成的经济损失。

此外，《企业破产法》第7条第2款规定，债务人不能清偿到期债务，债权人可以申请其破产重整或者清算。《商业银行法》第71条规定，商业银行不能支付到期债务，经国务院银行业监督管理机构同意，由人民法院依法宣告其破产。《合伙企业法》第92条规定，合伙企业不能清偿到期债务的，债权人可以依法向人民法院提出破产清算申请。这些也属于单一规定。

根据最高人民法院《关于适用〈中华人民共和国企业破产法〉若干问题的规定（一）》[以下简称《破产法解释（一）》；该规定的后续部分简称《破产法解释（二）》《破产法解释（三）》]的规定，以下情况应当认定为债务人不能清偿到期债务：（1）债权债务关系依法成立，债务履行期限已经届满，债务人未完全清偿债务。（2）债务人的资产负债表，或者审计报告、资产评估报告等显示其全部资产不足以偿付全部负债，但有相反证据足以证明债务人资产能够偿付全部负债的除外。（3）债务人账面资产虽大于负债，但存在下列情形之一的：因资金严重不足或者财产不能变现等原因无法清偿债务；法定代表人下落不明且无其他人员负责管理财产，无法清偿债务；经人民法院强制执行，无法清偿债务；长期亏损且经营扭亏困难，无法清偿债务；导致债务人丧失清偿能力的其他情形。

实践中，不能仅凭资产负债表判断债务人是否具备破产法原因。《破产法解释（一）》规定，债务人账面资产虽大于负债，但存在下列情形之一的，人民法院应当认定其明显缺乏清偿能力：（1）因资金严重不足或者财产不能变现等原因，无法清偿债务；（2）法定代表人下落不明且无其他人员负责管理财产，无法清偿债务；（3）经人民法院强制执行，无法清偿债务；（4）长期亏损且经营扭亏困难，无法清偿债务；（5）导致债务人丧失清偿能力的其他情形。

三、破产案件的管辖

1.地域管辖。《企业破产法》第3条规定，企业破产案件，由债务人住所地人民法院管辖。人民法院受理破产申请后，当事人提起的有关债务人的民事诉讼案件，只能向受理破产申请的法院提起，由受理破产申请的法院管辖。

2.级别管辖。根据最高人民法院的规定，上市公司破产重整案件一般应由中级人民法院管辖，执行案件移送破产审查（“执转破”）的，实行以中级人民法院管辖为原则、基层人民法院管辖为例外的管辖制度。2016年以来，最高人民法院积极推进破产审判机构专业化建设，将中级人民法院作为破产审判机构专业化建设的重点层级。2018年以来，经最高人民法院批准，上海、北京、深圳、重庆等地在指定的中级人民法院设立专门审判机构，集中管辖本市辖区内的破产案件及衍生诉讼案件。

四、破产案件中的裁定、公告和送达

1.破产案件中的裁定。在破产案件中，法院对程序问题和实体问题作出的裁判，一律采用裁定的形式。根据破产法的规定，人民法院在破产案件中的裁定主要用于以下事项：受理或不受理破产申请；确认债权表记载的无异议的债权；撤销债权人会议决议；确定债权人会议表决未通过的特定事项；开始重整程序；终止重整程序；批准延期提交重整计划；批准重整计划；延长重整计划执行的监督期限；终止执行重整计划；开始和解程序；认可债权人会议通过的和解协议；终止和解程序；确认和解协议无效；终止执行和解协议；认可债务人和债权人达成的和解协议；破产宣告；认可债权人会议通过的破产财产分配方案；终结破产程序；承认和执行外国法院的破产判决、裁定。

2.破产案件中的公告。在破产案件中，法院通过公告形式，将重大的程序性事件公之于众。按照现行规定，人民法院在破产案件中需要公告的事项有：受理破产案件；开始重整程序；终止重整程序；开始和解程序；终止和解程序；破产宣告；终结破产程序。

公告不同于通知。通知的对象是特定的，故其效力的发生以送达为条件。公告的对象是不特定的，其效力的发生仅以发布为条件。因此，对于已经发布的公告，所有当事人均视为已得知，并自动承受相应的法律后果。例如，债务人的财产持有人在法院受理破产申请并公告后向债务人交付财产的，不免除其向管理人交付财产的义务。

根据最高人民法院的规定，各级法院的公告一律在《人民法院报》统一刊登。同时，最高人民法院设立"全国企业破产重整案件信息网"，破产案件审判流程信息以及公告、法律文书、债务人信息等与破产程序有关的信息统一在该网公布。各级人民法院及其指定的破产管理人的破产案件公告在该网公布的，均为有效发布。

3.破产案件中的送达。破产案件中的裁定、通知等法律文书的送达方式，根据最高人民法院2017年7月19日发布的《进一步加强民事送达工作的若干意见》的规定，包括直接送达、留置送达、委托送达、邮寄送达、转交送达、公告送达、口信通达、电话送达、传真送达、电子邮件送达、短信送达、微信送达、平台送达、专号送达。多种送达方式的合理采用，有助于破解破产审判中的"送达难"问题。

五、跨境破产

关于破产程序的域外效力，存在两种主张。属地主义主张，域内的破产程序不对债务人位于域外的财产直接发生效力；同样，域外的破产程序也不对债务人位于域内的财产直接发生效力。普及主义则主张承认域内破产程序的域外效力和域外破产程序的域内效力，以便使债权人得到更充分的保护。《企业破产法》第5条对跨国界破产问题采用的是有限的普及主义原则。根据该条规定，首先，我国境内的破产程序，对债务人在我国境外的财产发生效力。其次，对外国法院作出的发生法律效力的破产案件的判决、裁定，涉及债务人在我国境内的财产，当事人申请我国法院承认和执行的，我国法院在审查后予以有条件的承认和执行，其审查的依据是我国缔结或者参加的国际条约，或者是互惠原则，承认和执行的条件是：不违反我国法律的基本原则；不损害国家主权、安全和社会公共利益；不损害我国境内债权人的合法权益。

第二节　破产申请和受理

一、破产申请

（一）破产申请概述

1.申请的意义。破产申请是破产申请人请求法院受理破产案件的意思表示。在我国，破产程序的开始不以申请为准而是以受理为准。因此，破产申请不是破产程序开始的标志，而是破产程序开始的条件。

2.破产申请人。破产申请人是与破产案件有利害关系、依法具有破产申请资格的民事主体。需要说明的是，并非所有与破产案件有利害关系的人都具有破产申请资格。例如，公司的股东、董事，不得以股东或董事名义申请公司破产。

根据我国法律规定，只有债权人和债务人才是合格的破产申请人。因此，破产案件的申请分为两类：债权人申请和债务人申请。

3.破产申请的形式。《企业破产法》第8条规定，提出破产申请，应当采用书面形式，即"提交破产申请书和有关证据"。"破产申请书"采用法院规定的统一格式。"有关证据"是指破产申请书所列事项的真实性证明。例如，用于证明申请人身份真实性的文件（如企业法人的营业执照、公民的身份证或护照等）；用于证明申请事实和理由的文件（如债权人用以证明债权有效存在和债务人到期不履行的合同、借据、催款通知书等）。

（二）债权人申请

1.债权人的申请资格。在破产法上，债权人申请不具有集体诉讼的性质；提出破产申请的债权人只能行使自己的请求权。因此，按照破产法的规定精神，提出破产申请的债权人的请求权必须具备以下条件：须为具有给付内容的请求权；须为法律上可强制执行的请求权；须为已到期的请求权。

2.债权人申请的实质条件。《企业破产法》第7条第2款规定："债务人不能清偿到期债务，债权人可以向人民法院提出对债务人进行重整或者破产清算的申请。"在这里，法律对债权人申请的实质条件只规定了"债务人不能清偿到期债务"，这并不意味着在债权人申请的情况下，破产原因的事实构成只有一项。法律之所以这样规定，是因为债务人"资产不足以清偿全部债务或者明显缺乏清偿能力"的事实属于企业内部情况，债权人通常无法确知，因而不应要求债权人在提出破产申请时加以证明。鉴于此，《企业破产法》第11条第2款规定，债权人提出申请的，债务人应当自受理裁定送达之日起15日内向人民法院提交财产状况说明、债务清册、债权清册、有关财务会计报告以及职工工资的支付和社会保险费用的缴纳情况。如果债务人确实不具备《企业破产法》第2条规定的破产原因所要求的其他事实，人民法院受理破产申请后至破产宣告前经审查发现后，可以裁定驳回申请。

（三）债务人申请

《企业破产法》第7条第1款规定，债务人有破产法规定的破产原因的，可以向人民法院提出重整、和解或者破产清算的申请。

（四）清算责任人申请

企业法人已解散但未清算或者未清算完毕的，属于清算法人，即为清算目的而存在的法人。企业法人解散是指企业因发生章程规定或者法律规定的除破产以外的事由而停止业务活动，进入待清算状态或者实施清算的过程。此时其法人人格在法律上视为存续，但其营业资格已经丧失。如果该企业存在资不抵债的事实，则应当适用破产清算程序清理债务。《企业破产法》第7条第3款规定："企业法人已解散但未清算或者未清算完毕，资产不足以清偿债务的，依法负有清算责任的人应当向人民法院申请破产清算。"所谓"依法负有清算责任的人"，依照相关的法律确定。例如，在合伙企业的场合，根据《合伙企业法》第86条的规定，"依法负有清算责任的人"包括：全体合伙人；经全体合伙人过半数同意指定的一个或者数个合伙人，或者被委托的第三人；特定情形下人民法院指定的清算人。

《企业破产法》第7条第3款的规定是关于依法负有清算责任的人在破产法上的一项特别申请义务。其特点是：第一，清算义务人无权选择不提出破产申请，也不得故意拖延申请。第二，在提出破产申请时，破产清算程序是唯一选择，其不得选择重整或和解的程序。第三，清算义务人提出破产申请后，人民法院应当受理并于受理时宣告债务人破产。清算义务人违反此项义务不及时申请，导致债务人财产减少，给债权人造成损失的，应当承担赔偿责任。

（五）破产申请的撤回

根据《企业破产法》第9条的规定，人民法院受理破产申请前，申请人可以请求撤回申请。我国企业破产法采取的是受理开始主义，即法院收到破产申请之时，程序尚未开始；只有当法院对破产申请作出受理裁定时，程序才开始。除清算责任人外，申请人向人民法院提出破产申请是行使法律赋予的权利，其撤回申请也是行使权利。但是，申请人的撤回权是有时间限制的，即请求撤回申请只能在人民法院受理破产申请之前。在人民法院受理破产案件后，申请人请求撤回破产申请的，应予驳回。

如同在普通民事诉讼中原告撤诉一样，由于破产事件已经进入司法权的控制范围，当事人处分自己的权利要受制于司法机关的决定。因此，人民法院对于申请人提出的撤回申请的请求，有权审查其处分权利的正当性，及考虑其撤回行为是否存在恶意的权利滥用，是否有害于其他当事人的合法权益等，并最终以裁定的形式决定是否准许其撤回申请。

（六）破产申请的接收

1.接收破产申请的工作规范。人民法院收到破产申请时，应当向申请人出具收到申请及所附证据的书面凭证。人民法院收到破产申请后，应当及时对申请人的主体资格、债务人的主体资格和破产原因，以及有关材料和证据等进行审查，并依据《企业破产法》第10条的规定作出是否受理的裁定。人民法院认为申请人应当补充、补正相关材料，应当自收到破产申请之日起5日内告知申请人。当事人补充、补正相关材料的期间不计入《企业破产法》第10条规定的期限。

2.破产申请未被接收时的补救。申请人提出破产申请，人民法院未接收申请人提出的破产申请、未向申请人出具收到申请及所附证据的书面凭证，或者未在法定期限内作出是否受理的裁定等情形下，申请人可以向上一级人民法院提出破产申请。上一级人民法院接到破产申请后，应当责令下级法院依法审查并及时作出是否受理的裁定；下级法院仍不作出是否受理裁定的，上一级人民法院可以径行作出裁定。上一级人民法院裁定受理破产申请的，可以同时指令下级人民法院审理该案件。

二、破产案件的受理

（一）受理的意义

破产案件的受理，又称立案，是指人民法院在收到破产案件申请后，认为申请符合法定条件而予以接受，并由此开始破产程序的司法行为。法院裁定受理破产申请，是破产程序开始的标志。由于破产程序开始具有一系列的法律效果，有关破产案件受理的规则在破产法上具有重要的意义。当债权人或者债务人向人民法院提出债务人破产的申请时，破产程序并未开始。人民法院收到破产申请后，应当在法定时限内对破产申请进行审查，包括形式审查和实质审查。法院经审查认为破产申请符合法定条件的，应当裁定受理破产申请；法院认为破产申请不符合法定条件或者申请理由不成立的，则应裁定驳回破产申请。

（二）破产申请的受理时限

1.对债权人提出破产申请的受理时限以及债务人的异议期限。《企业破产法》第10条规定，债权人提出破产申请后，人民法院应当自收到破产申请之日起5日内通知债务人。这是因为，破产对债务人来说是生死攸关的事情，债务人有权及时知道自己被申请破产，而且有权就自己是否具备破产原因或者是否有不适用破产程序的其他理由提出意见。实践中，由于债权人不能够详尽地了解债务人的财务状况，可能会在债务人并不具备破产原因的情况下提出破产申请；也可能有债权人为了达到不正当的目的，试图借助破产程序损毁债务人的商誉或者阻止债务人将要进行的某项交易，甚至以此对债务人进行敲诈或胁迫。因此，企业破产法规定，债务人对债权人的申请有异议的，可以自收到人民法院的通知之日起7日内向人民法院提出。从债务人接到人民法院所送达的破产申请通知之日起7日内为债务人对破产申请的异议期。债务人有异议的，必须在异议期内提出。

异议期满后，无论债务人是否提出异议，法院有不超过10日的审理期。也就是说，法院将在异议期满后10日内作出受理或者不受理破产申请的裁定。

2.债务人或清算责任人提出破产申请的受理时限。在债务人或者清算责任人提出破产申请的情形下，不存在债务人提出异议的问题。因此，人民法院应当自收到破产申请之日起15日内裁定是否受理。

3.特殊情况下人民法院受理破产申请期限的规定。以上是对一般情况下人民法院受理破产申请的时限规定。但是，当出现一些比较特殊的情况时，如债权人人数众多、债权债务关系复杂、资产状况混乱等，人民法院难以在很短的时间内完成对破产申请的审查。此时，为了保证受理裁定的正确性，人民法院可以经上一级人民法院批准，将裁定受理的时间延长15日。因此，在特殊情况下，从法院收到破产申请到法院作出受理裁定的最长时间，债权人提出申请的案件为37日，债务人或清算责任人提出申请的案件为30日。

（三）受理审查

《企业破产法》第10条规定的受理裁定时间，实际上就是人民法院在受理前的审查期间。我国的破产程序开始制度，实行的是对破产申请审查受理制而不是当然受理制。因此，对破产申请的审查是案件受理程序的必要环节。对破产申请的审查包括形式审查和实质审查两个方面。

1.形式审查。形式审查旨在判定破产申请是否具备法律规定的申请形式，其内容主要包括：(1)申请人是否具备破产申请资格，即是否为《企业破产法》第7条规定的债权人、债务人或者清算责任人；(2)债务人是否为依法可适用企业破产程序的主体，即是否为《企业破产法》第2条规定的企业法人或者《企业破产法》第135条规定的其他组织；(3)受案法院对本案是否有管辖权，这要依据《企业破产法》第3条及相关司法解释确定；(4)申请文件是否符合《企业破产法》第8条的要求，即申请书内容完整、相关证据齐备、法定文件齐全。形式审查中，发现有可补正的形式缺陷的，法院可以在本条规定的时限内，责令申请人补正。

2.实质审查。实质审查旨在判定破产申请是否具有法律规定的破产申请实质条件，即债务人是否存在破产原因。破产原因的存在是一个事实问题。对这种事实的确定通常需要一个调查和证明的过程，而这个过程只能在破产程序开始以后才能进行。所以，在破产案件受理阶段的实质审查是一种表面事实的审查，即依据申请人提交的材料，对债务人是否具有《企业破产法》第2条或者(在债权人申请的情况下)第7条第2款规定的事由。

受理破产案件的实质审查实行表面事实审查制，有利于及时启动破产程序，以保全债务人财产和保护债权人的合法权益，也有利于企业的及时拯救。当然，在实践中，不排除案件受理时的表面事实与真实情况不符，或者案件受理后因情况变化而致原有破产原因消除的可能性。在这样的情况下，可以适用《企业破产法》第12条第2款的规定，驳回破产申请并终结破产案件。

(四)破产申请的驳回

1.裁定不受理破产申请。人民法院在收到破产申请书以及相关的证据材料后，通过形式审查和实质审查，认为不符合破产条件的，应该依法作出不受理的裁定。人民法院通过对破产申请的不受理，既可以有效地防止债权人滥用破产申请损害债务人的商业信誉等合法权益，也可以防止债务人假借破产之名逃废债务，损害债权人的合法权益。根据《企业破产法》第12条的规定，不受理破产申请的裁定应当自作出之日起5日内送达申请人，并说明不受理的理由。申请人对裁定不服的，可以自裁定送达之日起10日内向上一级人民法院提起上诉。申请人因相关证据不足被裁定不受理的，可以在补足证据后重新提出破产申请。

2.受理后驳回破产申请。由于破产案件受理时的实质审查是表面事实的审查，实践中可能存在债务人实际上不存在破产原因的情形。因此，人民法院在受理以后，有机会通过进一步审查证据和了解情况，确定表面事实的真实性。《企业破产法》第12条第2款规定，在受理破产申请后，裁定破产宣告前，人民法院发现债务人不具备《企业破产法》第2条或者(债权人申请时)第7条第2款规定的破产原因时，可以驳回该申请，终结破产程序。

破产申请人对驳回破产申请的裁定不服的，可以在裁定送达之日起10日内向上一级人民法院提起上诉。

(五)受理裁定的送达

《企业破产法》第11条规定，人民法院受理破产申请的，应当自裁定作出之日起5日内送达受理破产申请的裁定书。送达的对象，在债务人申请或者清算责任人申请的情况下，为申请人；在债权人申请的情况下，为申请人和债务人。受理裁定的送达，应直接送交受送达人。直接送达有困难的，可以根据实际情况，采用民事诉讼法规定的其他方式送达。

无论破产申请由谁提出，受理破产申请的裁定都应当及时送达债务人，以便债务人能够就履行《企业破产法》第15条规定的义务做好相应的准备。而在债权人提起破产申请的情况下，申请人不能提供关于债务人的财产、债权债务、财务会计和职工债权等与企业破产案件关系极为密切的情况，为了使人民法院能够及时、公正和有效地审理破产案件，保护债权人和债务人的合法权益，法律规定债务人负有在收到受理破产申请裁定到达后的15日内，向人民法院提交财产状况说明、债务清册、债权清册、有关财务会计报告以及职工工资的支付和社会保险费用的缴纳情况的义务。违反此项义务的，依照

《企业破产法》第127条的规定追究法律责任。

（六）管理人的任命

《企业破产法》第13条规定："人民法院裁定受理破产申请的，应当同时指定管理人。"这对于实现债务人财产的及时保全是十分必要的。

（七）受理通知和公告

1.通知和公告的对象和时间。人民法院受理破产申请，破产程序即为启动。为了能够使破产企业的各种利害关系人能够及时参加破产程序行使权利或者按照破产程序的要求履行义务，人民法院应该自受理破产申请的裁定作出后尽快地以已知的债权人为对象发出通知，并以所有的利害关系人为对象发布公告。通知和公告的时间，为人民法院裁定受理破产申请之日起25日内。公告的意义，在于使未知的债权人和其他利害关系人能够尽可能地得知破产申请受理的事实及相关事项，并使破产程序对他们与债务人之间的法律关系自动地发生约束力。这里所说的"其他利害关系人"，包括作为本案债务人企业的债务人，该企业财产的持有人，该企业的出资人、职工和待履行合同的相对人，对该企业占有的财产享有取回权的人，以及其他对该企业享有权利或者负有义务的人。

2.通知和公告的内容。《企业破产法》第14条第2款对受理通知和公告的内容规定如下：（1）申请人、被申请人的名称或者姓名；（2）人民法院受理破产申请的时间；（3）申报债权的期限、地点和注意事项；（4）管理人的名称或者姓名及其处理事务的地址；（5）债务人的债务人或者财产持有人应当向管理人清偿债务或者交付财产的要求；（6）第一次债权人会议召开的时间和地点；（7）人民法院认为应当通知和公告的其他事项。

三、破产案件受理的法律效果

（一）债务人有关人员的义务

1.债务人有关人员的义务范围。人民法院受理破产申请就意味着破产程序的开始，从破产程序开始到破产终结的整个期间内，债务人及其有关人员都将受到破产法有关规定的约束。破产程序开始后，管理人将接管破产企业，开展包括接管债务人财产、调查债务人财产状况、管理和处分债务人财产等一系列工作。这些工作必须得到债务人有关人员的配合。为了保证破产程序有序、高效地进行，《企业破产法》第15条第1款规定了债务人的有关人员在破产程序中应承担以下三方面的义务：

（1）合作与协助义务。债务人的有关人员应当妥善保管其占有和管理的财产、印章和账簿、文书等资料，应当根据人民法院和管理人的要求进行工作。其中，前一种义务具有财产保全的性质。保全债务人的财产以及与之相关的重要资料，对破产程序的有序和有效进行至关重要。有关人员如果违反这些义务，拒不向管理人移交财产、印章和账簿、文书等资料，或者伪造、销毁有关财产证据材料而使财产状况不明，将被追究法律责任。后一种义务对于人民法院审理破产案件和管理人接管和管理债务人财产，有着重要的意义。这里称的"工作"，不仅包括企业的生产经营和管理事务，也可以包括程序进行中的具体工作，如受管理人指派外出调查或追债，按法院或管理人的要求查阅资料、制作文书等。

（2）信息提供义务。债务人企业的有关人员在破产法上负有对两种特别对象的信息披露义务。首先是对人民法院和管理人的信息披露义务，即如实回答人民法院和管理人询问的义务。其次是对债权人的信息披露义务，包括列席债权人会议并如实回答债权人询问的义务。

（3）附属义务。债务人的有关人员还负有与履行上述义务相联系的两种附属义务：一是不擅离义务，即未经人民法院许可不得离开住所地；二是不新任义务，即在破产程序进行期间不得新任其他企业的董事、监事、高级管理人员。

2."有关人员"的定义。根据《企业破产法》第15条第2款的定义，第1款所称"有关人员"包括两类人员：一类是由法律直接规定的人员，即企业的法定代表人；另一类是由人民法院确定的人员，其范围包括企业的财务管理人员和其他经营管理人员，如企业的董事、监事、经理、财务总监等人员。

（二）个别清偿无效

《企业破产法》第16条规定："人民法院受理破产申请后，债务人对个别债权人的债务清偿无效。"这里所称的"个别清偿"，须具备以下要件：须是债务人实施的清偿；须是债务人对实际存在的债务实施的清偿；须是债务人在破产申请受理后实施的清偿。

因此，以下情形不构成该条所称的个别清偿：(1)债务人的担保人或者其他连带债务人实施的清偿（此为合法清偿）；(2)债务人对虚假债务实施的清偿（此为《企业破产法》第33条禁止的行为，依照第34条和第128条处理）；(3)债务人在破产申请受理前实施的清偿（此为《企业破产法》第32条禁止的行为，依照第34条和第128条处理）。

《企业破产法》第16条规定的个别清偿无效，是绝对无效，即任何人皆得主张的无效。这种情况不同于第32条规定的破产申请受理以前6个月内的个别清偿。后者属于可撤销的行为，而且只有管理人才可以请求撤销。

按照民法上行为无效的法律后果，在个别清偿无效的情况下，接受清偿的债权人负有恢复原状即返还因该清偿所得财产利益的义务。

（三）对管理人为给付

1.债务人的给付义务人应当向管理人为给付。在企业破产的情况下，债务人的财产处于保全状态，所有应当对债务人履行的给付，无论是基于债权关系的给付还是基于物权关系的给付，都是债务人财产的所得，均属于财产保全的范畴。根据企业破产法的规定，人民法院在裁定受理时指定的管理人负责接管和管理债务人的财产。为了保证对债务人的各种给付能够顺利加入受保全的债务人财产，《企业破产法》第17条第1款规定，人民法院受理破产申请后，债务人的债务人或者财产持有人应当向管理人清偿债务或者交付财产。这是一种强制性规定。这意味着，向管理人清偿债务和交付财产是义务人正确履行义务的行为准则。原则上，义务人的给付只有符合这一准则才能为法律所承认。

2.给付义务人错误给付的法律效果。《企业破产法》第17条第2款规定："债务人的债务人或者财产持有人故意违反前款规定向债务人清偿债务或者交付财产，使债权人受到损失的，不免除其清偿债务或者交付财产的义务。"这里需要掌握以下三点：(1)行为的界定。这里所称的"违反前款规定"，指违反向管理人履行给付的义务。所谓"故意"，是指明知法院受理破产申请的事实。按照"公告之事实，利害关系人视为已知"的法理，应当认定，在法院受理公告以后实施的向债务人清偿债务或者交付财产的行为，为故意行为；行为人不得以不知该公告作为抗辩。(2)行为后果的认定。所谓"使债权人受到损失"，个别清偿的直接结果是债务人责任财产减少，由此造成的损失，既可以是债权人集体的清偿利益损失，也可以是部分或个别债权人的清偿利益损失（如毁损抵押物的侵权人拒不赔偿）。(3)行为的法律效果。如果债务人的给付义务人故意违反破产法的规定，不向管理人清偿债务或者交付财产，使债权人受到损失，不免除其给付义务。在这种情况下，给付义务人在向管理人履行义务后，有权向实际受领人追偿；追偿不能的风险由其自行承担。管理人也可以依不当得利的民法规则，请求错误给付的受领人返还其受领的财产，从而使给付义务人的义务归于消灭。

（四）待履行合同的处理

1.待履行合同的意义。程序开始前成立的尚未履行或者尚未履行完毕的商事合同，在企业进入破产程序后，是否继续履行，关系到债务人的继续营业，也关系到债务人的财产价值。在破产情况下，如果允许合同的另一方当事人以债务人已经发生的或预期将会发生的违约为理由拒绝履行合同，债务人的营业便可能难以为继，甚至会蒙受一定的财产损失。从另一个方面来看，鉴于债务人目前的经济状况，有些合同的履行可能成为沉重的负担；有时候为了调整营业计划或者缩小营业规模也需要解除一些合同。如果允许合同的另一方当事人主张合同实际履行，债务人就可能不堪重负并造成无谓的财产减少。

在破产情况下，对于待履行合同如何处理，实际上是一个不同政策目标之间的权衡问题。

对于这个问题，破产法的政策是将公共政策目标和破产目标置于优先地位。为此，《企业破产法》第18条规定了破产申请受理后管理人对合同继续履行或者解除的选择权，同时也规定了相对人的催告权和担保要求权。

2.管理人的选择权。管理人对程序开始时已成立但尚未履行的合同，有权选择履行或者拒绝履行。如果管理人选择履行，合同相对人有按合同给付的义务。如果管理人拒绝履行，相对人仅得以合同不履行所产生的赔偿请求作为破产债权在程序中受偿。这是各国一致的规定。破产法关于管理人选择权的规定如下：

（1）选择权的范围。破产程序开始后，管理人对于符合下列条件的合同有决定继续履行或者解除的权利。第一，为双务合同；第二，为破产申请受理前成立的合同；第三，双方尚未履行或者尚未履行完毕的合同。原则上，合同一方已经履行完毕，而另一方尚未履行或者尚未履行完毕的，不适用《企业破产法》第18条的规定。此时，如享有请求权的是破产债务人，管理人可以依合同请求相对人履行债务；如享有请求权的是相对人，则其只能按破产程序申报债权。

选择权只能决定合同继续履行或者解除。下列行为不属于管理人选择权的范围：附条件或附期限的继续履行或者解除；延长选择权的行使时间或者指定选择权的行使条件；在决定继续履行时修改或增加合同条款；在决定继续履行时剥夺相对人依照《企业破产法》第18条第2款享有的请求担保的权利以及与此相关的解除权；在解除合同时免除债务人的违约责任。管理人的此类行为，未经相对人同意，不发生行使选择权的效力。此时管理人被视为未行使选择权，相对人有权行使《企业破产法》第18条第1款规定的催告权及解除权。至于债务人在程序开始前有不履行合同的行为，管理人是否能够主张合同的继续履行或者解除的问题，根据破产法的立法政策和相关条文的文义，回答是肯定的。

（2）选择权的行使和消灭。根据《企业破产法》第18条第1款的规定，管理人自破产申请受理之日起2个月内享有选择权。在此期间相对人有催告权。相对人催告后，管理人有30日的答复期间。选择权行使的方式是意思通知，即管理人将合同解除或者继续履行的决定告知相对人。管理人自破产申请受理之日起2个月内不行使选择权的，或者自相对人催告之日起30日内不答复的，其选择权消灭，合同视为解除。

（3）选择权的法定性。破产程序中管理人的待履行合同选择权是一项法定权利，其目的在于实现公共政策和破产目标以及优先保护多数债权人的利益，所以，当事人不得事先以约定条款加以排除或限制。

3.合同相对方的催告权和担保要求权。

（1）相对人的催告权。在管理人怠于行使选择权的情况下，相对人的权利处于不稳定状态，于交易安全有所不利，故法律赋予相对人以催告权，以保护其利益。催告权的基本内容是，在管理人未表示将继续履行或者解除合同的情况下，相对人可以要求管理人作出履行或者不履行的表示；如果管理人在规定期间内未作出表示，视为或推定为放弃履行。《企业破产法》规定，自破产申请受理之日起2个月内，只要管理人还没有行使选择权，相对人都有权催告。所谓催告，就是要求管理人尽快作出其解除或者继续履行合同的决定。管理人答复催告的最长期限是30日。超过这一期限，视为解除合同。

（2）相对人的担保要求权。管理人决定继续履行合同的，相对人无权反对，但有权要求管理人就自己应得的对待给付提供担保。如果管理人不提供担保，视为解除合同。一般来说，管理人选择继续履行的合同，都是使债务人财产受益，从而使全体债权人受益的合同。因此，依照合同应当履行的对待给付义务，属于共益债务，即根据《企业破产法》第42条第1项和第43条的规定应当由债务人财产随时清偿的债务。但是，由于债务人处于破产状态，其是否确有足够的资金来清偿此项债务，不免存在疑问。如果管理人不能在相对人实施给付之前或者同时履行其对待给付义务，相对人就有事后得不到清偿的风险。因此，法律赋予相对人要求管理人提供担保的权利。

4.所有权保留买卖合同的处理规则。

根据《破产法解释（二）》的规定，约定标的物所有权保留的买卖合同，在标的物所有权未依法转移给买受人前一方当事人破产的，属于双方均未履行完毕的合同，管理人有权决定解除或者继续履行。其处理规则如下。

（1）出卖人破产时的处理。①当管理人决定继续履行时，买受人应当按照原合同约定支付价款。买受人未依约支付价款，或者将标的物处分，给出卖人造成损害的，管理人有权主张取回标的物，但是，买受人已经支付标的物总价款75%以上或者标的物为第三人善意取得的除外。如果未能取回标的物，管理人有权主张买受人继续支付价款，以及承担相应赔偿责任。②管理人决定解除合同时，有权要求买受人向其交还买卖标的物。买受人交还标的物后，买受人的支付价款返还请求权作为共益债务清偿。

（2）买受人破产时的处理。①管理人决定继续履行时，买受人的价款支付义务在破产申请受理时视为到期，管理人应当及时向出卖人支付价款。管理人无正当理由未及时支付价款，或者将标的物不当处分，给出卖人造成损害的，出卖人有权主张取回标的物，但是，买受人已支付标的物总价款75%以上或者标的物为第三人善意取得的除外。如果未能取回标的物，出卖人有权主张买受人继续支付价款，以及承担相应赔偿责任。对因买受人未支付价款，以及管理人将标的物不当处分导致出卖人损害产生的债务，作为共益债务清偿。②管理人决定解除合同时，出卖人有权取回买卖标的物。出卖人取回买卖标的物的，管理人有权主张出卖人返还已支付价款。取回的标的物价值明显减少给出卖人造成损失的，出卖人可从买受人已支付价款中优先予以抵扣后，将剩余部分返还；买受人已支付价款不足以弥补出卖人标的物价值减损的，所形成的债权作为共益债务清偿。

（五）保全解除和执行中止

1.破产程序对民事保全和民事执行程序的优先地位。破产制度的目标就是通过集体程序实现全体债权人之间的公平清偿。因此，在破产程序开始后，不允许个别债权人通过个别清偿获得满足而使其他债权人的清偿利益受损。破产案件受理之前已经发生的服务于民事诉讼程序的财产保全措施和执行程序，都是以实现个别债权为目的。破产程序代表的是全体债权的集体清偿利益，在法律政策上，对这种集体利益的保护要求相对于个别债权人利益的保护要求而言，处于优先地位，因此，破产程序开始后，针对债务人财产的保全措施应当解除，执行程序应当中止，以便使债务人的财产和债权人的权利行使都纳入统一的集体程序之中。

2.保全措施的解除。破产案件受理后，有关债务人财产的保全措施应当解除。《破产法解释（二）》明确规定，对债务人财产已采取保全措施的相关单位，在知悉人民法院已裁定受理有关债务人的破产申请后，应当依照《企业破产法》第19条的规定及时解除对债务人财产的保全措施。这种解除属于法定解除，实施或配合实施保全措施的司法机关和其他单位（如不动产登记机关、商业银行），均有义务自动解除对债务人财产的查封、扣押、冻结或者其他保全措施，使被保全财产归于破产程序，纳入统一管理。

3.民事执行程序的中止。这里所说的“民事执行程序”，是指对非依破产程序所产生的法律文书的个别执行程序，这些文书包括：（1）未执行或者未执行完毕的已生效民事判决；（2）未执行或者未执行完毕的已生效民事裁定，如先予执行裁定；（3）未执行或者未执行完毕的已生效刑事判决、裁定的财产部分；（4）已向人民法院提出执行申请但尚未执行或者未执行完毕的仲裁裁决；（5）已向人民法院提出执行申请但尚未执行或者未执行完毕的公证机关依法赋予强制执行效力的债权文书。人民法院受理破产申请后，对债务人的执行程序尚未完结的，应当无条件中止。执行程序中止后，请求执行的债权人可以向管理人申报债权。

破产案件受理后，有关债务人财产的执行程序未依照企业破产法的规定中止的，应当予以纠正。依法执行回转的财产为债务人财产。

《九民纪要》第109条规定，要切实落实破产案件受理后相关保全措施应予解除、相关执行措施应当中止、债务人财产应当及时交付管理人等规定，充分运用信息化技术手段，通过信息共享与整合，维护债务人财产的完整性。相关人民法院拒不解除保全措施或者拒不中止执行的，破产受理人民法院可以请求该法院的上级人民法院依法予以纠正。对债务人财产采取保全措施或者执行措施的人民法院未依法及时解除保全措施、移交处置权，或者中止执行程序并移交有关财产的，上级人民法院应当依法予以纠正。相关人员违反上述规定造成严重后果的，破产受理人民法院可以向人民法院纪检监察部门移送其违法审判责任线索。

人民法院审理企业破产案件时，有关债务人财产被其他具有强制执行权力的国家行政机关，包括税务机关、公安机关、海关等采取保全措施或者执行程序的，人民法院应当积极与上述机关进行协调和沟通，取得有关机关的配合，参照上述具体操作规程，解除有关保全措施，中止有关执行程序，以便保障破产程序顺利进行。

（六）民事诉讼或者仲裁的中止

民事诉讼或仲裁是解决有关债务人财产或法律关系争议的程序制度。破产程序开始后，不同类型的诉讼或仲裁，对破产程序的影响不同。一般来说，与破产程序相冲突的诉讼和仲裁程序，例如，以追索债务为目的的给付之诉，按照集体程序优先的原则，应当被搁置，直到出现集体程序因破产原因被确定不存在或者已消除而归于终结；与集体清偿程序不相冲突的诉讼或仲裁案件，如债务人追索财产或债务的诉讼或者有关债权或物权的确认之诉，则可以在管理人接管债务人财产之后继续进行。

根据《破产法解释（二）》的规定，破产案件中对民事诉讼的处理，按以下情形分别处理：

1.应予中止审理的诉讼。

破产申请受理前，债权人就债务人财产提起下列诉讼，破产申请受理时案件尚未审结的，人民法院应当中止审理：（1）主张次债务人代替债务人直接向其偿还债务的；（2）主张债务人的出资人、发起人和负有监督股东履行出资义务的董事、高级管理人员，或者协助抽逃出资的其他股东、董事、高级管理人员、实际控制人等直接向其承担出资不实或者抽逃出资责任的；（3）以债务人的股东与债务人法人人格严重混同为由，主张债务人的股东直接向其偿还债务人对其所负债务的；（4）其他就债务人财产提起的个别清偿诉讼。

上述中止审理的诉讼，在破产宣告后，人民法院应当判决驳回债权人个别追索债务的诉讼请求；在破产宣告前，人民法院依据《企业破产法》第12条或者第108条的规定裁定驳回破产申请或者终结破产程序的，应当依法恢复审理。

上述应予中止的诉讼，在破产受理后提起的，人民法院不予受理。

2.可以继续进行的诉讼。

破产申请受理前开始的有关债务人财产和权利的民事诉讼，具有以下情形的，可以在管理人接管以后继续进行：（1）因既存权利对债务人提出的给付请求，其权利之真实性、有效性或者实质内容存在争议的，就该争议进行确认的部分，可以继续诉讼。其中，请求人的债权得到裁判支持的，可以向管理人申报获得裁判确认的债权；请求人的物权得到裁判支持的，可以按照破产法的相关规定行使权利。（2）因侵权行为、无因管理、不当得利等事实原因对债务人提出的给付请求，可以继续诉讼。获得裁判支持的给付请求，可以按裁判确定的请求权内容向管理人申报债权。

上述规定，原则上适用于仲裁程序。

（七）破产程序开始后的民事诉讼

《企业破产法》第21条规定，人民法院受理破产申请后，有关债务人的民事诉讼，只能向受理破产申请的人民法院提起。这里所说的“有关债务人的民事诉讼”，包括对债务人提起的民事诉讼和由债务人提起的民事诉讼。也就是说，在破产程序中，破产案件受理法院成为债务人财产和法律关系的处理中心，所有与之相关的民事诉讼都应当汇聚于此。这样，才有利于最大限度地节省破产费用，提高程序透明度和程序效率。而民事诉讼法等其他法律关于民事诉讼管辖权的规定，凡是与本条规定不一致的，都必须以本条的规定为准。实践中，在案件重大复杂、诉讼案件数量过多等特殊情况下，为保证破产审理效率，根据《破产法解释（二）》的规定，受理破产申请的人民法院管辖的有关债务人的第一审民事案件，可以依据《民事诉讼法》第39条的规定，由上级人民法院提审，或者报请上级人民法院批准后交下级人民法院审理。此外，对于专业性较强的案件，如有关债务人的海事纠纷、专利纠纷、证券市场因虚假陈述引发的民事赔偿纠纷等案件，受理破产申请的人民法院不能行使管辖权的，可以依据《民事诉讼法》第38条的规定，由上级人民法院指定管辖。

第三节 管理人

一、管理人的概念

破产程序开始后，无论是进行重整、清算还是和解，都需要对企业法人进行持续的管理。这其中包括必要的财产清理、营业维持、权利行使和财产处分。由于在破产清算的预期下，债务人及其管理层存在较高的道德风险，各种当事人之间也存在较尖锐的利益冲突，有必要设立中立的专门机构来执行破产程序管理特别是破产财产和事务的管理。这种专门机构就是国际上普遍设立的破产管理人。

二、管理人的任命

1.管理人的性质和任命方式。关于管理人的性质，学理上存在不同的学说，如"债权人代表说""债务人代表说""财团代表说""受托人说""法定机构说"。债权人代表说和债务人代表说不符合破产管理人的中立性原则。财团代表说和受托人说分别以破产财团概念和信托概念为基础，而我国破产法未采用这两种概念。在现行破产法起草过程中，主导性意见是法定机构说，即管理人被认为是法律为实现破产程序的目的而设定的履行法定职能的机构。因此，《企业破产法》第22条规定，管理人由人民法院指定。同时，为了实现债权人集体对管理人的监督，又规定了债权人会议请求人民法院对不称职的管理人予以更换的权利。

2.管理人的指定时间。管理人应当在人民法院裁定受理破产申请时同时指定。这对于实现债务人财产的及时保全是十分必要的。实践中，从案件受理到破产宣告，往往需要经过一定的审理期间。在此期间，如果企业的财产和事务仍然掌握在企业原领导班子的手中，就可能给他们中的一些人转移、私分企业财产和隐匿、篡改企业账目的机会。《企业破产法》规定"同时指定"，是保护债权人合法权益和保障破产程序公正有效的必要措施。

3.管理人的费用和报酬。管理人经人民法院许可，可以聘用必要的工作人员。管理人的报酬由人民法院确定。债权人会议对管理人的报酬有异议的，有权向人民法院提出。管理人执行职务的费用、报酬和聘用工作人员的费用，作为破产费用由债务人财产随时清偿。关于指定管理人和确定管理人报酬的具体办法，由最高人民法院规定。

根据《企业破产法》第22条第3款的规定，最高人民法院于2007年4月发布了《关于审理企业破产案件指定管理人的规定》和《关于审理企业破产案件确定管理人报酬的规定》。

三、管理人的资格

1.管理人的积极资格。

（1）由机构担任管理人。规模大的企业法人进入破产程序后，无论是开展重整、和解、破产清算中的何种程序，都会面临债权债务关系复杂、企业职工安置困难等一系列复杂的问题。在这种情况下，个人担任管理人往往难以胜任。对此，《企业破产法》第24条规定，管理人可以由有关部门、机构的人员组成的清算组或者依法设立的律师事务所、会计师事务所、破产清算事务所等社会中介机构担任。

①中介机构担任管理人。人民法院受理破产申请案件时，一般应在管理人名册中的社会中介机构范围内指定管理人。这里的"社会中介机构"，主要指律师事务所、会计师事务所和

破产清算事务所。被指定为管理人的社会中介机构，应当具备相关司法解释所规定的条件。其成员应当具有法律和财务知识，以及企业管理、金融、贸易等相关专业知识。

②清算组担任管理人。破产法所称的清算组，是指在破产程序开始前已经依照其他法律成立的清算组。

（2）由个人担任管理人。对于一些规模较小、债权债务关系比较清楚的破产案件，人民法院可以根据债务人的实际情况，在征询有关社会中介机构的意见后，指定该机构具备相关专业知识并取得执业资格的人员担任管理人。为了降低管理人的职业风险，破产法规定，个人担任管理人的应当参加执业责任保险。

2.管理人的消极资格。根据《企业破产法》第24条的规定，机构或者个人有以下情形之一的，不得担任管理人：（1）因故意犯罪受过刑事处罚；（2）曾被吊销相关专业执业证书；（3）与本案有利害关系；（4）人民法院认为不宜担任管理人的其他情形，如存在重大债务纠纷或者因涉嫌违法正被执法部门调查。

四、管理人的职责

1.管理人的一般职责。《企业破产法》第25条规定了管理人的一般职责，包括：接管债务人的财产、印章和账簿、文书等资料；调查债务人财产状况，制作财产状况报告；决定债务人的内部管理事务；决定债务人的日常开支和其他必要开支；在第一次债权人会议召开之前，决定继续或者停止债务人的营业；管理和处分债务人的财产；代表债务人参加诉讼、仲裁或者其他法律程序；提议召开债权人会议；人民法院认为管理人应当履行的其他职责。

2.管理人的特别职责。《企业破产法》在“管理人”一章以外的章节中规定了管理人的一些特别职责。其中主要有：决定待履行合同的解除或继续履行；对债务人在破产程序前的不正当财产处分行使撤销权和追回权；接受债权申报、调查职工债权和编制债权表；重整期间主持债务人营业或者对债务人自行营业进行监督；制备重整计划草案；申请人民法院批准重整计划草案；监督重整计划的执行；在破产宣告后，拟订破产变价方案；拟订和执行破产分配方案；破产程序终结时，办理破产人的注销登记。

五、管理人的义务

1.忠实义务和勤勉义务。忠实义务，又称诚信义务、忠诚义务，是指管理人在执行职务时，应当最大限度地维护债务人财产和全体债权人的利益，不欺瞒，不谋私利。勤勉义务，又称善管义务，是指管理人在履行职务的过程中，应当认真、谨慎、合理、高效地处理事务，不疏忽，不懈怠。

2.报告义务。（1）一般报告义务。这是法律规定的一般性义务，即未划定范围和指定特殊事项的义务。《企业破产法》第23条规定了管理人向人民法院报告工作的义务和列席债权人会议并报告情况和回答询问的义务。（2）特殊报告义务。这是就法律规定的特殊事项报告的义务。《企业破产法》第69条规定了十种重大的财产处分行为应当及时报告债权人委员会；如果第一次债权人会议尚未召开，或者债权人会议未设立债权人委员会，则应当报告人民法院。

3.不辞任义务。为了保证破产管理的稳定性和连续性，《企业破产法》第29条规定，管理人没有正当理由不得辞去职务。管理人辞去职务应当经人民法院许可。

第四节 债务人财产

一、债务人财产的概念

债务人财产，是指在破产程序中被纳入破产管理的为债务人所拥有的财产。

破产法中的“债务人财产”概念，与“破产

财产”概念不同。后者指在破产过程中扣押的，由管理人依照破产程序分配给债权人的全部财产。“破产财产”是清算主义立法的概念，“债务人财产”是再建主义立法的概念。按照再建主义的立法理念，破产法对债务人的财产实行全程化的统一管理，并尽可能地提供企业拯救的机会。即使是被申请破产清算的案件，在受理后也存在转为重整或和解的可能性。因此，在破产宣告以前，债务人的财产管理都服从于债务清理和企业拯救这两个目的。只有在破产宣告以后，债务人财产才成为以清算分配为目的的破产财产。

二、债务人财产的范围

《企业破产法》第30条规定：“破产申请受理时属于债务人的全部财产，以及破产申请受理后至破产程序终结前债务人取得的财产，为债务人财产。”对这一规定的理解，应掌握以下要点。

1.破产申请受理时属于债务人的财产。这是一个广义的概念，主要包括以下情形：(1)有形财产、无形财产、货币和有价证券、投资权益和债权。其中，有形财产包括财产所有权和用益物权，无形财产包括土地使用权、知识产权、专有技术、特许经营权等。(2)未成为担保物的财产和已成为担保物的财产。(3)位于中华人民共和国境内的财产和位于中华人民共和国境外的财产。

《破产法解释（二）》规定了不属于债务人财产的四类情形：(1)债务人基于仓储、保管、承揽、代销、借用、寄存、租赁等合同或者其他法律关系占有、使用的他人财产；(2)债务人在所有权保留买卖中尚未取得所有权的财产；(3)所有权专属于国家且不得转让的财产；(4)其他依照法律、行政法规不属于债务人的财产。

2.破产申请受理后至破产程序终结前债务人取得的财产。主要包括以下情形：(1)程序开始后债务人财产的增值，包括孳息、经营收益和其他所得，如租金、利息、销售利润、股票红利、不动产升值、新投资、退税等。(2)程序开始后收回的财产，如追收的债款、追回的被侵占财产、接受返还的财产、因错误执行而获得执行回转的财产等。(3)债务人的出资人在尚未完全履行出资义务的情况下补缴的出资。

三、撤销权和追回权

1.撤销权和追回权的意义。在债务人无力偿债或者即将陷于无力偿债的情况下，利益相关者对于债务人的财产存在公平清偿和企业维持的合理预期。由此产生法律对债务人财产加以保全和防止个别人抢先受偿的秩序要求。破产法针对程序开始前的交易活动设立的撤销权和追回权，就是适应这种秩序要求而建立的。债务人在处于破产状态或者预期将处于破产状态的情况下从事的使破产财产不当减少或者不公平清偿的交易，具有恶化债务人的资产和信用，损害多数债权人和其他利益相关者利益的作用，是我国破产法严加规制的对象。

2.撤销权和追回权的追诉对象。《企业破产法》第31~33条规定了三类破产前交易，分别赋予其可撤销或者无效的法律效果。同时，第34条赋予管理人以追回权，以收回因这些交易而让与的财产。此外，第128条还规定，债务人的法定代表人和其他直接责任人员因实施这些交易应依法承担赔偿责任。此外，司法解释也对追究企业负责人和其他责任人员因此类行为的法律责任作出了规定。

(1)欺诈破产行为。欺诈破产行为是基于破产预期而以交易或者其他方式处分财产使债务人财产受到损害的行为。破产法将欺诈破产行为分为两类：一是可撤销的行为；二是无效行为。

①可撤销的欺诈破产行为。《企业破产法》第31条规定，人民法院受理破产申请前1年内，涉及债务人财产的下列行为，管理人有权请求人民法院予以撤销：一是无偿转让财产的；二是以明显不合理的价格进行交易的；三是对没有财产担保的债务提供财产担保的；四是对未到期的债务提前清偿的（但是，提前清偿的债务在破产申请受理前6个月已经到期

的除外)；五是放弃债权的。这类行为的特点是，在正常情况下，它们是法律许可的财产处分行为。而在企业困境的情况下，实施这些行为具有恶意减少破产财产从而损害债权人利益的性质。因此，破产法将它们列为可撤销的行为，由管理人在破产程序期间进行追索。这类行为的撤销，应遵循恢复原状原则，即本属于债务人的财产或权利应当复归于债务人财产，债务人因交易收取的对价则应返还于相对人。例如，《破产法解释(二)》规定，撤销涉及债务人财产的以明显不合理价格进行的交易时，买卖双方应当依法返还从对方获取的财产或者价款；因撤销该交易，对于债务人应返还受让人已支付价款所产生的债务，作为共益债务清偿。

②无效的欺诈破产行为。《企业破产法》第33条规定，涉及债务人财产的下列行为无效：一是为逃避债务而隐匿、转移财产的；二是虚构债务或者承认不真实的债务的。这些行为的特点是，在任何情况下均为法律所禁止。因此，作为无效行为，无论其何时发生均为无效，且任何人在任何时候均得主张其无效。

(2)个别清偿行为。《企业破产法》第32条规定，人民法院受理破产申请前6个月内，债务人有《企业破产法》第2条第1款规定的情形，仍对个别债权人进行清偿的，管理人有权请求人民法院予以撤销。但是，个别清偿使债务人财产受益的除外。

在债务人已具备破产原因的情况下，实施对个别债权人的清偿，显然违反公平清偿的原则，并刺激债权人争夺债务人财产的"勤勉竞赛"，从而断送困境企业的拯救前景。因此，公平有序的清偿秩序，在破产程序启动前即具有维护的价值。

但是，在破产程序开始前，债务人从事正常的经营，仍不免发生债务的清偿。因此，该条以但书规定，使债务人财产受益的个别清偿，仍受到法律的保护。所谓"使债务人财产受益"，是指在此期间给债务人财产带来相应的利益。为维系基本生产需要而支付水费、电费等，支付劳动报酬、人身损害赔偿金等，使债务人财产受益的其他个别清偿(例如，为购买维持生产所需的原材料而支付货款，为对外追索债务而支付律师费)，都属于第32条的例外情形。此外，以下两种情形也属例外：债务人对以自有财产设定担保物权的债权进行个别清偿且清偿时担保物价值不低于债权额的；债务人经诉讼、仲裁、执行程序对债权人进行的个别清偿，且债务人与债权人无恶意串通损害其他债权人利益的。

3.对企业管理层的特别追回权。《企业破产法》第36条规定："债务人的董事、监事和高级管理人员利用职权从企业获取的非正常收入和侵占的企业财产，管理人应当追回。"这是针对我国企业中存在的管理层在企业困境情况下继续领取高额薪金、奖金和各种补贴、普遍拖欠职工工资情况下获取的工资性收入等所谓"穷庙富方丈"现象作出的规定，目的在于遏制企业高层管理人员的不正当自利行为，以维护企业利益和改善法人治理。关于第36条规定的"非正常收入"，是指依照法律、法规和企业正常的报酬制度、分配制度，不应当获取的金钱、有价证券、股份或股份期权以及其他财产权益。此外，在债务人有破产原因的情况下，债务人的董事、监事和高级管理人员利用职权获取的以下收入应当作为非正常收入予以返还：(1)绩效奖金；(2)普遍拖欠职工工资情况下获取的工资性收入；(3)其他非正常收入。这些收入中有合法依据的部分，性质上属于不正当优先清偿，在予以返还后以债权形式加入破产清偿，其中，按企业职工平均工资计算的部分加入职工债权清偿，其余部分加入普通破产债权清偿。

四、取回权

1.取回权的概念

取回权是指从管理人接管的财产中取回不属于债务人的财产的请求权。取回权有以下法律特征：

(1)取回权是对特定物的返还请求权。这种返还请求权应具备三项条件：①以被请求人占有请求人财产的事实为前提；②以特定物为请求标的；③以该物的原物返还为请求内容。缺乏这三项条件之一的，不构成取回权。至于被请求人占有财产的依据如何，在所不论。

（2）取回权是以物权为基础的请求权。也就是说，取回权的发生依据不是债的关系而是物权关系。取回权人是以物的所有人的身份提出权利请求的。若无物的所有权（或者由所有权派生的其他物权，如国有企业的经营管理权）作为权利基础，则不得主张取回权。

（3）取回权是在破产程序中行使的特别请求权。其特殊性表现为不参加债权申报和债权人会议，而由权利人个别行使权利。

（4）取回权标的物在被取回以前，视同为债务人财产，由管理人管理和支配。该财产若受到不法侵犯，管理人得请求法律保护。

2.取回权的种类

（1）一般取回权与特殊取回权。

适用破产法概括性规定的取回权为一般取回权。适用破产法特别规定的取回权为特殊取回权。《企业破产法》第38条规定："人民法院受理破产申请后，债务人占有的不属于债务人的财产，该财产的权利人可以通过管理人取回……"这是一般取回权的规定。实践中，作为取回权标的物的"不属于债务人的财产"主要包括以下两项：

①合法占有的他人财产。即有合法根据而占有的属于他人的财产，包括共有财产、委托管理的财产、租赁财产、借用财产、加工承揽财产、寄存财产、寄售财产以及基于其他法律关系交破产人占有但未转移所有权的他人财产。

②不法占有的他人财产。即无合法根据而占有的属于他人的财产。例如，非法侵占的财产，受领他人基于错误所为之给付而取得的财产，破产人据为已有的他人遗失财产。

在国外，特殊取回权主要有出卖人取回权和行纪人取回权两种形式。出卖人取回权是指在异地交易中，出卖人发运买卖标的物以后，买受人没有付清价款，而于收到标的物以前被宣告破产的，出卖人有权解除合同并取回该项财产。行纪人取回权是指行纪人受委托人的委托购入物品并交付给委托人，在货物发运后，委托人尚未收到货物又未付清价款而被宣告破产的，行纪人对于已发运的财产拥有取回权。《企业破产法》第39条规定了出卖人取回权："人民法院受理破产申请时，出卖人已将买卖标的物向作为买受人的债务人发运，债务人尚未收到且未付清全部价款的，出卖人可以取回在运途中的标的物。但是，管理人可以支付全部价款，请求出卖人交付标的物。"实践中，出卖人依据此规定通知承运人或者实际占有人中止运输、返还货物、变更到达地或者将货物交给其他收货人但未能实现，或者在货物未达管理人前已向管理人主张取回在运途中标的物的，在买卖标的物到达管理人后，出卖人均有权向管理人主张取回。出卖人对在运途中标的物未及时行使取回权，在买卖标的物到达管理人后向管理人行使在运途中标的物取回权的，管理人不应准许。

（2）原物取回权与赔偿取回权。

原物取回权是根据原物返还的民法原理而取得的权利。例如，依据租赁合同而由破产人占有的财产，其所有权人有权请求返还原物。赔偿取回权是根据损害赔偿的民法原理取得的权利，它是指在依法律关系移交破产人占有的财产已不能原物返还的情况下以金钱赔偿方式满足的取回权。再如，在管理人已将标的物处分，或者共有物无法分割的情况下的赔偿取回权。很明显，赔偿取回权是在无法通过原物取回权实现权利的情况下采用的一种替代补救。所以，在原物存在的情况下，所有权人只能请求返还。

关于赔偿取回权的满足，分为两类情况：一是已经处分的；二是毁损灭失的。其基本处理规则是，原物在破产申请受理前被处分或者因债务人的责任毁损灭失的，权利人以直接损失额申报债权；原物在破产申请受理后被处分或者因管理人的责任毁损灭失的，权利人按共益债务获得赔偿。

关于已经处分的情形，《破产法解释（二）》规定，债务人占有的他人财产被违法转让给第三人，原权利人无法取回该财产的，应区分以下两种情形处理：①善意取得。依据《民法典》第311条的规定，第三人已善意取得财产所有权的，如果转让行为发生在破产申请受理前，原权利人因财产损失形成的债权作为普通破产债权清偿；如果转让行为发生在破产申请受理后，因管理人或者相关人员执行职务导致原权利人损害产生的债务作为共益债务清偿。②非善意取得。依据《民法典》第311条的规定第三人未取得财产所有权，原权利人依法追回转让财产的，因第三人已支付对价而产生的债务，按照以下规定处理：转让行为发生在破产申请受理前的，作为普通破产债权清偿；转让行为发生在破产申请受理后的，作为共益债务清偿。

关于毁损灭失的情形，债务人占有的他人财产毁损、灭失，因此获得的保险金、赔偿金、代偿物尚未交付给债务人，或者代偿物虽已交付给债务人但能与债务人财产相区分的，权利人有权主张取回就此获得的保险金、赔偿金、代偿物。保险金、赔偿金已经交付给债务人，或者代偿物已经交付给债务人且不能与债务人财产相区分的，按照以下规则处理：①财产毁损、灭失发生在破产申请受理前的，权利人因财产损失形成的债权，作为普通破产债权清偿；②财产毁损、灭失发生在破产申请受理后的，因管理人或者相关人员执行职务导致权利人损害产生的债务，作为共益债务清偿。

3.取回权的行使

破产宣告后，破产程序终结前，取回权人得随时向管理人请求取回财产。管理人收到取回权人的请求后，经证明属实的，应予以返还。但是，取回权人行使权利时未依法向管理人支付相关的加工费、保管费、托运费、委托费、代销费等费用的，管理人有权拒绝。

取回权标的物应当原物返还（原物取回权）。取回权标的物因已经处分或者毁损灭失而不能原物返还的，应当折价返还（赔偿取回权）。

管理人在处理以取回权为由提出的给付请求时，如果认为请求人缺乏权利根据，可以拒绝给付。由此发生争议的，请求人可以向受理破产案件的人民法院提起诉讼。

五、破产抵销权

1.破产抵销权的概念和意义

破产抵销权，是指破产债权人在破产宣告前对破产人负有债务的，无论债的种类和到期时间，得于清算分配前以破产债权抵销其所负债务的权利。

一般认为，抵销具有担保债权回收的作用。例如，银行在对存款客户贷款时已经预见到，如客户到期不能还贷，则它可以以客户的存款抵还贷款，即通过抵销而免除对客户的存款返还义务，从而使自己的贷款请求权得以满足。这就是所谓“抵销的担保机能”。

2.破产抵销权的行使规则

（1）行使破产抵销权的人，原则上只能是债权人。在通常情况下，抵销免除双方的债务，双方是同等受益的。也就是说，以抵销的方法实现清偿的结果，与双方分别向对方履行给付的结果是一致的。但是在破产情况下，破产债权与破产财产由抵销所受的利益是不均等的。因为，债权人通过破产清算获得的清偿通常是不足额的，而债务人财产向它的有清偿能力的债务人获得的清偿则是足额的。所以，破产抵销所实现的清偿结果与各自分别清偿的结果并不一致；前者有利于主张抵销的债权人而不利于债务人财产，因而不利于全体破产债权人的一般清偿利益。这种情况，导致少数国家的破产立法不允许破产抵销。《企业破产法》第40条“债权人在破产申请受理前对债务人负有债务的，可以向管理人主张抵销”的规定表明，我国破产法承认债权人享有破产抵销权。根据上述法理，《破产法解释（二）》规定，管理人不得主动抵销债务人与债权人的互负债务，但抵销使债务人财产受益的除外。

（2）债权人用于抵销的债务，须为其于破产申请受理前对破产债务人所负的债务。这意味着，破产申请受理以后，债权人对债务人财产所负的债务必须全部履行，而不得与其持有的对债务人财产的债权相抵销。例如，在破产财产变价过程中，破产债权人购买属于破产财产的不动产的，应当实际履行支付价金的义务，而不得主张以其申报的债权抵偿。否则，就无异于允许个别破产债权人由破产财产优先获得全额清偿，从而违背破产法的公平清偿原则。

（3）破产抵销权的行使，应以管理人为对象，以意思表示为之。破产抵销权的行使应以抵销的单方意思表示为之。这种意思表示，应向特定对象作出。这一特定对象就是破产管理人。债权人向管理人提出破产抵销的主张，经管理人承认，始发生抵销的效果。具体来说，①抵销的意思表示必须是明示的，并且必须送达管理人。②抵销的单方意思表示的生效虽不以管理人的同意为条件，但受到管理人否认的意思表示的阻却。这种否认表示既可以是直接的，也可以是间接的。例如，债权人作出抵销的表示后，管理人对其发出履行债务的催告。这种催告意味着不承认此债务已经因抵销而消灭。在这种情况下，该破产债权人可以以破产抵销权作为拒绝履行的抗辩。由此引起的争议，可以向人民法院提起诉讼。

（4）破产抵销权的行使，应以意思通知为必要。债权人行使抵销权，应当以通知方式向管理人提出主张。管理人收到债权人的抵销通知后，经审查无异议的，抵销自管理人收到通知之日起生效。管理人对抵销主张有异议的，应当在约定的异议期限内或者自收到主张债务抵销的通知之日起3个月内向人民法院提起诉讼；管理人无正当理由逾期提起诉讼的，或者其诉讼请求被人民法院驳回的，抵销自主张抵销的通知送达之日起生效。

3.不适用破产抵销的情形

由于破产抵销权具有优先权的性质，能够使债权人得到优于清算分配的清偿结果，如果不加限制，则可能被滥用，从而损害破产清算的秩序和多数债权人的正当权益。鉴于此，《企业破产法》第40条具体规定了不适用破产抵销的以下三种情形。

（1）债务人的债务人在破产申请受理后取得的他人对债务人的债权，不得用于抵销。由于债权可自由转让，以十分低廉的价格购买对债务人的债权是很容易做到的。因此，存在这样一种可能性：对债务人财产负有债务的人低价收购债权，随后通过破产抵销来不正当地免除其对债务人的债务。鉴于此，为了杜绝债务人的债务人通过廉价收购对债务人的债权而由破产抵销免除债务的情况发生，凡承认破产抵销的国家都规定，债务人的债务人在破产申请受理后受让取得的他人对债务人的债权，不得用于抵销。

（2）债权人已知债务人有不能清偿到期债务或者破产申请的事实，而对债务人负担债务的，不得抵销。但是，债权人因为法律规定或者在破产申请1年前所发生的原因而负担债务的除外。

债权人在得知其债务人出现破产原因甚至已经提出破产申请的情况后，通常的反应就是设法抢先获得个别清偿。但是，在多数国家，这时的个别清偿是受禁止的。在这种情况下，如果法律对破产抵销没有限制，则债权人可以通过对债务人负债的方式取得债务人的财产。例如，按照市价赊购债务人的财产，从而形成对破产财产的债务，然后通过破产抵销，免除这笔债务。这实际上是以实物形式使自己的破产债权抢先得到满足，从而逃避破产程序。为了杜绝这种情况的发生，法律必须将这种债务排除于破产抵销的范围之外。因此，凡是已知债务人有不能清偿到期债务或者破产申请的事实，而对破产人负担债务的，必须如数清偿，不得以其债权加以抵销。但是，如果能够证明债权人对债务人负担债务是基于法律的规定或者破产申请1年前发生的原因，则可以认为该债权人负担此债务时没有通过破产抵销获得抢先满足的恶意，因而不在法律禁止之列。

（3）债务人的债务人已知债务人有不能清偿到期债务或者破产申请的事实，而对债务人取得的债权，不得抵销。但是，债务人的债务人因为法律规定或者有破产申请1年前所发生的原因而取得债权的除外。

债务人的债务人以取得（通常为受让取得）对债务人的债权来使自己免除对破产财产的给付义务，其行为性质与上述情形相同，故不得用于抵销。但是，取得债权有法律规定的正当原因的不在此限，其理由也与上相同。

至于债务人的债务人已知债务人有不能清偿到期债务或者破产申请的事实，直接与债务人交易而取得的债权，如果该交易有恶意串通、显失公平等无效或可撤销事由，则除了不得适用破产抵销外，该债权还可适用无效或可撤销的规定，丧失破产债权的地位。

4.管理人的抵销异议权

为维护债权人的集体清偿利益，管理人对个别债权人的以下不正当抵销行为，有权主张抵销无效：

（1）偏颇性抵销。破产申请受理前6个月内，债务人有破产原因，债务人与个别债权人以抵销方式对个别债权人清偿，其抵销的债权债务属于《企业破产法》第40条第2、3项规定的情形之一的。

（2）扩张性抵销。《企业破产法》第40条所列不得抵销情形的债权人，以其对债务人特定财产享有优先受偿权的债权，与债务人对其不享有优先受偿权的债权抵销，但抵销的后者数额大于前者的。

（3）以股东责任性负债主张抵销。债务人的股东以下列债务与债务人对其负有的债务抵销的：①债务人股东因欠缴债务人的出资或者抽逃出资对债务人所负的债务；②债务人股东滥用股东权利或者关联关系损害公司利益对债务人所负的债务。

上述第（1）项情形下，管理人应在破产申请受理之日起3个月内提起诉讼；第（2）项、第（3）项情形下，管理人应在约定的异议期限内或者自收到主张债务抵销通知之日起3个月内提起诉讼。

六、破产费用和共益债务

1.破产费用和共益债务的范围

（1）破产费用。破产费用是指破产程序开始后，为破产程序的进行以及为全体债权人的共同利益而从债务人财产中优先支付的费用。《企业破产法》第41条规定，人民法院受理破产申请后发生的下列费用，为破产费用：①破产案件的诉讼费用；②管理、变价和分配债务人财产的费用；③管理人执行职务的费用、报酬和聘用工作人员的费用。

为有利于公司强制清算程序、民事执行程序与破产程序的衔接，《破产法解释（三）》规定，人民法院裁定受理破产申请前债务人尚未支付的公司强制清算费用、未终结的执行程序中产生的评估费、公告费、保管费等执行费用，可以参照《企业破产法》关于破产费用的规定，由债务人财产随时清偿。此前债务人尚未支付的案件受理费、执行申请费，可以作为破产债权清偿。

（2）共益债务。学理上又称财团债务，是指破产程序中为全体债权人的共同利益而管理、变价和分配破产财产而负担的债务，与之相对应的权利为共益债权。《企业破产法》第42条规定，人民法院受理破产申请后发生的下列债务，为共益债务：①因管理人或者债务人请求对方当事人履行双方均未履行完毕的合同所产生的债务；②债务人财产因无因管理所产生的债务；③因债务人不当得利所产生的债务；④为债务人继续营业而应支付的劳动报酬和社会保险费用以及由此产生的其他债务；⑤管理人或者相关人员执行职务致人损害所产生的债务；⑥债务人财产致人损害所产生的债务。

2.破产费用和共益债务的清偿

根据《企业破产法》第43条的规定，破产费用和共益债务的清偿，采用以下规则：

（1）随时清偿。破产费用和共益债务由债务人财产随时清偿。在债务人财产足以清偿破产费用和共益债务时，二者的清偿不分先后。

（2）破产费用优先清偿。在债务人财产不足以清偿所有破产费用和共益债务的情况下，先行清偿破产费用。

（3）同一顺序按比例清偿。债务人财产不足以清偿所有破产费用或者共益债务的，按照比例清偿。

（4）不足清偿时终结程序。债务人财产不足以清偿破产费用的，管理人应当提请人民法院终结破产程序。如果此时尚未宣告债务人破产，则无须宣告。

第五节 债权申报

一、债权申报的期限

债权申报期限是允许债权人向法院申报其债权的固定期间。限定债权申报期间，对于破产程序及时、顺利地进行是必要的。因为，只有在债权人人数和债权数额业已确定的情况下，才能召开债权人会议和进行清算分配。

对债权申报期限的立法体例，有法定主义和法院酌定主义两种。我国破产法对债权申报期限实行法定范围内的法院酌定主义，即人民法院受理破产申请后，确定债权人申报债权的期限；该期限自人民法院发布受理破产申请公告之日起计算，最短不得少于30日，最长不得超过3个月。债权人应当在人民法院确定的债权申报期限内向管理人申报债权。债权人未依照破产法规定申报债权的，不得参加破产程序行使权利。

二、债权申报的范围

1.一般规定

可申报的债权应当满足以下几点要求：

（1）须为以财产给付为内容的请求权。给付标的为劳务或者不作为的请求权，不能申报，但是，因它们的不履行或者不适当履行而产生的赔偿请求权，为可申报债权。

（2）须为以债务人财产为受偿基础的请求权。此处的债务人财产是指受破产程序拘束的财产。故信托财产或者根据法律规定不受破产程序拘束的财产，不是此处所称的债务人财产；以这些财产为受偿基础的请求权，不得申报。至于请求权所指向的财产是债务人的一般财产还是特定财产，不影响申报的资格。因此，有财产担保的债权和无财产担保的债权均在申报之列。

（3）须为法院受理破产申请前成立的对债务人享有的债权。至于债权的到期时间，不影响申报资格；未到期债权在破产案件受理时视为已到期。

（4）须为平等民事主体之间的请求权。因此，对债务人的罚款等财产性行政处罚，不得申报。在企业破产清算的情况下，债务人财产最终将归属于债权人；此时若执行对债务人的财产性行政处罚，事实上处罚的是债权人，这样既不能达到行政处罚的目的，又损害了债权人的合法权益。但是，在破产程序终结后，如果债务人因重整或和解而继续存续，处罚机关可以根据情况，决定是否执行原来的处罚决定。

（5）须为合法有效的债权。因此，以下债权不得申报：①存在法律规定的无效原因的债权；②诉讼时效已经届满的债权；③无证据或者证据为虚假的债权和有相反证据证明为虚假的债权（申报人提供的证据材料不足以证明其真实性和有效性的债权，在补足证据前推定为不得申报）。

不具备上述条件的债权被申报的，管理人有权提出异议。申报人坚持申报的，管理人可以在债权表中另页记载，并载明所发现的问题，以供债权人会议作出决定。必要时，管理人可以请求人民法院裁定不予确认。

2.特别情形

（1）职工债权。债务人所欠职工的工资和医疗、伤残补助、抚恤费用，所欠的应当划入职工个人账户的基本养老保险、基本医疗保险费用，以及法律、行政法规规定应当支付给职工的补偿金，为我国企业破产法上的职工债权。职工不必申报，由管理人调查后列出清单并予以公示。职工对清单记载有异议的，可以要求管理人更正；管理人不予更正的，职工可以向人民法院提起诉讼。

（2）利息请求权。附利息的债权自破产申请受理时起停止计息。破产申请受理前的利息，随本金一同申报。此外，根据《破产法解释（三）》的规定，破产申请受理后，债务人欠缴款项产生的滞纳金，包括债务人未履行生效法律文书应当加倍支付的迟延利息和劳动保险金的滞纳金，不得作为破产债权申报。

（3）待定债权。又称“或然债权”，是指效力有待确定的债权，包括附条件、附期限的债权和诉讼、仲裁未决的债权。这些债权可以申报，但必须说明其待定的状况。

（4）连带债权。连带债权人可以由其中一人代表全体连带债权人申报债权，也可以共同申报债权。申报的债权是连带债权的，应当说明。

（5）连带债务人的代位求偿权。债务人的保证人或者其他连带债务人，已经代替债务人清偿债务的，以其对债务人的求偿权申报债权；尚未代替债务人清偿债务的，除债权人已经向管理人申报全部债权的外，以其对债务人的将来求偿权申报债权。

（6）连带债务的债权人。在连带债务人之一破产时，其债权人享有在破产程序中申报债权的权利。连带债务人数人被裁定适用破产程序的，其债权人有权就其全部债权分别在各破产案件中申报债权。

（7）保证债权。债务人为他人债务的保证人，被裁定进入破产程序的，债权人有权申报其对该保证人的保证债权。尚未到期的保证债权，视为在保证人破产申请受理时到期。一般保证的保证债权不受保证人先诉抗辩权的阻却。保证债权的债务人、保证人均被裁定进入破产程序的，债权人有权向债务人、保证人分别全额申报债权，但其最终受偿额不得超出其债权总额。

（8）待履行合同相对人的赔偿请求权。管理人或者债务人依照《企业破产法》第18条的规定解除合同的，对方当事人以因合同解除所产生的损害赔偿请求权申报债权。

（9）善意受托人的请求权。债务人是委托合同的委托人，被裁定适用破产法规定的程序，受托人不知该事实，继续处理委托事务的，受托人以由此产生的请求权申报债权。

（10）票据付款人的请求权。债务人是票据的出票人，该票据的付款人继续付款或者承兑的，付款人以由此产生的请求权申报债权。

三、债权申报的方式

债权人申报债权时，应当书面说明债权的数额和有无财产担保，并提供如下证据：（1）债权证明。即证明债权的真实性、有效性的文件，如合同、借据、法院判决等。（2）身份证明。债权人自己申报的应当提交合法有效的身份证明，代理申报人应当提交委托人的有效身份证明、授权委托书和债权证明。（3）担保证明。申报的债权有财产担保的，应当提交证明财产担保的证据。

破产案件受理后，债权人向人民法院提起新诉讼的，其起诉不具有债权申报的效力。

四、逾期申报和未申报

在人民法院确定的债权申报期限内，债权人未申报债权的，可以在破产财产最后分配前补充申报；但是，此前已进行的分配，不再对其补充分配。为审查和确认补充申报债权的费用，由补充申报人承担。

债权人未依照破产法规定申报债权的，不得依照破产法规定的程序行使权利。其后果是：第一，债务人破产清算的，除非债务人有保证人或者其他连带债务人，该未申报债权成为永久履行不能。第二，债务人重整的，该未申报债权在重整计划执行期间不得行使权利；在重整计划执行完毕后，可以按照重整计划规定的同类债权的清偿条件行使权利。第三，债务人和解的，该未申报债权在和解协议执行期间不得行使权利；在和解协议执行完毕后，可以按照和解协议规定的清偿条件行使权利。

五、登记造册

管理人收到债权申报材料后，应当登记造册，对申报的债权进行审查，并编制债权表。债权表应当记明债权人名称、住所、开户银行、申报债权数额、申报债权的证据、财产担保情况、申报时间、联系方式以及其他必要的情况。登记造册时，应当对有财产担保的债权和无财产担保的债权，予以分别登记。

六、核查确认

依照以上规定编制的债权表，应当提交第一次债权人会议核查。债务人、债权人对债权表记载的债权无异议的，由人民法院裁定确认。申报的债权，必须经债权人会议核查无异议和人民法院裁定确认，方为确定。原则上只有债权被确定的债权人，才能够出席债权人会议行使表决权和接受破产分配。

七、查阅和异议

债权表和债权申报材料由管理人保存，供利害关系人查阅。

债务人、债权人对债权表记载的债权有异议的，可以向管理人提出，并说明理由和法律依据。经管理人解释或调整后，异议人仍然不服的，或者管理人不予解释或调整的，异议人有权在债权人会议核查结束后15日内向人民法院提起债权确认诉讼。异议人对被记载的他人债权有异议的，以被异议债权人为被告；异议人对被记载的本人债权有异议的，以债务人为被告。

单个债权人有权查阅债务人财产状况报告、债权人会议决议、债权人委员会决议、管理人监督报告等参与破产程序所必需的债务人财务和经营信息资料。管理人无正当理由不予提供的，债权人可以请求人民法院作出决定；人民法院应当在5日内作出决定。

上述信息资料涉及商业秘密的，债权人应当依法承担保密义务或者签署保密协议；涉及国家秘密的，依照相关法律规定处理。

第六节　债权人会议

一、债权人会议的法律地位

1.债权人会议的性质。债权人会议是全体债权人参加破产程序并集体行使权利的决议机构。从性质上讲，债权人会议是债权人团体在破产程序中的意思发表机关。也就是说，债权人会议的职能是使全体债权人作为一个整体，就他们的权利行使和权利处分作出共同的意思表示，并为维护他们的共同利益而采取必要的行动。所以，债权人会议本质上是一个组织体，而不是临时的集会活动。

2.债权人自治原则。债权人自治，是指全体债权人通过债权人会议，对破产程序进行中涉及债权人利益的各重大事项作出决定，并监督破产财产管理和分配的一系列权利，以及保障这些权利实现的有关程序制度。实行债权人自治，是破产法的一项重要原则。

债权人自治原则是确定债权人会议地位的基本依据。根据这一原则，有关债权人权利行使和权利处分的一切事项，均应由债权人会议独立地作出决议。债权人在债权人会议上应享有充分的自由表达和自主表决的权利。债权人会议作出的关于债权确认、与债务人和解、破产财产变价和分配等重大事项的决议，是程序进行的重要根据。债权人会议还应享有监督破产财产管理和处分的权利。

二、债权人会议的程序规则

1.债权人会议的组成

（1）债权人会议成员。债权人依法申报债权后，成为债权人会议的成员。凡是债权人会议的成员，都享有出席会议的权利。

债权人会议成员有以下情形的，不得再出席债权人会议：①已经由担保财产优先受偿并获得足额清偿的；②已经由债务人的保证人或者其他连带债务人获得足额清偿的。

（2）债权人会议成员的表决权。债权人会议成员分为有表决权的债权人和无表决权的债权人两种。

①有表决权的债权人。这是指有权出席债权人会议和发表意见，并有权对债权人会议决议事项投票表达个人意志的债权人。凡是依法申报债权的债权人，除了存在法律规定无表决权的情形者外，都享有表决权。

有表决权的债权人分为两种情况：一是对所有的表决事项都有表决权的债权人；二是对部分表决事项有表决权的债权人，这是指有财产担保而未放弃优先受偿权利的债权人，对于通过和解协议的决议和通过破产分配方案的决议，不享有表决权。

②无表决权的债权人。这是指有权出席债权人会议和发表意见，但无权对债权人会议决议事项投票表达个人意志的债权人。主要包括：第一，债权尚未确定，而人民法院未能为其行使表决权而临时确定债权额的，不得行使表决权；第二，债权附有停止条件，其条件尚有待成就的，或者债权附有解除条件，其解除条件已成就的，不享有表决权；第三，尚未代替债务人清偿债务的保证人或者其他连带债务人，不享有表决权。

表决代理：债权人可以委托代理人出席债权人会议，行使表决权。代理人出席债权人会议，应当向人民法院或者债权人会议主席提交债权人的授权委托书。

（3）债权人会议主席。债权人会议主席为债权人会议的召集人，由人民法院从有表决权的债权人中指定。

（4）职工代表参加会议。职工为企业的内部成员，同时又与企业存在劳动关系。职工基于劳动关系在企业享有的工资等请求权，受到破产法的特殊保护。因此，职工不是债权人会议的成员。但是，破产程序中，对于职工权益必须予以充分重视。为此，破产法规定，债权人会议应当有债务人的职工和工会的代表参加，对有关事项发表意见。这里所说的“有关事项”，主要指：核查债权时职工债权清单的确认；债务人继续营业时的职工待遇；重整计划中的职工债权清偿方案；破产财产分配方案中的职工债权清偿方案；债务人财产管理方案、变价方案中涉及职工利益的问题（如职工住房的处置问题）。

2.债权人会议的职权

债权人会议行使下列职权：核查债权；申请人民法院更换管理人，审查管理人的费用和报酬；监督管理人；选任和更换债权人委员会成员；决定继续或者停止债务人的营业；通过重整计划；通过和解协议；通过债务人财产的管理方案；通过破产财产的变价方案；通过破产财产的分配方案；人民法院认为应当由债权人会议行使的其他职权。

3.债权人会议的召开程序

（1）会议的召集。

①召集人。第一次债权人会议，由人民法院召集。以后的债权人会议由会议主席召集。

②召集的时间。第一次债权人会议为法定会议，应当在债权申报期限届满后15日内召开。以后的债权人会议，在人民法院认为必要时召开，或者在管理人、债权人委员会、占债权总额1/4以上的债权人向债权人会议主席提议时召开。

③召集通知。召开债权人会议，管理人应当提前15日通知已知的债权人。

（2）会议的决议。

①决议的方式。《企业破产法》第64条第1款规定，债权人会议的决议，由出席会议的有表决权的债权人过半数通过，并且其所代表的债权额占无财产担保债权总额的1/2以上。但是，《企业破产法》另有规定的除外。这里所说的“另有规定”，是指《企业破产法》第84条关于通过重整计划的规定和第97条关于通过和解协议草案的规定。

关于债权人会议决议的表决方式，根据《破产法解释（三）》的规定，除现场表决外，可以由管理人事先将相关决议事项告知债权人，采取通信、网络投票等非现场方式进行表决。采取非现场方式进行表决的，管理人应当在债权人会议召开后的3日内，以信函、电子邮件、公告等方式将表决结果告知参与表决的债权人。

②决议的效力。债权人会议的决议，对于全体债权人均有约束力。一旦决议依法定程序获得通过，各债权人无论是否出席了会议，无论是否参加表决，也无论是否投票赞成，都当然地受到决议的约束。

③对决议的异议。债权人认为债权人会议的决议违反法律规定，损害其利益的，可以自债权人会议作出决议之日起15日内，请求人民法院裁定撤销全部或者部分事项决议，责令债权人会议依法重新作出决议。

这里所说的“违反法律规定”，解释上应包

括实体法和程序法。《破产法解释（三）》规定，债权人会议的决议具有以下情形之一，损害债权人利益，债权人申请撤销的，人民法院应予支持：债权人会议的召开违反法定程序；债权人会议的表决违反法定程序；债权人会议的决议内容违法；债权人会议的决议超出债权人会议的职权范围。

对于债权人认为债权人会议决议违法提出的裁定请求，人民法院在审理以后，认为决议确有违法情事，请求有理的，应当裁定撤销该决议。

④决议的记录。债权人会议应当对所议事项的决议作成会议记录。

⑤决议未通过的补救。对于债务人财产的管理方案或者破产财产的变价方案，债权人会议表决未通过的，由人民法院裁定。对于破产财产分配方案，债权人会议表决未通过的，应当再次表决；再次表决仍未通过的，由人民法院裁定。这样规定是为了防止债权人会议对这些事项久拖不决而造成财产的无谓消耗，损害全体债权人的利益。人民法院在对这类决议进行裁定时，应当在充分了解情况、听取各方意见的基础上，确定一个合理的方案，并以裁定的形式加以公布。

三、债权人委员会

1.债权人委员会的组成。债权人会议不是一个常设机构，不能经常性地召集和作出决定。为了保证债权人充分地行使权利，特别是行使对债务人财产的管理、处分和破产财产变价、分配过程的监督权，有必要将债权人的集体决定权授予他们的代表机构。这种代表债权人会议行使监督权利的机构，就是债权人委员会。

债权人委员会由债权人会议决定设立。债权人会议有权决定其设立或不设立，自然也有权决定其变更或解散。按照企业破产法的规定，债权人委员会由债权人会议选任的债权人代表和1名债务人的职工代表或者工会代表组成。债权人委员会成员不得超过9人。债权人委员会决定所议事项应获得全体成员过半数通过，并做成议事记录。

债权人委员会成员应当经人民法院书面决定认可。

2.债权人委员会的一般监督权。根据《企业破产法》第68条的规定，债权人委员会行使下列职权：监督债务人财产的管理和处分；监督破产财产分配；提议召开债权人会议；债权人会议委托的其他职权。此外，根据《破产法解释（三）》的规定，债权人会议可以依照《企业破产法》第68条第1款第4项的规定，委托债权人委员会行使《企业破产法》第61条第1款第2、3、5项规定的债权人会议职权。债权人会议不得作出概括性授权，委托其行使债权人会议所有职权。债权人委员会行使职权应当接受债权人会议的监督，以适当的方式向债权人会议及时汇报工作，并接受人民法院的指导。

债权人委员会执行职务时，有权要求管理人、债务人的有关人员对其职权范围内的事务作出说明或者提供有关文件。

管理人、债务人的有关人员违反破产法规定拒绝接受监督的，债权人委员会有权就监督事项请求人民法院作出决定；人民法院应当在5日内作出决定。

3.债权人委员会的特别监督权。管理人实施的下列行为，属于对债权人利益关系重大的处分行为，应当及时报告债权人委员会：（1）涉及土地、房屋等不动产权益的转让；（2）探矿权、采矿权、知识产权等财产权的转让；（3）全部库存或者营业的转让；（4）借款；（5）设定财产担保；（6）债权和有价证券的转让；（7）履行债务人和对方当事人均未履行完毕的合同；（8）放弃权利；（9）担保物的取回；（10）对债权人利益有重大影响的其他财产处分行为。

未设立债权人委员会的，管理人实施以上行为应当及时报告人民法院。

在重整程序中，债务人自行管理企业事务的，其行为视为管理人的行为，其实施上述行为时也应当履行对债权人委员会的报告义务。

与上述报告义务相对应的，是债权人委员会的知情权和监督权。债权人委员会对管理人实施上述行为有异议的，可以向管理人提出，也可以向人民法院提出。必要时，可以提议召开债权人会议，由债权人会议作出决议，请求人民法院更换管理人。管理人的重大处分行为构成渎职的，可以根据《企业破产法》第130、131条的规定，追究其相应的法律责任。

管理人处分《企业破产法》第69条规定的债务人重大财产的，应当事先制作财产管理或者变价方案并提交债权人会议进行表决，债权人会议表决未通过的，管理人不得处分。

管理人实施处分前，应当根据《企业破产法》第69条的规定，及时报告债权人委员会或者人民法院。债权人委员会可以依照《企业破产法》第68条第2款的规定，要求管理人对处分行为作出相应说明或者提供有关文件依据。

债权人委员会认为管理人实施的处分行为不符合债权人会议通过的财产管理或变价方案的，有权要求管理人纠正。管理人拒绝纠正的，债权人委员会可以请求人民法院作出决定。

人民法院认为管理人实施的处分行为不符合债权人会议通过的财产管理或变价方案的，应当责令管理人停止处分行为。管理人应当予以纠正，或者提交债权人会议重新表决通过后实施。

第七节 重整程序

一、重整原因

由于重整程序与破产清算程序的目标不同，破产法对适用重整程序的破产原因作扩大的规定，即企业因为经营或者财务发生困难将导致不能清偿到期债务的，也可以适用破产法规定的重整程序。换句话说，企业法人无论是基于已经发生的无力偿债的事实状态，还是将要发生的无力偿债的事实状态，都可以申请企业重整。所以，重整原因的范围比一般破产原因的范围大。这一概念体现了治理企业困境“早发现，早治疗”的思想，符合重整制度拯救企业的目标。

根据《企业破产法》第2条的规定，重整程序可适用于两种情形：一是债务人具备破产原因，即不能清偿到期债务并且资产不足以清偿全部债务的，或者不能清偿到期债务并且明显缺乏清偿能力的；二是债务人将要出现破产原因，即有明显丧失清偿能力可能的。

二、重整程序的发动

按照破产法的规定，重整程序的申请人分为两种情况：(1)破产案件受理前的初始重整申请，可以由债务人或者债权人提出。(2)破产案件受理后、破产宣告前的后续重整申请，初始申请为债权人申请债务人破产清算的，可由债务人或者持有债务人注册资本1/10以上的1名或数名出资人提出。

人民法院经审查认为重整申请符合破产法的规定的，应当裁定许可债务人进行重整并予以公告。

三、重整期间的财产管理

1.重整期间。重整期间是重整程序开始后的一个法定期间，其目的在于防止债权人在重整管理期间对债务人及其财产采取诉讼或其他程序行动，以便保护企业的营运价值和制定重整计划。

《企业破产法》第72条规定：“自人民法院裁定债务人重整之日起至重整程序终止，为重整期间。”除了具备法定原因提前终止重整程序的外，重整期间包括两个阶段：(1)重整计划制备阶段，即从人民法院裁定债务人重整之日起，到债务人或者管理人向人民法院和债权人会议提交重整计划草案时止。这一期间通常为6个月，但有正当理由的，经债务人或者管理人请求，人民法院可以裁定延期3个月。(2)重整计划通过阶段，即从重整计划草案提交时起，到债权人会议表决后人民法院裁定批准或不批准重整计划并终止重整程序，或者依据表决未通过的事实裁定终止重整程序时止。这一期间没有法定期限，由人民法院酌情决定。

2.管理人监督下的债务人自行管理。根据《企业破产法》第73条的规定，采用这种方案必须经债务人申请，人民法院批准。人民法院批准后，如果管理人已经接管了债务人的财产和营业事务，则应当办理移交。在自行营业的情况下，债务人行使破产法规定的管理人职权，并履行管理人对债权人会议和债权人委员会的报告义务。同时，债务人还要接受管理人的监督，其财产管理和营业的重要决定和有关信息，应当报告管理人。《九民纪要》第111条进一步规定，重整期间，债务人同时符合下列条件的，经申请，人民法院可以批准债务人在管理人的监督下自行管理财产和营业事务：(1)债务人的内部治理机制仍正常运转；(2)债务人自行管理有利于债务人继续经营；(3)债务人不存在隐匿、转移财产的行为；(4)债务人不存在其他严重损害债权人利益的行为。

债务人提出重整申请时可以一并提出自行管理的申请。经人民法院批准由债务人自行管理财产和营业事务的，企业破产法规定的管理人职权中有关财产管理和营业经营的职权应当由债务人行使。

管理人应当对债务人的自行管理行为进行监督。管理人发现债务人存在严重损害债权人利益的行为或者有其他不适宜自行管理情形的，可以申请人民法院作出终止债务人自行管理的决定。人民法院决定终止的，应当通知管理人接管债务人财产和营业事务。债务人有上述行为而管理人未申请人民法院作出终止决定的，债权人等利害关系人可以向人民法院提出申请。

3.管理人负责及债务人参与的管理。在债务人没有提出自行营业的申请，或者其自行营业申请未获法院批准的情况下，管理人当然地负责重整期间债务人财产管理和营业事务。但是，为了提高经营效率，管理人不妨将债务人的全部或部分营业事务，以聘任方式委托债务人的经营管理人员负责办理。由于在聘任制下，管理人承担着法律上的责任，故受聘人员的营业行为应当接受管理人的监督。所以，这些人员在签订重要合同和实施重大财产处分时，应当征得管理人的同意。

四、重整期间营业保护的特别规定

1.对担保物权的限制。在担保权人的基本利益不受损害的前提下，适当限制其权利行使，以便那些为债务人营业所必要的财产能够被继续使用，对于企业拯救是必要的。按照企业破产法的规定，对债务人享有的担保物权如抵押权、质权，只能在和解程序或者清算程序开始后才能行使。同时，《企业破产法》第75条第1款规定："在重整期间，对债务人的特定财产享有的担保权暂停行使。但是，担保物有损坏或者价值明显减少的可能，足以危害担保权人权利的，担保权人可以向人民法院请求恢复行使担保权。"此外，《企业破产法》第37条还赋予管理人通过清偿债务或者提供替代担保取回质物、留置物的权利。

2.新借款。对债务人企业的继续营业来说，取得资金和其他资源供应是至关重要的。因此，《企业破产法》第75条第2款规定，重整期间自行管理的债务人或者管理人可以为继续营业而借款，并可以为该借款设定担保。根据《破产法解释（三）》的规定，实施此类借款须经债权人会议决议通过，或者第一次债权人会议召开前经人民法院许可。提供此类借款的债权人可以主张参照《企业破产法》关于共益债务的规则，优先于普通破产债权清偿，但不得主张优先于此前已就债务人特定财产享有担保的债权清偿。如果为此类借款设定的担保为抵押，而抵押物在破产申请受理前已为其他债权人设定抵押，则应当按照《民法典》第414条规定的顺序清偿。

3.对取回权的限制。债务人通过租赁、借用、合作经营等法律关系占有、使用的他人财产，对于债务人在重整期间的继续营业常常是重要的。因此，《企业破产法》第76条规定，债务人合法占有的他人财产，该财产的权利人在重整期间要求取回的，应当符合事先约定的条件。例如，债务人租赁的场地、设备，如果租期未到，则出租人不得在重整期间要求取回。但是，因管理人或者自行管理的债务人违反约定，可能导致该财产被转让、毁损、灭失或者价值明显减少的除外。

4.对出资人和管理层的限制。企业拯救的一个决定性因素是债权人和其他利益相关者对企业复兴的信心。而债务人的出资人和高级管理人员在重整期间兑现分配和转让股权的“撤离”行动，往往会导致人们对企业前景的消极预测。而且，兑现分配还会导致企业流动资金的减少。因此，《企业破产法》第77条规定，在重整期间，债务人的出资人不得请求投资收益分配；债务人的董事、监事、高级管理人员不得向第三人转让其持有的债务人的股权。但是，在某些情况下，股权转让不会对重整产生消极影响，甚至有积极作用（如吸引新投资者）。所以，该条规定，管理层的股权转让经人民法院同意的除外。

五、重整程序的终止

企业破产法规定，在重整计划提交表决前，可以基于两类原因提前终止重整程序。

1.继续重整存在重大障碍。如果债务人的经济状况或者行为显示其没有拯救可能，应当立即终止重整并转入破产清算，以避免因债务人财产的无谓消耗给债权人带来清偿利益的损失。所以，《企业破产法》第78条规定，在重整期间，有下列情形之一的，经管理人或者利害关系人请求，人民法院应当裁定终止重整程序，并宣告债务人破产：（1）债务人的经营状况和财产状况继续恶化，缺乏挽救的可能性；（2）债务人有欺诈、恶意减少债务人财产或者其他显著不利于债权人的行为；（3）由于债务人的行为致使管理人无法执行职务。

2.未按时提交重整计划草案。为了减少重整程序的成本和避免重整程序的滥用，企业破产法对提交重整计划草案有严格的时间规定。根据《企业破产法》第79条的规定，债务人或者管理人自人民法院裁定债务人重整之日起6个月内，或者在人民法院裁定延期后的3个月内，没有向人民法院和债权人会议提交重整计划草案的，人民法院应当裁定终止重整程序，并宣告债务人破产。

六、重整计划的制备

1.重整计划的意义。重整计划是重整程序中最重要的法定文件。它是债务人、债权人和其他利害关系人在协商基础上就债务清偿和企业拯救作出的安排。围绕重整计划的制定、通过、批准、执行、变更和终止的一系列规定，形成了一个由法律规制和有法院参与的多边协商机制。重整计划既是当事人彼此让步寻求债务解决的和解协议，也是他们同舟共济争取企业复兴的行动纲领。

重整计划具有以下特征：（1）重整计划以企业拯救和债务清理为目的；（2）重整计划由管理人或者自行营业的债务人负责制备；（3）重整计划包括债务清偿方案和经营方案，以及融资方案、资产重组方案和有助于企业复兴的其他方案；（4）重整计划原则上需征得债权人会议的同意；（5）重整计划经法院批准后生效；（6）重整计划由债务人负责执行。

2.重整计划的制备人和提交期限。重整计划的制备是指重整计划草案的制作和相关文件的准备。根据《企业破产法》第80条的规定，重整计划应当由重整期间负责财产管理和营业事务的人制备。也就是说，债务人自行管理的，债务人为重整计划的制备人；管理人负责管理的，管理人为重整计划的制备人。

重整计划的制备是一个协商过程。债务人或者管理人在制作重整计划草案时，应当听取债权人、出资人、职工代表以及专家的意见。如果重整计划涉及融资或者企业资产重组，则重整计划的制备过程还包括与此类交易的相对人的谈判。

债务人或者管理人应当自人民法院裁定债务人重整之日起6个月内向人民法院和债权人会议提交重整计划草案。该期限届满，经债务人或者管理人请求，有正当理由的，人民法院可以裁定延期3个月。

3.重整计划的内容。《企业破产法》第81条规定了重整计划应当包括的内容：①债务人的经营方案；②债权分类；③债权调整方案；④债权受偿方案；⑤重整计划的执行期限；⑥重整计划执行的监督期限；⑦有利于债务人重整的其他方案。总的来说，重整计划包括以下三个部分。

（1）债权调整和清偿的方案。重整计划的债权调整，是以各种类别的债权在破产清算情况下的清偿预期为参照系的。因此，在破产清算时清偿顺序较为优先的债权，在重整计划中的清偿待遇也较为优越。由于这种清偿待遇的不同，债权人会议对重整计划的表决必须采取分组表决的办法。所以，企业破产法关于债权分类的规定，既是债权调整和清偿方案的依据，也是债权人会议表决重整计划的分组依据。对此，《企业破产法》第82条第1款规定了重整计划的债权分类：①对债务人的特定财产享有担保权的债权；②债务人所欠职工的工资和医疗、伤残补助、抚恤费用，所欠的应当划入职工个人账户的基本养老保险、基本医疗保险费用，以及法律、行政法规规定应当支付给职工的补偿金；③债务人所欠税款；④普通债权。在普通债权中存在众多小额债权人的情况下，人民法院在必要时可以决定在普通债权组中设小额债权组，在重整计划中给予特别的清偿待遇，并作为单独的债权组参加表决。

重整计划可以分别对各类债权，采用以下调整方法：延期偿付；减免利息；减免本金清偿额；其他清偿条件（如偿付形式、费用负担）的变更；债权转换为股权（“债转股”）。同组的债权，原则上应按同等条件受偿。

根据《企业破产法》第83条的规定，重整计划不得规定减免债务人欠缴的除应划入职工个人账户的基本养老保险、基本医疗保险费用以外的社会保险费用；该项费用的债权人不参加重整计划草案的表决。

（2）企业营业振兴的方案。重整计划可以在分析企业困境原因的基础上，根据企业资产、财务、营销、管理、技术和市场等方面的情况，选择各种有利于改善企业资产负债、财务流动性、产出能力、盈利能力和市场竞争力的方案。例如，调整经营范围、改组企业管理层、改组企业组织架构、企业合并或者分立、获取新贷款、引进新投资者、裁减人员等。重整计划还可以包括引进第三方投资的安排。第三方投入的资金除了用于营业振兴，还可用于偿还债务。

（3）重整计划执行的方案。按照企业破产法的规定，重整计划的执行由债务人负责。但这不排除重整计划允许以委托等方式将执行事务交给第三者承担。在重整计划规定的监督期内，其执行应接受管理人的监督。

重整计划应当对它的执行期限和执行的监督期限作出规定。执行期限通常以债权清偿方案的完成时间为准，而监督期限通常是以营业振兴方案和债权清偿方案的主要部分的完成时间为准。所以，重整计划的监督期限可以适当地短于执行期限。

七、重整计划的通过和批准

1.表决程序

（1）会议召集。人民法院应当自收到重整计划草案之日起30日内召开债权人会议。此次会议的中心议题就是对重整计划草案进行表决。如果这是第一次债权人会议，其议题还应当包括核查债权和其他必要事项。

（2）分组表决程序。在债权人会议审议重整计划时，债务人或者管理人应当向债权人会议就重整计划草案作出说明，并回答询问。债务人的出资人代表可以列席讨论重整计划草案的债权人会议。在正式表决前，可以根据相关各方的意见对重整计划草案进行适当的修改。

债权人会议应当依照规定的债权分类分成不同的表决组，对重整计划进行分组表决。出席会议的同一表决组的债权人过半数同意重整计划草案，并且其所代表的债权额占该组债权总额的2/3以上的，即为该组通过重整计划草案。

重整计划草案涉及出资人权益调整事项的，应当设出资人组，对该事项进行表决。其表决通过的规则与债权人表决组相同。

《破产法解释（三）》规定，根据《企业破产法》第82条的规定对重整计划草案进行分组表决时，权益因重整计划草案受到调整或者影响的债权人或者股东，有权参加表决；权益未受到调整或者影响的债权人或者股东，参照《企业破产法》

第83条的规定，不参加重整计划草案的表决。

各表决组均通过重整计划草案时，重整计划即为通过。自重整计划通过之日起10日内，债务人或者管理人应当向人民法院提出批准重整计划的申请。

2.批准程序

批准程序是人民法院行使司法审查权的过程。在审查过程中，人民法院可以根据案情的需要，进行开庭或不开庭的审理。人民法院审理后，可以针对不同情况作出不同结果的裁定。

（1）通过后的审查批准。对于已获通过并提请批准的重整计划，人民法院应当进行审查。人民法院经审查认为重整计划符合企业破产法规定的，应当自收到申请之日起30日内裁定批准，同时终止重整程序，并予以公告。

如果人民法院审查后认为提请批准的重整计划在实体上或者程序上不符合企业破产法的规定，应当裁定不予批准，同时终止重整程序，并宣告债务人破产。

（2）未通过时的强行批准。由于企业重整不仅关系到债权人的利益，而且关系到其他利害关系人的利益和社会公共利益，因此，面对个别表决组出于自身利益而拒绝通过重整计划的情形，需要在不同利益之间进行理性的权衡。破产法借鉴《美国破产法》第11章的“强行批准”(cram down)规则，以《企业破产法》第87条规定了重整计划未通过时的强行批准制度。具体说，分为两个步骤。

首先是协商基础上的再次表决。债务人或者管理人可以同未通过重整计划草案的表决组协商，该表决组可以在协商后再表决一次。但是，双方协商的结果不得损害其他表决组的利益。

其次是再次表决未通过时的审查批准。未通过重整计划草案的表决组拒绝再次表决或者再次表决仍未通过重整计划草案，但重整计划草案符合下列条件的，债务人或者管理人可以申请人民法院批准重整计划草案：①按照重整计划草案，担保债权就担保财产将获得全额清偿，其因延期清偿所受的损失将得到公平补偿，并且其担保权未受到实质性损害，或者该表决组已经通过重整计划草案；②按照重整计划草案，职工债权和税收债权将获得全额清偿，或者相应表决组已经通过重整计划草案；③按照重整计划草案，普通债权所获得的清偿比例，不低于其在重整计划草案被提请批准时依照破产清算程序所能获得的清偿比例，或者该表决组已经通过重整计划草案；④重整计划草案对出资人权益的调整公平、公正，或者出资人组已经通过重整计划草案；⑤重整计划草案公平对待同一表决组的成员，并且所规定的债权清偿顺序不违反破产清算程序中的法定清偿顺序；⑥债务人的经营方案具有可行性。其中，前4项条件是以债权人在清算条件下的预计清偿为基准，即所谓“清算标准”。

人民法院经审查认为重整计划草案符合上述规定的，应当自收到申请之日起30日内裁定批准，终止重整程序，并予以公告；反之，经审查认为重整计划不符合上述规定的，则应当裁定终止重整程序，并宣告债务人破产。

八、重整计划的执行

1.重整计划的执行人。重整计划由债务人负责执行。管理人在重整期间主持营业的，应当在人民法院裁定批准重整计划后，将其接管的财产和营业事务移交债务人。

2.重整计划的监督人。

（1）监督期间。自人民法院裁定批准重整计划之日起，在重整计划规定的监督期内，由管理人监督重整计划的执行。经管理人申请，人民法院可以裁定延长重整计划执行的监督期限。

（2）债务人的报告义务。在监督期内，债务人应当向管理人报告重整计划执行情况和债务人财务状况。债务人的行为违反重整计划的，管理人有权提出异议；情节严重，构成重整计划的不执行或者不能执行的，管理人有权请求人民法院裁定终止重整计划的执行并宣告债务人破产。

（3）监督期满终止。监督期届满时，管理人应当向人民法院提交监督报告。自监督报告提交之日起，管理人的监督职责终止。管理人向人民法院提交的监督报告，重整计划的利害关系人有权查阅。

3.重整计划的约束力。经人民法院裁定批准的重整计划，对债务人和全体债权人均有约束力。

在重整计划执行期间，债权人未依照破产法规定申报的债权不得行使；在重整计划执行完毕以后，可以按照重整计划中同类债权的清偿条件行使权利。这意味着，未申报债权只有在已申报债权按照重整计划获得清偿以后才能获得清偿，而且其获得的清偿不得高于同类债权在重整计划中的清偿比例。

债权人对债务人的保证人和其他连带债务人所享有的权利，不受重整计划的影响。在这种情况下，无论该债权人是否参加重整计划的清偿，均可就其未由重整计划获得的清偿向债务人的保证人或者其他连带债务人要求清偿。

4.重整计划的修改。在企业破产法中，没有规定已获批准的重整计划的变更。但这并不意味着对计划的任何修改都受到禁止。对于经过了复杂程序的仔细审查和慎重批准的重整计划，原则上应当严格执行。但是，如果客观情况发生了重大变化，只有对重整计划的某些部分作适当修改才能实现企业拯救和保护债权人的利益，则不加变更而坐等计划失败显然是不可取的。例如，对企业经营方案、融资方案的某些修改，如果有利于企业复兴并符合债权人利益，债务人和管理人可以提出修改方案，在取得债权人委员会同意后，报请人民法院作出批准决定。至于债权调整方案和清偿方案，一般不允许变更，除非债务人与相关债权人已经达成了债务和解协议。

5.重整计划的执行终止。

（1）重整计划因执行不能而终止。重整计划执行不能，包括债务人不执行和不能执行两种情形。在重整计划执行不能时，人民法院经管理人或者利害关系人请求，应当裁定终止重整计划的执行，并宣告债务人破产。

在执行不能而终止的情况下，债权人在重整计划中作出的债权调整的承诺失去效力，其基于让步而放弃的债权恢复原状。债权人在重整计划执行过程中已经接受的清偿仍然有效，无须返还；其债权未受清偿的部分，作为破产债权参加破产清算程序。但是，如果同顺位债权的各债权人在重整计划执行中已经接受的清偿未达到同一比例，则破产分配时应当首先对其中受偿比例较低的债权人进行分配；已受偿比例较高的债权人只有在其他同顺位债权人同自己所受的清偿达到同一比例时，才能继续接受分配。例如，甲、乙同为普通债权人，按照重整计划应获得20%的清偿，在重整计划执行终止时分别已获得10%和8%的清偿。在破产分配中，应先给乙补足该2%的未清偿部分，然后以剩余的破产财产对二人进行按比例分配。

在执行不能而终止的情况下，已经为重整计划的执行提供的担保继续有效，管理人有权依据担保协议，请求担保人履行担保义务。

（2）重整计划因执行完毕而终止。重整计划执行完毕后，债务人应当及时向人民法院提交执行报告。人民法院审查确认后，裁定终结破产案件。自法院裁定终结破产案件时确认的重整计划执行完毕之日起，债务人对于依照重整计划减免的债务免除清偿责任。

第八节　和解程序

一、和解申请与裁定

根据破产法的规定，和解程序的申请，必须符合以下三项条件。

1.和解的申请人必须是已经具备破产原因的债务人。实践中，债权人希望和解的，可以与债务人协商，由债务人提出和解申请。

2.申请和解的债务人应当遵守有关破产申请的一般规定，向人民法院提交相关的证据和文件。

3.债务人在申请和解时必须提交和解协议

草案。人民法院经审查认为和解申请符合企业破产法规定的，应当裁定和解，予以公告，并召集债权人会议讨论和解协议草案。

二、和解协议的成立和生效

1.和解协议的成立。和解协议成立的方式，实质上是一种合同订立的方式，即债务人以提出和解协议草案的形式向债权人团体发出要约，债权人会议以通过和解协议草案的决议形式作出承诺。债权人会议通过和解协议草案的决议，符合“由出席会议的有表决权的债权人过半数同意，并且其所代表的债权额占无财产担保债权总额的三分之二以上”的条件时，即达成和解协议。

2.和解协议的生效。债务人和债权人达成和解协议，必须经人民法院裁定认可方能生效。这样有利于保护债权人合法权益和维护程序公正。

经债权人会议通过的和解协议，提交人民法院认可的，人民法院应当从协议内容和会议程序两个方面进行审查。如未发现违法情事，则予以认可。如果发现违法情事（例如，同一顺序的债权未按比例减让或未按比例分配，未经权利人同意处分了有财产担保的债权或担保权标的物），人民法院可责令债权人会议纠正，也可以裁定不予认可并宣告债务人破产。

人民法院认可和解协议的，应当发布公告，终止破产程序。和解协议自公告之日起具有法律效力。和解协议生效后，管理人应当向债务人移交财产和营业事务，并向人民法院提交执行职务的报告。

三、和解协议的执行

1.和解协议的法律效果。生效的和解协议，具有如下法律效果。

（1）破产程序终结和债务人恢复财产管理。自和解协议生效时起，破产程序终结。在这种情况下，破产程序对债务人财产的保全解除，管理人办理财产和事务的移交，债务人恢复对财产和事务的自主管理。

（2）全体和解债权人受和解协议的约束。和解债权人是指人民法院受理破产申请时对债务人享有无财产担保债权的人，无论其是否参加和解协议的表决。和解协议对全体和解债权人均有约束力。这种约束力主要表现为：①债权人必须按照和解协议规定的数额、时间和方式请求和接受清偿，不得超出和解协议规定的范围进行个别追索，也不得私下向债务人谋取和解协议以外的特别清偿利益。②和解债权人未依照企业破产法规定申报债权的，在和解协议执行期间不得行使权利；在和解协议执行完毕后，可以按照和解协议规定的清偿条件行使权利。但是，和解债权人对债务人的保证人和其他连带债务人所享有的权利，不受和解协议的影响。

（3）债务人受和解协议的约束。债务人作为和解协议的另一方当事人，自应受协议的约束。这种约束力主要表现为：①债务人应当按照和解协议规定的条件清偿债务，不得实施任何有损债权人利益的个别优惠清偿，也不得实施有损其清偿能力的财产处分。②债务人不按和解协议规定的内容对个别债权人清偿债务的，该债权人可以申请人民法院强制执行。③债务人不履行或者不能履行和解协议的，经债权人申请，人民法院应当裁定恢复破产程序；和解协议系在破产宣告前达成的，人民法院应当在裁定恢复破产程序的同时裁定宣告债务人破产。

2.和解执行完毕的法律效果。和解执行完毕，以和解协议规定的清偿义务完全履行为标志。和解执行完毕的法律效果就是剩余债务的自动免除。所以，《企业破产法》第106条规定，按照和解协议减免的债务，自和解协议执行完毕时起，债务人不再承担清偿责任。

3.和解失败的法律效果。按照《企业破产法》第九章的规定，和解实质上是一个合同的成立、生效和履行的过程。在这一过程中，如果出现合同不成立、不生效、无效或者不履行的事实，则应当有相应的法律效果。为此，破产法针对不同情形作出了以下规定：

（1）和解协议不成立、不生效。和解协议草案经债权人会议表决未获得通过，或者已经由债权人会议通过的和解协议未获得人民法院认可的，人民法院应当裁定终止和解程序，并宣告债务人破产。

（2）和解协议无效。因债务人的欺诈或者其他违法行为而成立的和解协议，无论该违法事由是被发现于协议生效以前还是协议生效以后，人民法院都应当裁定其无效，并宣告债务人破产。

和解协议在生效以后因存在违法事由而被裁定无效的，和解债权人因执行和解协议所受的清偿，在其他债权人所受清偿同等比例的范围内，不予返还。例如，债权人甲、乙因执行和解协议已分别接受15%和10%的清偿，和解协议被裁定无效后，甲应当返还多出乙的5%的部分。

（3）和解协议执行不能。债务人不能执行或者不执行和解协议的，人民法院经和解债权人请求，应当裁定终止和解协议的执行，并宣告债务人破产。

人民法院裁定终止和解协议执行的，和解债权人在和解协议中作出的债权调整的承诺失去效力。和解债权人因执行和解协议所受的清偿仍然有效，和解债权未受清偿的部分作为破产债权。

在和解协议终止执行以前，各债权人已经接受的清偿比例如果不同，则受偿比例较高的债权人，只有在其他债权人同自己所受的清偿达到同一比例时，才能继续接受分配。例如，债权人甲已经接受的清偿比例为10%，而其他债权人已经接受的清偿比例为5%，则破产财产应当首先对其他债权人进行分配，直到他们的清偿比例达到10%，然后各债权人再就剩余财产进行按比例清偿。

在和解协议因执行不能而中止执行的情况下，第三人为和解协议执行提供的担保继续有效，担保人仍需对债权人承担约定的担保责任。

四、法庭外的和解

实践中，在和解申请前或者申请后，当事人之间就和解事项开展法庭外谈判，是十分正常的现象。企业破产法的法律政策应该是鼓励当事人开展企业拯救。因此，承认当事人可以在法庭外自行和解，经法院认可后具备相当于法庭内和解的效力，体现了对当事人意思自治的尊重，也体现了立法者鼓励和解和重视企业拯救的政策。而且，允许当事人自行和解也有利于节省司法资源。另外，为防止滥用庭外和解和侵犯部分债权人利益的情况，对和解协议的法庭外成立规定了更加严格的条件：（1）必须经全体债权人一致同意；（2）不损害有担保债权人的权益；（3）经人民法院审查认可。

企业破产法规定，人民法院受理破产申请后，债务人与全体债权人就债权债务的处理自行达成协议的，可以请求人民法院裁定认可，并终结破产程序。

法庭外达成的和解协议经人民法院裁定认可的，与经由债权人会议表决通过后人民法院裁定认可的和解协议，具有同等效力。其以后的执行或终止执行，适用相同的法律规则。

第九节　破产清算程序

一、破产宣告

1.破产宣告的意义。破产宣告，就是法院对债务人具备破产原因的事实作出有法律效力的认定。破产宣告是一种司法行为，它产生一系列法律效果。这一司法行为和它的法律效果，构成了破产法上的一个重要事件。这一事件标志着破产案件无可逆转地进入清算程序，债务人无可挽回地陷入破产倒闭。因此，破产宣告的法律制度，在破产法上有着十分重要的意义。企业破产法规定，债务人被宣告破产后，债务人称为破产人，债务人财产称为破产财产，人民法院受理破产申请时对债务人享有的债权称为破产债权。这些特殊称谓，是对破产清算程序目标的特别宣示，即破产人以其全部破产财产对全体破产债权为清偿。

2.破产宣告的裁定。破产宣告裁定是法院对债务人具备破产原因的事实作出认定的法定方式。《企业破产法》第107条第1款规定，人民法院依照本法规定宣告债务人破产的，应当自裁定作出之日起5日内送达债务人和管理人，自裁定作出之日起10日内通知已知债权人，并予以公告。

司法实务中，宣告债务人破产的裁定应做成正式的民事裁定书。裁定书正本应及时送达破产人和已知的债权人。裁定书的副本，可以连同清偿债务或者交付财产的通知送达给破产人的债务人或财产持有人。裁定书的副本还可以送达破产人的开户银行、破产人所在地的工商登记机关、政府监察部门和审计部门、人民检察院。

3.破产宣告的效果。

（1）对破产案件的效果。破产宣告对于破产案件的效果，就是破产案件转入破产清算程序。在破产案件受理后，破产宣告以前，债务人还可以通过和解或者其他方式（如取得担保、在短期内清偿债务）而避免破产清算。而一旦破产宣告，则破产案件进入清算程序。

（2）对债务人的效果。破产宣告对债务人产生身份上、财产上的一系列法律后果。具体说，主要有以下几项：

①债务人成为破产人。在我国，被申请破产的企业，在破产宣告前称为债务人，在破产宣告后称为破产企业。破产企业的身份，就是破产人。所谓破产人，就是民事权利受到破产程序拘束的人。

②债务人财产成为破产财产。破产宣告后，债务人的财产成为破产财产，即成为由管理人占有、处分并用于破产分配的财产。破产财产在归属、用途和处置方法上都服从于破产清算的目的。破产财产作为一个财产集合体，受到破产法有关规则的保护。

③债务人丧失对财产和事务的管理权。破产宣告后，债务人的财产和事务必须全部置于管理人的控制之下。因此，由债务人自行管理的重整程序经破产宣告转为清算程序的，或者和解协议生效后经破产宣告转为破产清算的，债务人应当及时向管理人办理财产和事务的移交。破产宣告后，原则上应当停止破产人的业务活动。但是，继续经营有助于破产财产的保值增值，符合债权人利益的，人民法院可以许可。

（3）对债权人的效果。对债权人来说，破产宣告使他们获得了行使权利的特别许可。在破产宣告前，所有的债权请求都处于冻结状态。破产宣告后，因破产宣告以前的原因而发生的请求权，得依照破产程序的规定接受清偿。为此，破产法对破产宣告后的债权行使作出了一些特别规定：

①有财产担保的债权人即别除权人可以由担保物获得清偿。根据《企业破产法》第109条的规定，自破产宣告之日起，别除权人可以随时由担保物获得优先清偿。第110条进一步规定，有财产担保的债权人行使优先受偿权利未能完全受偿的，其未受偿的债权作为普通债权；放弃优先受偿权利的，其债权作为普通债权。因此，具备这些情形的别除权人应当在破产宣告后及时行使权利，以便参加随后开始的破产分配。

②无财产担保的债权人依破产分配方案获得清偿。无财产担保的债权人不享有由特定财产优先受偿的权利，而只能依照法律规定的清偿顺序，通过法定程序集体确定分配方案，由破产财产获得清偿。

二、免予破产宣告

债务人具备破产原因，是破产宣告的基本依据和必要条件。没有破产原因的事实存在，则不得进行破产宣告。

债务人具备破产原因，但有法律规定的特定事由的，不予宣告破产。这种规定，为破产宣告的例外规定。根据《企业破产法》第108条的规定，破产宣告前，有下列情形之一的，人民法院应当裁定终结破产程序，并予以公告：（1）第三人为债务人提供足额担保或者为债务人清偿全部到期债务的；（2）债务人已清偿全部到期债务的。

三、别除权

1.别除权的概念。别除权是大陆法系破产

法上的概念，指债权人不依破产程序，而由破产财产中的特定财产单独优先受偿的权利。别除权具有以下法律特征：

（1）别除权以担保权为基础权利。别除权不是破产法创设的实体权利，而是企业破产法给予某些既成的实体权利的特殊待遇。享有这种特殊待遇的权利基础是担保权；而担保权是依据民法担保制度发生的。也就是说，只有在企业破产案件受理时已经合法取得担保权的债权人才能够享有别除权。这里所说的担保权，是指物的担保意义上的担保权，即所谓担保物权。

我国现行《企业破产法》给予担保权以比较充分的保护。《企业破产法》第109条规定，对破产人的特定财产享有担保权的权利人，对该特定财产享有优先受偿的权利。这里所说的“财产担保”，包括抵押、质押、留置三种形式。因此，在我国，依据民事法律规定成立的抵押权、质权和留置权是别除权的基础权利。

（2）别除权以实现债权为目的。民法设立担保制度以保障债权的实现为目的。因此，担保权从属于受担保的债权。债权的有效和存续是担保权有效和存续的前提。债权消灭，担保权随之消灭。同样，债权的范围和实现条件，也就是担保权的范围和实现条件。这一基本原理，亦为破产法的别除权制度所遵循。

（3）别除权以破产人的特定财产为标的物。别除权享受优先清偿的财产来源是依照合同约定或法律规定被设置了担保权的担保物。在破产法上，这种财产被称作别除权标的物。别除权标的物必须是特定财产（特定物或者特定化的种类物）。

根据别除权标的物具有特定性的原理，当别除权标的物不足清偿被担保的全部债务时，别除权人不得就未足额清偿部分请求由破产财产获得优先清偿，而只能作为普通破产债权参加集体清偿。

（4）别除权的行使不参加集体清偿程序。享有别除权的债权人，称作别除权人。别除权的权利内容，就是别除权人有权就担保物单独优先受偿。所谓优先受偿，就是在全体债权人的集体清偿程序以外个别地和排他地接受清偿。所以，别除权制度是破产法集体清偿原则的一个例外。按照我国企业破产法的规定，破产宣告后，别除权人即可对标的物实施处分并由此获得清偿，而不受破产清算程序进展情况的影响。

（5）别除权标的物不计入破产财产。别除权人有权就别除权标的物优先受偿，则其他破产债权人不能对别除权标的物提出清偿请求，管理人也不得擅自将别除权标的物纳入破产分配；只有当别除权人放弃优先权而自愿加入集体清偿时，其别除权标的物才转变为破产财产。因此，破产申请受理后，别除权标的物虽然也属于债务人财产，并且可能在破产宣告前为管理人接管（除已经被担保权人占有的外），但为了实现别除权的优先受偿，管理人需要将别除权标的物与其他债务人财产有所区分，不能用别除权标的物清偿破产费用和共益债务。

2.别除权行使的条件。债权人在破产程序中享有和行使别除权，需具备以下条件：

（1）债权和担保权合法成立和生效。作为别除权根据和基础的债权和担保权，必须符合民事法律的有关规定。例如，当事人之间的借款合同，必须具备行为人有相应的民事行为能力、意思表示真实和不违反法律或社会公共利益的基本条件，同时符合有关借款合同的法律和行政法规的规定。双方签订的抵押合同，必须采用书面形式，其标的物必须符合有关担保的法律规定，并且必须办理抵押物登记手续。欠缺这些条件之一的，不得在破产程序中享有别除权。

（2）债权和担保权符合企业破产法的规定。作为别除权根据和基础的债权和担保权，还必须符合企业破产法的有关规定。具体来说，有以下三项：①债权和担保权必须指向破产人及其财产。首先，该债权必须以破产人为债务人。其次，该担保权必须以破产人的财产为标的物。②债权和担保权必须成立于破产宣告以前。但是，在重整期间依据《企业破产法》第75条第2款的规定为继续营业借款而设定担保的，在重整程序转为破产清算程序后，该担保权仍得享受别除权的地位。同样地，管理人依据《企业破产法》第18条的规定为待履行合同的继续履行而提供的担保，以及管理人依据第37条的规定为取回质物、留置物而提供的替代担保，在破产宣告后亦享有别除权地位。③债权和担保权的成立不存在破产法上的无效或可撤销事由。

（3）债权已依法申报并获得确认。根据《企业破产法》第44条的规定，无论是有财产担保的债权还是无财产担保的债权，均应当依照破产法规定的程序行使权利。债权申报是债权人参加破产程序的必经手续。又根据《企业破产法》第58条的规定，已申报的债权应提交债权人会议核查并由人民法院确认。所以，未获确认的有担保债权，不享受别除权的地位。

3.别除权行使的方法。别除权人行使别除权，不受破产程序的约束。行使别除权的方法，依标的物的占有状态，分为两种情况：

（1）别除权人占有标的物的。按照法律规定，在动产质押的情况下，标的物应移交债权人占有；而留置则以债权人依合同占有标的物为前提。所以，在破产宣告时，质权人、留置权人是别除权标的物的实际占有人。他们行使别除权，可以不经管理人同意，而依《民法典》的有关规定，以标的物折价抵偿债务，或者就标的物拍卖、变卖所得价款优先受偿。

（2）别除权人未占有担保物的。在抵押的情况下，标的物不转移占有。所以，在破产宣告时，抵押权人不是别除权标的物的实际占有人。此时，管理人依照破产法的规定，取得对抵押物的合法占有。在这种情况下，抵押权人要行使别除权，必须向管理人主张权利，经管理人同意，取得对抵押物的占有，然后以抵押物折价抵偿债务，或者就抵押物拍卖、变卖所得价款优先受偿。

在权利质押的情况下，以交付权利凭证设立的质权，参照上述第一种方法行使别除权；以办理出质登记设立的质权，参照第二种方法行使别除权。

4.清偿余额和差额。别除权标的物折价或者拍卖、变卖后，其价款超过债权数额的部分，应当归入破产财产。其价款不足清偿全部债务的，不足清偿的部分作为破产债权，通过清算分配程序受偿。

5.别除权标的物的回赎。如果别除权标的物对破产企业的继续营业或者破产财产的整体变价具有重要意义，因而需要收回和列入破产财产，则管理人可以在被担保债权由该标的物所能实现的清偿范围内，提供相同数额的清偿或者替代担保，从而收回该标的物。

（1）《企业破产法》第110条规定，有财产担保的债权人放弃优先受偿权利的，其债权作为普通债权，依破产清算程序行使权利。这是破产法赋予别除权人的一种选择权。实践中，如果别除权标的物的变价十分困难或者费用很高，而破产分配的预期偿还率较高，债权人有可能放弃优先受偿权。在这种情况下，法律应当允许债权人放弃优先权。质权人、留置权人在放弃优先权时，应当及时返还其占有的担保物。

（2）《企业破产法》第37条规定，管理人可以通过清偿债务或者提供为债权人接受的担保，收回质物、留置物。这一规定有助于在充分保护别除权人合法权益的前提下，管理人通过收回方式使别除权标的物能够被用于继续营业或者破产财产整体变卖。考虑到标的物因种种原因而贬值的可能性，该条还规定，在别除权标的物的现时市价低于被担保的债权额时，为收回别除权标的物而提供的债务清偿或者替代担保，应当以该质物或者留置物在当时的市场价值为限。因为，这种清偿属于个别优先清偿，它是对债权人通过别除权标的物可能获得的清偿利益的补偿。显然，这种补偿不应超过债权人的可得清偿利益的范围。

四、破产财产变价

1.破产变价的概念

破产变价，是指管理人将非金钱的破产财产，通过合法方式加以出让，使之转化为金钱形态，以便于清算分配的过程。破产宣告后，管理人在接管破产财产以后，即应迅速着手进行破产变价的工作。

破产清算以金钱分配为原则，实物分配为例外，此为各国之通例。我国企业破产法也贯彻这一原则。破产变价是贯彻金钱分配原则的必要环节，也是制约金钱分配实施过程的主要因素。

作为金钱分配原则的例外，企业破产法允

许采用实物分配，这是为了避免因部分财产难以变现而拖延破产清算时间、增加破产费用而不得不采用的替代办法。在司法实践中，部分破产财产无法变现的情况比较常见，因而实物分配的做法较为普遍。但是，应当看到，由于实物的市场价值存在一定的变动性，加上实物估价过程存在一定的随意性，实物分配通常难以保持较高程度的公平。所以，破产清算应当尽可能地采用金钱分配。为此，需要做好破产变价的工作。

2.破产变价的方法

（1）破产财产估价。破产财产在变价前，有必要进行估价的，应当进行估价。破产财产的估价应当由具备合法资格的评估机构或评估师进行。对于房屋、土地使用权等重要财产的估价，应当由符合有关规定资格的评估人员，按照规定的程序进行。

对于不能变卖的实物进行折价分配的，一般也应当进行估价。实物为动产，并有可供参照的市场价格的，为节省时间和费用，也可以采取全体债权人协商定价的办法。协商定价时，除市场价格外，还要适当考虑财产的折旧、用途、市场供求等因素。

（2）破产变价方案。根据《企业破产法》第111条的规定，管理人进行破产变价，应当拟订破产变价方案，提交债权人会议讨论和表决。该方案经债权人会议表决未通过的，由人民法院裁定。管理人应当按照由债权人会议通过的或者在未通过时由人民法院裁定的破产变价方案，适时变价出售破产财产。

由于破产变价常常受到市场变化的影响，提交债权人会议的破产变价方案一般应是原则性的方案，其内容包括变价工作的组织、需要变卖的财产以及其中应予公开拍卖的财产、重要财产变价的程序等。一般来说，管理人在破产变价方案的范围内，对破产财产的处分应有一定的灵活处置权。这对于提高破产变价的效率和效益是必要的。鉴于存在这种灵活处置权，管理人实施破产变价时应当接受人民法院和债权人会议的监督。各债权人有权随时就破产变价情况向管理人提出询问、查阅有关材料和进行必要的调查。对于管理人员在破产变价过程中利用职权谋取私利和损害债权人利益者，人民法院应解除其职务并追究其法律责任。

（3）公开变卖原则。变卖破产财产，原则上应当公开进行。实践中，变卖破产财产可采用的形式通常有以下几种：

①拍卖。这是以公开竞价的方式出售破产财产的办法。这种办法的好处是可以通过出价者之间的竞争提高财产的售价。其缺点是出售程序较复杂，操作成本较高。所以，采用拍卖形式变价的破产财产，应该是那些价值较高并有多个购买者竞价可能的财产，如土地使用权、房屋、成套设备等。

②招标出售。招标形式类似于拍卖，且费用较低；但投标系不公开竞价，投标者不了解彼此的出价情况，故难以达到拍卖的竞价效果。

③标价出售。对零星财产，可以直接提出价格，寻求买主。其具体方式多样，如散发报价单、举办交易会、在公开市场陈列出售、个别联系买主等。标价出售可给予求购者议价机会。标价出售操作简单，费用较低，但不大容易获得最有利的售价。

根据《企业破产法》第112条的规定，以上三种方式中，一般应采用第一种。但是，债权人会议决议采用其他方式的，从其决议。但是，按照国家规定不能拍卖或者限制转让的财产，应当按照国家规定的方式处理。

（4）破产财产的整体变现。《企业破产法》第112条还规定，破产企业可以全部或者部分变价出售。企业变价出售时，可以将其中的无形资产和其他财产单独变价出售。所谓全部出售，主要包括两种情形：一是成套设备或生产线的出售；二是企业整体出售。成套设备是按照特定的技术目的和要求，依据一定的整体设计，由多种不同的技术装备组合而成的生产系统。而企业整体上不仅包括了生产系统，还包括了内部管理、市场销售、技术研发等系统。通常这些系统中都包含了专利、专有技术、商标、版权、商誉、客户网络、专家团队等各种各样的无形资产。一般来说，整体变卖的收入明显高于有形财产分别出售的收入。所以，在整体变卖时，可以对现有财产进行优化组合。在组合过程中，可以剥离出一部分有形财产或无形财产单独出售，也可以将现有财产分为若干整体分别出售。破产财产的整体变卖，通常应采用拍卖或招标的方式。实践中，破产财产整体变现可以作为企业重整的替代方式。它可以在保存营运价值和职工就业的情况下实现企业再生。不同于重整程序的是，在破产清算的情况下，企业法律人格消灭，其原有投资者丧失权益，收购者获得企业整体资产，其支付的对价用于对破产债权人清偿。

五、破产分配

1.破产分配的概念

破产分配，又称破产财产的分配，是指破产管理人将变价后的破产财产，根据符合法定顺序并经合法程序确定的分配方案，对全体破产债权人进行公平清偿的程序。破产分配标志着破产清算的完成。破产分配结束是破产程序终结的原因。

破产分配的概念包括以下要点：(1)破产分配由管理人负责实施。(2)破产分配以变价后的破产财产为标的。所谓变价后的破产财产，包括财产变现所得的现金和因不能变现而需要折价分配的实物、债权和投资权益。(3)破产分配根据符合法定顺序并经合法程序确定的分配方案进行。

2.破产清偿顺序

(1)请求权的顺序。根据《企业破产法》第113条的规定，破产财产在优先清偿破产费用和共益债务后，依照下列顺序清偿：①破产人所欠职工的工资和医疗、伤残补助、抚恤费用，所欠的应当划入职工个人账户的基本养老保险、基本医疗保险费用，以及法律、行政法规规定应当支付给职工的补偿金(第一顺序)；②破产人欠缴的除前项规定以外的社会保险费用和破产人所欠税款(第二顺序)；③普通破产债权(第三顺序)。

在计算第一顺序的债权分配时，破产企业的董事、监事和高级管理人员的工资按照该企业职工的平均工资计算。

(2)按顺序清偿的规则。企业破产法规定分配顺序的意义在于，依据一定的法律政策确定不同类别的请求权人的受偿顺序，使顺序在先的请求权人能够优先于顺序在后的请求权人获得清偿。为了实现这一目的，按顺序清偿必须遵守如下规则：①首先清偿在先顺序的债权。②在先顺序清偿完毕后，有剩余财产的，进行下一顺序的清偿。③对每一顺序的债权，破产财产足够清偿的，予以足额清偿；不足清偿的，按比例清偿。例如，清偿第二顺序债权后剩余的破产财产为10万元，第三顺序债权总额为100万元，则按每10元债权偿付1元的比例进行清偿。④按比例分配后，无论是否有未获分配的下一顺序债权，破产分配均告结束。例如，在清偿第一顺序债权后，剩余财产不足清偿第二顺序债权，则第二顺序债权按比例清偿后，结束破产分配。

3.破产分配方案

(1)破产分配方案的制备。破产分配方案是载明破产财产如何用于破产分配和各破产债权人如何获得破产分配的书面文件。从本质上讲，破产分配方案是全体破产债权人就集体清偿达成的共同意志。管理人应当按照这一意志，实现清算分配。

破产分配方案的制备，由管理人负责进行。管理人在接管破产财产后，应当尽快完成破产财产的清理和估价，并从速制备破产分配方案，以便债权人会议及时讨论通过和付诸执行。

破产分配方案应当载明下列事项：参加破产分配的债权人名称或者姓名、住所；参加破产分配的债权额；可供分配的破产财产数额；破产分配的顺序、比例及数额；实施破产分配的方法。

(2)破产分配方案的通过。破产宣告后，管理人应当及时拟订破产财产分配方案，提交债权人会议讨论。在债权人会议讨论时，如果个别债权人认为分配方案的记载事项有错误，可以要求更正。债权人会议通过破产财产分配方案的决议，由出席会议的有表决权的债权人的过半数通过，并且其所代表的债权额必须占无财产担保债权总额的1/2以上。该决议经债权人会议二次表决仍未通过的，由人民法院裁定。

经债权人会议通过的分配方案，须报请人

民法院裁定认可后，方可执行。人民法院认为分配方案符合法律规定并且无损害债权人利益的情事的，应当裁定认可。

债权人认为债权人会议的决议违反法律规定，损害其利益的，可以自债权人会议作出决议之日起15日内，请求人民法院裁定撤销该决议，责令债权人会议依法重新作出决议。

对于债权人会议通过的破产分配方案，已申报的债权人有异议的，可以在债权人会议作出决议后的7日内提请人民法院裁定。人民法院认为分配方案有错误的，可以要求管理人予以变更。管理人应将变更意见提交债权人会议批准后，报请人民法院裁定认可。

（3）破产分配方案的执行。破产分配方案由管理人执行。管理人应于人民法院裁定认可分配方案后，及时通知应接受分配的债权人限期到指定的地点领取分配。逾期不领取的，可以提存。现金分配的，债权人应提供注明其具体地址、开户银行账号的证明，由管理人直接将分配款项汇入债权人指定的银行账户。债权人领取分配财产的费用（包括汇款费用、差旅费等）应当由其自行负担。

破产分配既可以一次分配，也可以多次分配。破产财产分配方案采用多次分配的，管理人进行分配时，应当公告本次分配的财产额和债权额。管理人实施最后分配的，应当在公告中指明，并载明对于附条件债权的提存额的分配事项。

4.破产分配额的提存

破产分配额的提存是指管理人在执行破产分配时因为存在某种法律上或事实上的障碍，依法将给付标的物交给提存机关或者人民法院指定的机构，以留待进一步处理的制度。具体来说，有以下三种情况：

一是附条件债权的提存。对于附生效条件或者解除条件的债权，管理人应当将其分配额提存。由此提存的分配额，在最后分配公告日，生效条件未成就或者解除条件成就的，应当分配给其他债权人；生效条件成就或者解除条件未成就的，应当交付债权人。

二是未受领分配额的提存。对于债权人未受领的破产财产分配额，管理人应当提存。债权人自最后分配公告之日起满2个月仍不领取的，视为放弃受领分配的权利，管理人或者人民法院应当将提存的分配额分配给其他债权人。

三是诉讼未决债权的提存。破产财产分配时，对于诉讼或者仲裁未决的债权，管理人应当将其分配额提存。自破产程序终结之日起满2年仍不能受领分配的，人民法院应当将提存的分配额分配给其他债权人。

六、破产程序终结

（一）终结的事由

1.破产程序终结的概念。破产程序的终结，是指破产程序不可逆转地归于结束。破产程序的终结，既可能意味着破产程序预期目标的实现，也可能意味着预期目标的不能实现。

根据《企业破产法》的规定，破产程序的终结事由有：（1）重整计划执行完毕（第94条）；（2）人民法院裁定认可和解协议（第98条）；（3）债务人有不予宣告破产的法定事由（第108条）；（4）债务人财产不足以清偿破产费用（第43条）；（5）破产人无财产可供分配（第120条第1款）；（6）破产财产分配完毕（第120条第2款）。

2.破产程序终结的种类。以上六种事由中，前三种发生于破产宣告前，第四种可以发生在破产程序期间的任何时候，最后两种发生于破产宣告后。其中，依前三种事由终结破产程序的，除和解协议规定企业自愿解散的外，债务人的法律人格不消灭，因而无须办理企业注销登记。依后三种事由终结破产程序的，债务人的法律人格消灭，因而必须办理企业注销登记。所以，破产程序终结可以分为两类：维持债务人法律人格的程序终结和消灭债务人法律人格的程序终结。

（二）消灭债务人法律人格的程序终结

1.终结裁定。有上述后三种事由即债务人财产不足以清偿破产费用、破产人无财产可供分配或者破产财产分配完毕的，管理人有义务提请人民法院裁定终结破产程序。人民法院应当自收到管理人终结破产程序的请求之日起15日内作出是否终结破产程序的裁定。如果管理人不履行或者不能履行提请终结的义务，人民法院可以依职权裁定程序终结。终结破产程序的裁定，应当予以公告。

破产宣告时的终结，通常由人民法院依职权裁定。人民法院在破产宣告时，已经发现破产财产不足清偿破产费用的，应当同时裁定宣告破产和终结破产程序。这种情况称为“同时终结”。同时终结也可以由债务人提请人民法院裁定。

2.终结后的有关事项。破产程序终结后的有关事项，按以下规则处理：

（1）办理注销登记。管理人应当自破产程序终结之日起10日内，持人民法院终结破产程序的裁定，向破产人的原登记机关办理注销登记。注销登记的意义是破产企业的法律人格归于消灭。管理人在办理注销登记时，应当提交人民法院宣告破产和终结破产程序的裁定书、人民法院指定管理人的决定书、破产企业的营业执照、公章以及工商管理部门要求的其他文件。

在人民法院依职权裁定终结的情况下，终结后的有关法律事务，如企业注销登记，由人民法院或者人民法院委托的人员办理；由此发生的费用，管理人未提请终结有过失的，由管理人承担。

（2）管理人职务终止。管理人于办理注销登记完毕的次日终止执行职务。但是，存在诉讼或者仲裁未决情况的除外。

（3）连带债务的存续。破产人的保证人和其他连带债务人，在破产程序终结后，对债权人依照破产清算程序未受清偿的债权，依法继续承担清偿责任。

（4）新发现财产与追加分配。破产程序终结后新发现破产人有应当供分配的财产的，按照追加分配程序办理。

（5）其他事务。破产程序终结后的其他事务，如收回国有土地使用权、安置企业职工等，由地方政府有关部门办理。

七、追加分配

1.追加分配的概念。追加分配是在破产分配完成，破产程序终结以后，对于新发现的属于破产人而可用于破产分配的财产，由人民法院按照破产程序的有关规则对尚未获得满足的破产请求权进行清偿的补充性程序。

追加分配具有如下特点：（1）用于追加分配的财产，是破产程序终结后新发现的财产；（2）追加分配的对象是未获得满足的破产债权；（3）追加分配受法定除斥期间的限制；（4）追加分配由法院负责实施；（5）追加分配的方案应符合破产清算的有关规定。

2.追加分配的财产范围。用于追加分配的财产，主要包括以下两类：（1）依据《企业破产法》第31～33条、第36条规定追回的财产，如破产人隐匿、转移的财产或者无偿转让的财产，第三人因破产人虚构债务或者承认不真实的债务、以明显不合理的价格压价出售财产、提供新担保、提前清偿未到期债务或者放弃债权而获得的不当收益，债权人接受不正当个别清偿的所得，债务人的董事、监事和高级管理人员利用职权从企业获取的非正常收入或者侵占的企业财产。（2）破产程序终结后收回的属于破产人的其他财产，如有关部门发还的被盗财产，破产程序中因纠正错误支出收回的款项，因权利被确认而追回的财产，债权人放弃的财产和破产程序终结后实现的债权、物上请求权等财产权利。

对破产程序终结后发现的破产财产，可以由破产人的上级主管部门或者投资权人追回后，交人民法院分配，也可以由破产债权人直接请求受理原破产案件的人民法院予以追回后进行分配。

3.追加分配的除斥期间。追加分配的除斥期间，是破产程序终结后连续计算的不能中断和不能延长的固定期间。在此期间内发现符合上述规定的财产的，应当予以追回并进行追加分配。按照破产法的规定，追加分配的除斥期间为2年。此期间的起算点有两种：一是因债务人财产不足以清偿破产费用，破产程序依照《企业破产法》第43条的规定终结之日；二是因破产人无财产可供分配，破产程序依照《企业破产法》第120条的规定终结之日。

4.追加分配的通知和公告。对有权参加分配的债权人应当通知，并对追加分配的时间和金额进行公告。未收到通知的债权人，认为自己有权参加追加分配的，可以向人民法院提出请求。

5.追加分配的方案。追加分配应依照破产法规定的顺序进行清偿。已经在清算分配中获得满足的顺位，不得参加追加分配。尚未获得完全清偿的请求权属于不同顺位的，应首先清偿在先顺位的请求权。同一顺位的请求权不能全部满足的，按比例清偿。实践中，可以根据最后分配的方案，确定应接受追加分配的债权人名单。

6.小额财产的归属。进行追加分配总是需要一定的人员和费用。没有必要以较多的人力和费用分配较少的财产。所以，如果追回财产的数额较小，不足以支付分配费用的，则不再进行追加分配，由人民法院上缴国库。

第十节　法律责任

一、破产法律责任的意义

破产法律责任是为维护破产法律秩序，遏制破产违法行为而由法律设立的制裁机制。所谓破产法律秩序，是指破产法所要求和保障的公平清偿秩序、权利保障秩序和其他社会经济秩序。所谓破产违法行为，是指妨害公平清偿，损害当事人尤其是债权人合法权益和妨碍社会经济秩序的行为。对破产违法行为的制裁，包括程序上的强制措施和刑事处罚，在企业破产法的历史上由来已久。现代各国的立法的趋势，是强化对破产违法行为的制裁，无论有关的制裁条款是规定在破产法之内还是破产法之外。

二、债务人的法律责任

1.管理层造成企业破产的法律责任。为了强化对造成企业破产有过错的高管人员的责任追究，《企业破产法》第125条规定，企业董事、监事或者高级管理人员违反忠实义务、勤勉义务，致使所在企业破产的，依法承担民事责任。同时规定，此类人员自破产程序终结之日起3年内不得担任任何企业的董事、监事、高级管理人员。其中后一项规定为资格限制责任，是民事特别法对于自然人身份权的特别限制。

2.违反破产程序义务的法律责任。为了督促债务人的有关人员切实履行《企业破产法》第15条规定的相关义务，第126条规定，有义务列席债权人会议的债务人的有关人员，经人民法院传唤，无正当理由拒不列席债权人会议的，人民法院可以拘传，并可处以罚款。债务人的有关人员违反破产法规定，拒不陈述、回答，或者作虚假陈述、回答的，人民法院可处以罚款。第127条规定，债务人违反企业破产法规定，拒不向人民法院提交或者提交不真实的财产状况说明、债务清册、债权清册、有关财务会计报告以及职工工资的支付情况和社会保险费用的缴纳情况的，人民法院可以对直接责任人员依法处以罚款。债务人违反破产法规定，拒不向管理人移交财产、印章和账簿、文书等资料的，或者伪造、销毁有关财产证据材料而使财产状况不明的，人民法院可以对直接责任人员依法处以罚款。第129条规定，债务人的有关人员违反破产法规定，擅自离开住所地的，人民法院可予以训诫、拘留，可以依法并处罚款。

3.欺诈破产行为的法律责任。为了遏制各种欺诈破产行为，《企业破产法》第128条规定，债务人有《企业破产法》第31～33条规定的行为，损害债权人利益的，债务人的法定代表人和其他直接责任人员依法承担赔偿责任。

三、管理人的法律责任

为了规范管理人的行为，维护破产管理的公正和效率，《企业破产法》第130条规定，管理人未依照破产法规定勤勉尽责，忠实执行职务的，人民法院可以依法处以罚款；给债权人、债务人或者第三人造成损失的，依法承担赔偿责任。

四、刑事责任

以上规定的制裁措施，属于民事责任和司

法强制措施。除此之外，行为人情节严重，构成犯罪的，依照《企业破产法》第131条的规定，还应当依法追究刑事责任。据此，债务人及其有关人员实施破产违法行为，或者管理人在执行职务时有违法行为，构成犯罪的，应当依据刑法规定，按照相应罪名予以追究。在审理破产案件中，人民法院发现有关人员涉嫌犯罪的，应当将相关情况和材料移送负责相关犯罪侦查工作的国家机关处理。

第十一节 特殊规定

一、金融机构破产的特殊规定

一般来讲，商业银行、证券公司、保险公司等金融机构应该适用企业破产法所规定的程序。但由于这类金融机构的资产分为自有资产和客户资产两部分，破产时需要对其客户资金的保护作出专门规定，同时由于这类机构破产时涉及人数众多，社会敏感度较高，对金融机构启动重整或破产清算程序需由国务院金融监督管理机构向人民法院提出申请。为了建立金融机构破产的法律机制，《企业破产法》第134条规定，对于金融机构的破产，国务院可以依据有关法律的规定制定实施办法。这里所说的“有关法律的规定”，主要包括《商业银行法》第71条和《保险法》第90、91条。对于证券公司的破产，证券法尚无特别规定。目前已经出台的涉及金融机构破产的行政法规，主要有《存款保险条例》《外资银行管理条例》《保险保障基金管理办法》《证券公司风险处置条例》。

金融机构破产，有关法律和行政法规无特别规定的事项，适用破产法的一般规定。

二、非法人组织破产的特殊规定

《企业破产法》第135条规定，其他法律规定企业法人以外的组织的清算，属于破产清算的，参照适用本法规定的程序。这里的“企业法人以外的组织”，按照《民法典》的分类，应包括非营利法人、特别法人和非法人组织。

1.非营利法人。《民法典》第87条规定，非营利法人包括事业单位、社会团体、基金会、社会服务机构等。《民办教育促进法》第58条规定，民办学校因资不抵债无法继续办学而被终止的，由人民法院组织清算。人民法院组织民办学校破产清算，参照适用《企业破产法》规定的程序，并依照《民办教育促进法》第59条规定的顺序清偿。

2.特别法人。《民法典》第96条规定，机关法人、农村集体经济组织法人、城镇农村的合作经济组织法人、基层群众性自治组织法人，为特别法人。《农民专业合作社法》第55条规定，农民专业合作社破产适用《企业破产法》的有关规定；但是，破产财产在清偿破产费用和共益债务后，应当优先清偿破产前与农民成员已发生交易但尚未结清的款项。

3.非法人组织。《民法典》第102条规定，非法人组织包括个人独资企业、合伙企业、不具有法人资格的专业服务机构等。非法人组织的合伙人、出资人或者其他形式的创办人，应对该企业或组织的对外债务承担无限连带责任。这些企业破产，必然会引发这些自然人的个人破产问题，但目前我国尚未出台个人破产法。这意味着，在其他法律有规定的情况下，该企业或组织仍可参照适用破产法规定的破产程序，但对相关自然人仅可通过民事诉讼和执行程序个别追索。例如，《合伙企业法》第92条规定，“合伙企业不能清偿到期债务的，债权人可以依法向人民法院提出破产清算申请”，说明合伙企业已进入破产程序的适用范围。2012年12月10日最高人民法院以批复规定，在个人独资企业不能清偿到期债务，并且资产不足以清偿全部债务或者明显缺乏清偿能力的情况下，可以参照《企业破产法》规定的破产清算程序进行清算；清算程序终结后，企业的债权人仍然可以就其未获清偿的部分向投资人主张权利。

【本章主要法律规定】

1.《企业破产法》

2.最高人民法院《关于适用〈中华人民共和国企业破产法〉若干问题的规定(一)》

3.最高人民法院《关于适用〈中华人民共和国企业破产法〉若干问题的规定(二)》

4.最高人民法院《关于适用〈中华人民共和国企业破产法〉若干问题的规定(三)》

本章重点、难点与疑点辨析

学习本章时,可以重点把握以下三条线索。

(一)再建与清算

从立法宗旨看,本法属于再建主义的立法。所谓再建主义,就是以企业拯救的方式处理债务,即"救治病马",将债权人的清偿利益寄托于"活马价值"(营运价值)。与此相对的是清算主义,就是以变卖企业财产的方式处理债务,即"杀马分肉",将债权人的清偿利益寄托于"马肉价值"(清算价值)。这就是重整、和解等再建程序与清算程序的差别。当然,"救治病马"有成本和风险,而"病入膏肓"的"病马"通常不值得救治,此外还要防止"死马当活马医"的滥用现象。所以,清算程序不可或缺。而且,在重整谈判中,清算价值是当事人确定让步边界的重要依据。学习本章时把握重整、和解与清算之间的程序转换规则,其意义正在于此。

本法各程序间的关系可以用图5-1表示。

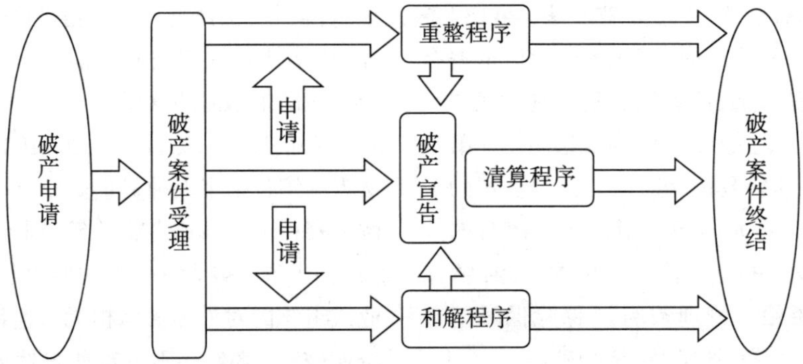

图5-1　破产法各程序间的关系流程

理解这套流程,首先要注意两个程序节点。

第一个程序节点是破产案件受理,即法院裁定受理破产申请。自此时起,债务人财产和行为、债权人的权利行使以及相关的法律程序都受到破产程序的约束。债务人财产被接管,并禁止对债权人个别清偿;债权人禁止个别行使权利,只能通过债权申报加入集体清偿;对债务人的诉讼和执行程序被中止,财产保全被解除。同时,法院任命管理人接管债务人的财产和事务,履行各项法定职责。对于受理前成立的待履行合同,管理人有解除或继续履行的选择权。

第二个程序节点是破产宣告。在案件受理后至破产宣告前,被申请破产清算的债务人有机会通过申请重整或和解来寻求拯救。破产宣告后,案件无可逆转地进入破产清算。债务人被冠以破产人之名,其信用丧失殆尽;债务人财产成为破产财产,变现后用于清偿破产债权;清算程序终结,破产人的法律人格归于消灭。不过,将破产财产作为一个营业实体整体变现的做法,可以被理解为"投资者出局"式的企业重整。

其次要注意的是,三种程序中,重整是本章的学习重点。重整程序是典型的再建型破产程序。

重整制度由营业保护和重整计划两部分组成。营业保护的目的是维持企业的生存状态和营运价值。继续营业可以由债务人在管理人监督下自行管理，也可以由管理人管理（可以聘任债务人的经营人员负责具体事务）。谁主持营业，谁负责在法定期限内提交重整计划。重整计划的制度目的是通过多方协商（包括引进投资者）形成企业拯救与债务清理相结合的综合性方案。其程序包括计划制备和表决批准两个环节。重整计划批准后的执行阶段仍属于破产程序。

和解程序可以被理解为一种简易的重整程序，其设计采用要约与承诺的合同法原理。债务人提出和解协议草案作为要约，债权人会议决议通过作为承诺。协议达成后经法院批准，程序即告终结。程序终结后债务人不能履行和解协议的，将面临直接破产清算。

破产清偿的顺序清偿和比例清偿两大原则，为所有破产程序所遵循。破产清算程序包括破产变价和破产分配两个环节，其方案由债权人会议决定，管理人负责实施。

（二）实体和程序

破产程序中的实体权利是指债权、物权、知识产权等民法上的财产权。破产程序不创造实体权利，也不消灭实体权利。破产法上的实体权利，实际上是民法财产权在程序中的待遇。所谓待遇，就是这些权利在程序中的行使方法。例如，债权分为担保债权和无担保债权。在破产程序中，前者享有别除权地位，在破产清算时有权就担保财产个别优先受偿，后者只能参加集体受偿。无担保债权中又有一些优先债权，如共益债权、职工债权、税收债权，它们都享有先于普通债权受偿的地位。这些特殊待遇属于集体清偿原则的例外，是立法者基于政策考量而慎重决定的。又如，债务人占有的他人财产的权利人的返还请求权在破产程序中体现为取回权。关于这些权利的界定和行使规则，是企业破产法学习者需要掌握的。

企业破产法也不改变实体权利的性质和内容。所以，不同债权的申报，有不同的特殊规定。这些是需要细加留意的。例如，连带债权特别是保证债权涉及案外的连带债务人，债务人与第三人有连带责任关系时存在追偿权问题，理解起来比较困难。读者在学习法律和司法解释的相关规定时，需要运用民法知识，方能化难为易。

债权人申报债权后享有的程序权利主要包括表决权、知情权、异议权和异议诉权。以平等对待和透明度为评价尺度的程序制度，是权利实现的保障。

（三）个体与集体

债权集体清偿是破产法的一项基本原则。集体清偿是实现公平清偿的前提。为了实现集体清偿，破产法规定了债权行使方法的一系列规则。其中也包括对债权清偿条件的必要调整。例如，程序开始后，附利息债权一律停止计息，未到期债权视为已到期，抵销的限制性规定等。债权人行使权利的最主要场合是债权人会议。当然，个别债权人可以为自己或者债权人集体的利益向债权人会议、管理人或者法院表达意见或诉求。债权人自治是债权人会议制度的根本原则；关系债权人利益的一系列重大问题要由债权人通过多数决方式集体决定。债权人会议及其债权人委员会对管理人实施监督，享有对管理人的更换申请权和损害赔偿请求权。但是，破产法也承认债权人在集体程序下的个体保护需求。除了债权申报、抵销、特定情况下提前实现担保权等自益行为外，个别债权人对债权人会议决议提出异议的权利也受到尊重。

为了维护集体清偿和公平清偿的秩序，必须遏制债务人和个别债权人的各种欺诈性、偏颇性交易行为。破产法赋予管理人撤销权和追回权，并且规定了破产违法行为的法律责任。企业破产法也是有“牙齿”的。

有序和有效的破产程序是制度理性和实践智慧的结晶。唯有在理解上融会贯通，方能在运用中游刃有余。

第六章
票据法

本章导读

票据是“商业货币”，在理解票据法各项制度时，对比为保证一般等价物的流通法律所设定的各项制度，就能够比较容易地理解票据行为的无因性、文义性和独立性，也能更好地理解票据抗辩切断等制度。总之，当对票据法中的制度规定与民法中的各项制度的差异感到不好理解时，从保证票据像一般等价物一样在商事交易中流通的角度，看待票据法中的各项制度，就能够豁然开朗。

票据作为“有价证券之母”，集中体现了有价证券的质的规定性。票据的汇兑功能在国际结算中仍发挥作用；而其所具有的信用功能作为其核心功能，在企业融资中发挥越来越重要的作用，目前大量的票据纠纷都是因票据融资而起。学习票据法必须理解票据法中的各项制度都是为了保证票据的流通性，保证票据信用的实现。

本章应理解和熟悉票据的特征、票据权利的善意取得、票据权利的消灭事由、各种票据权利瑕疵的内涵与法律效果、票据抗辩的具体事由与抗辩切断的情形、公示催告程序、汇票的法定记载事项与未记载事项的认定、汇票出票的效力、汇票背书转让的效力、限制背书、汇票质押的法律效果、汇票承兑的原则与程序、汇票保证的成立与法律效力、汇票追索权的行使。

第一节　票据法概述

一、票据概述

（一）票据的概念

票据是指由出票人签发的、约定由自己或委托他人于见票时或票据所载日期，向持票人或收款人无条件支付一定金额的有价证券。我国票据法上的票据仅指汇票、本票和支票。

（二）票据的特征

1.票据是无因证券。票据上的法律关系是一种单纯的金钱支付关系，权利人享有票据权利只以持有符合票据法规定的有效票据为必要。至于票据赖以发生的原因则在所不问。即使原因关系无效或有瑕疵，也不影响票据的效力。所以，票据权利人在行使票据权利时，无须证明给付原因，票据债务人也不得以原因关系对抗善意第三人。例如，出票人A基于和收款人B之间的买卖关系，向B签发汇票，B又基于和C之间的借贷关系，将该汇票背书转让给C，则C在请求付款时，无须证明A、B间的买卖关系及B、C间借贷关系的存在，即使A、B间的买卖关系不存在了，或有瑕疵，C亦可以背书连续的票据，当然地行使票据权利。这就是票据的无因性。

2.票据是要式证券。票据法律法规严格地规定了票据的制作格式和记载事项。不按票据法及相关法规的规定进行票据事项的记载，就会影响票据的效力甚至会导致票据的无效。此外，在票据上所为的一切行为，如出票、背书、承兑、保证、付款、追索等，也必须严格按照票据法规定的程序和方式进行，否则无效。这就是票据的要式性。

3.票据是文义证券。票据上所载权利义务的内容必须严格按照票据上所载文义确定；不允许依据票据记载以外的事实，对行为人的意思，作出与票据所载文义相反的解释，或者对票据所载文义进行补充或变更。即使票据的书面记载内容与票据的事实相悖，也必须以该记载事项为准。例如，当票据上记载的出票日与实际出票日不一致时，必须以票据上记载的出票日为准。这就是票据的文义性。

4.票据是设权证券。票据权利的产生必须首先做成证券。在票据做成之前，票据权利是不存在的。票据权利是随着票据的做成同时发生的。没有票据，就没有票据权利。这就是票据的设权性。

5.票据是流通证券。票据的一个基本功能就是流通。它较民法上的一般财产，流通方式更加迅捷简便。票据上的权利，经背书或单纯交付即可让与他人，无须依民法有关债权让与的有关规定。一般说来，无记名票据，可依单纯交付而转让；记名票据，须经背书交付才能转让。这就是票据的流通性。

（三）票据的种类

各国票据立法对票据的种类均采法定主义，由票据法对票据的种类作出明确的、封闭性的规定，不允许有法律规定以外的票据存在。根据我国《票据法》第2条第2款的规定，我国票据法上的票据，分为汇票、本票和支票三种。

（四）票据的功能

1.汇兑功能。这是票据的原始功能。从票据的最早起源来看，正是“汇”和“兑”的需要孕育了票据这一具有重大社会意义的事物。而在现代社会经济生活中，异地转移金钱的需要，使得票据的汇兑功能仍发挥着巨大的作用。特别是现代国际贸易，绝大多数是利用票据的汇兑功能，进行国际结算，以减少现金的往返运送，从而避免风险、节约费用。

2.支付功能。票据最简单、最基本的作用就是作为支付手段，代替现金的使用。用票据代替现金作为支付工具，既可以避免携带大量现金的不安全性，又可以避免清点现钞可能产生的错误和所花费的时间。以票据作为商品交换活动中的主要支付手段，既是商品经济发展的需要，也是商品经济发展到较高阶段的表现。

3.信用功能。这是票据的核心功能。现代

商品交易中，信用交易是大量存在的。卖方通常不能在交付货物的同时，获得价金的支付。如果这时买方向卖方签发票据，就可以将挂账信用转化为票据信用，把一般债权转化为票据债权，使权利外观明确、清偿时间确定、转让手续简便，以获得更大的资金效益。同时，贴现制度的存在又使持票人可以提前将票据转化为现金，将商业信用进一步转化为银行信用。票据的信用功能已成为票据最主要的功能，在商品经济发展中发挥着巨大的作用。

4.结算功能，又叫债务抵销功能。简单的结算就是互有债务的双方当事人各签发一张票据给对方，待两张票据都届到期日即可抵销债务，差额部分，仅一方以现金支付。复杂的结算是通过票据交换制度完成的。通过票据交换所，将到期票据相互抵销。

5.融资功能，就是利用票据筹集、融通或调度资金。这一功能主要是通过票据贴现完成的。即通过对未到期票据的买卖，使持有未到期票据的持票人通过出售票据获得现金。一般来说，各国的商业银行均经营票据的贴现业务，中央银行则经营票据的再贴现业务。银行经营贴现业务的目的就是向需要资金的企业提供资金。

二、票据法概述

（一）票据法的概念

广义的票据法是指调整票据关系以及与票据关系有关的其他社会关系的法律规范，既包括专门的票据法律、法规，也包括其他法律、法规中有关票据的规范。一般意义上所说的票据法是指狭义的票据法，即专门的票据法规范，它是规定票据的种类、形式和内容，明确票据当事人之间的权利义务，调整因票据而发生的各种社会关系的法律规范。票据法的性质属于私法，是传统商法的重要组成部分。

（二）票据法的特征

1.票据法具有强行性。由于票据具有较强的流通性，不仅涉及直接进行票据授受的特定当事人，而且涉及经票据流通间接取得票据而加入票据关系的不特定第三人。所以，票据关系的设定、变更或消灭，均以法律的规定为行为准则。票据的内容由法律直接规定，不允许当事人加以变更；除法律另有规定的以外，一般也不承认当事人约定的优先效力。票据法首先规定了票据只有三种——汇票、本票和支票，除此之外，任何银行、单位和个人不得创设新的票据形式；其次，票据是严格的要式证券，票据行为也是严格的要式行为。违反法定方式的票据及票据行为一律无效。

2.票据法具有技术性。票据是作为金钱支付和运用手段而创造出来的，必须具有严密而精巧的技术解决方法。票据法中的许多规定，如票据形式的严格规定、关于票据行为无因性的规定、背书连续的规定、抗辩切断的规定以及付款责任的规定等，都是为了保证票据使用的安全、确保票据的流通和付款，从方便合理的角度出发，由立法者专门设计出来的，而不是基于一般的道德理念，或者遵循一般的法律原则而规定的。就这一点来说，票据法类似于交通法规，具有较强的技术性。

3.票据法具有国际统一性。票据的产生，就始于国际贸易。而国际贸易的不断扩大，更使各国间票据法的统一成为一种需要。目前，不少国家的票据法正逐步趋于统一，国际社会也在谋求票据法的统一。

国际票据法的统一先后经历了海牙统一票据法、日内瓦统一票据法和联合国统一票据法三个发展阶段。最具代表意义、影响最大的是1930年和1931年日内瓦统一票据法，包括《统一汇票本票法公约》《解决汇票本票法律冲突公约》《汇票本票印花税法公约》《统一支票法公约》《解决支票法律冲突公约》《支票印花税法公约》。这些公约是相互独立的，各国可分别加入。

1988年，联合国第43次大会上通过的《汇票本票公约》，虽考虑了日内瓦统一票据法和英美票据法的差异，但并不试图加以调和。而仅着眼于解决国际贸易中汇票、本票使用上的不便，其适用范围仅限于“作为国际贸易结算手段”而使用的“国际票据”，并且该票据也不具有强制适用的效力，而是由出票人或者承兑人选择是否适用。

三、票据法上的法律关系

票据法上的法律关系包括票据关系和票据法上的非票据关系。

（一）票据关系

票据关系是指票据当事人基于票据行为而发生的债权债务关系。其中，票据的持有人（持票人）享有票据权利，对于在票据上签名的人可以主张行使票据法规定的一切权利；在票据上签名的票据债务人负担票据义务，即依自己在票据上的签名按照票据上记载的文义，承担相应的义务。

（二）票据法上的非票据关系

票据法上的非票据关系指由票据法直接规定的、不是基于票据行为而发生的法律关系。它与票据关系的不同之处在于：第一，票据关系是由当事人的票据行为而发生的；非票据关系是直接由法律的规定而发生的。第二，票据关系的内容是票据权利义务关系，它与票据紧密相连，权利人行使权利以持有票据为必要；而非票据关系则不需要。非票据关系也称票据基础关系，包括以下三种类型：

1.原因关系，是指票据当事人之间授受票据的理由，如出票人与收款人之间签发和接受票据的理由、背书人和被背书人之间转让票据的理由。

依照票据法的规定，原因关系只存在于授受票据的直接当事人之间，票据一经转让，其原因关系对票据效力的影响力即被切断。

2.票据预约关系，是指票据当事人在授受票据之前，就票据的种类、金额、到期日、付款地等事项达成协议而产生的法律关系，即当事人之间就授受票据的合同所产生的法律关系。它实际上是沟通票据原因和票据行为的桥梁。但该合同仅为民事合同，当事人不履行票据预约合同所产生的权利义务仅构成民法上的债务不履行，不属于票据法规范的对象。

3.资金关系，是指汇票出票人和付款人、支票出票人与付款银行或其他资金义务人所发生的法律关系，即出票人之所以委托付款人进行付款的原因。一般来说，资金关系的存在或有效与否，均不影响票据的效力。出票人不得以已向付款人提供资金为由拒绝履行其追索义务；付款人也不因得到资金而当然地成为票据债务人。作为汇票来说，付款人的承兑行为才是其承担票据债务的法定条件。

四、票据关系的当事人

（一）票据关系的基本当事人

票据关系的基本当事人是指票据一经成立即已存在的当事人，包括出票人、收款人、付款人。他们是构成票据法律关系的必要主体：基本当事人在票据形式上不存在或不完全，票据法律关系就不能成立，票据也就无效。

（二）票据关系的非基本当事人

票据关系的非基本当事人指票据已经成立，通过各种票据行为而加入票据关系中的当事人，如背书人、保证人、参加付款人、预备付款人等。非基本当事人并不是任何票据都存在的，一般来说，票据债务人为非基本当事人时，在票据法律关系中所承担的义务也较基本当事人承担的义务轻，仅为副票据义务或辅助的票据义务。

五、涉外票据的法律适用

（一）涉外票据的概念

涉外票据是指在票据关系上具有一定涉外因素的票据。它通常在地域上或当事人上涉及两个或两个以上的国家，也可以称为国际票据。我国票据法明确规定，涉外票据是指出票、背书、承兑、保证、付款等行为中，既有发生在我国境内又有发生在我国境外的票据。

（二）涉外票据的准据法

我国票据法根据通常的法律冲突的处理原则，对涉外票据在当事人的行为能力、票据行为方式以及票据权利行使与保全等方面发生法律冲突时，分别规定了相应的准据法。

1.关于当事人的行为能力。我国票据法明确规定票据债务人的民事行为能力，适用其本国法律。而如果依其本国法律为无民事行为能力或限制民事行为能力而依照行为地法律为完全民事行为能力的，适用行为地法律。

2.关于票据的行为方式。我国票据法明确规定汇票、本票出票时的记载事项，适用出票地法律；支票出票时的记载事项，适用出票地法律，经当事人协议，也可以适用付款地法律；背书、承兑、付款和保证行为，适用行为地法律。

3.关于票据权利的行使与保全。我国票据法明确规定票据追索权的行使期限，适用出票地法律；票据的提示期限、有关拒绝证明的方式、出具拒绝证明的期限，适用付款地法律；票据丧失时，失票人请求保全票据权利的程序，适用付款地法律。

第二节　票据权利和票据行为

一、票据权利

（一）票据权利概述

1.票据权利的概念和种类

（1）票据权利的概念。票据权利，是指持票人向票据债务人请求支付票据金额的权利，包括付款请求权和追索权。

（2）票据权利的种类。

第一，付款请求权。这是指持票人对主债务人所享有的、依票据而请求支付票据所载金额的权利。付款请求权是第一次请求权，具有主票据权利的性质，持票人必须首先向主债务人行使第一次请求权，而不能越过他直接行使追索权。

第二，追索权。这是指在付款请求权未能实现时发生的、持票人对从债务人所享有的、请求偿还票据所载金额及其他有关金额的权利。追索权的行使以持票人第一次请求权未能实现为前提，相对于付款请求权来说，是副次性权利。

2.票据权利的特征

（1）票据权利是一种金钱债权。它是要求票据债务人为一定行为的请求权，其权利的内容为一定数量的货币。

（2）票据权利是证券性权利。票据权利一经发生，就同作为证券的票据本身合而为一，只有取得证券，才能取得票据权利；也只有依据证券，才能行使票据权利。所以票据权利的移转，要求必须伴随票据的交付。

（3）票据权利是一种二重性权利。票据权利人首先可以向票据主债务人或其他付款义务人行使付款请求权；在付款请求权未能实现时，可以向付款人以外的其他票据债务人行使追索权。

（二）票据权利的取得

1.票据权利的原始取得

（1）概念。票据权利的原始取得，是指持票人不经其他任何前手权利人，而最初取得票据权利，包括发行取得和善意取得。

（2）发行取得。这是指权利人依出票人的出票行为，而原始取得票据权利。它是票据权利最主要的原始取得方式，也是其他取得方式的基础；没有票据权利的发行取得，其他取得方式就无从谈起。

（3）善意取得。这是指票据受让人依票据法规定的转让方式，善意地从无处分权人处取得票据，从而取得票据权利。票据权利的善意取得必须符合以下构成要件：①必须是从无权利人处取得票据。因为如果其前手为有权利人，受让人当然取得票据权利，无适用善意取得的必要。②必须是依票据法规定的票据转让方式取得票据。根据我国票据法的规定，受让人必须依背书方式取得票据，并且能够以背书连续证明自己为合法持票人。③受让人必须是善意。所谓善意是指无恶意或重大过失。恶意就是明知让与人无让与权利；重大过失就是欠缺一般人应有的注意，没有发现让与人无让与权。对于受让人善意的判断，应以受让人取得票据时的情况为判断标准，且其注意义务也仅限于其直接前手。受让人就其善意与否，不负举证责任。

2.票据权利的继受取得

（1）概念。票据权利的继受取得，是指受让人从有处分权的前手权利人处取得票据，从而取得票据权利。

（2）票据法上的继受取得。这是指依票据法规定的转让方式，从有票据处分权的前手权利人处取得票据，从而取得票据权利。票据的背书转让，是最主要的票据权利继受取得方式。此外，保证人履行保证义务或追索义务人偿还追索金额后取得票据，也是票据法上的继受取得。

（3）非票据法上的继受取得。这是指非依票据法规定的转让方式而是依民事权利的转让方式取得票据权利，如依赠与而取得。非票据法上的继受取得，既包括依普通债权的转让方式取得票据权利，也包括依继承、公司合并、营业受让等方式取得票据权利。此种继受取得，通常只能得到一般法律的保护，而不能得到票据法对合法持票人权利的特别保护，不能主张抗辩切断和善意取得等。

（三）票据权利的行使与保全

1.票据权利的行使。这是指票据权利人请求票据义务人履行义务，从而实现票据权利的行为。票据权利的行使，其特别之处在于票据权利人应进行票据提示，即实际地将票据向票据债务人出示，以此请求票据义务人履行义务。票据提示的处所通常为票据上载明的票据权利行使处所；票据上未指明处所的，则应在票据当事人的营业场所进行。

2.票据权利的保全。这是指票据权利人为防止票据权利丧失所进行的行为。票据权利的保全方式包括进行票据提示、做成拒绝证书、中断时效。

（1）按期提示票据。持票人在法定期间内提示票据行使票据权利，就是保全票据权利的方式之一。我国票据法明确规定持票人只有在法定期间内提示票据请求付款被拒绝的，方可行使追索权；期前追索的进行也以按期提示请求承兑被拒绝为条件之一。

（2）做成拒绝证书。我国票据法规定，持票人行使追索权时，应当提供被拒绝承兑或被拒绝付款的有关证明。而在持票人提示承兑或者提示付款被拒绝时，承兑人或者付款人必须出具证明。证明应记载被拒绝承兑或被拒绝付款的票据种类、主要记载事项；拒绝承兑、拒绝付款的事实依据和法律依据；拒绝承兑、拒绝付款的时间；拒绝承兑人、拒绝付款人的签章。在持票人通过票据交换所进行提示，并由承兑人或者付款人的代理银行代理承兑或代理付款时，应由相应的代理付款银行出具退票理由书，退票理由书与拒绝证书具有同一法律效力；此外，由有关机关出具的合法证明，包括医院或有关单位出具的承兑人、付款人死亡证明，司法机关出具的承兑人、付款人逃匿证明，公证机关出具的具有拒绝证明效力的文书，有关的司法文书和处罚决定，包括承兑人或付款人被人民法院依法宣告破产时的有关司法文书，有关行政主管部门的处罚决定等，都具有拒绝证书的效力。

（3）中断时效。一般来说，与普通民事债权相同，诉讼可以中断时效，保全票据权利。

3.票据权利行使与保全的时间和地点。我国《票据法》第16条规定，持票人对票据债务人行使票据权利，或者保全票据权利，应当在票据当事人的营业场所和营业时间内进行。无营业场所的，在其住所进行。关于营业时间，如果期限的最后一日为非营业日，则以非营业日之后的第一个营业日为最后一日。持票人应根据票据债务人或票据当事人具体的营业时间，行使或保全票据权利。

（四）票据权利的消灭

1.票据权利消灭的概念。票据权利的消灭，是指因一定的事由而使票据上的付款请求权和追索权失去其法律意义。票据权利的消灭其实就是票据法律关系的消灭。当票据法律关系消灭后，票据上的当事人基于票据法律关系而享有的权利归于消灭，义务也归于消灭。当然票据权利消灭后，当事人基于其他法律关系如合同关系等享有的权利可以继续存在，但与票据法无关。

2.票据权利消灭的事由。票据权利的消灭，有些是基于票据权利得到了完全的实现和满足而消灭，这是通常的消灭原因，也有一些是在票据权利并未得到实现的情况下而归于消灭。

（1）付款。根据我国《票据法》第60条的规定，付款人依法足额付款后，全体汇票债务人的责任解除。

（2）追索义务人清偿票据债务及追索费用。根据我国《票据法》第72条的规定，被追索人依持票人行使追索权，而进行相应金额的清偿后，其责任解除。这时，并不是所有的票据债务都归于消灭，而是依被追索人在票据关系中的地位不同而有所不同。汇票的承兑人或其他票据的出票人履行完追索义务，票据权利完全消灭；被追索人为尚有前手的背书人或保证人的，在履行完追索义务后，还可以行使再追索权，这时的票据权利仍未彻底消灭，而只是“相对消灭”。

（3）票据时效期间届满。根据我国《票据法》第17条的规定，票据权利在下列期限内不行使而消灭：第一，持票人对票据的出票人和承兑人的权利，自票据到期日起2年。见票即付的汇票、本票，自出票日起2年。第二，持票人对支票出票人的权利，自出票日起6个月。第三，持票人对前手的追索权，自被拒绝承兑或被拒绝付款之日起6个月。第四，持票人对前手的再追索权，自清偿日或被提起诉讼之日起3个月。

（4）票据记载事项欠缺。《票据法》第18条规定，票据可以因记载事项的欠缺而使持票人丧失票据权利，这时，持票人只享有利益偿还请求权。

（5）保全手续欠缺。我国《票据法》第65条规定，持票人不能出示拒绝证明、退票理由书或者未按照规定期限提供其他合法证明的，丧失对前手的追索权。

除此之外，票据物质形态的消灭也可以使票据权利消灭，民法上一般债权的消灭事由如抵销、混同、提存、免除等也可以使票据权利消灭。

（五）票据权利的瑕疵

1.票据的伪造与变造

（1）票据的伪造。票据的伪造是指假借他人的名义，在票据上为一定的票据行为。一般来说，票据法意义上的票据的伪造指票据签章的伪造，而不包括其他事项的伪造。

（2）票据的变造。票据的变造是指无票据记载事项变更权限的人，对票据上记载事项加以变更，从而使票据法律关系的内容发生改变。

2.票据伪造、变造的法律责任

《票据法》第14条第1款规定，票据上的记载事项应当真实，不得伪造、变造。伪造、变造票据上的签章和其他记载事项的，应当承担法律责任。这涉及伪造、变造者，被伪造、变造者和其他签章人的法律责任问题。

（1）伪造、变造者的法律责任。伪造、变造者的法律责任包括民事责任、行政责任和刑事责任。因票据的伪造、变造而导致票据当事人未能获得承兑或付款时，其所支付的费用及利息损失，均应由伪造、变造者承担民事赔偿责任；根据我国公司法、企业法和行政法规中的有关规定，应当给予伪造、变造的责任者个人处分，给予公司、企业警告、罚款、停业整顿、吊销营业执照的行政处罚；根据我国《票据法》第102条及《刑法》的有关规定，对伪造、变造责任者予以刑事处罚。

（2）其他签章人的法律责任。我国《票据法》第14条第2款规定，票据上有伪造、变造的签章的，不影响票据上其他真实签章的效力。其他签章人仍需依其签章按照票据所载文义承担票据责任。

《票据法》第14条第3款规定，票据上其他记载事项被变造的，在变造之前签章的人，对原记载事项负责；在变造之后签章的人，对变造之后的记载事项负责；不能辨别是在被变造之前或之后签章的，视同在变造之前签章。票据变造与票据伪造的不同之处是，票据变造有票据的变造人，却无被变造人。因为票据变造使票据上的权利义务关系发生了变化，所以票据变造涉及的就不仅是被变造的记载事项的原记载人，而是所有票据当事人。票据是文义证券，票据变造前的效力显然与变造后的效力不同，对于变造前的票据签章人和变造后的票据签章人，要求依其签章时的票据文义承担责任才符合法律的公平和正义。

3.票据的更改和涂销

票据的更改和涂销是指将票据上的签名或其他记载事项加以更改或涂抹消除的行为。

我国《票据法》第9条第2款规定，票据金额、日期、收款人名称任何人不得更改，更改会导致票据无效。除此之外，根据最高人民法院《关于审理票据纠纷案件若干问题的规定》，更改银行汇票的实际结算金额，也会导致票据无效。对票据上的其他记载事项如付款人名称、付款日期、付款地、出票地等，原记载人可以更改，更改时只需签章证明即可。

权利人故意所为票据的涂销行为就其实质来说就是票据内容的更改，应发生上述票据更改的法律后果。权利人非故意所为的涂销，涂销行为无效，票据依其未涂销时的记载事项发生法律效力；非权利人所为的票据涂销行为，发生票据伪造、变造的法律后果。

二、票据行为

（一）票据行为概述

1.票据行为的概念。票据行为是以行为人在票据上进行必备事项的记载、完成签名并予以交付为要件，以发生或转移票据上权利、负担票据上债务为目的的要式法律行为。

2.票据行为的特征。票据行为除具有上述票据所具有的无因性、形式性（要式性和文义性）特征外，还具有独立性特征。票据行为的独立性是指就同一票据所为的若干票据行为互不牵连，都分别依各行为人在票据上记载的内容，独立地发生效力。票据行为的独立性要求在先票据行为无效，不影响后续票据行为的效力；某一票据行为无效，不影响其他票据行为的效力。

3.票据行为的种类。在我国票据法上，就票据行为来说，汇票包括出票、背书、承兑、保证；本票包括出票、背书、保证；支票包括出票和背书。

（1）出票。出票是指出票人签发票据并将其交付收款人的票据行为。它是最基本的票据行为，其他票据行为必须在出票行为的基础上才能进行。

（2）背书。背书是指持票人在票据背面或粘单上记载有关事项并签章，从而将票据权利转让给他人或者将一定的票据权利授予他人行使的票据行为。根据我国《票据法》第31条的规定，持票人以背书的连续证明自己的合法持票人身份。

（3）承兑。承兑是指汇票付款人承诺在汇票到期日支付汇票金额的票据行为。汇票上的付款人一经承兑，就必须承担无条件的、绝对的付款责任。

（4）保证。保证是指行为人对特定票据债务人的票据债务承担连带责任的票据行为。

（二）票据行为的代理

1.票据代理概述。票据行为在本质上是一种民事法律行为，当然也适用代理制度，由代理人代替本人为一定的票据行为，这种票据行为的代理，就是票据代理。

票据代理在实际生活中可能存在两种不同的形态：第一种形态是代理人以自己的名义，在票据上签章，明确表明为被代理人即本人为票据行为。这是通常形态的票据代理。第二种形态是代理人不以自己的名义，而是直接以被代理人即本人的名义，在票据上签章，由此来进行票据代理。这种票据代理，有人称为票据的代行。

2.票据代理的法律效果。

（1）通常形态的票据代理适用一般民事代理的显名代理原则。我国《票据法》第5条第1款规定，票据当事人可以委托其代理人在票据上签章，并应当在票据上表明代理关系。由于票据行为是票据上行为这一特殊性质，票据代理也必须在票据上进行。

（2）特殊形态的票据代行由于是由代行人直接以本人的名义进行票据签章，而无代行人自己的签章，所以不发生无权代行和越权代行的问题。如果代行人是在未经授权的情况下签发票据，则构成票据伪造。如果符合表见代行的情形，须本人先承担票据责任。

第三节　票据抗辩与补救

一、票据抗辩

（一）票据抗辩概述

1.概念。票据抗辩是票据债务人根据票据法的规定对票据债权人拒绝履行义务的行为。

2.票据抗辩的种类。票据抗辩可以根据不同的标准进行分类。通常根据抗辩事由和抗辩效力的不同，将票据抗辩分为对物的抗辩和对人的抗辩。

（1）对物的抗辩。对物的抗辩是指因票据本身所存在的事由而发生的抗辩。对物的抗辩其抗辩事由来自票据这一“物”本身，基于票据的无因性、文义性，它对任何持票人都可以主张，并且与票据当事人之间的关系无关，又称为绝对的抗辩和客观的抗辩。

对物抗辩发生的具体原因也是多种多样的，具体说来有：

第一，票据欠缺法定必要记载事项，或者有法定禁止记载事项，因而导致票据无效时，票据债务人可以提出抗辩。

第二，背书不连续的情况下，持票人不能从形式上证明自己的合法持票人身份，票据债务人可以提出抗辩。

第三，票据变造的情况下，在变造前签章的票据债务人，可以对变造后的票据记载事项主张抗辩；而在变造后签章的票据债务人，可以对变造前的票据记载事项主张抗辩。

第四，票据尚未到期，票据债务人可以主张抗辩。但这种抗辩只是延缓权利主张的抗辩，并非否定权利主张的抗辩。

第五，票据上记载票据债权消灭的，如票据上明确记载票据金额已清偿或者已抵销、免除或提存的，票据债务人可以提出抗辩。

第六，票据遗失后，法院依票据权利人的公示催告请求，作出除权判决后，票据就丧失了效力，任何人都不得依此票据主张权利，票据债务人可以提出抗辩。

第七，票据伪造的情况下，被伪造的签章人可以提出抗辩。

第八，根据我国《票据法》第6条的规定，无民事行为能力人或限制民事行为能力人在票据上所为的签章无效。此时，无民事行为能力人或限制民事行为能力人的监护人，可以主张无民事行为能力人或限制民事行为能力人所为的票据行为无效，据此提出抗辩。

第九，在无权代理或越权代理的情况下，本人可以提出非本人所为或非完全本人所为的抗辩。

第十，票据在因时效完成而消灭或因欠缺保全手续而消灭的情况下，票据债务人可以对时效完成或欠缺保全手续的票据权利人提出抗辩。

（2）对人的抗辩。对人的抗辩是指因票据义务人与特定的票据权利人之间存在一定关系而发生的抗辩。这种抗辩源于票据当事人之间存在的一定个人因素的关系，而非票据本身，所以仅能对特定的票据权利人主张，又称为主观的抗辩和相对的抗辩。

对人抗辩的发生原因也是多种多样的，具体说来有：

第一，虽然票据是无因证券，但在原因关系无效、不存在或消灭的情况下，票据债务人可以对有直接原因关系的票据权利人提出抗辩。

第二，在直接当事人之间，如果存在票据义务人未受领对价或已经进行了相当于票据金额的给付时，票据债务人可以提出抗辩。

第三，在当事人就空白票据的补充、票据的支付条件等有特别约定的情况下，有关当事人违反相应的约定而要求票据债务人履行票据义务，票据债务人可以提出抗辩。

第四，在票据行为人因欺诈或胁迫而为票据行为的情况下，受欺诈或胁迫的票据债务人可以向因欺诈或胁迫行为而持有票据的人或就欺诈胁迫行为有恶意或重大过失的持票人，提出抗辩。

第五，在持票人所持有的票据是因盗窃、捡拾等非正当途径取得时，全体票据债务人可以向该持票人提出抗辩。

（二）票据抗辩的限制

票据抗辩和一般民事抗辩的最大区别就在于票据法对票据抗辩规定了一些限制，即所谓的抗辩切断制度。对于对物的抗辩来说，由于是基于“物”即票据本身的原因发生的，可以对所有的票据权利人主张，因而不存在抗辩的限制问题；而对于对人的抗辩来说，则仅能够对存在抗辩事由的直接当事人主张，对非直接当事人不得主张，存在一定的限制。抗辩切断要切断的就是对人的抗辩。只有在作为非直接当事人的持票人取得票据有恶意或重大过失的情况下，票据债务人才可以向其主张抗辩。

我国《票据法》第13条第1款明确规定了抗辩切断的两种情形：一是对出票人抗辩切断，即票据债务人不得以自己与出票人之间的抗辩事由，对抗持票人。一般情况下，这种抗辩只存在于汇票关系中。二是对持票人前手抗辩切断，即票据债务人不得以自己与持票人前手之间的抗辩事由，对抗持票人。这里的前手不限于持票人的直接前手，包括持票人的任何前手。

二、票据的丧失与补救

（一）概念

票据的丧失与补救是指在票据权利人因某种原因丧失对票据的实际占有，使票据权利的行使遭到一定障碍时，为使权利人的票据权利能够实现，而对其提供的特别的法律救济，包括挂失止付、公示催告和提起诉讼。

（二）挂失止付

1.挂失止付的概念。挂失止付是指票据权利人在丧失票据占有时，为防止可能发生的损害，保护自己的票据权利，通知票据上的付款人，请求其停止票据支付的行为。

2.挂失止付中的当事人。

（1）挂失止付的提起人。挂失止付的提起人应为丧失票据的人，即失票人。一般来说，失票人当然为票据的持有者即持票人。但此处所称的票据持有者并不一定为票据权利人。我国《票据法》第15条只规定失票人可以通知挂失止付，并未限制失票人资格。所以只要是丧失票据实际占有的当事人，均可通知挂失止付。

（2）挂失止付的相对人。挂失止付的相对人应为丧失的票据上记载的付款人，在票据上载明代理付款人时，也包括代理付款人。所以无法确定付款人或代理付款人的票据，如支付结算办法中规定的银行汇票等，不能挂失止付。

3.挂失止付的效力。挂失止付的效力，在于使收到止付通知的付款人承担暂停票据付款的义务。所以，付款人在接到止付通知后，应停止对票据的付款。如果其仍对票据进行付款，则无论善意与否，都应该承担赔偿责任。

但挂失止付只是失票人丧失票据后可以采取的一种临时补救措施，以防止所失票据被他人冒领。票据本身并不因挂失止付而无效，失票人的票据责任并不因此免除，失票人的票据权利也不能因挂失止付得到最终的恢复。另外，挂失止付也不是公示催告程序和诉讼程序的必经程序。我国《票据法》第15条第3款就明确规定，失票人可以在票据丧失后，直接向人民法院申请公示催告或提起诉讼。

（三）公示催告

公示催告是指在票据等有价证券丧失的场合，由法院依申请人的申请，向未知的利害关系人发出公告，告知其如果未在一定期间申报权利、提出证券，则法院会通过判决的形式宣告其无效，从而催促利害关系人申报权利、提出证券的一种特别诉讼程序。

1.公示催告的申请

（1）公示催告的条件。第一，确有票据丧失的事实。也就是确已发生票据被盗、遗失或灭失的情况；在确知票据下落时，不能提出公示催告的申请。第二，票据权利确实存在。即付款人对丧失的票据确有支付义务；在票据权利已依实际支付、时效完成等原因而消灭，或者因票据形式不符合法定要件而未发生票据权利时，不能提出公示催告的申请。第三，不存在利害关系人之间的权利争执。也就是说，在提出公示催告申请的当时，无利害关系人就该票据主张权利。如果已有利害关系人出现，或者确知利害关系人存在，不能提出公示催告的申请。

（2）公示催告的申请期间。进行公示催告，需要首先由申请人向有管辖权的法院提出公示催告的申请。根据我国《票据法》第15条的规定，如果失票人未向付款人发出挂失止付通知，可以随时申请公示催告；如果失票人已经向付款人发出挂失止付通知，则应当在通知挂失止付后3日内，申请公示催告。但从挂失止付和公示催告之间的关系来看，实际上仅为在公示催告程序提起后，以法院的止付通知书代替以失票人的挂失止付通知书而发生的暂停支付。所以，如果失票人已经进行了挂失止付，但未在法定期间内提出公示催告申请，一旦超过挂失止付的暂停支付期间，付款人可能会恢复票据支付，失票人的利益就可能受损。换句话说，何时提起公示催告的申请，只涉及失票人的自身利益，而不涉及和其他人之间权利义务关系的变化。所以，票据法关于申请期限的规定，并非提出公示催告的有效要件，超过上述期限，也不应影响申请人的公示催告申请。

（3）公示催告的申请人。有权提出公示催告的申请人应为票据的合法权利人，包括票据上所载的收款人、能够以背书连续证明自己合法持票人身份的被背书人。由于可能发生出票人在票据上签章后，票据遗失的情况，这时，应当允许出票人作为公示催告的申请人。因为此种情况下，如果发生善意取得，该出票人必须承担出票人的票据责任。在票据遗失后，已经知道现实持有人的情况下，失票人则不能成为公示催告的申请人，只能依普通民事诉讼程序，提起返还票据的诉讼。

2.公示催告的进行

（1）审查。申请人提出公示催告的申请后，有管辖权的法院应对该申请进行必要的审查。认为符合法律规定的，应当予以受理，进行公示催告；认为不符合受理条件的，应在7日内裁定驳回申请。

（2）公告。法院在受理公示催告的申请后，应当在3日内发出公告，催促利害关系人申报权利。

（3）公示催告的期间。民事诉讼法只规定了公示催告期间的最低日数，即不得少于60日。根据最高人民法院关于适用《中华人民共和国民事诉讼法》的解释（以下称《民诉解释》）第447条的规定，公告期间不得少于60日，且公示催告期间届满日不得早于票据付款日后15日。根据最高人民法院《关于审理票据纠纷案件若干问题的规定》第33条的规定，公告期间不得少于60日，且公示催告期间届满日不得早于票据付款日后15日。

（4）发出止付通知。法院受理公示催告的申请后，应当立即向票据付款人发出止付通知。

3.公示催告的终结

公示催告的终结，有两种情况：一是经法院裁定终结公示催告程序；二是经法院判决终结公示催告。

（1）裁定终结公示催告程序。在公示催告期间，有人提出权利申报或提出相关的票据主张权利时，法院就应该立即裁定终止公示催告，并通知申请人和票据付款人。在公示催告期间届满后、除权判决作出前，又有利害关系人申报权利的，也应该裁定终结公示催告。此后，申请人和权利申报人就应通过普通民事诉讼程序，提起有关确认权利归属的诉讼，解决其纠纷。

（2）判决终结公示催告程序。公示催告期间届满，没有人提出权利申报或者提出相关的票据，或者申报人提出的票据非申请人丧失的票据时，则依申请人的申请，由法院作出判决，宣告票据无效。法院作出的除权判决，是公示催告的最终结果，是对公示催告申请人票据权利恢复的确认。自该判决作出之日起，申请人就有权依该判决，行使其付款请求权和追索权；而已作出除权判决的票据，则丧失其效力，持有人不能再依此票据行使任何票据权利，即使票据的善意取得人，也丧失其票据权利；对于票据债务人来说，对获得除权判决的申请人进行的清偿，与对持票人所为的清偿具有同一法律效力，可以依此主张免责。

4.恶意申请公示催告的权利救济

公示催告程序本为对合法持票人进行失票救济的法律制度，但实践中却成为票据出卖方在未获得票款情形下，通过伪报票据丧失事实申请公示催告、阻止合法持票人行使票据权利的工具。《民诉解释》已规定了相关制度进行救济。在审判实务中，还需注意以下问题：

第一，除权判决作出后，付款人尚未付款情形下的权利救济。除权判决作出并公告，票据被除权，合法持票人无法持有票据行使票据权利。对最后合法持票人而言，因申请人伪报票据丧失事实属于《民事诉讼法》第234条规定的正当理由，故在申请人尚未持除权判决请求付款人付款的情形下，最后合法持票人可以根据该条规定，在法定期限内请求撤销除权判决并行使票据追索权。此外，因票据被除权无法行使票据权利，最后合法持票人也可以基于基础法律关系向其直接前手退票并请求其直接前手另行给付基础法律关系项下的对价。

第二，除权判决作出后，付款人已付款情形下的权利救济。因恶意申请公示催告并持除权判决获得票款行为损害了最后合法持票人的权利，构成侵权，最后合法持票人据此请求申请人承担赔偿责任的，人民法院应予支持。

（四）普通诉讼程序

失票人在丧失票据后，可以直接向法院提起民事诉讼，请求法院判令票据债务人向其支付票据金额。我国《票据法》没有对该程序作出详细规定。一般认为，在失票人选择诉讼途径救济自己的票据权利时，应当向法院提供有关的书面证明，证明自己对所丧失的票据享有所有权，同时还应向法院说明所丧失票据上的有关记载事项。此外，失票人在起诉时还应当提供必要的担保，以补偿票据债务人因支付失票人票据款项可能出现的损失。

第四节 汇　　票

一、汇票概述

（一）汇票的概念

汇票是出票人签发的、委托付款人在见票时或者在指定的日期无条件支付确定的金额给收款人或者持票人的票据。汇票是票据中最重要的票据类型，《票据法》关于票据的规定也是最详尽、全面的，有关汇票的制度体现了票据法的基本原理。

（二）汇票的特征

1.汇票关系中有三个基本当事人：出票人、付款人和收款人。其中出票人和付款人为票据义务人，收款人为票据权利人。

2.汇票是委托他人进行支付的票据。汇票的出票人仅仅是签发票据的人，不是票据的付款人，其必须另行委托付款人支付票据金额。所以说汇票是委托证券，而非自付证券。

3.汇票通常都需要由付款人进行承兑，以确认其愿意承担绝对的付款义务。在付款人未承兑时，汇票上所载的付款人并无绝对的付款义务。

4.汇票是在见票时或者指定的到期日无条件支付给持票人一定金额的票据。汇票不以见票即付为限，许多汇票都有一定的到期日，体现了汇票的信用功能。

5.汇票对于当事人特别是出票人和付款人，没有特别的限制，既可以是银行，也可以是公司、企业或个人。

（三）汇票的种类

汇票可以根据不同的标准进行分类。

1.银行汇票和商业汇票。根据汇票当事人身份的不同，分为银行汇票和商业汇票。

银行汇票是以银行为出票人，同时以银行为付款人的汇票。通常情况下，银行汇票中的出票行与付款行为同一银行。特殊情况下，也可能不是同一银行。

商业汇票是以银行以外的其他公司、企业为出票人，以银行或者其他公司、企业等为付款人的汇票。其中，如果付款人为银行并进行了承兑的，称为银行承兑汇票；当付款人为银行以外的公司、企业等并由其进行承兑的，称为商业承兑汇票。

我国《票据法》第19条第2款将汇票分为银行汇票和商业汇票。

2.即期汇票和远期汇票。根据汇票付款期

限的不同，可以分为即期汇票和远期汇票。

即期汇票也称为见票即付的汇票，是指汇票上没有到期日的记载或者明确记载见票即付，收款人或者持票人一经向付款人提示汇票、请求付款，该汇票即为到期，付款人就应当承担付款责任的汇票。

远期汇票是指汇票上记载了到期日，付款人在到期时承担付款责任的汇票。根据记载到期日方式的不同，又可以分为定日付款的汇票、出票后定期付款的汇票、见票后定期付款的汇票。定日付款的汇票又称为定期汇票，是以确定的日期为到期日的汇票；出票后定期付款的汇票又称为约期汇票，是约定以出票日后一定期间届满为到期日的汇票；见票后定期付款的汇票又称为注期汇票，是收款人或者持票人向汇票上所记载的付款人提示见票并从付款人在汇票上注明见票日之后一定期间届满时为到期日的汇票。

我国票据法规定汇票既可以是即期汇票也可以是远期汇票。在实际的票据使用过程中，银行汇票均为即期汇票，商业汇票多为远期汇票。

3.光单汇票和跟单汇票。根据汇票付款是否需要附随其他单据，汇票可以分为光单汇票和跟单汇票。

光单汇票是在进行付款时无须附随其他单据的汇票，也就是票据法规定的通常的汇票。

跟单汇票又称信用汇票、押汇汇票，是需要附随提单、仓单、保险单、装箱单、商业发票等单据，才能进行付款的汇票。

我国票据法并未特别区分光单汇票和跟单汇票，并且在国内贸易中，一般均为光单汇票。依票据法的规定光单汇票为无条件支付的汇票。仅在国际贸易中，才依据有关的国际条约或者国际惯例，使用跟单汇票。

(四)汇票的当事人

汇票法律关系是典型的票据法律关系，其成立必须具备票据法律关系的基本当事人，即出票人、付款人和收款人。

1.出票人。出票人是指签发汇票的人。出票是最基本的票据行为，它要求行为人必须具有一定的行为能力。我国票据法明确规定，出票人必须具有完全民事行为能力，无民事行为能力人或限制民事行为能力人的出票行为应由其法定代理人或监护人代理。

2.付款人。付款人是指履行汇票支付责任的人。银行汇票的付款人是参加全国联行往来的银行；商业汇票的付款人是商品交易活动中接收货物的当事人或与出票人签订承兑委托协议的银行。

3.收款人。收款人是指汇票上记载的享有票据权利的人。任何人都可以作为银行汇票的收款人。但作为商业汇票的收款人则要求较为严格。根据《支付结算办法》的规定，商业汇票只能用于各企业单位之间合法的商品交易活动，禁止签发无商品交易的汇票。

二、汇票的出票

(一)概念

出票是指出票人签发票据并将其交付给收款人的票据行为，也称为发票、开票、票据发行。当出票人按照法律规定的形式做成票据并将其交付收款人时，出票行为即完成。

(二)汇票的法定记载事项

根据我国《票据法》第22条的规定，汇票上必须记载下列事项，否则汇票无效：

1.表明“汇票”的字样。通常情况下，该文句在统一印制好的票据用纸上事先就已印制好了，出票人无须自行记载。该条实际上是要求出票人必须使用统一格式的汇票单据，包括银行汇票、银行承兑汇票和商业承兑汇票三种。出票人应该依与收款人的合同选择汇票的种类。

2.无条件支付的委托。汇票是出票人委托他人进行付款的票据。为增强票据的流通性和付款的确定性，使这种委托关系变得单纯，就不得附条件；如果票据在付款上附有条件的话，就会导致票据无效。

同样，无条件支付的文句通常也无须出票人自行记载，而是事先印制在汇票的相应位置上。

3.确定的金额。由于票据是以金钱的支付为标的的债权证券，因而，汇票金额的记载当然是绝对必要的。在汇票金额记载欠缺或更改时，汇票无效。

在记载汇票金额时，首先，应确定货币的种类，当汇票金额以外币为单位记载时，按照付款日的市场汇价，以人民币支付。但当事人另有约定的，从其约定。其次，在金额的记载上不得作选择性和浮动性的记载。最后，汇票上的中文和数码两种记载必须一致，否则票据无效。

4.付款人名称。汇票作为一种委托证券，出票时当然必须明确记载出票人所委托的人。付款人既可以是法人，也可以是自然人。根据《支付结算办法》的规定，银行汇票均以出票银行为付款人。汇票出票时记载的付款人，是汇票上的付款人，不是实际结算关系上的付款人，对此须加以区分。

付款人只有在承兑后，才成为汇票上的主债务人，承担到期无条件付款的绝对责任。

5.收款人名称。票据是一种指示证券，出票人在出票时，必须明确记载票据权利人即收款人，此后才能由收款人继续指示新的票据权利人。也就是以收款人为第一背书人，进行票据的背书转让。收款人名称的记载必须用全称，不得使用简称或企业的代号。

6.出票日期。出票日期对于出票行为具有重要意义：(1)它是决定票据权行使期间的计算基准日。对于约期汇票来说，它是确定到期日的基准日；对于见票即付的汇票或见票后定期付款的汇票，它是确定汇票提示期间的基准日；对见票即付的汇票，同时还是确定票据权利消灭时效的基准日。(2)它是汇票到期后计算利息的基准日，也是决定保证是否成立的基准日。(3)它是确定出票人民事行为能力的依据。所以，汇票上必须记载出票日期。

由于票据是文义证券，所以汇票上记载的出票日，不必一定为实际出票日。但出票日期不得为公历上没有的日期（如2月30日），也不能晚于汇票的付款日期，否则汇票无效。

7.出票人签章。出票人是通过其签章，确实地加入票据法律关系中，承担票据义务的。同时票据签章还是对票据上记载的出票人和实际出票人进行同一性认定的依据。所以，汇票上的其他记载事项无须出票人本人亲自完成，但其签章则必须由本人完成（签名）或授权他人代为完成（盖章）。

（1）商业汇票上出票人的签章，为该法人或该单位的财务专用章加其法定代表人、单位负责人或者其授权的代理人的签名或盖章；

（2）银行汇票上出票人的签章和银行承兑汇票上承兑人的签章，为该银行汇票专用章及其法定代表人或者其授权的代理人的签名或盖章；

（3）银行汇票的出票人以及银行承兑汇票的承兑人在票据上未加盖规定的专用章而加盖该银行的公章，签章人应当承担票据责任。

（三）汇票未记载事项的认定

1.汇票上未记载付款日期的，根据《票据法》第23条的规定，视为见票即付，付款人在持票人提示票据时，即应履行付款责任。如果以到期日补充记载完成后的汇票提示承兑或提示付款，则应认为该汇票在出票时即已记载到期日。

2.汇票上未记载付款地的，以付款人的营业场所、住所或者经常居住地为付款地。付款地的记载原本是为了使持票人便于找到付款人，顺利进行票据提示，同时确定票据不能付款时的拒绝证书做成地，还可以确定发生票据诉讼时法院的管辖地。所以，《票据法》规定在出票人未记载时补充加以记载。

3.汇票上未记载出票地的，以出票人的营业场所、住所或者经常居住地为出票地。出票地记载的意义主要在于确定涉外票据适用法律的准据法。

（四）汇票出票的效力

出票作为一种票据法律行为，一经完成就产生了票据上的权利义务关系，即票据债权债务关系，对票据上的当事人均产生一定的影响。

1.汇票出票对出票人的效力。出票行为一经完成，对出票人来说，就产生了一定的票据债务。首先，出票人要担保所签发的汇票能够在到期前获得承兑。在汇票上所载付款人拒绝承兑或因汇票上所载付款人下落不明、破产等原因无从承兑时，出票人必须承担汇票付款的责任。其次，汇票的出票人还要承担担保付款的义务，在汇票到期不获付款的情况下，出票人必须承担付款责任，不管付款人对汇票承兑与否。出票人担保承兑和担保付款的责任与出票人是否具有担保的意思无关，出票人也不得通过在票据上进行相关记载来免除自己的担保责任。即使有此类记载，也视为无效记载。

2.汇票出票对付款人的效力。汇票出票时，由出票人在票据上载明委托付款人进行付款的意思。但这一委托并非票据上的委托关系，而仅仅是出票人与付款人之间的票据外原因关系。所以，可以认为，出票行为的完成，对于付款人来说并未发生票据上的效力。汇票上所载付款人可以依自己独立的意思，决定为该汇票进行承兑或拒绝承兑。

3.汇票出票对收款人的效力。出票行为一经完成，即产生了收款人的票据权利。收款人从原因关系上的民事债权人变为票据债权人，享有付款请求权、追索权和依法转让票据的权利。但需要注意的是，此时与其相对的票据义务人仅为出票人，并非票上所载的付款人。

三、汇票的背书转让

（一）汇票背书转让概述

1.汇票背书转让的概念。根据我国《票据法》第27条的规定，票据法上的汇票转让是通过背书方式进行的。所谓背书，是指持票人在票据的背面或者粘单上记载有关事项，完成签章，并将其交付相对人，从而将票据权利转让给他人或者将一定的票据权利授予他人行使的票据行为。

2.背书转让的方式。通常在票据的背面，都事先印制好若干背书栏的位置，载明表示将票据权利转让给被背书人的文句，而留出背书人及被背书人的空白，供背书人进行背书时填写。《票据法》一般并不限制背书的次数，在背书栏或票据背面写满时，可以在票据上粘贴粘单，进行背书。

背书应当由背书人签章并记载背书日期。如果未记载背书日期，视为在汇票到期日前背书。背书也必须记载被背书人名称。

3.背书转让的法律效力。由于票据是一种表现为有价证券的特殊金钱债权，所以背书转让具有与一般债权转让不同的法律效力：

（1）背书转让无须经票据债务人同意。在票据背书转让时，行为人无须向票据债务人发出通知或经其承诺。只要持票人完成背书行为，就构成有效的票据权利转让。

（2）背书转让的转让人不退出票据关系。背书转让后，转让人并不退出票据关系，而是由先前的票据权利人转变为票据义务人，并承担担保承兑和担保付款的责任。

（3）背书转让具有更强的转让效力。通过背书的方式转让票据权利，能够使受让人得到更充分的保护。《票据法》设计了一系列特别的制度来保障票据受让人的权利。首先，受让人只需以背书连续的票据，就可以证明自己的合法权利人身份，而无须提供其他证明。根据《票据法》的规定，背书连续是指在票据转让中，转让汇票的背书人与受让汇票的被背书人在汇票上的签章依前后次序衔接。连续背书的第一背书人应当是票据上所载的收款人，持票人应当是最后一次背书的被背书人。需要强调的是，如果背书不连续的话，持票人当然也就不具有形式上的合法持票人资格，造成权利行使的障碍。但是，如果持票人能够证明自己是合法权利人，仍可行使票据权利。《票据法》规定的依背书连续而承认持票人为合法持票人的制度，不过是为权利人设计的更为便利的权利行使途径，而不是对权利人的特别限制。其次，受让人可以对票据债务人主张前手对人抗辩的切断，从而使其享有的票据权利不受票据债务人与前手背书人之间抗辩事由的影响。最后，受让人可以主张善意取得。

（二）背书转让的限制情形

在背书中进行特别内容的记载，对背书转让加以一定的限制，就构成限制背书。限制背书实际上是对背书人担保责任或被背书人权利加以限制的背书，主要有以下几点。

1.出票人的限制背书。根据我国《票据法》第27条第2款的规定，汇票的出票人在票据上记载“不得转让”字样，汇票不得转让。这时，如果持票人背书转让的，背书行为无效。这并不意味着该汇票绝对不能再转让，而只是表明该票据不能再依《票据法》规定的背书方式进行转让，也不再可能发生背书转让的效力。这时的转让只是一般指名债权的转让，其效力与背书转让的效力有很大不同：（1）受让人虽然取得转让人所有的票据上的权利，但无论受让人的善意与否，均不承认对人抗辩的切断。（2）受让人即使经交付而取得票据，也并不承认其当然的票据权利人资格，所以，无论其善意与否，均不得主张善意取得。只有在受让人持有票据，又无对抗事由的情况下，才能行使权利。（3）票据转让后，转让人不承担担保责任。出票人记载禁止背书的意义，在于排除背书转让的效力，保持对受让人的抗辩权，并防止在受到追索时增加更多的偿还金额。

2.背书人的限制背书。根据我国《票据法》第34条的规定，背书人可以在票据上记载“不得转让”字样，如果其后手再背书转让的，原背书人对后手的被背书人不承担保证责任。背书人记载的限制背书与出票人的限制背书都有避免对人抗辩切断、防止偿还金额增大的作用。不同之处在于，背书人的限制背书并不导致票据指示证券性的丧失，票据仍可背书转让，只是记载该限制背书的背书人将自己的担保责任限制在对其直接后手一个人上，对此后的后手受让人，不承担任何担保责任。对于持票人来说，背书人限制背书以外的各个背书，仍为普通背书，具有普通背书的一切效力。

3.回头背书及其效力。回头背书是指以先前已经在票据上签名的出票人、背书人等票据债务人为被背书人的背书。回头背书具有一般背书的效力，并不因被背书人是先前的票据债务人而使该票据权利归于消灭，只是在权利担保的效力上有所不同。被背书人是出票人的，由于他是最终的追索义务人，事实上是不能行使追索权的，只有在汇票已经承兑的情况下，才可以向承兑人行使追索权；回头背书的被背书人是先前的背书人的，这时，他既是票据的债务人，又是票据的权利人，他要对其后手承担担保责任，所以也就不能向他们行使追索权。

4.附条件背书及其效力。我国《票据法》第33条第1款规定，背书不得附有条件，背书时附有条件的，所附条件不具有汇票上的效力。背书附条件和付款附条件具有完全不同的法律效力，付款附条件的，票据无效，任何人均不得以此票据主张任何票据权利；背书附条件的，票据依然有效，背书也依然有效，只是所附条件不产生票据法上的效力。

5.分别背书和部分背书及其效力。分别背书是指将票据金额分别转让给不同的被背书人的背书。部分背书是指将票据金额的一部分进行转让的背书。根据我国《票据法》第33条第2款的规定，将汇票金额的一部分转让的背书或将汇票金额分别转让给2人以上的背书无效。所以，分别背书和部分背书，背书无效，票据权利不发生转移。

6.期后背书及其效力。期后背书是指在票据被拒绝承兑、被拒绝付款或者超过付款提示期限时所为的背书。根据我国《票据法》第36条的规定，期后背书应当属于无效背书，不能发生一般背书的效力，而只具有通常的债权转让的效力。但期后背书的背书人仍需承担票据责任。

是否为期后背书的判断标准是票据上记载的背书日期，对该背书日期是否确实为实际的背书日期，持票人不负举证责任。当票据上未记载背书日期时，依据《票据法》的规定，推定是在期限内所为。

7.委托收款背书及其效力。委托收款背书是指以委托他人代替自己行使票据权利、收取票据金额而进行的背书。委托收款背书不是实质上的票据权利转让，而是以背书形式进行的委托。背书人是委托人，被背书人是受托人。被背书人行使票据权利后，应将所得金额归于背书人。委托收款背书的背书人在进行背书时，必须记载“委托收款”字样。

四、汇票质押

（一）汇票质押的概念

汇票质押是指以设定质权、提供债务担保为目的而进行的背书。它是由背书人通过背书的方式，将票据转移给质权人，以票据金额的给付作为对被背书人债务清偿保证的一种方式。

（二）汇票质押的方式

背书人在设定质押背书时，必须在背书中载明“质押”字样，并签名盖章。如果出质人只记载了“质押”字样而未在票据上签章，或者出质人未在汇票或粘单上记载“质押”字样而是另行签订质押合同、质押条款的，不构成票据质押。

（三）汇票质押的法律效果

质押背书是一种特殊的质权设定方式，与普通质权相比，效力不同。

1.质押背书的被背书人在实现债权时，不限定在设质的债权范围内，而是可以依票据请求全部票据金额的完全给付。当然，这时可能发生背书人向被背书人请求返还超过金额的问题。

2.根据最高人民法院《关于审理票据纠纷案件若干问题的规定》的规定，质押背书的被背书人以质押票据再行背书或者背书转让票据的，背书行为无效。

3.出票人在票据上记载“不得转让”字样，其后手以此票据进行质押的，通过质押取得票据的持票人不享有票据权利。

4.贷款人恶意或者有重大过失从事票据质押贷款的，质押行为无效。

5.背书人在票据上记载“不得转让”字样，其后手对此票据进行质押的，原背书人对后手的被背书人不承担票据责任。

五、汇票的贴现

（一）汇票贴现的概念

票据贴现是指在持票人需要资金时，将持有的未到期商业汇票，通过背书的方式转让给银行，银行在票据金额中扣除贴现利息后，将余款支付给贴现申请人的票据行为。贴现既是一种票据转让行为，又是一种银行授信行为。银行通过接受汇票而给持票人短期贷款，汇票到期时，银行就能通过收回汇票金额而冲销贷款。如果银行到期不能获得票据付款，则可以向汇票的所有债务人行使追索权。

票据贴现就其性质而言是银行的一项授信业务，银行实际上是通过贴现的方式给持票人以贷款。但与一般贷款不同的是，由于贴现银行是通过背书方式取得票据的票据权利人，所以出票人、收款人、背书人、承兑人和保证人均对该贷款（票据金额）承担连带责任，这样，最大限度地保证了这种短期贷款的资金安全。

（二）汇票贴现的限制

1.出票人在票据上记载“不得转让”字样，其后手以此票据进行贴现的，通过贴现取得票据的持票人不享有票据权利。

2.背书人在票据上记载“不得转让”字样，其后手以此票据进行贴现的，原背书人对后手的被背书人不承担票据责任。

3.商业汇票的持票人向非其开户银行申请贴现，与向其开户银行申请贴现具有同等的法律效力。但是，持票人有恶意或者与贴现银行恶意串通的除外。

4.再贴现和转贴现。再贴现是指票据到期前，贴现银行向中央银行背书转让票据，中央银行扣除再贴现利息后，将余额支付给贴现银行的一种票据行为。转贴现是贴现银行向其他商业银行背书转让票据的票据行为。两者均为票据尚未到期，贴现银行基于资金的需要，而向中央银行或其他商业银行转让票据权利的行为。

（三）贴现纠纷的处理

1.贴现行恶意、重大过失的认定。贴现行工作人员按照法律、行政法规、业务规章以及业务规则的要求尽到合理审核义务并支付了贴现款取得票据，当事人一方以贴现行具有重大过失为由请求确认贴现行不是合法票据权利人、不享有票据权利的，人民法院不予支持。在办理商业承兑汇票贴现业务过程中，贴现行的负责人或者有权从事该业务的工作人员与贴现申请人合谋，伪造贴现申请人与其前手之间具有真实的商品交易关系的合同、增值税发票等材料申请贴现的，人民法院应当认定贴现行恶意取得票据，不享有票据权利。

2.民间贴现行为的效力。票据贴现业务属于特许经营业务，只有具有法定贴现资质的金融机构才可以从事票据贴现行为。关于合法持票人基于融通资金需要，向不具有法定贴现资质的主体进行“贴现”行为的效力认定，应从该贴现行为是否违反法律或行政法规的效力性强制性规定、是否损害社会公共利益、贴现主体是否以贴现为业以及争议发生的环节和主体等方面进行类型化分析，综合考量，区别认定。应注意依法防范和处理“民间贴现”形成的金融风险。根据票据行为无因性原则，在合法持票人向不具有贴现资质的主体进行“贴现”，该“贴现”人给付贴现款后直接将票据交付其后手，其后手支付对价并记载自己为被背书人后又基于真实的交易关系或债权债务关系将票据进行背书转让的情形下，可认定最后持票人是合法持票人。

3.转贴现协议案由及责任。转贴现行提示付款被拒付后，依据《转贴现协议》的约定，请求未在票据上背书的转贴现申请人按照合同法律关系返还转贴现款并赔偿损失的，案由应为合同纠纷。转贴现合同法律关系有效成立的，对于原告的诉讼请求，人民法院应予支持。当事人虚构转贴现事实，当事人之间不存在转贴现合同法律关系的，人民法院应向当事人释明按照真实交易关系提出诉讼请求，并按照真实交易关系和当事人约定本意认定当事人的责任。

六、汇票的承兑

（一）汇票承兑的概念

承兑是指汇票付款人承诺在汇票到期日支付汇票金额的票据行为。承兑是汇票特有的一种制度。因为汇票的出票人在出票时，是委托他人（付款人）代替其支付票据金额，而该付款人在出票时并未在票据上签章，并非票据债务人，无当然的支付义务。为使票据法律关系得以确定，就需要确认付款人能否进行付款，于是就设计了汇票的承兑制度。

（二）承兑的一般原则

1.自由承兑原则。汇票的付款人可以依自己独立的意思，决定是否进行承兑，不受出票人指定其为付款人的限制。即使付款人与出票人存在一定的资金关系或依承兑协议，应为汇票进行承兑而未承兑，也只承担票据外责任。

2.完全承兑原则。我国《票据法》第54条规定，付款人必须在持票人提示付款的当日，足额付款。通过该条的规定，可以认为我国《票据法》在事实上是否认部分承兑的，付款人进行部分承兑的，应视为承兑附有条件，依据《票据法》第43条的规定，视为拒绝承兑。这在票据法上称为完全承兑原则。

3.单纯承兑原则。我国《票据法》第43条规定，付款人承兑汇票，不得附有条件；承兑如果附有条件，视为拒绝承兑，不发生承兑的效力。这在票据法上称为单纯承兑原则。

（三）提示承兑

1.概念。提示承兑是指汇票的持票人，向汇票上所载的付款人出示汇票，请求其承诺付款的行为。由于提示承兑的目的仅在于请求付款人就是否承担到期付款义务加以确定，所以，对于提示人的资格一般无特别要求。

2.提示承兑的期间。

（1）对于定日付款或者出票后定期付款的汇票，持票人应当在汇票到期日前向付款人提示承兑。

（2）对于见票后定期付款的汇票，持票人应当自出票日起1个月内，提示承兑。

3.提示承兑的法律后果。尽管是否提示承兑是持票人的自由，但其法律后果却不同。我国《票据法》第40条第2款规定，汇票未按规定期限提示承兑的，持票人丧失对其前手的追索权。可见，提示承兑的效力，主要表现在追索权的保全上。

4.提示承兑的例外。见票即付的汇票无须承兑。因为该种汇票不具备信用功能，只是作为支付和汇兑的工具而存在。持票人请求付款一旦遭到拒绝，即可行使追索权。我国目前使用的银行汇票，均为见票即付的汇票，因而无须承兑。

（四）付款人的承兑程序

1.付款人对向其提示承兑的汇票，应当自收到提示承兑的汇票之日起3日内承兑或拒绝承兑。付款人在收到提示承兑汇票时，还应当向持票人签发收到汇票的回单。回单上应当记明汇票提示承兑日期并签章。

2.承兑的记载事项。付款人承兑汇票的，应当在汇票正面记载“承兑”字样和承兑日期并签章；见票后定期付款的汇票，应当在承兑时记载付款日期。汇票上未记载承兑日期的，以付款人收到提示承兑汇票之日起第3日为承兑日期。

3.付款人承兑汇票不得附条件；如果承兑附条件，视为拒绝承兑。

七、汇票的保证

（一）汇票保证的概念

汇票保证是指汇票债务人以外的第三人，担保特定的票据债务人能够履行票据债务的票据行为。当被担保的票据债务人不能履行票据义务时，保证人承担向票据权利人支付款项的义务。汇票保证是一种担保法律关系，属于保证担保方式，但其与担保法律规定上的保证担保有较大的不同，其成立、生效、保证性质、担保范围等适用票据法的规定，而不适用担保法律规定。

（二）汇票保证的成立

我国《票据法》第46条规定，保证人必须在汇票或者粘单上记载下列事项：

1.表明“保证”的字样。这是票据保证的绝对必要记载事项。“保证”文句一般并不事先印制在票据用纸上，需要保证人为保证行为时，特别加以记载。保证人未在票据或者粘单上记载“保证”文句而是另行签订保证合同或者保证条款的，不构成票据保证。

2.保证人名称和住所。该项记载能够使票据权利人及时并准确地了解保证人的情况，以便顺利行使票据权利。从我国《票据法》的规定来看，该项记载应属相对必要记载事项，欠缺该记载时，一般并不影响票据保证的有效成立，持票人可以依保证人的签章，推定其名称和住所。

3.被保证人名称。该项记载亦为相对必要记载事项。根据我国《票据法》第47条第1款的规定，保证人未记载被保证人名称的，已承兑的汇票，承兑人为被保证人；未承兑的汇票，出票人为被保证人。

4.保证日期。根据我国《票据法》第47条第2款的规定，该项记载为相对必要记载事项。保证人未记载保证日期的，以出票日期为保证日期。

5.保证人签章。它是表明保证人完成保证行为，作为票据债务人承担票据保证债务的重要事项，使票据保证行为最终成立，是绝对必要记载事项。

（三）汇票保证的法律效力

1.保证人的责任。我国《票据法》第49条规定，保证人对合法取得汇票的持票人所享有的汇票权利承担保证责任。但是，被保证人的债务因汇票记载事项欠缺而无效的除外。《票据法》第50条还规定，被保证的汇票，保证人应当与被保证人对持票人承担连带责任。汇票到期后得不到付款的，持票人有权向保证人请求付款，保证人应当足额付款。这说明：(1)保证人就票据债务来说，与被保证人承担的是同一责任，与被保证人的责任完全相同。(2)保证人的责任是独立责任。即使被保证的票据债务因实质性原因而无效，已经完成的票据保证仍然有效。例如，当被保证的票据债务人签名是伪造的或者为无权代理时，该票据债务人无须承担票据责任。但对为该票据债务人作保证的保证人来说，仍应依其保证行为承担票据保证责任。能够导致保证人保证行为无效的原因，一般来说，只有三个。第一，被保证的票据债务自始不存在，也就是说被保证人并非票据债务人。例如，被保证人为未承兑汇票的付款人、委托收款背书的背书人等。第二，被保证的票据债务，因汇票记载事项的欠缺而无效，如汇票欠缺绝对必要记载事项等。第三，保证行为自身在形式上不完备，如保证人没有签章。(3)保证人的责任是连带责任。而且票据保证人的连带责任是一种法定连带责任而非补充责任，所以，对于票据保证人来说，不享有一般保证中保证人的催告抗辩权或先诉抗辩权。在保证人为2人以上时，保证人之间亦需承担连带责任，对票据权利人来说，不分第一保证人或第二保证人，可以向任何一个保证人或全体保证人请求履行保证义务。

2.保证人的代位权。根据我国《票据法》第52条的规定，保证人清偿汇票债务后，可以行使持票人对被保证人及其前手的追索权。

3.保证附条件的法律后果。根据我国《票据法》第48条的规定，保证不得附有条件；保证附有条件的，不影响对汇票的保证责任，即汇票保证如果附有条件，保证依然有效，所附条件视为无记载，无论条件成就与否，保证人均须承担保证责任。

八、付款

（一）付款的概念

票据付款有广义和狭义两种解释。广义的票据付款，泛指票据债务人依票据而对票据权利人进行的一切金钱支付，既包括付款人或承兑人在票据到期时对持票人进行的支付，也包括追索义务人对追索权利人进行的支付，以及保证人对持票人进行的支付。狭义的票据付款，仅指付款人或承兑人在票据到期时，对持票人所进行的票据金额的支付。通常情况下，票据付款指的是狭义付款。

（二）付款的程序

1.提示付款的期限。我国《票据法》第53条规定，持票人应当按照下列期限提示付款：

（1）见票即付的汇票，自出票日起1个月内向付款人提示付款；

（2）定日付款、出票后定期付款或者见票后定期付款的汇票，自到期日起10日内向承兑人提示付款。

持票人未按照上述规定的期限提示付款的，在作出说明后，承兑人或者付款人仍应当继续对持票人承担付款责任。可以说，对于付款人和承兑人来说，持票人是否在《票据法》规定的提示付款期限内提示付款，其效力并无实质区别。只是对于背书人，持票人未在法定期限内提示付款，则会丧失对背书人的追索权。

2.提示付款人。提示付款人应为合法持票人。持票人也可以委托代理人进行提示。我国《票据法》第53条第3款规定，通过委托收款银行或者通过票据交换系统向付款人提示付款的，视同持票人提示付款。

3.付款程序。

（1）持票人在《票据法》规定的提示期限内提示付款的，付款人必须在当日足额付款。

（2）持票人获得付款的，应当在汇票上签收，并将汇票交给付款人。持票人委托银行收款的，受委托的银行将代收的汇票金额转账收入持票人账户，视同签收。

（3）持票人委托的收款银行的责任，限于按照汇票上记载事项将汇票金额转入持票人账户。付款人委托的付款银行的责任，限于按照汇票上记载事项从付款人账户支付汇票金额。

（4）付款人及其代理付款人付款时，应当审查汇票背书的连续，并审查提示付款人的合法身份证明或者有效证件。

（5）汇票金额为外币的，按照付款日的市场汇价，以人民币支付。汇票当事人对汇票支付的货币种类另有约定的，从其约定。

（三）付款损失的承担

根据我国《票据法》的规定，付款人在进行付款时，只需对所提示的票据进行形式审查，并无实质审查义务。付款人在履行法定审查义务后进行的付款是有效付款，即使发生错付，亦可善意免责。但在下列情况下，付款人须承担付款的损失：

1.付款人或代理付款人以恶意或者重大过失付款的，如因恶意或重大过失欠缺对提示付款人的合法身份证明或有效证件的审查；欠缺对票据记载事项的审查包括绝对必要记载事项是否完备、是否有绝对有害的记载事项、背书是否连续等的审查；对在公示催告期间的票据进行付款的；收到止付通知后进行付款的。

2.对定日付款、出票后定期付款或者见票后定期付款的汇票，付款人在到期日前付款的，发生错付的。

九、汇票的追索权

（一）追索权的概念

追索权是指持票人在提示承兑或者提示付款，而未获承兑或未获付款时，依法向其前手请求偿还票据金额及其他必要金额的权利。我国《票据法》第61条规定，汇票到期被拒绝付款的，持票人可以对背书人、出票人以及汇票的其他债务人行使追索权。行使追索权的过程，就是通常所说的追索。

（二）追索权行使的原因

1.期前追索权行使的原因。根据我国《票据法》第61条第2款的规定，对于定日付款的汇票、出票后定期付款的汇票以及见票后定期付款的汇票，在汇票到期日前，发生下列情形之一时，持票人可以行使追索权:(1)汇票被拒绝承兑的;(2)承兑人或者付款人死亡、逃匿的;(3)承兑人或者付款人被依法宣告破产的或者因违法被责令终止业务活动的。所以,在票据到期前,持票人即可行使追索权,而无须待票据到期。

2.期后追索权行使的原因。汇票到期后,如果汇票的付款人、承兑人或者代理付款人拒绝支付,或者付款人提示付款时,汇票上所载的付款场所不存在、付款人不存在或下落不明,无法进行提示,因而无法获得付款时,持票人可以行使追索权。

(三)行使追索权的条件

在已发生汇票到期时被拒绝付款,或者到期日前被拒绝承兑等情况时,并不能确定地发生追索权。追索权的行使,必须具备相应的条件,包括:

1.我国《票据法》第62条规定,持票人行使追索权时,应当提供被拒绝承兑或被拒绝付款的有关证明。而持票人提示承兑或者提示付款被拒绝的,承兑人或者付款人必须出具拒绝证明,或者出具退票理由书。承兑人或者付款人出具的拒绝证明,是对拒绝承兑或者拒绝付款一事最直接、最便利的证明方式。为使持票人能够确实获得拒绝证明,《票据法》特别将出具拒绝证明规定为承兑人或付款人的一项义务,违反该义务时,应承担由此而产生的民事责任。

2.我国《票据法》第63条规定,因承兑人或者付款人死亡、逃匿或者其他原因,持票人不能取得拒绝证明的,其他有关的证明也可以作为拒绝证明。根据《票据管理实施办法》的规定,这种证明主要包括:(1)医院或者有关单位出具的承兑人、付款人死亡的证明;(2)司法机关出具的承兑人、付款人逃匿的证明;(3)公证机关出具的具有拒绝证明效力的文书。

3.我国《票据法》第64条第1款规定,承兑人或者付款人被人民法院依法宣告破产的,人民法院的有关司法文书具有拒绝证明的效力。

4.我国《票据法》第64条第2款规定,承兑人或者付款人因违法被责令终止业务活动的,有关行政主管部门的处罚决定具有拒绝证明的效力。

5.我国《票据法》第66条规定,持票人应当自收到被拒绝承兑或被拒绝付款的有关证明之日起3日内,将被拒绝事由书面通知其前手;其前手应当自收到通知之日起3日内书面通知其再前手。持票人也可以同时向各汇票债务人发出书面通知。这是追索权行使的附带条件。持票人未按规定期限进行通知的,仍可行使追索权,但是因延期通知给其前手或者出票人造成损失的,应负赔偿责任。只是赔偿金额以票据金额为限。而如果持票人将通知按照法定地址或约定地址邮寄的,无论追索义务人是否收到或是否按时收到,均视为已经发出通知,发出时间以邮寄时间为准。

(四)追索与再追索

1.追索义务人的责任。我国《票据法》第68条第1款规定,汇票的出票人、背书人、承兑人和保证人对持票人承担连带责任。他们均为追索义务人,对持票人承担无条件给付汇票全部金额的责任。

2.追索权利人的权利行使方式。在同时存在若干个追索义务人的情况下,持票人可以选择其中的任何一个人,作为追索对象;也可以不限定一名追索对象,而向一个以上的追索义务人行使追索权;持票人还可以不受已经开始的追索权行使的限制,在未实现其追索权之前,再进行新的追索。

3.再追索。被追索人清偿债务后,与持票人享有同一追索权利,可以再向其他汇票债务人行使追索权,直至汇票上的债权债务关系因履行或其他法定原因而消灭为止。

4.追索权行使的例外。持票人为出票人的,对其前手无追索权;当持票人为背书人时,对其后手无追索权。

5.追索金额的确定。(1)被拒绝付款的汇票金额;(2)汇票金额自到期日或者提示付款日起至清偿日止,按照中国人民银行规定的利率计算的利息;(3)取得有关拒绝证明和发出通知书的费用。

6.再追索金额的确定。(1)已清偿的全部金额;(2)前项金额自清偿日起至再追索清偿日止,按照中国人民银行规定的利率计算的利息;(3)发出通知书的费用。

第五节 本票和支票

一、本票

（一）本票概述

1.本票的概念。本票是出票人签发的，承诺自己在见票时无条件支付确定金额给收款人或者持票人的票据。国际上，本票有银行本票与商业本票、企业本票与个人本票、即期本票与远期本票之分，但我国票据法上的本票仅指银行本票，不包括商业本票和个人本票；而且均为即期本票，无远期本票。

银行本票是银行签发的，承诺自己在见票时无条件支付确定的金额给收款人或者持票人的票据。银行本票是银行提供的一种银行信用，见票即付，可当场抵用。

商业本票又称一般本票，是由企业单位或个人签发并承诺在见票时或指定日期无条件支付一定金额给收款人或持票人的票据。国际上所使用的商业本票有远期和即期之分。远期商业本票简称期票，可分为定期付款、出票后定期付款和见票后定期付款期票。商业本票主要是用于同城清偿出票人自身债务。

2.本票的特征。

（1）本票是票据的一种，具有一切票据所共有的性质，是无因证券、设权证券、文义证券、要式证券、金钱债权证券、流通证券等。

（2）本票是自付证券，它是由出票人自己对收款人支付并承担绝对付款责任的票据。这是本票和汇票、支票最重要的区别。在本票法律关系中，基本当事人只有出票人和收款人，债权债务关系相对简单。

（3）无须承兑。本票在很多方面可以适用汇票法律制度。但是由于本票是由出票人本人承担付款责任，无须委托他人付款，所以，本票无须承兑就能保证付款。

（二）本票的出票

1.出票人资格。根据我国《票据法》的规定，本票的出票人必须具有支付本票金额的可靠资金来源，并保证支付。

根据我国关于本票的相关法律规定，在商业银行辖属营业机构开户的单位和个人需要在票据交换区域内支付各种款项时，可以申请使用银行本票。银行本票分为转账和现金两种。申请人或收款人为单位的，不得申请现金银行本票；申请人和收款人均为个人时，才能申请现金银行本票。在银行开立存款账户的持票人向开户银行提示付款时，应在银行本票背面“背书人签章”栏签章，签章应与预留银行签章相同，并将银行本票、进账单送交开户银行，银行审查无误后办理转账。未在银行开立存款账户的个人持票人，凭注明“现金”字样的银行本票向指定代理付款人支取现金的，应在银行本票背面“背书人签章”栏签章，记载本人身份证件名称、号码及发证机关，并交验本人身份证件及复印件，银行审核无误后支付现金。

2.本票的法定记载事项。根据我国《票据法》第75条的规定，本票的法定记载事项包括：

（1）表明“本票”的字样。定额本票由中国人民银行统一印制并发行，不定额本票由各银行按中国人民银行规定的同一格式印制和发行，出票人不得擅自印制本票，更不得以其他票据、单据或白纸书写有关事项代替本票。凡不符合格式的本票一律无效。

（2）无条件支付的承诺。

（3）确定的金额。

（4）收款人名称。

（5）出票日期。我国《票据法》规定，本票一律为见票即付，本票的出票日期就成为计算持票人本票权利期限的基准点，是法定绝对必要记载事项。

（6）出票人签章。

这些事项是本票的法定绝对必要记载事项，本票上欠缺任何一项的记载，都会导致本票无效。

（三）本票的付款

本票的出票人在持票人提示见票时，必须承担付款的责任。本票自出票日起，付款期限最长不超过2个月。

（四）本票适用汇票规定的情况

本票的背书、保证、付款行为和追索权的行使，除《票据法》本票一章规定的外，适用该法有关汇票的规定。

二、支票

（一）支票概述

1.概念

支票是出票人签发的，委托办理支票存款业务的银行或者其他金融机构在见票时无条件支付确定的金额给收款人或者持票人的票据。

2.特征

（1）支票是票据的一种，和汇票、本票一样具有票据所具有的共同特征。

（2）《票据法》对支票付款人的资格有严格限制，仅限于银行或其他金融机构，不能是其他法人或自然人。

（3）支票是见票即付的票据，不像汇票、本票有即期和远期之分（虽然我国《票据法》只规定了即期本票，但本票可以为远期），支票只能是即期的，因为支票是支付证券，其主要功能在于代替现金进行支付。

（4）支票的无因性受到一定限制。我国《票据法》第87条规定，支票的出票人签发支票不得超过其付款时在付款人处实有的存款金额。超过其实有存款金额的，为空头支票，禁止签发空头支票。

3.支票的种类

（1）以支票上权利人的记载方式为标准，可以分为记名支票、无记名支票和指示支票。我国《票据法》第84条未将支票的收款人名称作为法定绝对必要记载事项，而第86条规定，支票上未记载收款人名称的，经出票人授权，可以补记。说明我国是承认无记名支票的。

（2）以支票的付款方式为标准，可以分为现金支票和转账支票。现金支票只能用来支取现金；转账支票只能用来转账，不能支取现金。

（3）以支票当事人是否兼任为标准，可以分为一般支票和变式支票。变式支票又分为对己支票（出票人自己为付款人）、指己支票（出票人自己为收款人）、付受支票（付款人也是收款人）。我国《票据法》第86条第4款规定，出票人可以在支票上记载自己为收款人。

（二）支票的出票

1.出票人资格的限制。我国《票据法》规定，支票的出票人只有符合下列条件，才能签发支票：（1）建立账户。《票据法》第82条第1款规定，开立支票存款账户，申请人必须使用其本名，并提交证明其身份的合法证件。所以，作为支票的出票人首先要在银行或其他金融机构开立一个存款账户，以建立和银行或其他金融机构的资金关系。（2）存入足够支付的款项。《票据法》第82条第2款规定，开立支票存款账户和领用支票，应当有可靠的资信，并存入一定的资金。（3）预留印鉴。为便于付款银行在付款时进行审查，同时免除付款银行善意付款的责任，票据法律法规均规定开立支票存款账户的申请人应该在银行留下其本名的签名样式和印鉴样式。

2.支票的法定记载事项。（1）表明“支票”的字样。（2）无条件支付的委托。（3）确定的金额。《票据法》要求出票人就支票的金额填写清楚、准确。但实际生活中出票人在出票时出于某种需要，往往将金额空白，待交易后再填写。《票据法》第85条亦允许此种做法，但在提示付款时，金额的填写必须符合法律规定，否则无效。（4）付款人名称。（5）出票日期。（6）出票人签章。支票上未记载上述事项的，支票无效。

3.未记载事项的补救。（1）《票据法》第85条规定，支票上的金额可以由出票人授权补记，未补记前的支票，不得使用；（2）支票上未记载收款人名称的，经出票人授权，可以补记；（3）支票上未记载付款地的，付款人的营业场所为付款地；（4）支票上未记载出票地的，出票人的营业场所、住所或经常居住地为出票地。

4.出票的效力。（1）出票人必须按照签发的支票金额承担向持票人付款的保证责任，包括保证自己在付款银行有足够的存款、未签发空头支票等；（2）出票人在付款银行的存款足以支付支票金额时，付款人应当在持票人提示付款的当日足额付款，使持票人能够及时得到票款的支付。

(三)支票的付款

1.提示付款。支票的持票人应当在出票日起10日内提示付款;异地使用的支票,付款提示期限由中国人民银行另行规定。超过付款提示期限的,付款人可以拒绝付款。

2.逾期提示的法律后果。因超过提示付款期限付款人不予付款的,持票人仍享有票据权利,出票人仍应对持票人承担票据责任,支付票据所载金额。

3.付款的意义。付款人依法支付支票金额的,对出票人不再承担受委托付款的责任,对持票人不再承担付款责任。但是,付款人以恶意或重大过失付款的除外。

4.因出票人签发空头支票或者签发与其签名样式或预留印鉴不符的支票,给他人造成损失的,支票的出票人和背书人应当依法承担民事责任。

(四)支票适用汇票规定的情况

我国《票据法》第93条规定,支票的背书、付款和追索,除第四章支票的有关规定外,适用第二章有关汇票的规定。支票的出票行为亦可适用汇票的有关规定。

【本章主要法律规定】

《票据法》

本章重点、难点与疑点辨析

本章的重点也是难点在于对票据行为原理、票据抗辩原理的掌握和运用。用民法的思维和原理学习票据法,会对票据法的许多制度感到一头雾水。学习时应注意以下几点:

第一,票据作为一种支付工具和流通手段,总是有基础原因关系的。但是,在思考票据行为的效力时,必须将其与原因关系的效力相分离,根据《票据法》的规定而非原因关系的效力考察票据行为的效力。

第二,既然原因关系的效力不能决定票据行为的效力,票据行为效力则有其自身的考察标准——票据的文义。

第三,既然票据行为的效力是由票据记载的文义决定的,则各个票据行为人的行为各自独立,相互之间不发生影响。每个票据行为人行为的效力是由其签章和记载决定的。

第四,既然票据行为无因,且各自独立,那么票据关系的当事人不发生援引抗辩的问题,即抗辩切断。每个票据行为人只能对自己的直接后手(原因关系的当事人)行使基于原因关系的抗辩,该抗辩不及于票据法律关系中的其他当事人。

在进行本章学习时,要多关注票据的信用功能和融资功能,多思考票据是如何将未来的金钱变成现实的金钱的,以及在发挥票据该种功能时如何防范金融风险。

第七章
证券法

本章导读

学习本章，首先，须从宏观上把握《证券法》的逻辑结构，《证券法》所要规范的社会关系包括两类：第一类是平等主体之间围绕证券的发行和交易而发生的各种证券民事关系；第二类是证券监督管理关系，即国家介入证券市场的监督管理和证券业自律监管关系。我国现行《证券法》调整上述两类社会关系，即证券民事关系和证券监管关系，是通过具体规范证券市场上的三个行为、六个主体和两大工具来实现的。其中的三个行为是：发行、交易和上市公司的收购，与此相对应的分别是《证券法》第二章证券发行、第三章证券交易和第四章上市公司的收购。六个主体则是：两个金融基础设施主体，即证券交易所和证券登记结算机构；两个市场中介主体，即证券公司和证券服务机构；两个证券监管主体，即证券业协会和证券监督管理机构，与此相对应的内容规定在《证券法》第七章至第十二章。两大工具是指信息披露和投资者保护，与此相对应的分别是《证券法》第五章和第六章。一般法律均规定有“总则”和“法律责任”，有的还会有“附则”，加上这三项内容，我国现行《证券法》共有十四章。其次，本章应当重点掌握证券法的核心制度。

第一节　证券法概述

一、证券的概念、种类及其特征

(一) 证券的概念和种类

证券是表示一定权利的书面凭证，即记载并代表一定权利的文书。从广义上讲，证券包括资本证券、货币证券和货物证券。我国证券法上所规范的证券仅为资本证券。

按照不同的标准，可以对资本证券作多种分类。而我国目前证券市场上发行和流通的资本证券主要包括股票、债券、存托凭证、证券投资基金券、资产支持证券、资产管理产品以及经国务院依法认定的其他证券。

1.股票。股票是股份有限公司签发的证明股东权利义务的要式有价证券。目前，我国发行的股票按照投资主体的不同可分为国家股、法人股、内部职工股和社会公众个人股；按照股东权益和风险大小，可以分为普通股、优先股及普通和优先混合股；按照认购股票投资者身份和上市地点的不同，可以分为境内上市内资股（A股）、境内上市外资股（B股）和境外上市外资股（包括H股、N股、S股）三类。股票具有权利性、非返还性、风险性和流通性等特点。

2.债券。债券是企业、金融机构或政府为募集资金向社会公众发行的、保证在规定的时间内向债券持有人还本付息的有价证券。根据发行人的不同，债券可分为以下三大类：（1）企业、公司债券，是指一般企业和公司发行的债券；（2）金融债券，是指银行和非银行金融机构为筹集资金补偿流动资金的不足而发行的债券；（3）政府债券，是指政府或政府授权的代理机构基于财政或其他目的而发行的债券，包括国库券、财政债券、建设公债、特种国债、保值公债等。由于债券是一种到期还本付息的有价证券，因而它具有风险性小和流通性强的特点。

3.存托凭证。存托凭证是指由存托人签发，以境外证券为基础在中国境内发行，代表境外基础证券权益的证券。其中，基础证券，是指存托凭证代表的由基础证券发行人在境外发行的证券。基础财产，是指基础证券及其衍生权益。存托人，是指按照存托协议的约定持有境外基础证券，并相应签发代表境外基础证券权益的存托凭证的中国境内法人。托管人，是指受存托人委托，按照托管协议托管存托凭证所代表的基础证券的金融机构。按照不同划分标准，存托凭证可分为以下三大类：（1）融资型存托凭证和非融资型存托凭证。这是以基础股票是通过增量发行还是原有存量为划分标准。融资型存托凭证是向公众投资者进行筹资，并在交易所上市；非融资型存托凭证是存托人将部分基础股票进行托管后发行新的存托凭证，在交易所交易。（2）参与型存托凭证和非参与型存托凭证。这是以上市公司在存托凭证发行过程中的作用为划分标准。前者是由发行股票的公司与存托人签订存托协议，直接参与发行的存托凭证；后者是证券商或公司大股东以自己名义将其持有的股票交付托管人，并委托存托人发行的存托凭证，公司不参与发行，只需出具无异议函。（3）私募型存托凭证和公募型存托凭证。这是按照是否允许公众投资者购买为划分标准。前者不公开发行，后者需公开发行。目前，国际市场主流存托凭证大多为融资型、参与型和公募型。

4.证券投资基金券。证券投资基金券是指证券投资基金发起人向社会公众发行的，表明持有人对基金享有收益分配权和其他相关权利的有价证券。投资者按其所持基金券在基金中所占的比例来分享基金赢利，同时分担基金亏损。

5.资产支持证券。资产支持证券是资产证券化的产物，发起人（主要指原始权益人）将缺乏流动性但能在未来产生可预见的稳定现金流的基础资产，出售给特殊目的载体，由其通过一定的结构安排，分离和重组资产的收益和风险并增强资产的信用转化成主要由基础资产产生的现金流担保本息偿付的资产支持证券，销售给资本市场上的投资者。2019年《证券法》，将资产支持证券明确列为证券种类之一，并要求其发行与交易的管理办法由国务院依照《证券法》的原则规定。

6.资产管理产品。资产管理产品是资产管理业务提供的各类产品。资产管理业务是指银行、信托、证券、基金、期货、保险资产管理机构、金融资产投资公司等金融机构接受投资者委托，对受托的投资者财产进行投资和管理的金融服务。资产管理产品包括但不限于人民币或外币形式的银行非保本理财产品，资金信托，证券公司、证券公司子公司、基金管理公司、基金管理子公司、期货公司、期货公司子公司、保险资产管理机构、金融资产投资公司发行的资产管理产品等。2019年《证券法》，将资产管理产品明确列为证券种类之一，并要求其发行与交易的管理办法由国务院依照《证券法》的原则规定。2018年4月由人民银行、银保监会、证监会、外汇局联合发布的《关于规范金融机构资产管理业务的指导意见》(以下简称《资管新规》)统一了资产管理业务的规则。资产管理产品按照募集方式的不同，分为公募产品和私募产品。公募产品面向不特定社会公众公开发行。公开发行的认定标准依照《证券法》执行。私募产品面向合格投资者通过非公开方式发行。资产管理产品按照投资性质的不同，分为固定收益类产品、权益类产品、商品及金融衍生品类产品和混合类产品。

7.经国务院依法认定的其他证券。经国务院依法认定的其他证券是指立法上尚未规定，但具有证券性质和特点，需将其纳入证券范围调整的证券品种。这是一条弹性规定，用以应对不断发展的证券市场的需要。

(二)证券的特征

《证券法》规范的证券，具有以下三个方面的法律特征。

1.证券是具有投资属性的凭证。就证券的持有人而言，无论其购买证券还是在证券市场上转让证券，几乎都是以追求投资回报最大化为目的，或者说都是把自己对证券的投入或回收的资金作为投资资本来看待的。所以，证券是投资者权利的载体，投资者的权利是通过证券记载，并凭借证券获取相应收益的。

2.证券是证明持券人拥有某种财产权利的凭证。证券体现一定的财产权利，如股票代表着股权，债券则体现的是债权。证券是一种有待证实的资本，证券虽然可以在兑现前为持券人带来不特定的或约定的收益，但是证券本金的投资回报还须视股票市场行情状况或义务人的经济状况而定。

3.证券是一种可均等分割、可流通的权利凭证。证券具有等分性、可转让性和变现性，其持有者可以随时将证券转让出售，以实现自身权利。

二、证券市场

证券市场是股票、公司债券、证券投资基金份额、金融债券、政府债券、外国债券等有价证券及其衍生产品(如期货、期权等)发行和交易的场所，其实质是通过各类证券的发行和交易以募集和融通资金并取得预期利益。在现代市场经济中，证券市场是完整的市场体系的重要组成部分，它不仅反映和调节货币资金的运行，而且对整个经济的运行具有重要影响。证券市场由证券发行市场和证券交易市场两部分组成。

(一)证券发行市场

证券发行市场又称一级市场，它是通过发行证券进行筹资活动的市场。其功能在于：一方面为资本的需求者提供募集资金的渠道，另一方面为资本的供应者提供投资的场所。通过证券发行市场，投资者的闲散资金转化为生产资本。发行市场主要由证券发行人、认购人和中介人组成。其中，证券发行人包括政府、金融机构、公司和公共机构(如基金会等)；认购人即投资者，包括机构和个人两类；中介人指综合类证券公司和为证券发行服务的注册会计师机构、律师机构和资产评估机构。

(二)证券交易市场

证券交易市场，又称证券二级市场，是指对已发行的证券进行买卖、转让和流通的市场。其功能在于为证券持有人提供随时卖掉所持证券进行变现的机会，同时又为新的投资者提供投资机会。通过证券交易市场，投资者持有的证券实现了流通。证券交易市场的交易形式主要有两种，即证券交易所和场外证券交易市场。其中证券交易所在我国境内特指国家专营的上海证券交易所和深圳证券交易所，它们有固定的交易场所和交易时间，在该市场上市交易的证券必须符合严格的条件和程序，投资者通过证券公司在证券交易所进行证券买卖。场外证券交易市场是指依法设立的非上市证券进行交易的市场。在场外交易场所交易的股票，一般为未上市股票，其交易价格不是通过集中竞价方式产生的，而是通过交易双方协商产生的。

三、证券法的概念、适用范围及基本原则

(一)证券法的概念及其适用范围

证券法有广义和狭义之分。广义的证券法

是指证券募集、发行、交易、服务以及对证券市场进行监督管理的法律规范的总和。证券法所调整的社会关系，既有证券发行人、证券投资人和证券商之间的平等的证券发行关系、交易关系、服务关系，又有证券监督管理机构对证券市场参与者进行管理、组织、协调、监督等活动过程中所发生的纵向监管关系，是两者的统一体。

狭义的证券法是指证券法典，在我国是指1998年12月29日第九届全国人大常委会第六次会议通过的《中华人民共和国证券法》(经2004年8月28日、2005年10月27日、2013年6月29日、2014年8月31日、2019年12月28日五次修正/修订)。

根据《证券法》第2条的规定，《证券法》适用于在中国境内的股票、公司债券、存托凭证以及国务院依法认定的其他证券的发行和交易。《证券法》未规定的，适用《公司法》和其他法律、行政法规的规定。政府债券、证券投资基金份额的上市交易，适用《证券法》；其他法律、行政法规另有规定的，适用其规定。资产支持证券、资产管理产品发行、交易的管理办法，由国务院依照证券法的原则规定。

(二)证券法的基本原则

根据《证券法》的规定，我国证券法的基本原则包括以下内容：

1.保护投资者合法权益的原则。我国《证券法》将保护投资者的合法权益作为立法宗旨，这充分体现了保护投资者合法权益的原则。

2.公开、公平、公正原则。公开原则是指发行人发行证券时必须依法将与证券有关的一切真实情况向社会公布，以供投资者投资决策时参考。只有以公开为基础，才能实现公平和公正。公平原则是指在证券发行和交易活动中，发行人、投资人、证券商和证券专业服务机构的法律地位完全平等，其合法权益受到同等保护。只有实行公平原则，才能够保护投资者尤其是中小投资者的利益，确立平等竞争的市场机制。公正原则是指证券监督管理部门以及其他有关部门在履行职责时，应当依法行使职权，对一切从事证券发行和交易的市场主体给予公正的待遇。

3.平等、自愿、有偿、诚实信用的原则。《证券法》第4条规定，证券发行、交易活动的当事人具有平等的法律地位，应当遵守自愿、有偿、诚实信用的原则。

4.合法原则。《证券法》第5条规定，“证券的发行、交易活动，必须遵守法律、行政法规；禁止欺诈、内幕交易和操纵证券市场的行为”。这体现了在证券市场上的一切发行和交易活动都必须具有合法性。

5.分业经营、分业管理的原则。《证券法》第6条明确规定，证券业和银行业、信托业、保险业实行分业经营、分业管理。这一原则的目的在于禁止证券业与银行业、信托业、保险业之间业务混合，禁止银行、信托、保险等机构从事高风险的证券业务，以利于实现金融业管理的规范化，降低银行、信托和保险资金的风险。

6.国家集中统一监管与行业自律相结合的原则。《证券法》规定，国务院证券监督管理机构依法对全国证券市场实行集中统一监督管理。国务院证券监督管理机构根据需要可以设立派出机构，按照授权履行监督管理职责。在国家对证券发行、交易活动实行集中统一监督管理的前提下，依法设立证券业协会，实行自律性管理。国家审计机关对证券交易场所、证券公司、证券登记结算机构、证券监督管理机构，依法进行审计监督。

第二节　证券发行

一、证券发行的基本条件

公开发行证券，必须符合法律、行政法规规定的条件，并依法报经国务院证券监督管理机构或者国务院授权的部门注册；未经依法注册，任何单位和个人不得公开发行证券。

有下列情形之一的，为公开发行：(1)向不特定对象发行证券；(2)向特定对象发行证券累计超过200人，但依法实施员工持股计划的员工人数不计算在内；(3)法律、行政法规规定的其他发行行为。非公开发行证券，不得采用广告、公开劝诱和变相公开方式。

发行人申请公开发行股票、可转换为股票的公司债券，依法采取承销方式的，或者公开发行法律、行政法规规定实行保荐制度的其他证券的，应当聘请证券公司担任保荐人。保荐人应当遵守业务规则和行业规范，诚实守信，勤勉尽责，对发行人的申请文件和信息披露资料进行审慎核查，督导发行人规范运作。

(一) 股票发行的基本条件

1.股票发行的概念和种类

股票发行是指符合发行条件的股份有限公司，以筹集资金为目的，依法定程序，以同一条件向特定或不特定的公众招募或出售股票的行为。股票发行是股份发行的表现形式。

股票发行人必须是具有股票发行资格的股份有限公司，包括已成立的股份有限公司和经核准拟设立的股份有限公司。股票发行一般有两种：一是为设立新公司而首次发行股票，即设立发行；二是为扩大已有的公司规模而发行新股，即增资发行。

2.股票发行的条件

(1)设立发行股票的条件。设立发行或称首次发行，是指发起人通过发行公司股票来募集经营资本，成立股份有限公司的行为。设立股份有限公司公开发行股票，应当符合《公司法》规定的条件和经国务院批准的国务院证券监督管理机构规定的其他条件，向国务院证券监督管理机构报送募股申请和下列文件：①公司章程；②发起人协议；③发起人姓名或者名称，发起人认购的股份数、出资种类及验资证明；④招股说明书；⑤代收股款银行的名称及地址；⑥承销机构名称及有关的协议。依照《证券法》规定聘请保荐人的，还应当报送保荐人出具的发行保荐书。法律、行政法规规定设立公司必须报经批准的，还应当提交相应的批准文件。此外，根据《股票发行与交易管理暂行条例》第8条的规定，设立发行还应当符合下列条件：①股份有限公司的生产经营符合国家的产业政策。这是为了保证国家对社会资金投向的基本流向作宏观调控而提出的要求，对涉及国家安全、国防尖端技术等行业不得设立股份有限公司发行股票，其他大部分生产经营行业设立股份有限公司，发行股票，均应符合国家产业政策。②发行的普通股限于一种，同股同权。设立股份有限公司申请发行普通股时，只能申请发行一种，每一股份数额相等，持有相同股份数额的股东，具有同等权利。③发起人认购的股本数额不少于公司拟发行的股本总额的35%。本条件是为了维护股份有限公司设立和股票发行的严肃性，使发起人的利益和新设立公司的利益紧密地联系起来，强化发起人设立、经营新公司的责任感，规范发起人的发起行为，使发起人尽力履行职责，从而对发起人规定一定比例的股份认购。④在公司拟发行的股本总额中，发起人认购的部分不少于人民币3000万元，但国家另有规定的除外。该规定旨在通过对发行公司的最小规模的限制，达到在一定程度上提高发行公司规模效益的目的。⑤向社会公众发行的部分不少于公司拟发行股本总额的25%，其中公司职工认购的股本数额不得超过拟向社会公众发行的股本总额的10%；公司拟发行的股本总额超过人民币4亿元的，证监会按规定可酌情降低向社会公众发行的部分的比例，但最低不得少于公司拟发行股本总额的10%。规定社会公众的持股比例，其作用在于保障公司股票的市场流通性，扩大公司的利益。通过公众参与投资，有效地利用社会闲散资金，同时加强对公司经营管理行为的严格监督。⑥发起人在近3年内没有重大违法行为。⑦证监会规定的其他条件。

(2)首次发行新股的条件。公司首次公开发行新股，应当符合下列条件：①具备健全且运行良好的组织机构；②具有持续经营能力；③最近3年财务会计报告被出具无保留意见审计报告；④发行人及其控股股东、实际控制人最近3年不存在贪污、贿赂、侵占财产、挪用财产或者破坏社会主义市场经济秩序的刑事犯罪；⑤经国务院批准的国务院证券监督管理机构规定的其他条件。

上市公司发行新股，应当符合经国务院批准的国务院证券监督管理机构规定的条件，具体管理办法由国务院证券监督管理机构规定。公开发行存托凭证的，应当符合首次公开发行新股的条件以及国务院证券监督管理机构规定的其他条件。

公司公开发行新股，应当向国务院证券监督管理机构报送募股申请和下列文件：①公司营业执照；②公司章程；③股东会决议；④招股说明书或者其他公开发行募集文件；⑤财务会计报告；⑥代收股款银行的名称及地址。依照《证券法》规定聘请保荐人的，还应当报送保荐人出具的发行保荐书。依照《证券法》规定实行承销的，还应当报送承销机构名称及有关的协议。

公司对公开发行股票所募集资金，必须按照招股说明书或者其他公开发行募集文件所列资金用途使用；改变资金用途，必须经股东会作出决议。擅自改变用途，未作纠正的，或者未经股东会认可的，不得公开发行新股。

（二）公司债券发行的基本条件

所谓公司债券是指公司发行的约定按期还本付息的有价证券。股份有限公司、国有独资公司和两个以上的国有企业或者其他两个国有投资主体投资设立的有限责任公司，为筹集生产经营资金，可以依照《证券法》规定的条件公开发行公司债券。这些条件如下：（1）具备健全且运行良好的组织机构；（2）最近3年平均可分配利润足以支付公司债券1年的利息；（3）国务院规定的其他条件。

公开发行公司债券筹集的资金，必须按照公司债券募集办法所列资金用途使用；改变资金用途，必须经债券持有人会议作出决议。公开发行公司债券筹集的资金，不得用于弥补亏损和非生产性支出。

上市公司发行可转换为股票的公司债券，除应当符合上述条件外，还应当遵守《证券法》中公开发行新股的条件。但是，按照公司债券募集办法，上市公司通过收购本公司股份的方式进行公司债券转换的除外。

申请公开发行公司债券，应当向国务院授权的部门或者国务院证券监督管理机构报送下列文件：（1）公司营业执照；（2）公司章程；（3）公司债券募集办法；（4）国务院授权的部门或者国务院证券监督管理机构规定的其他文件。依照《证券法》规定聘请保荐人的，还应当报送保荐人出具的发行保荐书。

有下列情形之一的，不得再次公开发行公司债券：（1）对已公开发行的公司债券或者其他债务有违约或者延迟支付本息的事实，仍处于继续状态；（2）违反《证券法》规定，改变公开发行公司债券所募资金的用途。

二、发行公告

发行公告是指发行人在证券发行前必须依法进行向社会公众公告其招股说明书等募集文件的活动。发行人所公告的招股说明书应当附有发起人制定的公司章程，招股说明书应当按照证监会规定的格式制作，并载明下列事项：公司的名称、住所；发起人、发行人简况及其认购的股份数；筹资目的；每股票面金额和发行价格；初次发行的发起人认购股本的情况、股权结构及验资证明；承销机构的名称、承销方式与承销数量；发行的对象、时间、地点及股票认购和股款缴纳的方式；所筹资金的运用计划及收益、风险预测、公司最近发展规划和经注册会计师审核并出具审核意见的公司下一年的盈利预测文件；涉及公司经营的重要合同；涉及公司的重大诉讼事项；公司董事、监事名单及其简历；公司近3年以来的生产经营状况和有关业务发展的基本情况；经注册会计师事务所审计的公司最近3年或者成立以来的财务报告和由2名以上注册会计师及其所在事务所签字、盖章的审计报告；增资发行的公司前次公开发行股票所筹资金的运用情况；本次募股的起止期限及逾期未募足时认股人可撤回所认股份的说明，以及证监会要求载明的其他事项。

发行人申请首次公开发行股票的，在提交申请文件后，应当按照国务院证券监督管理机构的规定预先披露有关申请文件。

另外，招股说明书的封面还应当载明："发行人保证招股说明书的内容真实、准确、完整。政府及国家证券管理部门对本次发行所作出的任何决定，均不表明其对发行人所发行的股票的价值或者投资人的收益作出实质性判断或者保证。"

三、发行中介机构

（一）律师事务所

为了加强对律师事务所从事证券法律业务活动的监督管理，规范律师在证券发行、上市和交易等活动中的执业行为，完善法律风险防范机制，维护证券市场秩序，保护投资者的合法权益，根据《证券法》、《证券投资基金法》和《律师法》，经中国证券监督管理委员会主席办公会议和司法部部务会议审议通过《律师事务所从事证券法律业务管理办法》，该办法自2023年12月1日起施行。

（二）会计师事务所

根据《注册会计师执行证券、期货相关业务许可证管理规定》的规定，财政部和中国证监会对注册会计师、会计师事务所执行证券、期货相关业务实行许可证管理。注册会计师、会计师事务所执行证券、期货相关业务，必须取得证券、期货相关业务许可证（以下简称证券许可证）。注册会计师、会计师事务所依法执行证券、期货相关业务，不受行政区域、行业限制，任何单位和个人不得干预。证券、期货相关机构有权自主选择有证券许可证的会计师事务所。但是，证券、期货相关机构一旦确定了有证券许可证的会计师事务所，无正当理由不得任意更换。

注册会计师申请证券许可证，应当符合下列条件：（1）所在会计师事务所已取得证券许可证或者符合《注册会计师执行证券、期货相关业务许可证管理规定》第6条所规定的条件并已提出申请；（2）具有证券、期货相关业务资格考试合格证书；（3）取得注册会计师证书1年以上；（4）不超过60周岁；（5）执业质量和职业道德良好，在以往3年执业活动中没有违法违规行为。

会计师事务所申请证券许可证，应当符合下列条件：（1）依法成立3年以上，内部质量控制制度和其他管理制度健全并有效执行，执业质量和职业道德良好，在以往3年执业活动中没有违法违规行为；（2）具有20名以上符合上述条件的注册会计师；（3）60周岁以内注册会计师不少于40人；（4）上年度业务收入不低于800万元；（5）有限责任会计师事务所的实收资本不低于200万元，合伙会计师事务所净资产不低于100万元。

（三）资产评估机构

资产评估是指在市场经济条件下，由专业机构和人员，依据国家有关规定和有关材料，根据特定的目的，遵循适用原则，依照法定程序，选择适当的价值类型，运用科学方法，对资产价值进行评定和估算的行为。其目的是为该项资产的交易等行为提供价值参考依据。广义的资产评估是指一切对于资产估价的行为包括企业内部为补偿和会计报告而进行的评估。狭义的资产评估是在发生产权变动、资产流动和企业重组等特定行为下对资产进行的评定估算。

四、发行方式

（一）传统方式

传统股票发行有"上网定价"、"全额预缴款"和"储蓄挂钩"三种方式。其中"上网定价"是指承销商或主承销商利用证券交易所的交易系统，以自己作为唯一的卖方，投资者在指定的时间内，按现行委托买入股票的方式申购股票，申购额超过发行额的通过摇号抽签来定。"全额预缴款"包括全额预缴款、比例配售、余款即退方式，以及全额预缴款、比例配售、余款转存方式。"储蓄挂钩"是指在规定的期间内，无限量发售专项定期定额存单，根据存单发售数量、发行股票数量和每张中签存单可认购股票数量的多少决定中签率，再通过摇号抽签决定中签者。

（二）现行方式

现行主要采用战略配售、网下配售与网上发行相结合的方式发售股票，并且网下配售与网上发行同时进行。

1.战略配售。我国证券法规定，首次公开发行股票数量在4亿股以上的，发行人可以在发行中授予主承销商超额配售选择权。超额配售选择权的实施应当遵守中国证监会、证券交易所、证券登记结算机构和中国证券业协会的规定。对于首次公开发行股票超过一定规模时，引入战略投资者，向其配售一部分股票，并锁定持股期限，既有利于吸引长期增量资金进入证券市场，改善投资者的结构，同时也有利于缓解市场资金压力、稳定投资者预期，对该股票实现平稳发行上市具有重要作用。

2.网下配售。网下配售是由发行人及其主承销商对参与初步询价并且进行了有效报价的询价对象进行的配售。首次公开发行股票时，发行人和主承销商可以自主协商确定参与网下询价投资者的条件、有效报价条件、配售原则和配售方式，并按照事先确定的配售原则在有效申购的网下投资者中选择配售股票的对象。

3.网上发行。网上发行是对公众投资者进行的发售，在指定的时间内当网上申购额超过网上发行额时以摇号抽签而定。首次公开发行股票采用直接定价方式的，全部向网上投资者发行，不进行网下询价和配售。网上发行是与网下配售同步进行的，网上发行时发行价格尚未确定的，公众投资者按照初步询价确定的价格区间上限进行缴款申购，通过累计投标询价确定的发行价格低于价格区间上限的，差价部分款项再退还给网上申购的公众投资者。首次公开发行股票的网下发行应和网上发行同时进行，网下和网上投资者在申购时无须缴付申购资金。投资者应当自行选择参与网下发行或网上发行，不得同时参与。

发行人股东拟进行老股转让的，发行人和主承销商应于网下网上申购前协商确定发行价格、发行数量和老股转让数量。采用询价方式且无老股转让计划的，发行人和主承销商可以通过网下询价确定发行价格或发行价格区间。网上投资者申购时仅公告发行价格区间，未确定发行价格的，主承销商应当安排投资者按价格区间上限申购。

网下和网上投资者获得配售后，应当按时足额缴付认购资金。网上投资者连续12个月内累计出现3次中签后未足额缴款的情形时，6个月内不得参与新股申购。

网下和网上投资者缴款认购的股份数量合计不足本次公开发行数量的70%时，可以中止发行。

首次公开发行股票网下投资者申购数量低于网下初始发行量的，发行人和主承销商不得将网下发行部分向网上回拨，应当中止发行。

网上投资者有效申购倍数超过50倍，低于100倍（含）的，应当从网下向网上回拨，回拨比例为本次公开发行股票数量的20%；网上投资者有效申购倍数超过100倍的，回拨比例为本次公开发行股票数量的40%；网上投资者有效申购倍数超过150倍的，回拨后网下发行比例不超过本次公开发行股票数量的10%。网上投资者申购数量不足网上初始发行量的，可回拨给网下投资者。

五、证券承销

（一）承销业务的种类

根据我国《证券法》的规定，我国证券承销业务分为代销和包销两种方式。

1.证券代销，又称代理发行，是指证券公司代发行人发售证券，在承销期结束时，将未售出的证券全部退还给发行人的承销方式。就发行人而言，这种承销方式风险较大，但承销费用相对较低。

2.证券包销，是指证券公司将发行人的证券按照协议全部购入或者在承销期结束时将售后剩余证券全部自行购入的承销方式。包销又可分为全额包销和余额包销两种形式。证券包销合同签订后，发行人将证券的所有权转移给证券承销人。因此，证券销售不出去的风险由承销人承担。但其费用高于代销的费用。

（二）承销协议的主要内容

证券公司承销证券，应当同发行人签订代销或者包销协议，该协议载明的主要事项如下:(1)当事人的名称、住所及法定代表人姓名;(2)代销、包销证券的种类、数量、金额及发行价格;(3)代销、包销的期限及起止日期;(4)代销、包销的付款方式及日期;(5)代销、包销的费用和结算办法;(6)违约责任;(7)国务院证券监督管理机构规定的其他事项。

(三)承销团及主承销人

1.承销团,又称联合承销,是指两个以上的证券经营机构组成承销人,为发行人发售证券的一种承销方式。根据《证券法》的规定,向不特定对象发行证券聘请承销团承销的,承销团应当由主承销和参与承销的证券公司组成。承销团制度考虑到分散风险和稳定证券市场的因素,这种销售应当由两个或两个以上的证券公司来联合承销。

2.主承销人,是指承销团在承销过程中,其他承销团成员均委托其中一家承销人为承销团负责人,该负责人即为主承销人。主承销人与其他各家承销人的关系属于民法上委托—代理关系,主承销人的行为后果由承销团承担。根据相关规定,主承销人应当具备的主要条件如下:具有法定最低限额以上的实收货币资本;主要负责人中2/3的人员有3年以上的证券管理工作经历,或者有5年以上的金融管理工作经验;有足够数量的证券专业操作人员,其中70%以上的人员在证券专业岗位工作2年以上;全部从业人员在以往3年内的承销过程中,没有因内幕交易、侵害客户利益、工作严重失误受到起诉或行政处分;没有违反国家有关证券市场管理法规和政策,没有受到过证监会给予的通报批评;承销机构及其主要负责人在前3年的承销过程中,无其他严重劣迹,特别是与欺诈、提供虚假信息有关的行为。

(四)证券的销售期限

各国证券法之所以对证券的销售期限作出规定,是因为销售证券是一种从社会直接融资的活动,而直接融资对资金市场有可能发生较大的影响,包括负面影响。为了减少出现负面影响的机会,有必要对证券的销售期限作出合理的规定,从而达到维护证券市场秩序基本稳定的目的。我国《证券法》规定,证券的代销、包销期限最长不得超过90日。

(五)代销发行失败

股票发行采用代销方式,代销期限届满,向投资者出售的股票数量未达到拟公开发行股票数量70%的,为发行失败。发行人应当按照发行价并加算银行同期存款利息返还股票认购人。

第三节 证券交易

一、证券上市

证券上市,是指已公开发行的股票、债券等有价证券,符合法定条件,经证券交易所依法审核同意,并由双方签订上市协议后,在证券交易所集中竞价交易的行为。

申请证券上市交易,应当符合证券交易所上市规则规定的上市条件。证券交易所上市规则规定的上市条件,应当对发行人的经营年限、财务状况、最低公开发行比例和公司治理、诚信记录等提出要求。

上市交易的证券,有证券交易所规定的终止上市情形的,由证券交易所按照业务规则终止其上市交易。证券交易所决定终止证券上市交易的,应当及时公告,并报国务院证券监督管理机构备案。

对证券交易所作出的不予上市交易、终止上市交易决定不服的,可以向证券交易所设立的复核机构申请复核。

二、证券交易的条件及方式

(一)证券交易的条件

证券交易的条件是指在证券市场上公开进行交易的证券必须符合法律规定的相关条件才能买卖。按照《证券法》的规定,证券交易的条件主要包括以下内容：

1.证券交易当事人依法买卖的证券，必须是依法发行并交付的证券。非依法发行的证券，不得买卖。

2.依法发行的证券，法律对其转让期限有限制性规定的，在限定的期限内不得转让。如我国《公司法》规定，股份有限公司公开发行股份前已发行的股份，自公司股票在证券交易所上市交易之日起1年内不得转让。

此外，我国《证券法》还规定，上市公司持有5%以上股份的股东、实际控制人、董事、监事、高级管理人员，以及其他持有发行人首次公开发行前发行的股份或者上市公司向特定对象发行的股份的股东，转让其持有的本公司股份的，不得违反法律、行政法规和国务院证券监督管理机构关于持有期限、卖出时间、卖出数量、卖出方式、信息披露等规定，并应当遵守证券交易所的业务规则。

3.公开发行的证券，应当在依法设立的证券交易所上市交易或者在国务院批准的其他全国性证券交易场所交易。非公开发行的证券，可以在证券交易所、国务院批准的其他全国性证券交易场所、按照国务院规定设立的区域性股权市场转让。

（二）证券交易的方式

对于证券交易的方式，证券法规定必须采用公开的集中竞价交易方式，实行价格优先、时间优先的原则：

1.集中竞价。竞价交易，是多个买主与卖主之间，出价最低的卖主与进价最高的买主达成交易。公开的集中竞价，则是所有有关购售该证券的买主和卖主集中在证券交易所内公开申报、竞价交易，每当买卖双方出价相吻合就构成一笔买卖，交易依买卖组连续进行，每个买卖组形成不同的价格。有关集中竞价交易的操作程序、成交办法、交易单位、交易价格升降单位、交易的清算交割日期等项证券交易运作规则，由证券交易所制定，报中国证监会批准。

2.价格优先。价格优先是指同时有两个或两个以上的买（卖）方进行买卖同种证券时，买方中出价最高者，应处在优先购买的地位；而卖方中出价最低者，应处在优先卖出的地位。

3.时间优先。时间优先是指出价相同时，以最先出价者优先成交。

4.证券交易当事人买卖的证券可以采用纸面形式或者国务院证券监督管理机构规定的其他形式。

三、退市制度

退市，是指上市公司股票因各种原因不再在特定的证券交易所挂牌，从而退出特定证券交易所的一种法律行为。证券上市后，随着时间的推移，原本符合上市条件的证券可能因其发行主体的变化或交易过程中发生的变化而不再符合上市条件，这时证券交易所或证券监管部门就有必要采取暂停或终止其上市的措施，以保护投资公众的利益和维护证券市场的正常秩序。

证券上市暂停，是指证券交易所在证券发行人出现了法定事由时，将其上市证券暂时停止挂牌交易的情形。暂停上市的证券在暂停的事由消除后，可恢复上市。

证券上市的终止，是指证券交易所在证券发行人出现了法定事由后，取消其上市证券的上市资格，不得继续挂牌交易的情形。上市证券被终止后，可以在终止上市原因消除后，重新申请证券上市。上市证券依法被证券监管部门决定终止上市后，可继续在依法设立的非集中竞价的交易场所继续交易。

证券上市暂停与终止的联系和区别：暂停上市的情形一旦消除，原被暂停的证券即可恢复上市，因此，证券上市暂停时，该证券仍为上市证券。证券上市一旦终止，则该证券不能恢复上市，只能在被终止的情形消除后，重新申请上市，因此，终止上市的证券不再属于上市证券，而是退市证券。

2019年修订后的《证券法》取消了暂停上市的规定。《证券法》第49条中，“暂停上市”被删除，该条被改为，“对证券交易所作出的不予上市交易、终止上市交易决定不服的，可以向证券交易所设立的复核机构申请复核”。此外，2019年《证券法》第48条规定，上市交易的证券，有证券交易所规定的终止上市情形的，由证券交易所按照业务规则终止其上市交易。证券交易所决定终止证券上市交易的，应当及时公告，并报国务院证券监督管理机构备案。

可见，根据现行《证券法》的规定，对于那些劣质股的退市，不再需要经过暂停上市半年，而是可以直接退市。这样可以大幅度缩短退市周期，提高退市的效率，也会更加强化市场的优胜劣汰功能。当然，对于“僵尸公司”也会起到威慑的作用。

关于证券退市制度的改革，2014年国务院发布《关于进一步促进资本市场健康发展的若干意见》(国发〔2014〕17号)，提出了改革完善上市公司退市制度的有关要求，要进一步健全完善资本市场基础功能，实现上市公司退市的市场化、法治化和常态化。

四、限制和禁止的证券交易行为

(一)限制和禁止的证券交易行为的一般规定

证券交易的限制和禁止行为是指我国《证券法》《公司法》等法律、法规规定的，证券市场的参与者在证券交易过程中限制或者禁止从事的行为。

我国《证券法》除在第三章第三节专门规定“禁止的交易行为”外，还对限制和禁止的证券交易行为作了一般性的规定，这些规定包括：

1.证券交易当事人依法买卖的证券，必须是依法发行并交付的证券。非依法发行的证券，不得交易。依法发行的证券，法律对其转让期限有限制性规定的，在限定的期限内不得转让。

2.上市公司持有5%以上股份的股东、实际控制人、董事、监事、高级管理人员，以及其他持有发行人首次公开发行前发行的股份或者上市公司向特定对象发行的股份的股东，转让其持有的本公司股份的，不得违反法律、行政法规和国务院证券监督管理机构关于持有期限、卖出时间、卖出数量、卖出方式、信息披露等规定，并应当遵守证券交易所的业务规则。

3.依法公开发行的证券，应当在依法设立的证券交易所上市交易或者在国务院批准的其他全国性证券交易场所交易。非公开发行的证券，可以在证券交易所、国务院批准的其他全国性证券交易场所、按照国务院规定设立的区域性股权市场转让。

4.证券交易场所、证券公司和证券登记结算机构的从业人员，证券监督管理机构的工作人员以及法律、行政法规规定禁止参与股票交易的其他人员，在任期或者法定限期内，不得直接或者以化名、借他人名义持有、买卖股票或者其他具有股权性质的证券，也不得收受他人赠送的股票或者其他具有股权性质的证券。任何人在成为上述所列人员时，其原已持有的股票或者其他具有股权性质的证券，必须依法转让。实施股权激励计划或者员工持股计划的证券公司的从业人员，可以按照国务院证券监督管理机构的规定持有、卖出本公司股票或者其他具有股权性质的证券。

5.为证券发行出具审计报告或者法律意见书等文件的证券服务机构和人员，在该证券承销期内和期满后6个月内，不得买卖该证券。除上述规定外，为发行人及其控股股东、实际控制人，或者收购人、重大资产交易方出具审计报告或者法律意见书等文件的证券服务机构和人员，自接受委托之日起至上述文件公开后5日内，不得买卖该证券。实际开展上述有关工作之日早于接受委托之日的，自实际开展上述有关工作之日起至上述文件公开后5日内，不得买卖该证券。

6.上市公司、股票在国务院批准的其他全国性证券交易场所交易的公司持有5%以上股份的股东、董事、监事、高级管理人员，将其持有的该公司的股票或者其他具有股权性质的证券在买入后6个月内卖出，或者在卖出后6个月内又买入，由此所得收益归该公司所有，公司董事会应当收回其所得收益。但是，证券公司因购入包销售后剩余股票而持有5%以上股份，以及有国务院证券监督管理机构规定的其他情形的除外。上述所称董事、监事、高级管理人员、自然人股东持有的股票或者其他具有股权性质的证券，包括其配偶、父母、子女持有的及利用他人账户持有的股票或者其他具有股权性质的证券。公司董事会不按照上述规定执行的，股东有权要求董事会在30日内执行。公司董事会未在上述期限内执行的，股东有权为了公司的利益以自己的名义直接向人民法院提起诉讼。公司董事会不按照上述规定执行的，负有责任的董事依法承担连带责任。

7.通过计算机程序自动生成或者下达交易指令进行程序化交易的，应当符合国务院证券监督管理机构的规定，并向证券交易所报告，不得影响证券交易所系统安全或者正常交易秩序。

（二）禁止内幕交易行为

内幕交易是指知悉证券交易内幕信息的知情人和非法获取内幕信息的人，利用内幕信息进行证券交易的活动。证券交易活动中，涉及发行人的经营、财务或者对该发行人证券的市场价格有重大影响的尚未公开的信息，为内幕信息。

《证券法》明确规定，下列人员为知悉证券交易内幕信息的知情人员：（1）发行人及其董事、监事、高级管理人员；（2）持有公司5%以上股份的股东及其董事、监事、高级管理人员，公司的实际控制人及其董事、监事、高级管理人员；（3）发行人控股或者实际控制的公司及其董事、监事、高级管理人员；（4）由于所任公司职务或者因与公司业务往来可以获取公司有关内幕信息的人员；（5）上市公司收购人或者重大资产交易方及其控股股东、实际控制人、董事、监事和高级管理人员；（6）因职务、工作可以获取内幕信息的证券交易场所、证券公司、证券登记结算机构、证券服务机构的有关人员；（7）因职责、工作可以获取内幕信息的证券监督管理机构工作人员；（8）因法定职责对证券的发行、交易或者对上市公司及其收购、重大资产交易进行管理可以获取内幕信息的有关主管部门、监管机构的工作人员；（9）国务院证券监督管理机构规定的可以获取内幕信息的其他人员。

知悉证券交易内幕信息的知情人员或者非法获取内幕信息的其他人员，不得买入或者卖出所持有的该公司的证券，或者泄露该信息或者建议他人买卖该证券。

禁止证券交易场所、证券公司、证券登记结算机构、证券服务机构和其他金融机构的从业人员，有关监管部门或者行业协会的工作人员，利用因职务便利获取的内幕信息以外的其他未公开的信息，违反规定，从事与该信息相关的证券交易活动，或者明示、暗示他人从事相关交易活动。

内幕交易行为给投资者造成损失的，行为人应当依法承担赔偿责任。

（三）禁止操纵证券市场行为

操纵证券市场行为，是指行为人背离市场自由竞价和供求关系原则，以各种不正当的手段，影响或者试图影响证券市场价格或者证券交易量，制造证券市场假象，以引诱他人参与证券交易，为自己牟取不正当利益或者转嫁风险的行为。

操纵市场的行为包括：（1）单独或者通过合谋，集中资金优势、持股优势或者利用信息优势联合或者连续买卖；（2）与他人串通，以事先约定的时间、价格和方式相互进行证券交易；（3）在自己实际控制的账户之间进行证券交易；（4）不以成交为目的，频繁或者大量申报并撤销申报；（5）利用虚假或者不确定的重大信息，诱导投资者进行证券交易；（6）对证券、发行人公开作出评价、预测或者投资建议，并进行反向证券交易；（7）利用在其他相关市场的活动操纵证券市场；（8）以其他手段操纵证券市场。下面具体分析其中四种操纵市场的典型行为：

1.连续交易操纵。连续交易操纵，是指单独或通过合谋，集中资金优势、持股优势或者利用信息优势联合或者连续买卖，操纵证券交易价格或者证券交易量。主要是资金大户或者持股大户利用其拥有的大量资金或者某种大量证券，或者利用了解某种内幕信息的优势，进行单独或者通谋买卖，对某种有价证券进行集中买卖或连续买卖或对同一种证券反复买进卖出。在出货阶段造成此种证券市场价升量增，以达到吸引投资者买入、使自己顺利出货的目的；在吸筹阶段造成此种证券价跌量增，使持筹者产生恐慌心理，抛出该种证券，从而使自己获取暴利，其他投资者遭受巨大损失。

连续交易发生证券权利的实际移转，属于证券的真实买卖，与不转移证券所有权的虚买虚卖有所不同。此外，在判断连续交易操纵时有三个因素需要考虑：一是联合或连续买卖的交易次数应当包括未成交的报价，因报价本身就会影响证券价格，但报价后又主动撤销的不应当包括在其中。二是连续交易在事实上引起了一定的证券价格或者证券交易量的变动，至于变动幅度一般没有明确要求。三是行为人主观上有恶意，其目的是抬高或压低价格，或者引诱其他交易人买入或卖出证券。

2.串通相互买卖操纵。串通相互买卖操纵，是指两个以上的行为人以事先约定的时间、价格和方式相互进行证券交易，影响证券交易价格或者证券交易量的行为，也称为合谋或相对委托。它实质上是两个或两个以上的交易人，相互串通，一买一卖，目的在于虚造声势，抬高或压低该证券价格，诱骗其他投资者买入或者卖出该种证券，使行为人达到高位出货或低位吸筹的目的。此种交易的特征是双方或多方在交易中时间相近、价格相近、方向相反。此种交易方式能为操纵者尽量减少操纵市场的资金量和证券筹码数量，有“四两拨千斤”之功效，对证券市场的正常秩序具有很大的破坏性。综上所述，合谋的要件可归纳如下：(1)下单的价格、时间的相似性；(2)下单数量的一致性；(3)买卖同一证券，而且买卖方向相反；(4)主观上是故意，且两个故意之间有必然的联络，即恶意串通或合谋。

3.自买自卖操纵。自买自卖又称“洗售”“对倒”“对敲”“虚售”，它是指同一投资人在自己实际控制的账户之间进行证券交易，影响证券交易价格或者证券交易量的行为。这种方式俗称“庄家对倒”，亦称“左手卖给右手”。主要表现为行为人在各个地方多个不同的营业部开立多个证券交易户头，自己在某地某账户内卖出证券的同时，又在另一地另一账户内买入该证券，其实质是一人自买自卖。虽然行为人的证券所有权并没有转移，持有证券的数量没有变化，但能大大增加该证券一天的成交量，给其他投资者造成该证券交易活跃的假象，从而影响其对该证券行情的判断而作出错误的买卖决策，为行为人出货或吸筹提供机会、创造条件。

自买自卖的构成要件是：(1)有现实的交易发生；(2)这些交易发生的时间相同，数量相当，价格一致，方向相反(一买一卖)；(3)这些交易并不改变该证券的实质所有权，即实质上这些证券仍然为同一人所有；(4)有自买自卖的故意。不过在证券立法上，国外有的规定，洗售本身就是故意的证据，故主张进行故意推定。据此也有人主张，洗售不需要以主观故意为要件，发生洗售的事实就可以构成。

4.其他操纵市场的行为。《证券法》第55条所规定的“操纵证券市场的其他手段”属于兜底条款。所谓操纵市场的其他行为，应当是指法律已经明确列举的市场操纵行为之外的操纵市场行为。

操纵证券市场行为给投资者造成损失的，行为人应当依法承担赔偿责任。

(四)禁止虚假陈述和信息误导行为

《证券法》规定：禁止任何单位和个人编造、传播虚假信息或者误导性信息，扰乱证券市场。

禁止证券交易场所、证券公司、证券登记结算机构、证券服务机构及其从业人员，证券业协会、证券监督管理机构及其工作人员，在证券交易活动中作出虚假陈述或者信息误导。

各种传播媒介传播证券市场信息必须真实、客观，禁止误导。传播媒介及其从事证券市场信息报道的工作人员不得从事与其工作职责发生利益冲突的证券买卖。

编造、传播虚假信息或者误导性信息，扰乱证券市场，给投资者造成损失的，应当依法承担赔偿责任。

(五)禁止损害客户利益的行为

损害客户利益的行为，是指证券公司及其从业人员在证券交易及相关活动中，为了牟取不法利益，而违背客户的真实意思进行代理的行为，以及诱导客户进行不必要的证券交易的行为。《证券法》规定，在证券交易中，禁止证券公司及其从业人员从事下列损害客户利益的行为：(1)违背客户的委托为其买卖证券；(2)不在规定时间内向客户提供交易的确认文件；(3)未经客户的委托，擅自为客户买卖证券，或者假借客户的名义买卖证券；(4)为牟取佣金收入，诱使客户进行不必要的证券买卖；(5)其他违背客户真实意思表示，损害客户利益的行为。

违反上述规定给客户造成损失的，行为人应当依法承担赔偿责任。

(六)其他禁止行为

在证券交易中的其他禁止行为，是指除上述所列禁止行为之外的其他可能影响正常证券交易或损害投资者利益的行为。例如，在证券交易中，严禁账外交易、另立非法账户；禁止法人以个人名义开立账户，买卖证券；禁止任何人挪用公款买卖证券；禁止投资者违规利用财政资金、银行信贷资金买卖证券。另外，任何单位和个人不得违反规定，出借自己的证券账户或者借用他人的证券账户从事证券交易；国有独资企业、国有独资公司、国有资本控股公司买卖上市交易的股票，必须遵守国家有关规定等。

另外，关于禁止的证券交易行为，《证券法》还规定，证券交易场所、证券公司、证券登记结算机构、证券交易服务机构、社会中介机构及其从业人员对证券交易中发现的禁止的交易行为，应当及时向证券监督管理机构报告。

第四节 上市公司收购制度

一、上市公司收购的概念和方式

(一)上市公司收购的概念

上市公司收购是指投资者依法定程序公开收购股份有限公司已经发行上市的有表决权股份以达到对该公司控股或兼并目的的行为。实施收购行为的投资者称为收购人，作为收购目标的上市公司称为被收购公司。

(二)上市公司收购的方式

按照《证券法》的规定，投资者可以采取要约收购、协议收购及其他合法方式收购上市公司。采取要约收购方式的，收购人必须遵守《证券法》规定的程序和规则，在收购要约期限内，不得采取要约规定以外的形式和超出要约的条件买卖被收购公司的股票。

采取协议收购方式的，收购人可以依照法律、行政法规的规定同被收购公司的股东以协议方式进行股权转让。以协议方式收购上市公司时，达成协议后，收购人必须在3日内将该收购协议向国务院证券监督管理机构及证券交易所作出书面报告，并予公告。在未作出公告前不得履行收购协议。

二、上市公司收购的程序和规则

(一)报告和公告持股情况

通过证券交易所的证券交易，投资者持有或者通过协议、其他安排与他人共同持有一个上市公司已发行的有表决权股份达到5%时，应当在该事实发生之日起3日内，向国务院证券监督管理机构、证券交易所作出书面报告，通知该上市公司，并予公告。在上述期限内不得再行买卖该上市公司的股票，但国务院证券监督管理机构规定的情形除外。

投资者持有或者通过协议、其他安排与他人共同持有一个上市公司已发行的有表决权股份达到5%后，其所持该上市公司已发行的有表决权股份比例每增加或者减少5%，应当依照上述规定进行报告和公告，在该事实发生之日起至公告后3日内，不得再行买卖该上市公司的股票，但国务院证券监督管理机构规定的情形除外。

投资者持有或者通过协议、其他安排与他人共同持有一个上市公司已发行的有表决权股份达到5%后，其所持该上市公司已发行的有表决权股份比例每增加或者减少1%，应当在该事实发生的次日通知该上市公司，并予公告。

违反上述规定买入上市公司有表决权的股份的，在买入后的36个月内，对该超过规定比例部分的股份不得行使表决权。

（二）收购要约

所谓收购要约，是指根据《证券法》的规定，通过证券交易所的证券交易，投资者持有或者通过协议、其他安排与他人共同持有一个上市公司已发行的有表决权股份的30%时，继续进行收购的，应当依法向该上市公司所有股东发出收购上市公司全部或者部分的要约。收购上市公司部分股份的要约应当约定，被收购公司股东承诺出售的股份数额超过预定收购的股份数额的，收购人按比例进行收购。依照规定发出收购要约，收购人必须公告上市公司收购报告书。

收购要约的期限不得少于30日，并不得超过60日。在收购要约确定的承诺期限内，收购人不得撤销其收购要约。收购人需要变更收购要约的，应当及时公告，载明具体变更事项，且不得存在下列情形：（1）降低收购价格；（2）减少预定收购股份数额；（3）缩短收购期限；（4）国务院证券监督管理机构规定的其他情形。

收购要约提出的各项收购条件，适用于被收购公司的所有股东。上市公司发行不同种类股份的，收购人可以针对不同种类股份提出不同的收购条件。

采取要约收购方式的，收购人在收购期限内，不得卖出被收购公司的股票，也不得采取要约规定以外的形式和超出要约的条件买入被收购公司的股票。

（三）协议收购

采取协议收购方式的，收购人可以依照法律、行政法规的规定同被收购公司的股东以协议方式进行股份转让。以协议方式收购上市公司时，达成协议后，收购人必须在3日内将该收购协议向国务院证券监督管理机构及证券交易所作出书面报告，并予公告。在公告前不得履行收购协议。

采取协议收购方式的，协议双方可以临时委托证券登记结算机构保管协议转让的股票，并将资金存放于指定的银行。

采取协议收购方式的，收购人收购或者通过协议、其他安排与他人共同收购一个上市公司已发行的有表决权股份达到30%时，继续进行收购的，应当依法向该上市公司所有股东发出收购上市公司全部或者部分股份的要约。但是，按照国务院证券监督管理机构的规定免除发出要约的除外。

（四）禁止转让

在上市公司收购中，收购人持有的被收购的上市公司的股票，在收购行为完成后的18个月内不得转让。

（五）终止上市交易和应当收购

所谓终止上市交易，是指根据《证券法》的规定，收购要约的期限届满，收购人持有的被收购公司的股份数达到该公司已发行的股份总数的75%以上的，该上市公司的股票应当在证券交易所终止上市交易。

所谓应当收购则，是指根据《证券法》的规定，收购要约的期限届满，收购人持有的被收购公司的股份数达到该公司发行的股份总数的90%以上的，其余仍持有被收购公司股票的股东，有权向收购人以收购要约的同等条件出售其股票，收购人应当收购。

（六）报告和公告收购情况

收购上市公司的行为结束后，收购人应当在15日内将收购情况报告国务院证券监督管理机构和证券交易所，并予公告。

三、上市公司收购的法律后果

上市公司收购结束，依法产生如下法律后果：

1.收购成功。根据《股票发行与交易管理暂行条例》的规定，收购结束后，收购人所持有的被收购的上市公司股份比例达50%时，为收购成功，收购人取得被收购公司的控制权。在收购行为完成后，如果被收购公司不再具有公司法规定的条件的，则应当依法变更其企业形式。

2.收购失败。当要约收购期满，收购人持

有的普通股未达到该公司发行在外的股份总数的50%的，为收购失败。收购要约人除发出新的收购要约外，其以后每年购买的该公司发行在外的普通股，不得超过该公司发行在外的普通股总数的5%。

3.公司合并。《证券法》第76条规定，收购行为完成后，收购人与被收购公司合并，并将该公司解散的，被解散公司的原有股票由收购人依法更换。

第五节 信息披露

一、信息披露制度的概念

信息披露制度是指上市公司在证券发行和交易过程中，必须真实、准确、完整、及时地按照法律规定的形式简明清晰、通俗易懂地向公众投资者公开一切有关公司重要信息的制度。从而使上市公司的证券能够在有效、公开、知情的市场中进行交易。信息披露不得有虚假记载、误导性陈述或者重大遗漏。

二、信息披露的基本要求

（一）同时披露

1.同时向所有投资者披露。信息披露义务人披露的信息应当同时向所有投资者披露，不得提前向任何单位和个人泄露。但是，法律、行政法规另有规定的除外。

2.不得非法要求义务人披露尚未披露的信息。任何单位和个人不得非法要求信息披露义务人提供依法需要披露但尚未披露的信息。任何单位和个人提前获知的前述信息，在依法披露前应当保密。

（二）自愿披露

1.自愿披露的范围。除依法需要披露的信息之外，信息披露义务人可以自愿披露与投资者作出价值判断和投资决策有关的信息，但不得与依法披露的信息相冲突，不得误导投资者。

2.公开承诺披露的，应当披露。发行人及其控股股东、实际控制人、董事、监事、高级管理人员等作出公开承诺的，应当披露。不履行承诺给投资者造成损失的，应当依法承担赔偿责任。

（三）境内外同时披露

证券同时在境内境外公开发行、交易的，其信息披露义务人在境外披露的信息，应当在境内同时披露。

（四）信息发布与置备场所

依法披露的信息，应当在证券交易场所的网站和符合国务院证券监督管理机构规定条件的媒体发布，同时将其置备于公司住所、证券交易场所，供社会公众查阅。

三、定期报告的披露

（一）定期报告的报送和公告

定期报告，是指上市公司定期公布其财务和经营状况的文件，包括年度报告和中期报告等。上市公司、公司债券上市交易的公司、股票在国务院批准的其他全国性证券交易场所交易的公司，应当按照国务院证券监督管理机构和证券交易场所规定的内容和格式编制定期报告，并按照以下规定报送和公告：(1)在每一会计年度结束之日起 4 个月内，报送并公告年度报告，其中的年度财务会计报告应当经符合本法规定的会计师事务所审计；(2)在每一会计年度的上半年结束之日起 2 个月内，报送并公告中期报告。

（二）发行文件和定期报告披露的签署

发行人的董事、高级管理人员应当对证券发行文件和定期报告签署书面确认意见。发行人的监事会应当对董事会编制的证券发行文件和定期报告进行审核并提出书面审核意见。监事应当签署书面确认意见。发行人的董事、监事和高级管理人员应当保证发行人及时、公平地披露信息，所披露的信息真实、准确、完整。

董事、监事和高级管理人员无法保证证券发行文件和定期报告内容的真实性、准确性、完整性或者有异议的，应当在书面确认意见中发表意见并陈述理由，发行人应当披露。发行人不予披露的，董事、监事和高级管理人员可以直接申请披露。

四、临时报告的披露

(一) 股票交易重大事件临时报告披露

发生可能对上市公司、股票在国务院批准的其他全国性证券交易场所交易的公司的股票交易价格产生较大影响的重大事件，投资者尚未得知时，公司应当立即将有关该重大事件的情况向国务院证券监督管理机构和证券交易场所报送临时报告，并予公告，说明事件的起因、目前的状态和可能产生的法律后果。

上述重大事件包括：(1)公司的经营方针和经营范围的重大变化；(2)公司的重大投资行为，公司在1年内购买、出售重大资产超过公司资产总额30%，或者公司营业用主要资产的抵押、质押、出售或者报废一次超过该资产的30%；(3)公司订立重要合同、提供重大担保或者从事关联交易，可能对公司的资产、负债、权益和经营成果产生重要影响；(4)公司发生重大债务和未能清偿到期重大债务的违约情况；(5)公司发生重大亏损或者重大损失；(6)公司生产经营的外部条件发生的重大变化；(7)公司的董事、1/3以上监事或者经理发生变动，董事长或者经理无法履行职责；(8)持有公司5%以上股份的股东或者实际控制人持有股份或者控制公司的情况发生较大变化，公司的实际控制人及其控制的其他企业从事与公司相同或者相似业务的情况发生较大变化；(9)公司分配股利、增资的计划，公司股权结构的重要变化，公司减资、合并、分立、解散及申请破产的决定，或者依法进入破产程序、被责令关闭；(10)涉及公司的重大诉讼、仲裁，股东会、董事会决议被依法撤销或者宣告无效；(11)公司涉嫌犯罪被依法立案调查，公司的控股股东、实际控制人、董事、监事、高级管理人员涉嫌犯罪被依法采取强制措施；(12)国务院证券监督管理机构规定的其他事项。

公司的控股股东或者实际控制人对重大事件的发生、进展产生较大影响的，应当及时将其知悉的有关情况书面告知公司，并配合公司履行信息披露义务。

(二) 债券交易重大事件临时报告披露

发生可能对上市交易公司债券的交易价格产生较大影响的重大事件，投资者尚未得知时，公司应当立即将有关该重大事件的情况向国务院证券监督管理机构和证券交易场所报送临时报告，并予公告，说明事件的起因、目前的状态和可能产生的法律后果。

上述重大事件包括：(1)公司股权结构或者生产经营状况发生重大变化；(2)公司债券信用评级发生变化；(3)公司重大资产抵押、质押、出售、转让、报废；(4)公司发生未能清偿到期债务的情况；(5)公司新增借款或者对外提供担保超过上年年末净资产的20%；(6)公司放弃债权或者财产超过上年年末净资产的10%；(7)公司发生超过上年年末净资产10%的重大损失；(8)公司分配股利，作出减资、合并、分立、解散及申请破产的决定，或者依法进入破产程序、被责令关闭；(9)涉及公司的重大诉讼、仲裁；(10)公司涉嫌犯罪被依法立案调查，公司的控股股东、实际控制人、董事、监事、高级管理人员涉嫌犯罪被依法采取强制措施；(11)国务院证券监督管理机构规定的其他事项。

五、信息披露监管与信息披露不实的法律后果

(一) 信息披露监管

国务院证券监督管理机构对信息披露义务人的信息披露行为进行监督管理。

证券交易场所应当对其组织交易的证券的信息披露义务人的信息披露行为进行监督，督促其依法及时、准确地披露信息。

(二) 信息披露不实的法律后果

根据《证券法》的规定，信息披露义务人未按照规定披露信息，或者公告的证券发行文件、定期报告、临时报告及其他信息披露资料

存在虚假记载、误导性陈述或者重大遗漏，致使投资者在证券交易中遭受损失的，信息披露义务人应当承担赔偿责任。发行人的控股股东、实际控制人、董事、监事、高级管理人员和其他直接责任人员以及保荐人、承销的证券公司及其直接责任人员，应当与发行人承担连带赔偿责任，但是能够证明自己没有过错的除外。

第六节 投资者保护

一、投资者保护概述

投资者保护是证券法的宗旨所在，也是证券监管要实现的根本目标。证券市场存在与发展的核心在于对投资者信心的维持，而维持信心最基本的要求就是要建立各种有效机制，做好对于各类证券投资者的多重保护。2019年修订的《证券法》单独设立“投资者保护”一章，在制度上进一步加强对投资者的保护。

二、投资者保护新制度内容

（一）证券公司销售证券、提供服务时的义务

证券公司向投资者销售证券、提供服务时，应当按照规定充分了解投资者的基本情况、财产状况、金融资产状况、投资知识和经验、专业能力等相关信息；如实说明证券、服务的重要内容，充分揭示投资风险；销售、提供与投资者上述状况相匹配的证券、服务。证券公司违反上述规定导致投资者损失的，应当承担相应的赔偿责任。

同时，投资者在购买证券或者接受服务时，应当按照证券公司明示的要求提供上述所列真实信息。拒绝提供或者未按照要求提供信息的，证券公司应当告知其后果，并按照规定拒绝向其销售证券、提供服务。

（二）普通投资者和专业投资者

根据财产状况、金融资产状况、投资知识和经验、专业能力等因素，投资者可以分为普通投资者和专业投资者。专业投资者的标准由国务院证券监督管理机构规定。

普通投资者与证券公司发生纠纷的，证券公司应当证明其行为符合法律、行政法规以及国务院证券监督管理机构的规定，不存在误导、欺诈等情形。证券公司不能证明的，应当承担相应的赔偿责任。

（三）征集股东权利

上市公司董事会、独立董事、持有1%以上有表决权股份的股东或者依照法律、行政法规或者国务院证券监督管理机构的规定设立的投资者保护机构（以下简称投资者保护机构），可以作为征集人，自行或者委托证券公司、证券服务机构，公开请求上市公司股东委托其代为出席股东会，并代为行使提案权、表决权等股东权利。

依照上述规定征集股东权利的，征集人应当披露征集文件，上市公司应当予以配合。禁止以有偿或者变相有偿的方式公开征集股东权利。公开征集股东权利违反法律、行政法规或者国务院证券监督管理机构有关规定，导致上市公司或者其股东遭受损失的，应当依法承担赔偿责任。

（四）分配现金股利

上市公司应当在章程中明确分配现金股利的具体安排和决策程序，依法保障股东的资产收益权。

上市公司当年税后利润，在弥补亏损及提取法定公积金后有盈余的，应当按照公司章程的规定分配现金股利。

（五）债券持有人会议

公开发行公司债券的，应当设立债券持有人会议，并应当在募集说明书中说明债券持有人会议的召集程序、会议规则和其他重要事项。

公开发行公司债券的，发行人应当为债券持有人聘请债券受托管理人，并订立债券受托管理协议。受托管理人应当由本次发行的承销

机构或者其他经国务院证券监督管理机构认可的机构担任，债券持有人会议可以决议变更债券受托管理人。债券受托管理人应当勤勉尽责，公正履行受托管理职责，不得损害债券持有人利益。

债券发行人未能按期兑付债券本息的，债券受托管理人可以接受全部或者部分债券持有人的委托，以自己名义代表债券持有人提起、参加民事诉讼或者清算程序。

（六）先行赔付

发行人因欺诈发行、虚假陈述或者其他重大违法行为给投资者造成损失的，发行人的控股股东、实际控制人、相关的证券公司可以委托投资者保护机构，就赔偿事宜与受到损失的投资者达成协议，予以先行赔付。先行赔付后，可以依法向发行人以及其他连带责任人追偿。

（七）纠纷解决

1.投资者保护机构调解与起诉。（1）投资者保护机构申请调解。投资者与发行人、证券公司等发生纠纷的，双方可以向投资者保护机构申请调解。普通投资者与证券公司发生证券业务纠纷，普通投资者提出调解请求的，证券公司不得拒绝。（2）投资者保护机构支持起诉。投资者保护机构对损害投资者利益的行为，可以依法支持投资者向人民法院提起诉讼。（3）投资者保护机构以自己名义起诉。发行人的董事、监事、高级管理人员执行公司职务时违反法律、行政法规或者公司章程的规定给公司造成损失，发行人的控股股东、实际控制人等侵犯公司合法权益给公司造成损失，投资者保护机构持有该公司股份的，可以为公司的利益以自己的名义向人民法院提起诉讼，持股比例和持股期限不受《公司法》规定的限制。

2.代表人诉讼。（1）投资者提起虚假陈述等证券民事赔偿诉讼时，诉讼标的是同一种类，且当事人一方人数众多的，可以依法推选代表人进行诉讼。（2）对按照上述规定提起的诉讼，可能存在有相同诉讼请求的其他众多投资者的，人民法院可以发出公告，说明该诉讼请求的案件情况，通知投资者在一定期间向人民法院登记。人民法院作出的判决、裁定，对参加登记的投资者发生效力。（3）投资者保护机构受50名以上投资者委托，可以作为代表人参加诉讼，并为经证券登记结算机构确认的权利人依照上述第2项规定向人民法院登记，但投资者明确表示不愿意参加该诉讼的除外。

第七节　证券机构

一、证券交易场所

（一）证券交易场所和证券交易所的概念

1.证券交易场所。证券交易场所，是指依法登记而取得法人资格的证券交易所和国务院批准的其他全国性证券交易场所。证券交易场所为证券集中交易提供场所和设施，组织和监督证券交易，实行自律管理。证券交易场所的设立、变更和解散由国务院决定。

证券交易所、国务院批准的其他全国性证券交易场所可以根据证券品种、行业特点、公司规模等因素设立不同的市场层次。

按照国务院规定设立的区域性股权市场为非公开发行证券的发行、转让提供场所和设施，具体管理办法由国务院规定。

2.证券交易所。证券交易所是为证券集中交易提供场所和设施，组织和监督证券交易，实行自律管理的法人。证券交易所有公司制和会员制之分。实行会员制的证券交易所设理事会、监事会。证券交易所设总经理一人，由国务院证券监督管理机构任免。目前，我国境内有两家证券交易所，即1990年11月创立的上海证券交易所和1990年12月成立的深圳证券交易所。证券交易所的设立和解散，由国务院决定。

（二）证券交易所的职能

证券交易所履行自律管理职能，应当遵守社会公共利益优先原则，维护市场的公平、有序、透明。根据《证券法》的相关规定，证券交易所具有以下职能：

1.为组织公平的集中竞价交易提供保障，实时公布证券交易即时行情，并按交易日制作证券市场行情表，予以公布。证券交易即时行情的权益由证券交易所依法享有。未经证券交易所许可，任何单位和个人不得发布证券交易即时行情。

2.依照法律、行政法规的规定，办理股票的暂停上市、恢复上市或者终止上市的事务。

上市公司可以向证券交易所申请其上市交易股票的停牌或者复牌，但不得滥用停牌或者复牌损害投资者的合法权益。证券交易所可以按照业务规则的规定，决定上市交易股票的停牌或者复牌。

3.因不可抗力、意外事件、重大技术故障、重大人为差错等突发性事件而影响证券交易正常进行时，为维护证券交易正常秩序和市场公平，证券交易所可以按照业务规则采取技术性停牌、临时停市等处置措施，并应当及时向国务院证券监督管理机构报告。

因上述规定的突发性事件导致证券交易结果出现重大异常，按交易结果进行交收将对证券交易正常秩序和市场公平造成重大影响的，证券交易所按照业务规则可以采取取消交易、通知证券登记结算机构暂缓交收等措施，并应当及时向国务院证券监督管理机构报告并公告。

证券交易所对其依照上述规定采取措施造成的损失，不承担民事赔偿责任，但存在重大过错的除外。

4.对在交易所进行的证券交易实行实时监控，并按照国务院证券监督管理机构的要求，对异常的交易情况提出报告。证券交易所根据需要，可以按照业务规则对出现重大异常交易情况的证券账户的投资者限制交易，并及时向国务院证券监督管理机构报告。

5.对上市公司披露信息进行监督，督促上市公司依法及时、准确地披露信息。

6.证券交易所应当加强对证券交易的风险监测，出现重大异常波动的，证券交易所可以按照业务规则采取限制交易、强制停牌等处置措施，并向国务院证券监督管理机构报告；严重影响证券市场稳定的，证券交易所可以按照业务规则采取临时停市等处置措施并公告。

证券交易所对其依照上述规定采取措施造成的损失，不承担民事赔偿责任，但存在重大过错的除外。

7.证券交易所依照法律、行政法规和国务院证券监督管理机构的规定，制定上市规则、交易规则、会员管理规则和其他有关业务规则，并报国务院证券监督管理机构批准。

在证券交易所从事证券交易，应当遵守证券交易所依法制定的业务规则。违反业务规则的，由证券交易所给予纪律处分或者采取其他自律管理措施。

二、证券公司

（一）证券公司的设立

1.证券公司的概念。证券公司是指依照《公司法》的规定并经国务院证券监督管理机构批准而成立的专门经营证券业务、具有独立的法人地位的金融机构。

2.证券公司的设立。设立证券公司，应当具备下列条件：（1）有符合法律、行政法规规定的公司章程；（2）主要股东及公司的实际控制人具有良好的财务状况和诚信记录，最近3年无重大违法违规记录；（3）有符合《证券法》规定的公司注册资本；（4）董事、监事、高级管理人员、从业人员符合《证券法》规定的条件；（5）有完善的风险管理与内部控制制度；（6）有合格的经营场所、业务设施和信息技术系统；（7）法律、行政法规和经国务院批准的国务院证券监督管理机构规定的其他条件。未经中国证监会批准，任何单位和个人不得以证券公司名义开展证券业务活动。

（二）证券公司的组织形式及业务范围

1.证券公司的组织形式。证券公司的组织形式为有限责任公司或者股份有限公司。

2.证券公司的业务范围。经国务院证券监督管理机构核准，取得经营证券业务许可证，证券公司可以经营下列部分或者全部证券业务：(1)证券经纪；(2)证券投资咨询；(3)与证券交易、证券投资活动有关的财务顾问；(4)证券承销与保荐；(5)证券融资融券；(6)证券做市交易；(7)证券自营；(8)其他证券业务。国务院证券监督管理机构应当自受理上述规定事项申请之日起3个月内，依照法定条件和程序进行审查，作出核准或者不予核准的决定，并通知申请人；不予核准的，应当说明理由。

证券公司经营上述第1～3项业务的，注册资本最低限额为人民币5000万元；经营第4～8项业务之一的，注册资本最低限额为人民币1亿元；经营第4～8项业务中两项以上的，注册资本最低限额为人民币5亿元。证券公司的注册资本应当是实缴资本。

国务院证券监督管理机构根据审慎监管原则和各项业务的风险程度，可以调整注册资本最低限额，但不得少于上述规定的限额。

证券公司经营证券资产管理业务的，应当符合《证券投资基金法》等法律、行政法规的规定。除证券公司外，任何单位和个人不得从事证券承销、证券保荐、证券经纪和证券融资融券业务。证券公司从事证券融资融券业务，应当采取措施，严格防范和控制风险，不得违反规定向客户出借资金或者证券。

(三)对证券公司的监管

证券公司依法享有自主经营的权利，其合法经营不受干涉。但是，由于其在证券市场中的特殊地位，《证券法》对其规定了较为周密的监管制度，其主要内容如下。

1.证券公司变更证券业务范围，变更主要股东或者公司的实际控制人，合并、分立、停业、解散、破产，应当经国务院证券监督管理机构核准。

2.国务院证券监督管理机构应当对证券公司净资本和其他风险控制指标作出规定。证券公司除依照规定为其客户提供融资融券外，不得为其股东或者股东的关联人提供融资或者担保。

3.证券公司的董事、监事、高级管理人员，应当正直诚实、品行良好，熟悉证券法律、行政法规，具有履行职责所需的经营管理能力。证券公司任免董事、监事、高级管理人员，应当报国务院证券监督管理机构备案。有《公司法》第178条规定的情形或者下列情形之一的，不得担任证券公司的董事、监事、高级管理人员：(1)因违法行为或者违纪行为被解除职务的证券交易场所、证券登记结算机构的负责人或者证券公司的董事、监事、高级管理人员，自被解除职务之日起未逾5年；(2)因违法行为或者违纪行为被吊销执业证书或者被取消资格的律师、注册会计师或者其他证券服务机构的专业人员，自被吊销执业证书或者被取消资格之日起未逾5年。

4.证券公司从事证券业务的人员应当品行良好，具备从事证券业务所需的专业能力。因违法行为或者违纪行为被开除的证券交易场所、证券公司、证券登记结算机构、证券服务机构的从业人员和被开除的国家机关工作人员，不得招聘为证券公司的从业人员。国家机关工作人员和法律、行政法规规定的禁止在公司中兼职的其他人员，不得在证券公司中兼任职务。

5.国家设立证券投资者保护基金。证券投资者保护基金由证券公司缴纳的资金及其他依法筹集的资金组成，其规模以及筹集、管理和使用的具体办法由国务院规定。

6.证券公司从每年的业务收入中提取交易风险准备金，用于弥补证券经营的损失，其提取的具体比例由国务院证券监督管理机构会同国务院财政部门规定。

7.证券公司应当建立健全内部控制制度，采取有效隔离措施，防范公司与客户之间、不同客户之间的利益冲突。证券公司必须将其证券经纪业务、证券承销业务、证券自营业务、证券做市业务和证券资产管理业务分开办理，不得混合操作。

8.证券公司的自营业务必须以自己的名义进行，不得假借他人名义或者以个人名义进行。证券公司的自营业务必须使用自有资金和依法筹集的资金。证券公司不得将其自营账户借给他人使用。

9.证券公司应当依法审慎经营，勤勉尽责，诚实守信。证券公司的业务活动，应当与其治理结构、内部控制、合规管理、风险管理以及风险控制指标、从业人员构成等情况相适应，符合审慎监管和保护投资者合法权益的要求。证券公司依法享有自主经营的权利，其合法经营不受干涉。

10.证券公司客户的交易结算资金应当存放在商业银行，以每个客户的名义单独立户管理。证券公司不得将客户的交易结算资金和证券归入其自有财产。禁止任何单位或者个人以任何形式挪用客户的交易结算资金和证券。证券公司破产或者清算时，客户的交易结算资金和证券不属于其破产财产或者清算财产。非因客户本身的债务或者法律规定的其他情形，不得查封、冻结、扣划或者强制执行客户的交易结算资金和证券。

11.证券公司办理经纪业务，应当置备统一制定的证券买卖委托书，供委托人使用。采取其他委托方式的，必须作出委托记录。客户的证券买卖委托，不论是否成交，其委托记录应当按照规定的期限，保存于证券公司。

12.证券公司接受证券买卖的委托，应当根据委托书载明的证券名称、买卖数量、出价方式、价格幅度等，按照交易规则代理买卖证券，如实进行交易记录；买卖成交后，应当按照规定制作买卖成交报告单交付客户。证券交易中确认交易行为及其交易结果的对账单必须真实，保证账面证券余额与实际持有的证券相一致。

13.证券公司办理经纪业务，不得接受客户的全权委托而决定证券买卖、选择证券种类、决定买卖数量或者买卖价格。证券公司不得允许他人以证券公司的名义直接参与证券的集中交易。

14.证券公司不得对客户证券买卖的收益或者赔偿证券买卖的损失作出承诺。

15.证券公司的从业人员在证券交易活动中，执行所属的证券公司的指令或者利用职务违反交易规则的，由所属的证券公司承担全部责任。证券公司的从业人员不得私下接受客户委托买卖证券。

16.证券公司应当建立客户信息查询制度，确保客户能够查询其账户信息、委托记录、交易记录以及其他与接受服务或者购买产品有关的重要信息。证券公司应当妥善保存客户开户资料、委托记录、交易记录和与内部管理、业务经营有关的各项信息，任何人不得隐匿、伪造、篡改或者毁损。上述信息的保存期限不得少于20年。

17.证券公司应当按照规定向国务院证券监督管理机构报送业务、财务等经营管理信息和资料。国务院证券监督管理机构有权要求证券公司及其主要股东、实际控制人在指定的期限内提供有关信息、资料。证券公司及其主要股东、实际控制人向国务院证券监督管理机构报送或者提供的信息、资料，必须真实、准确、完整。

18.国务院证券监督管理机构认为有必要时，可以委托会计师事务所、资产评估机构对证券公司的财务状况、内部控制状况、资产价值进行审计或者评估。具体办法由国务院证券监督管理机构会同有关主管部门制定。

19.证券公司的治理结构、合规管理、风险控制指标不符合规定的，国务院证券监督管理机构应当责令其限期改正。逾期未改正，或者其行为严重危及该证券公司的稳健运行、损害客户合法权益的，国务院证券监督管理机构可以区别情形，对其采取下列措施：(1)限制业务活动，责令暂停部分业务，停止核准新业务；(2)限制分配红利，限制向董事、监事、高级管理人员支付报酬、提供福利；(3)限制转让财产或者在财产上设定其他权利；(4)责令更换董事、监事、高级管理人员或者限制其权利；(5)撤销有关业务许可；(6)认定负有责任的董事、监事、高级管理人员为不适当人选；(7)责令负有责任的股东转让股权，限制负有责任的股东行使股东权利。证券公司整改后，应当向国务院证券监督管理机构提交报告。国务院证券监督管理机构经验收，治理结构、合规管理、风险控制指标符合规定的，应当自验收完毕之日起3日内解除对其采取的上述规定的有关限制措施。

20.证券公司的股东有虚假出资、抽逃出资行为的，国务院证券监督管理机构应当责令其限期改正，并可责令其转让所持证券公司的股权。在上述规定的股东按照要求改正违法行为、转让所持证券公司的股权前，国务院证券监督管理机构可以限制其股东权利。

21.证券公司的董事、监事、高级管理人员未能勤勉尽责，致使证券公司存在重大违法违规行为或者重大风险的，国务院证券监督管理机构可以责令证券公司予以更换。

22.证券公司违法经营或者出现重大风险，严重危害证券市场秩序、损害投资者利益的，国务院证券监督管理机构可以对该证券公司采取责令停业整顿、指定其他机构托管、接管或者撤销等监管措施。

23.在证券公司被责令停业整顿、被依法指定托管、接管或者清算期间，或者出现重大风险时，经国务院证券监督管理机构批准，可以对该证券公司直接负责的董事、监事、高级管理人员和其他直接责任人员采取以下措施：(1)通知出境入境管理机关依法阻止其出境；(2)申请司法机关禁止其转移、转让或者以其他方式处分财产，或者在财产上设定其他权利。

三、证券登记结算机构

(一)证券登记结算机构的概念与设立

证券登记结算机构为证券交易提供集中登记、存管与结算服务，不以营利为目的，依法登记，取得法人资格。

设立证券登记结算机构，必须经国务院证券监督管理机构批准，并应具备下列条件：(1)自有资金不少于人民币2亿元；(2)具有证券登记、存管和结算服务所必需的场所和设施；(3)国务院证券监督管理机构规定的其他条件。证券登记结算机构的名称中应当标明证券登记结算字样。

(二)证券登记结算机构的职能

证券登记结算机构履行下列职能：(1)证券账户、结算账户的设立；(2)证券的存管和过户；(3)证券持有人名册登记；(4)证券交易的清算和交收；(5)受发行人的委托派发证券权益；(6)办理与上述业务有关的查询、信息服务；(7)国务院证券监督管理机构批准的其他业务。

(三)对证券登记结算机构的监管

证券登记结算机构是为证券交易提供集中登记、存管与结算服务，不以营利为目的的法人，其在证券市场中的地位十分重要，《证券法》对其规定了较为完备的监管制度，其主要内容如下：

1.在证券交易所和国务院批准的其他全国性证券交易场所交易的证券的登记结算，应当采取全国集中统一的运营方式。上述规定以外的证券，其登记、结算可以委托证券登记结算机构或者其他依法从事证券登记、结算业务的机构办理。

2.证券登记结算机构应当依法制定章程和业务规则，并经国务院证券监督管理机构批准。证券登记结算业务参与人应当遵守证券登记结算机构制定的业务规则。

3.在证券交易所或者国务院批准的其他全国性证券交易场所交易的证券，应当全部存管在证券登记结算机构。证券登记结算机构不得挪用客户的证券。

4.证券登记结算机构应当向证券发行人提供证券持有人名册及有关资料。证券登记结算机构应当根据证券登记结算的结果，确认证券持有人持有证券的事实，提供证券持有人登记资料。证券登记结算机构应当保证证券持有人名册和登记过户记录真实、准确、完整，不得隐匿、伪造、篡改或者毁损。

5.证券登记结算机构应当采取下列措施保证业务的正常进行：(1)具有必备的服务设备和完善的数据安全保护措施；(2)建立完善的业务、财务和安全防范等管理制度；(3)建立完善的风险管理系统。

6.证券登记结算机构应当妥善保存登记、存管和结算的原始凭证及有关文件和资料。其保存期限不得少于20年。

7.证券登记结算机构应当设立证券结算风险基金，用于垫付或者弥补因违约交收、技术故障、操作失误、不可抗力造成的证券登记结算机构的损失。证券结算风险基金从证券登记结算机构的业务收入和收益中提取，并可以由结算参与人按照证券交易业务量的一定比例缴纳。证券结算风险基金的筹集、管理办法，由国务院证券监督管理机构会同国务院财政部门规定。

8.证券结算风险基金应当存入指定银行的专门账户，实行专项管理。证券登记结算机构以证券结算风险基金赔偿后，应当向有关责任人追偿。

9.证券登记结算机构申请解散，应当经国务院证券监督管理机构批准。

10.投资者委托证券公司进行证券交易，应当通过证券公司申请在证券登记结算机构开立证券账户。证券登记结算机构应当按照规定为投资者开立证券账户。投资者申请开立账户，应当持有证明中华人民共和国公民、法人、合伙企业身份的合法证件。国家另有规定的除外。

11.证券登记结算机构作为中央对手方提供证券结算服务的，是结算参与人共同的清算交收对手，进行净额结算，为证券交易提供集中履约保障。证券登记结算机构为证券交易提供净额结算服务时，应当要求结算参与人按照货银对付的原则，足额交付证券和资金，并提供交收担保。在交收完成之前，任何人不得动用用于交收的证券、资金和担保物。结算参与人未按时履行交收义务的，证券登记结算机构有权按照业务规则处理上述财产。

12.证券登记结算机构按照业务规则收取的各类结算资金和证券，必须存放于专门的清算交收账户，只能按业务规则用于已成交的证券交易的清算交收，不得被强制执行。

四、证券服务机构

（一）证券服务机构概述

证券服务机构是指经国务院证券监督管理机构和其他有关主管部门核准从事证券业务的会计师事务所、律师事务所以及从事证券投资咨询、资产评估、资信评级、财务顾问、信息技术系统服务的证券服务机构。证券服务机构在证券发行与交易中通常是以独立的第三方对证券发行人或交易双方的财务、经营状况和所涉及法律事项进行审计、评估、见证，以确保证券发行、交易信息披露的真实性、准确性与完成性，它实际上构成了信息披露监督第一道关口。为充分发挥它们的专业监督作用，修订后的《证券法》加强了对证券服务机构的责任约束，明确要求它们对整个社会公众负有勤勉尽责义务，一旦出现信息欺诈，证券服务机构与发行人要承担连带赔偿责任。本部分内容应重点把握证券服务机构作为独立第三方在证券市场中的特殊作用与职能，以及其对社会公众应尽的法律义务与责任。

（二）对证券服务机构的监管

1.会计师事务所、律师事务所以及从事证券投资咨询、资产评估、资信评级、财务顾问、信息技术系统服务的证券服务机构，应当勤勉尽责、恪尽职守，按照相关业务规则为证券的交易及相关活动提供服务。从事证券投资咨询服务业务，应当经国务院证券监督管理机构核准；未经核准，不得为证券的交易及相关活动提供服务。从事其他证券服务业务，应当报国务院证券监督管理机构和国务院有关主管部门备案。

2.证券投资咨询机构及其从业人员从事证券服务业务不得有下列行为：(1)代理委托人从事证券投资；(2)与委托人约定分享证券投资收益或者分担证券投资损失；(3)买卖本证券投资咨询机构提供服务的证券；(4)法律、行政法规禁止的其他行为。有上述所列行为之一，给投资者造成损失的，应当依法承担赔偿责任。

3.证券服务机构应当妥善保存客户委托文件、核查和验证资料、工作底稿以及与质量控制、内部管理、业务经营有关的信息和资料，任何人不得泄露、隐匿、伪造、篡改或者毁损。上述信息和资料的保存期限不得少于10年，自业务委托结束之日起算。

4.证券服务机构为证券的发行、上市、交易等证券业务活动制作、出具审计报告及其他鉴证报告、资产评估报告、财务顾问报告、资信评级报告或者法律意见书等文件，应当勤勉尽责，对所依据的文件资料内容的真实性、准确性、完整性进行核查和验证。其制作、出具的文件有虚假记载、误导性陈述或者重大遗漏，给他人造成损失的，应当与委托人承担连带赔偿责任，但是能够证明自己没有过错的除外。

五、证券业协会

(一)证券业协会的性质与机构设置

1991年8月28日，我国成立了中国证券业协会。它是中国证券发展史上第一个全国性的证券行业自律性管理组织，是证券经营机构依法自行组织的自律性会员组织，具有独立的社团法人资格。按照《证券法》的规定，证券业协会是证券业的自律性组织，是社会团体法人。证券公司应当加入证券业协会。

证券业协会的权力机构是全体会员组成的会员大会。证券业协会设理事会，理事会成员依章程的规定由选举产生。证券业协会的章程由会员大会制定，并报国务院证券监督管理机构备案。

(二)证券业协会的职责

证券业协会履行下列职责：(1)教育和组织会员及其从业人员遵守证券法律、行政法规，组织开展证券行业诚信建设，督促证券行业履行社会责任；(2)依法维护会员的合法权益，向证券监督管理机构反映会员的建议和要求；(3)督促会员开展投资者教育和保护活动，维护投资者合法权益；(4)制定和实施证券行业自律规则，监督、检查会员及其从业人员行为，对违反法律、行政法规、自律规则或者协会章程的，按照规定给予纪律处分或者实施其他自律管理措施；(5)制定证券行业业务规范，组织从业人员的业务培训；(6)组织会员就证券行业的发展、运作及有关内容进行研究，收集整理、发布证券相关信息，提供会员服务，组织行业交流，引导行业创新发展；(7)对会员之间、会员与客户之间发生的证券业务纠纷进行调解；(8)证券业协会章程规定的其他职责。

六、证券监督管理机构

(一)证券监督管理机构的性质

按照《证券法》的规定，国务院证券监督管理机构依法对我国证券市场实行监督管理。从目前国务院机构设置的情况来看，国务院证券监督管理机构即中国证券监督管理委员会。根据国务院1998年9月批准的《中国证券监督管理委员会职能配置、内设机构和人员编制规定》，中国证券监督管理委员会属于国务院正部级事业单位，是全国证券期货市场的主管部门，它根据国务院的授权履行其行政监管职能，依法对证券市场实行监督管理，维护证券市场公开、公平、公正，防范系统性风险，维护投资者合法权益，促进证券市场健康发展。

(二)证券监督管理机构的职责

《证券法》规定，国务院证券监督管理机构在对证券市场实施监督管理中履行下列职责：(1)依法制定有关证券市场监督管理的规章、规则，并依法进行审批、核准、注册，办理备案；(2)依法对证券的发行、上市、交易、登记、存管、结算等行为，进行监督管理；(3)依法对证券发行人、证券公司、证券服务机构、证券交易场所、证券登记结算机构的证券业务活动，进行监督管理；(4)依法制定从事证券业务人员的行为准则，并监督实施；(5)依法监督检查证券发行、上市、交易的信息披露；(6)依法对证券业协会的自律管理活动进行指导和监督；(7)依法监测并防范、处置证券市场风险；(8)依法开展投资者教育；(9)依法对证券违法行为进行查处；(10)法律、行政法规规定的其他职责。

(三)证券监管措施

国务院证券监督管理机构依法履行职责时，有权采取下列措施：(1)对证券发行人、证券公司、证券服务机构、证券交易场所、证券登记结算机构进行现场检查。(2)进入涉嫌违法行为发生场所调查取证。(3)询问当事人和与被调查事件有关的单位和个人，要求其对与被调查事件有关的事项作出说明；或者要求其按照指定的方式报送与被调查事件有关的文件和资料。(4)查阅、复制与被调查事件有关的财产权登记、通讯记录等文件和资料。(5)查阅、复制当事人和与被调查事件有关的单位和个人的证券交易记录、登记过户记录、财务会计资料及其他相关文件和资料；对可能被转移、隐匿或者毁损的文件和资料，可以予以封存、扣押。(6)查询当事人和与被调查事件有关的单位和个人的资金账户、证券账户、银行账户以及其他具有支付、托管、结算等功能的账户信息，可以对有关文件和资料进行复制；对有证据证明已经或者可能转移或者隐匿违法资金、证券等涉案财产或者隐匿、伪造、毁损重要证据的，经国务院证券监督管理机构主要负责人或者其授权的其他负责人批准，可以冻结或者查封，期限为6个月；因特殊原因需要延长的，每次延长期限不得超过3个月，冻结、查封期限最长不得超过2年。(7)在调查操纵证券市场、内幕交易等重大证券违法行为时，经国务院证券监督管理机构主要负责人或者其授权的其他负责人批准，可以限制被调查的当事人的证券买卖，但限制的期限不得超过3个月；案情复杂的，可以延长3个月。(8)通知出境入境管理机关依法阻止涉嫌违法人员、涉嫌违法单位的主管人员和其他直接责任人员出境。

为防范证券市场风险，维护市场秩序，国务院证券监督管理机构可以采取责令改正、监管谈话、出具警示函等措施。

(四)行政执法和解措施

国务院证券监督管理机构对涉嫌证券违法的单位或者个人进行调查期间，被调查的当事人书面申请，承诺在国务院证券监督管理机构认可的期限内纠正涉嫌违法行为，赔偿有关投资者损失，消除损害或者不良影响的，国务院证券监督管理机构可以决定中止调查。被调查的当事人履行承诺的，国务院证券监督管理机构可以决定终止调查；被调查的当事人未履行承诺或者有国务院规定的其他情形的，应当恢复调查。具体办法由国务院规定。

国务院证券监督管理机构决定中止或者终止调查的，应当按照规定公开相关信息。

(五)对证券行政执法的监管

1.国务院证券监督管理机构依法履行职责，进行监督检查或者调查，其监督检查、调查的人员不得少于2人，并应当出示合法证件和监督检查、调查通知书或者其他执法文书。监督检查、调查的人员少于2人或者未出示合法证件和监督检查、调查通知书或者其他执法文书的，被检查、调查的单位和个人有权拒绝。

2.国务院证券监督管理机构依法履行职责，被检查、调查的单位和个人应当配合，如实提供有关文件和资料，不得拒绝、阻碍和隐瞒。

3.国务院证券监督管理机构制定的规章、规则和监督管理工作制度应当依法公开。国务院证券监督管理机构依据调查结果，对证券违法行为作出的处罚决定，应当公开。

4.国务院证券监督管理机构应当与国务院其他金融监督管理机构建立监督管理信息共享机制。国务院证券监督管理机构依法履行职责，进行监督检查或者调查时，有关部门应当予以配合。

5.对涉嫌证券违法、违规行为，任何单位和个人有权向国务院证券监督管理机构举报。对涉嫌重大违法、违规行为的实名举报线索经查证属实的，国务院证券监督管理机构按照规定给予举报人奖励。国务院证券监督管理机构应当对举报人的身份信息保密。

6.国务院证券监督管理机构依法履行职责，发现证券违法行为涉嫌犯罪的，应当依法将案件移送司法机关处理；发现公职人员涉嫌职务违法或者职务犯罪的，应当依法移送监察机关处理。

7.国务院证券监督管理机构工作人员必须忠于职守、依法办事、公正廉洁，不得利用职务便利牟取不正当利益，不得泄露所知悉的有关单位和个人的商业秘密。

国务院证券监督管理机构工作人员在任职期间，或者离职后在《公务员法》规定的期限内，不得到与原工作业务直接相关的企业或者其他营利性组织任职，不得从事与原工作业务直接相关的营利性活动。

(六)证券跨境合作与监管

国务院证券监督管理机构可以和其他国家或者地区的证券监督管理机构建立监督管理合作机制，实施跨境监督管理。

境外证券监督管理机构不得在中华人民共和国境内直接进行调查取证等活动。未经国务院证券监督管理机构和国务院有关主管部门同意，任何单位和个人不得擅自向境外提供与证券业务活动有关的文件和资料。

第八节　证券投资基金法律制度

一、证券投资基金概述

（一）证券投资基金的概念、特征及其分类

证券投资基金是指通过公开或者非公开募集资金设立证券投资基金（以下简称基金），由基金管理人管理，基金托管人托管，为基金份额持有人的利益，进行证券投资活动而获取一定收益的投资工具。

证券投资基金的证券形式通常是基金券或基金单位，它和股票、债券一样都是金融投资工具，但又有别于股票和债券，它们的区别主要有以下几点：第一，它们所体现的关系不同，股票所体现的是股权关系，债券所体现的是债权关系，而基金券所体现的则是信托关系。第二，资金投向不同，由于股票和债券是融资工具，其融资投向主要在于实业，而基金由于是信托工具，其投向则在于股票或债券等有价证券。第三，收益与风险不同，股票的收益取决于公司的经营效益，投资股市风险较大；债券的收益是既定的，其投资风险较小；基金券主要投资于有价证券，其运作方式较为灵活，可在获得较高收益的同时而又风险较小。通过公开募集方式设立的基金（以下简称公开募集基金）的基金份额持有人按其所持基金份额享受收益和承担风险，通过非公开募集方式设立的基金（以下简称非公开募集基金）的收益分配和风险承担由基金合同约定。

证券投资基金具有以下基本特征：第一，它是依据信托原理来组织证券投资的。信托是指将本人的财产委托给可以信赖的第三者，让其按照本人的要求加以管理和运用的行为。在基金活动中将分散的投资汇集起来委托专业机构进行操作，是基于对专业机构的完全信任，这里所谓的专业机构是指依法设立的基金管理公司和基金托管人。第二，证券投资基金只能投资于股票或债券等有价证券，即证券投资基金是专为投资证券而设立的，不能投资于证券以外的项目。第三，证券投资基金的投资收益由基金份额持有人享有。

根据《证券投资基金法》的规定，证券投资基金主要分为封闭式基金和开放式基金两类。所谓封闭式基金是指经核准的基金份额总额在基金合同期限内固定不变，基金份额可以在依法设立的证券交易场所交易，但基金份额持有人不得申请赎回的基金。而开放式基金则是指基金份额总额不固定，基金份额可以在基金合同约定的时间和场所申购或者赎回的基金。这两种基金均属于信托契约式基金，但二者存在如下显著的区别：

第一，封闭式基金的基金份额总额在基金存续期间固定不变，基金财产可以全部用于投资，基金管理人可以据此制定较长期的投资策略，以求获得长期经营业绩，回报基金份额持有人。开放式基金的基金份额随时面临申购与赎回，其基金财产必须保持一定比例的现金或者政府债券，以备支付基金份额持有人的赎回款项，不能全部用于投资，可用于投资的部分，主要投资于变现能力强的资产，以求基金资产的保值增值，取信于基金份额持有人。这是二者在基金投资策略上的区别。

第二，封闭式基金的基金份额在基金存续期间，可以依法在证券交易场所上市交易，但基金份额持有人不得申请赎回。开放式基金的基金份额可以在基金合同约定的时间和场所申购或者赎回，但不能在证券交易场所上市交易。这是二者在基金份额交易方式上的区别。

第三，封闭式基金的基金份额在基金存续期间不能赎回，其基金份额总额固定不变。即使可以依法扩募，扩募后，其基金份额总额在扩募后的存续期间又固定不变。开放式基金的基金份额可以在基金合同约定的时间和场所随时申购或者赎回，其基金份额总额始终处于变动之中。这是二者在基金份额总额可变性上的区别。

第四，封闭式基金的基金份额可以依法在证券交易所上市交易，其交易价格随市场供求关系变化，供不应求时，其基金份额的交易价格

高于其资产净值；供过于求时，基金份额的交易价格低于其资产净值。开放式基金的交易价格以其基金份额的资产净值加减有关费用确定，扣除有关费用后，其交易价格即其基金份额的资产净值。这是二者在基金份额交易价格形成机制上的区别。

基金管理人、基金托管人可以根据自己的管理经验和管理能力基于不同基金的类型而选择适合自己的基金运作方式。基金份额持有人则可以按照自己的风险承受能力和投资偏好选择适合自己的基金类型。对基金管理人、基金托管人和基金份额持有人共同选定的基金类型，应当在基金合同中作出约定。选择封闭式基金的，按照封闭式基金管理，其基金份额上市交易，要符合《证券投资基金法》和交易所上市交易规则规定的上市条件，并经国务院证券监督管理机构核准。选择开放式基金的，按照开放式基金管理，其基金财产应当保持一定比例的现金或者政府债券，以备支付基金份额持有人的赎回款项。其基金管理人应当依法在每一个工作日办理基金份额的申购与赎回；基金合同另有规定的，按照其规定。

（二）证券投资基金的产生和演变

一般认为，英国1868年建立的“国外及殖民地政府信托”是投资基金的最早形态。该基金设立的宗旨是：“运用共同基金，分散投资于国外及殖民地证券，借以分散投资风险，以便中小投资者能与大投资者一样享受投资利益为目的。”

证券投资基金虽起始于英国，却发展于美国。1921年4月美国出现了第一个投资基金组织“美国国际证券信托”，该基金的运作与此前的英国基金基本相同，亦为封闭基金，即基金发行在外的受益凭证数量固定不变，投资者只能在市场上进行受益凭证的交易，其价格由供求关系调节。此后，美国投资基金发展迅速，并远远超过了英国。

1940年美国政府制定了联邦《投资公司法》和《投资顾问法》，详细规定了投资基金的组成及管理的法律要件，对有关财务公开、董事监事的任命、公司经理的选择以及销售和宣传方式等都作了相应规定，从而使投资公司被置于严格的管制与监督之下，为投资者提供了完整的法律保护。

相对于发达的市场经济国家，证券投资基金业在我国起步较晚。首家经批准公开发行的基金是始于1991年的武汉证券投资基金。1992年深圳市公布了《深圳市投资信托基金管理暂行规定》，1993年上海市公布了《上海市人民币证券投资信托基金暂行管理办法》，1997年国务院批准颁布了《证券投资基金管理暂行办法》（已失效）。作为证券投资基金的基本法则是由第十届全国人民代表大会常务委员会第五次会议于2003年10月28日公布的《证券投资基金法》，于2012年、2015年经历两次修改。

二、证券投资基金关系中的当事人

证券投资基金关系中的当事人由基金管理人、基金托管人和基金份额持有人三方构成。

（一）基金管理人

1.基金管理人的概念及其特征。基金管理人是指发行基金份额募集证券投资基金，并按照法律的规定和基金合同的约定，为基金份额持有人的利益，对基金财产进行管理和运用的机构。基金管理人由依法设立的公司或者合伙企业担任。担任公开募集基金的基金管理人，由基金管理公司或者经国务院证券监督管理机构按照规定核准的其他机构担任。

在证券投资基金法律关系中，基金管理人处于中心地位，具有以下两个特征：

第一，基金管理人是证券投资基金的募集人。根据《证券投资基金法》的相关规定，基金管理人依法发售基金份额，募集证券投资基金。其他机构或者个人不得从事证券投资基金的募集活动。

第二，基金管理人是基金财产的管理人。根据《证券投资基金法》的有关规定，基金管理人运用基金财产，进行证券投资，是基金财产的管理人。但是，基金管理人只是负责投资决策，下达投资指令，并不负责基金财产的保管和投资运作的结算。

2.担任基金管理人的条件。基金管理人由

依法设立的基金管理公司担任。设立管理公开募集基金的基金管理公司，应当经国务院证券监督管理机构批准，并具备下列条件:（1）有符合《证券投资基金法》和《公司法》规定的章程;（2）注册资本不低于1亿元人民币，且必须为实缴货币资本;（3）主要股东应当具有经营金融业务或者管理金融机构的良好业绩、良好的财务状况和社会信誉，资产规模达到国务院规定的标准，最近3年没有违法记录;（4）取得基金从业资格的人员达到法定人数;（5）董事、监事、高级管理人员具备相应的任职条件;（6）有符合要求的营业场所、安全防范设施和与基金管理业务有关的其他设施;（7）有完善的内部稽核监控制度和风险控制制度;（8）法律、行政法规规定的和经国务院批准的国务院证券监督管理机构规定的其他条件。

国务院证券监督管理机构应当自受理基金管理公司设立申请之日起6个月内依照法定的条件和审慎监管原则进行审查，作出批准或者不予批准的决定，并通知申请人；不予批准的，应当说明理由。

基金管理公司变更持有5%以上股权的股东，变更公司的实际控制人，或者变更其他重大事项，应当报经国务院证券监督管理机构批准。国务院证券监督管理机构应当自受理申请之日起60日内作出批准或者不予批准的决定，并通知申请人；不予批准的，应当说明理由。

另外，我国《证券投资基金法》还对公开募集基金的基金管理人的董事、监事、高级管理人员和其他从业人员的消极资格进行了规定，即有下列情形之一的，不得担任基金管理人的高管和其他从业人员:（1）因犯有贪污贿赂、渎职、侵犯财产罪或者破坏社会主义市场经济秩序罪，被判处刑罚的;（2）对所任职的公司、企业因经营不善破产清算或者因违法被吊销营业执照负有个人责任的董事、监事、厂长、经理及其他高级管理人员，自该公司、企业破产清算终结或者被吊销营业执照之日起未逾5年的;（3）个人所负债务数额较大，到期未清偿的;（4）因违法行为被开除的基金管理人、基金托管人、证券交易所、证券公司、证券登记结算机构、期货交易所、期货公司及其他机构的从业人员和国家机关工作人员;（5）因违法行为被吊销执业证书或者被取消资格的律师，注册会计师和资产评估机构、验证机构的从业人员，投资咨询从业人员;（6）法律、行政法规规定不得从事基金业务的其他人员。

3.公开募集基金的基金管理人的禁止行为。公开募集基金的基金管理人及其董事、监事、高级管理人员和其他从业人员的禁止行为包括:（1）将其固有财产或者他人财产混同于基金财产从事证券投资;（2）不公平地对待其管理的不同基金财产;（3）利用基金财产或者职务之便为基金份额持有人以外的人牟取利益;（4）向基金份额持有人违规承诺收益或者承担损失;（5）侵占、挪用基金财产;（6）泄露因职务便利获取的未公开信息，利用该信息从事或者明示、暗示他人从事相关交易活动;（7）玩忽职守，不按照规定履行职责;（8）法律、行政法规和国务院证券监督管理机构规定禁止的其他行为。

国务院证券监督管理机构对有下列情形之一的基金管理人，依据职权责令整顿，或者取消基金管理资格:（1）有重大违法违规行为;（2）不再具备《证券投资基金法》规定的设立条件;（3）法律、行政法规规定的其他情形。

4.公开募集基金的基金管理人的职责及其终止。

根据《证券投资基金法》的规定，公开募集基金的基金管理人的职责主要包括:（1）依法募集资金，办理基金份额的发售和登记事宜;（2）办理基金备案手续;（3）对所管理的不同基金财产分别管理、分别记账，进行证券投资;（4）按照基金合同的约定确定基金收益分配方案，及时向基金份额持有人分配收益;（5）进行基金会计核算并编制基金财务会计报告;（6）编制中期和年度基金报告;（7）计算并公告基金资产净值，确定基金份额申购、赎回价格;（8）办理与基金财产管理业务活动有关的信息披露事项;（9）按照规定召集基金份额持有人大会;（10）保存基金财产管理业务活动的记录、账册、报表和其他相关资料;（11）以基金管理人名义，代表基金份额持有人利益行使诉讼权利或者实施其他法律行为;(12)国务院证券监督管理机构规定的其他职责。

公开募集基金的基金管理人如不能正当履行其职责或者其行为有损于投资人的利益，则可依法终止其职责。有下列情形之一的，基金管理人职责终止:(1)被依法取消基金管理资格;(2)被基金份额持有人大会解任;(3)依法解散、被依法撤销或者被依法宣告破产;(4)基金合同约定的其他情形。

在公开募集基金的基金管理人职责终止的情形下，基金份额持有人大会应当在6个月内选任新基金管理人;新基金管理人产生前，由国务院证券监督管理机构指定临时基金管理人。基金管理人还应当妥善保管基金管理业务资料，及时办理基金管理业务的移交手续，新基金管理人或者临时基金管理人应当及时接收。此外，还应当按照规定聘请会计师事务所对基金财产进行审计，并将审计结果予以公告，同时报国务院证券监督管理机构备案。

5.公开募集基金的基金管理人及其高管和其他从业人员的行为规范及其规制。

(1)公开募集基金的基金管理人应当建立良好的内部治理结构，明确股东会、董事会、监事会和高级管理人员的职责权限，确保基金管理人独立运作。公开募集基金的基金管理人可以实行专业人士持股计划，建立长效激励约束机制。公开募集基金的基金管理人的股东、董事、监事和高级管理人员在行使权利或者履行职责时，应当遵循基金份额持有人利益优先的原则。

(2)公开募集基金的基金管理人应当从管理基金的报酬中计提风险准备金。公开募集基金的基金管理人因违法违规、违反基金合同等原因给基金财产或者基金份额持有人合法权益造成损失，应当承担赔偿责任的，可以优先使用风险准备金予以赔偿。

(3)公开募集基金的基金管理人的股东、实际控制人应当按照国务院证券监督管理机构的规定及时履行重大事项报告义务，并不得有下列行为:①虚假出资或者抽逃出资;②未依法经股东会或者董事会决议擅自干预基金管理人的基金经营活动;③要求基金管理人利用基金财产为自己或者他人牟取利益，损害基金份额持有人利益;④国务院证券监督管理机构规定禁止的其他行为。

公开募集基金的基金管理人的股东、实际控制人有上述行为或者股东不再符合法定条件的，国务院证券监督管理机构应当责令其限期改正，并可视情节责令其转让所持有或者控制的基金管理人的股权。

在上述股东、实际控制人按照要求改正违法行为、转让所持有或者控制的基金管理人的股权前，国务院证券监督管理机构可以限制有关股东行使股东权利。

(4)公开募集基金的基金管理人违法违规，或者其内部治理结构、稽核监控和风险控制管理不符合规定的，国务院证券监督管理机构应当责令其限期改正;逾期未改正，或者其行为严重危及该基金管理人的稳健运行、损害基金份额持有人合法权益的，国务院证券监督管理机构可以区别情形，对其采取下列措施:①限制业务活动，责令暂停部分或者全部业务。②限制分配红利，限制向董事、监事、高级管理人员支付报酬、提供福利。③限制转让固有财产或者在固有财产上设定其他权利。④责令更换董事、监事、高级管理人员或者限制其权利。⑤责令有关股东转让股权或者限制有关股东行使股东权利。

公开募集基金的基金管理人整改后，应当向国务院证券监督管理机构提交报告。国务院证券监督管理机构经验收，符合有关要求的，应当自验收完毕之日起3日内解除对其采取的有关措施。

(5)公开募集基金的基金管理人的董事、监事、高级管理人员未能勤勉尽责，致使基金管理人存在重大违法违规行为或者重大风险的，国务院证券监督管理机构可以责令更换。

(6)公开募集基金的基金管理人违法经营或者出现重大风险，严重危害证券市场秩序、损害基金份额持有人利益的，国务院证券监督管理机构可以对该基金管理人采取责令停业整顿，指定其他机构托管、接管，取消基金管理资格或者撤销等监管措施。

（7）在公开募集基金的基金管理人被责令停业整顿，被依法指定托管、接管或者清算期间，或者出现重大风险时，经国务院证券监督管理机构批准，可以对该基金管理人直接负责的董事、监事、高级管理人员和其他直接责任人员采取下列措施：①通知出境管理机关依法阻止其出境；②申请司法机关禁止其转移、转让或者以其他方式处分财产，或者在财产上设定其他权利。

（二）基金托管人

1.基金托管人的概念及其应当具备的条件。基金托管人是指受基金发起人或基金管理人的委托而保管各项基金财产，并对基金管理人运用基金财产从事证券投资进行监督的金融机构。基金托管人与基金管理人是共同受托人，其主要职责是托管基金财产，包括保管基金财产，办理结算、支付业务等。基金财产主要是现金、存款以及股票、债券等金融资产，而且数额巨大，应当由具有安全保管金融资产的资本基础、专业能力和技术、管理设施，并具有良好的结算支付系统的金融机构，担任基金托管人。

根据《证券投资基金法》的规定，基金托管人由依法设立的商业银行或者其他金融机构担任。商业银行担任基金托管人的，由国务院证券监督管理机构会同国务院银行业监督管理机构核准；其他金融机构担任基金托管人的，由国务院证券监督管理机构核准。商业银行是金融体系的核心，是社会的信用中介，本身是存款机构，并承担着社会的支付和结算功能。依照现行《商业银行法》的规定，设立商业银行应当符合严格的资格条件，如注册资本最低限额为10亿元人民币，有具备任职专业知识和业务工作经验的董事长、总经理和其他高级管理人员，有健全的组织机构和管理制度，有符合要求的营业场所、安全防范设施等。因此，商业银行资本雄厚，专业管理力量强大，技术设施和内部风险控制制度健全，同时还具有完善的结算系统和支付系统。可见，商业银行具有有效履行基金托管职责的便利条件和可靠保障，由商业银行担任基金托管人，有利于保证基金财产的安全。《证券投资基金法》修订之后扩大了基金托管人的范围，即其他金融机构经国务院证券监督管理机构核准也可以担任基金托管人。

担任基金托管人，应当具备如下条件：（1）净资产和风险控制指标符合有关规定；（2）设有专门的基金托管部门；（3）取得基金从业资格的专职人员达到法定人数；（4）有安全保管基金财产的条件；（5）有安全高效的清算、交割系统；（6）有符合要求的营业场所、安全防范设施和与基金托管业务有关的其他设施；（7）有完善的内部稽核监控制度和风险控制制度；（8）法律、行政法规规定的和经国务院批准的国务院证券监督管理机构、国务院银行业监督管理机构规定的其他条件。

2.基金托管人的职责及其资格的取消与终止。根据《证券投资基金法》的规定，基金托管人应当履行的职责为：（1）安全保管基金财产；（2）按照规定开设基金财产的资金账户和证券账户；（3）对所托管的不同基金财产分别设置账户，确保基金财产的完整与独立；（4）保存基金托管业务活动的记录、账册、报表和其他相关资料；（5）按照基金合同的约定，根据基金管理人的投资指令，及时办理清算、交割事宜；（6）办理与基金托管业务活动有关的信息披露事项；（7）对基金财务会计报告、中期和年度基金报告出具意见；（8）复核、审查基金管理人计算的基金资产净值和基金份额申购、赎回价格；（9）按照规定召集基金份额持有人大会；（10）按照规定监督基金管理人的投资运作；（11）国务院证券监督管理机构规定的其他职责。

除履行以上职责外，基金托管人如发现基金管理人的投资指令违反法律、行政法规和其他有关规定，或者违反基金合同约定的，应当拒绝执行，立即通知基金管理人，并及时向国务院证券监督管理机构报告。另外，基金托管人如发现基金管理人依据交易程序已经生效的投资指令违反法律、行政法规和其他有关规定，或者违反基金合同约定的，也应当立即通知基金管理人，并及时向国务院证券监督管理机构报告。

基金托管人不再具备《证券投资基金法》规定的条件，或者未能勤勉尽责，在履行《证券投资基金法》规定的职责时存在重大失误的，国务院证券监督管理机构、国务院银行业监督管理机构应当责令其改正。逾期未改正，或者其行为严重影响所托管基金的稳健运行、损害基金份额持有人利益的，国务院证券监督管理机构、国务院银行业监督管理机构可以区别情形，对其采取下列措施：(1)限制业务活动，责令暂停办理新的基金托管业务；(2)责令更换负有责任的专门基金托管部门的高级管理人员。基金托管人整改后，应当向国务院证券监督管理机构、国务院银行业监督管理机构提交报告；经验收，符合有关要求的，应当自验收完毕之日起3日内解除对其采取的有关措施。

国务院证券监督管理机构、国务院银行业监督管理机构对有下列情形之一的基金托管人，可以取消其基金托管资格：(1)连续3年没有开展基金托管业务的；(2)违反《证券投资基金法》规定，情节严重的；(3)法律、行政法规规定的其他情形。

按照法律的规定，基金托管人当发生下列情形之一的，其职责被依法终止：(1)被依法取消基金托管资格；(2)被基金份额持有人大会解任；(3)依法解散、被依法撤销或者被依法宣告破产；(4)基金合同约定的其他情形。基金托管人职责终止的，基金份额持有人大会应当在6个月内选任新基金托管人；新基金托管人产生前，由国务院证券监督管理机构指定临时基金托管人。

最后需要说明的是，基金托管人与基金管理人不得为同一人，不得相互出资或者持有股份。

(三)基金份额持有人

基金份额持有人是指购买基金份额的投资者。

1.基金份额持有人的权利。基金份额持有人享有以下两类权利：

一是具有财产权性质的自益权，具体包括：(1)分享基金财产收益；(2)参与分配清算后的剩余基金财产；(3)依法转让或者申请赎回其持有的基金份额。

二是具有监督与管理性质的共益权，具体包括：(1)按照规定要求召开基金份额持有人大会。(2)对基金份额持有人大会审议事项行使表决权。(3)公开募集基金的基金份额持有人有权查阅或者复制公开披露的基金信息资料；非公开募集基金的基金份额持有人对涉及自身利益的情况，有权查阅基金的财务会计账簿等财务资料。(4)对基金管理人、基金托管人、基金服务机构损害其合法权益的行为依法提起诉讼。

上述基金份额持有人大会由全体基金份额持有人组成，由基金管理人召集。按照基金合同约定，基金份额持有人大会可以设立日常机构。基金份额持有人大会设立日常机构的，由该日常机构召集；该日常机构未召集的，由基金管理人召集；基金管理人未按规定召集或者不能召开时，由基金托管人召集。代表基金份额10%以上的基金份额持有人就同一事项要求召开基金份额持有人大会，而基金管理人、基金托管人都不召集的，代表基金份额10%以上的基金份额持有人有权自行召集，并报国务院证券监督管理机构备案。

召开基金份额持有人大会，召集人应当至少提前30日公告基金份额持有人大会的召开时间、会议形式、审议事项、议事程序和表决方式等事项。基金份额持有人大会不得就未经公告的事项进行表决。基金份额持有人大会可以采取现场方式召开，也可以采取通讯等方式召开。每一基金份额具有一票表决权，基金份额持有人可以委托代理人出席基金份额持有人大会并行使表决权。基金份额持有人大会应当有代表1/2以上基金份额的持有人参加，方可召开。参加基金份额持有人大会的持有人的基金份额低于上述规定比例的，召集人可以在原公告的基金份额持有人大会召开时间的3个月以后、6个月以内，就原定审议事项重新召集基金份额持有人大会。重新召集的基金份额持有人大会应当有代表1/3以上基金份额的持有人参加，方可召开。大会就审议事项作出决定，应当经参加大会的基金份额持有人所持表决权的1/2以上通过；但是，转换基金运作方式、更换基金管理人或者基金托管人、提前终止基金合同、与其他基金合并，应当经参加大会的基金份额持有人所持表决权的2/3以上通过。基金份额持有人大会决定的事项，应当依法报国务院证券监督管理机构核准或者备案，并予以公告。

基金份额持有人大会行使下列职权：(1)决定基金扩募或者延长基金合同期限；(2)决定修改基金合同的重要内容或者提前终止基金合同；(3)决定更换基金管理人、基金托管人；(4)决定调整基金管理人、基金托管人的报酬标准；(5)基金合同约定的其他职权。

基金份额持有人大会设立日常机构的，该日常机构行使下列职权：(1)召集基金份额持有人大会；(2)提请更换基金管理人、基金托管人；(3)监督基金管理人的投资运作、基金托管人的托管活动；(4)提请调整基金管理人、基金托管人的报酬标准；(5)基金合同约定的其他职权。

上述日常机构，由基金份额持有人大会选举产生的人员组成；其议事规则，由基金合同约定。

但是需要注意的是，基金份额持有人大会及其日常机构均不得直接参与或者干涉基金的投资管理活动。

2.基金份额持有人的义务。基金份额持有人主要承担以下三项义务：(1)及时交纳购买基金份额所需的款项和相关费用；(2)遵守基金合同的各项约定；(3)在购买的基金份额范围内承担有限责任。

三、公开募集基金的法律规制

(一)基金的公开募集

1.公开募集基金的条件和应当提交的文件。公开募集基金，应当经国务院证券监督管理机构注册。未经注册，不得公开或者变相公开募集基金。这里所称公开募集基金，包括向不特定对象募集资金、向特定对象募集资金累计超过200人，以及法律、行政法规规定的其他情形。

申请募集基金，拟募集的基金应当具备下列条件：(1)有明确、合法的投资方向；(2)有明确的基金运作方式；(3)符合中国证监会关于基金品种的规定；(4)基金合同、招募说明书等法律文件草案符合法律、行政法规和中国证监会的规定；(5)基金名称表明基金的类别和投资特征，不存在损害国家利益、社会公共利益，欺诈、误导投资者，或者其他侵犯他人合法权益的内容；(6)招募说明书真实、准确、完整地披露了投资者做出投资决策所需的重要信息，不存在虚假记载、误导性陈述或者重大遗漏，语言简明、易懂、实用，符合投资者的理解能力；(7)有符合基金特征的投资者适当性管理制度，有明确的投资者定位、识别和评估等落实投资者适当性安排的方法，有清晰的风险警示内容；(8)基金的投资管理、销售、登记和估值等业务环节制度健全，行为规范，技术系统准备充分，不存在影响基金正常运作、损害或者可能损害基金份额持有人合法权益、可能引发系统性风险的情形；(9)中国证监会规定的其他条件。

注册公开募集基金，由拟任基金管理人向国务院证券监督管理机构提交下列文件：(1)申请报告；(2)基金合同草案；(3)基金托管协议草案；(4)招募说明书草案；(5)律师事务所出具的法律意见书；(6)国务院证券监督管理机构规定提交的其他文件。

2.公开募集基金的基金合同与招募说明书的内容。基金合同是规范基金管理人、基金托管人和基金份额持有人权利义务关系的协议，属于要式合同，故法律应当对基金合同的内容进行规范，我国法律规定公开募集基金的基金合同的内容主要包括：(1)募集基金的目的和基金名称；(2)基金管理人、基金托管人的名称和住所；(3)基金运作方式；(4)封闭式基金的基金份额总额和基金合同期限，或者开放式基金的最低募集份额总额；(5)确定基金份额发售日期、价格和费用的原则；(6)基金份额持有人、基金管理人和基金托管人的权利、义务；(7)基金份额持有人大会召集、议事及表决的程序和规则；(8)基金份额发售、交易、申购、赎回的程序、时间、地点、费用计算方式，以及给付赎回款项的时间和方式；(9)基金收益分配原则、执行方式；(10)基金管理人、基金托管人报酬的提取、支付方式与比例；(11)与基金财产管理、运用有关的其他费用的提取、支付方式；(12)基金财产的投资方向和投资限制；(13)基金资产净值的计算方法和公告方式；(14)基金募集未达到法定要求的处理方式；(15)基金合同解除和终止的事由、程序以及基金财产清算方式；(16)争议解决方式；(17)当事人约定的其他事项。

公开募集基金的基金招募说明书是基金管理人向社会公布的全面介绍其经国务院证券监督管理机构注册的计划募集基金的主要内容。公开募集基金的基金招募说明书应当包括下列内容：(1)基金募集申请的准予注册文件名称和注册日期；(2)基金管理人、基金托管人的基本情况；(3)基金合同和基金托管协议的内容摘要；(4)基金份额的发售日期、价格、费用和期限；(5)基金份额的发售方式、发售机构及登记机构名称；(6)出具法律意见书的律师事务所和审计基金财产的会计师事务所的名称和住所；(7)基金管理人、基金托管人报酬及其他有关费用的提取、支付方式与比例；(8)风险警示内容；(9)国务院证券监督管理机构规定的其他内容。

3.公开募集基金的核准及基金管理人的相应工作和责任。国务院证券监督管理机构应当自受理基金募集注册申请之日起6个月内依照法律、行政法规及国务院证券监督管理机构的规定进行审查，作出注册或者不予注册的决定，并通知申请人；不予注册的，应当说明理由。

基金募集申请经注册后，方可发售基金份额。基金份额的发售，由基金管理人或者其委托的基金销售机构办理。基金管理人应当在基金份额发售的3日前公布招募说明书、基金合同及其他有关文件。对于公布招募说明书、基金合同及其他有关文件应当真实、准确、完整。对基金募集所进行的宣传推介活动，应当符合有关法律、行政法规的规定，不得有以下行为：(1)虚假记载、误导性陈述或者重大遗漏；(2)对证券投资业绩进行预测；(3)违规承诺收益或者承担损失；(4)诋毁其他基金管理人、基金托管人或者基金销售机构；(5)法律、行政法规和国务院证券监督管理机构规定禁止的其他行为。基金管理人应当自收到准予注册文件之日起6个月内进行基金募集。超过6个月开始募集，原注册的事项未发生实质性变化的，应当报国务院证券监督管理机构备案；发生实质性变化的，应当向国务院证券监督管理机构重新提交注册申请。基金募集不得超过国务院证券监督管理机构准予注册的基金募集期限。基金募集期限自基金份额发售之日起计算。基金募集期限届满，封闭式基金募集的基金份额总额达到准予注册规模的80%以上，开放式基金募集的基金份额总额超过准予注册的最低募集份额总额，并且基金份额持有人人数符合国务院证券监督管理机构规定的，基金管理人应当自募集期限届满之日起10日内聘请法定验资机构验资，自收到验资报告之日起10日内，向国务院证券监督管理机构提交验资报告，办理基金备案手续，并予以公告。基金募集期间募集的资金应当存入专门账户，在基金募集行为结束前，任何人不得动用。投资人交纳认购的基金份额的款项时，基金合同成立；基金管理人应当依法向国务院证券监督管理机构办理基金备案手续，基金合同生效。

基金募集期限届满，但募集行为失败的，基金管理人应当承担下列责任：(1)以其固有财产承担因募集行为而产生的债务和费用；(2)在基金募集期限届满后30日内返还投资人已缴纳的款项，并加计银行同期存款利息。

(二)公开募集基金的基金份额的交易

1.基金份额的上市交易。申请基金份额上市交易，基金管理人应当向证券交易所提出申请，证券交易所依法审核同意的，双方应当签订上市协议。

基金份额上市交易，应当符合的条件如下：(1)基金的募集符合《证券投资基金法》的规定；(2)基金合同期限为5年以上；(3)基金募集金额不低于人民币2亿元；(4)基金份额持有人不少于1000人；(5)基金份额上市交易规则规定的其他条件。

基金份额上市交易后，如遇有下列情形之一的，由证券交易所终止其上市交易，并报国务院证券监督管理机构备案：(1)不再具备上述上市交易条件；(2)基金合同期限届满；(3)基金份额持有人大会决定提前终止上市交易；(4)基金合同约定的或者基金份额上市交易规则规定的终止上市交易的其他情形。

2.封闭式基金的续期和扩募。封闭式基金的存续期限届满之后，就会发生基金的续期问题。如果基金需要继续运行，必须经过基金持有人大会审议以后才能继续运行。封闭式基金的扩募则是指基金在存续期间内因故需要扩大基金的规模，经过基金持有人大会审议通过后可进行的扩大募集行为。续期和扩募都是对于原来的投资计划进行了改变，因此，必须具备一定的条件，并按照法律规定履行法定的手续后方可进行。

根据《证券投资基金法》，封闭式基金扩募或者续期，应当符合下列条件，并经国务院证券监督管理机构备案：(1)基金运营业绩良好；(2)基金管理人最近2年内没有因违法违规行为受到行政处罚或者刑事处罚；(3)基金份额持有人大会决议通过；(4)其他法定条件。

(三)基金份额的申购与赎回

基金份额的申购与赎回专指开放式基金的基金份额的申购或赎回。所谓基金份额的申购，是指投资人按照基金份额申购价格，申请购买基金管理人管理的开放式基金的基金份额。而基金份额的赎回则是指基金份额持有人按照基金份额赎回价格，要求基金管理人赎回其所持有的开放式基金的基金份额。

开放式基金的基金份额的申购、赎回、登记，由基金管理人或者其委托的基金服务机构办理。基金管理人应当在每个工作日办理基金份额的申购、赎回业务；基金合同另有约定的，从其约定。投资人交付申购款项，申购成立；基金份额登记机构确认基金份额时，申购生效。基金份额持有人递交赎回申请，赎回成立；基金份额登记机构确认赎回时，赎回生效。

基金管理人应当按时支付赎回款项，但是下列情形除外：(1)因不可抗力导致基金管理人不能支付赎回款项，但该情形消失后，基金管理人应当及时支付赎回款项；(2)证券交易场所依法决定临时停市，导致基金管理人无法计算当日基金资产净值；(3)基金合同约定的其他特殊情形。发生上述情形之一的，基金管理人应当在当日报国务院证券监督管理机构备案。

开放式基金应当保持足够的现金或者政府债券，以备支付基金份额持有人的赎回款项。基金财产中应当保持的现金或者政府债券的具体比例，由国务院证券监督管理机构规定。

基金份额的申购、赎回价格，依据申购、赎回日基金份额净值加、减有关费用计算。基金份额净值计价出现错误时，基金管理人应当立即纠正，并采取合理的措施防止损失进一步扩大。计价错误达到基金份额净值0.5%时，基金管理人应当公告，并报国务院证券监督管理机构备案。因基金份额净值计价错误造成基金份额持有人损失的，基金份额持有人有权要求基金管理人、基金托管人予以赔偿。

(四)基金的投资和收益分配

1.基金的投资。基金的投资是指基金管理人运用基金财产进行证券投资的活动。根据《证券投资基金法》的规定，基金管理人运用基金财产进行证券投资，除国务院证券监督管理机构另有规定外，应当采用资产组合的方式进行。

资产组合的具体方式和投资比例，按照《证券投资基金法》和国务院证券监督管理机构的规定在基金合同中约定。根据《证券投资基金法》的规定，基金财产应当用于下列投资：(1)上市交易的股票、债券；(2)国务院证券监督管理机构规定的其他证券及其衍生品种。基金合同和基金招募说明书应当按照下列规定载明基金的类别：(1)60%以上的基金资产投资于股票的，为股票基金；(2)80%以上的基金资产投资于债券的，为债券基金；(3)仅投资于货币市场工具的，为货币市场基金；(4)投资于股票、债券和货币市场工具，并且股票投资和债券投资的比例不符合第1项、第2项规定的，为混合基金。

根据《证券投资基金法》的规定，基金财产不得用于下列投资或者活动：(1)承销证券；(2)违反规定向他人贷款或者提供担保；(3)从事承担无限责任的投资；(4)买卖其他基金份额，但是国务院证券监督管理机构另有规定的除外；(5)向基金管理人、基金托管人出资；(6)从事内幕交易、操纵证券交易价格及其他不正当的证券交易活动;(7)法律、行政法规和国务院证券监督管理机构规定禁止的其他活动。运用基金财产买卖基金管理人、基金托管人及其控股股东、实际控制人或者与其有其他重大利害关系的公司发行的证券或承销期内承销的证券,或者从事其他重大关联交易的,应当遵循基金份额持有人利益优先的原则,防范利益冲突,符合国务院证券监督管理机构的规定,并履行信息披露义务。

2.基金投资的收益分配。

(1)封闭式基金的收益分配。根据有关法律规定,封闭式基金的收益分配,每年不得少于一次,封闭式基金年度收益分配比例不得低于基金年度已实现收益的90%。封闭式基金当年收益应先弥补上一年的亏损,如当年发生亏损则不进行收益分配。封闭式基金一般采用现金分红方式。

(2)开放式基金的收益分配。开放式基金的基金合同应当约定每年基金收益分配的最多次数和基金收益分配的最低比例。在实践中,许多基金合同规定每年至少分配一次收益。开放式基金当年收益也应弥补上一年的亏损,如当年发生亏损则不进行收益分配。分红方式有现金分红和红利再投资转换为基金份额两种。开放式基金的基金份额持有人可以事先选择将所获分配的现金收益,按照基金合同有关基金份额申购的约定转为基金份额;基金份额持有人事先未做出选择的,基金管理人应当支付现金。

(3)货币市场基金的收益分配。根据有关法律法规的规定,对于每日按照面值进行报价的货币市场基金,可以在基金合同中将收益分配的方式约定为红利再投资,并在基金合同中约定收益分配的方式:即按每日结转收益还是按月结转收益。当日申购的基金份额自下一个工作日起享有基金收益的分配权益。

下列与基金有关的费用可以从基金财产中列支:(1)基金管理人的管理费;(2)基金托管人的托管费;(3)基金合同生效后的信息披露费用;(4)基金合同生效后的会计师费和律师费;(5)基金份额持有人大会费用;(6)基金的证券交易费用;(7)按照国家有关规定和基金合同约定,可以在基金财产中列支的其他费用。

四、非公开募集基金的法律规制

(一)非公开募集基金的合格投资者、托管及其管理人

1.合格投资者。非公开募集基金应当向合格投资者募集,合格投资者累计不得超过200人。这里所称的合格投资者,是指达到规定资产规模或者收入水平,并且具备相应的风险识别能力和风险承担能力,其基金份额认购金额不低于规定限额的单位和个人。合格投资者的具体标准由国务院证券监督管理机构规定。

2.托管。非公开募集基金应当由基金托管人托管,但是,基金合同另有约定的除外。

3.管理人。担任非公开募集基金的基金管理人,应当按照规定向基金行业协会履行登记手续,报送基本情况。未经登记,任何单位或者个人不得使用“基金”或者“基金管理”字样或者近似名称进行证券投资活动;但是,法律、行政法规另有规定的除外。

专门从事非公开募集基金管理业务的基金管理人,其股东、高级管理人员、经营期限、管理的基金资产规模等符合规定条件的,经国务院证券监督管理机构核准,可以从事公开募集基金管理业务。

非公开募集基金,不得向合格投资者之外的单位和自然人募集资金,不得通过报刊、电台、电视台、互联网等公众传播媒体或者讲座、报告会、分析会等方式向不特定对象宣传推介。

(二)非公开募集基金合同的签订与履行

1.合同内容。非公开募集基金,应当制定并签订基金合同。基金合同应当包括下列内容:(1)基金份额持有人、基金管理人、基金托管人的权利、义务;(2)基金的运作方式;(3)基金的出资方式、数额和认缴期限;(4)基金的投资范围、投资策略和投资限制;(5)基金收益分配原则、执行方式;(6)基金承担的有关费用;(7)基金信息提供的内容、方式;(8)基金份额的认购、赎回或者转让的程序和方式;(9)基金合同变更、解除和终止的事由、程序;(10)基金财产清算方式;(11)当事人约定的其他事项。

按照基金合同约定，非公开募集基金可以由部分基金份额持有人作为基金管理人负责基金的投资管理活动，并在基金财产不足以清偿其债务时对基金财产的债务承担无限连带责任。对此，该基金合同还应载明：(1)承担无限连带责任的基金份额持有人和其他基金份额持有人的姓名或者名称、住所；(2)承担无限连带责任的基金份额持有人的除名条件和更换程序；(3)基金份额持有人增加、退出的条件、程序以及相关责任；(4)承担无限连带责任的基金份额持有人和其他基金份额持有人的转换程序。

2.非公开募集基金合同的证券投资品种。非公开募集基金财产的证券投资，包括买卖公开发行的股份有限公司股票、债券、基金份额，以及国务院证券监督管理机构规定的其他证券及其衍生品种。

3.合同履行。基金管理人、基金托管人应当按照基金合同的约定，向基金份额持有人提供基金信息。

非公开募集基金募集完毕，基金管理人应当向基金行业协会备案。对募集的资金总额或者基金份额持有人的人数达到规定标准的基金，基金行业协会应当向国务院证券监督管理机构报告。

五、基金服务机构

（一）基金服务机构的注册或者备案

从事公开募集基金的销售、销售支付、份额登记、估值、投资顾问、评价、信息技术系统服务等基金服务业务的机构，应当按照国务院证券监督管理机构的规定进行注册或者备案。

（二）各类基金服务机构义务

1.基金销售机构应当向投资人充分揭示投资风险，并根据投资人的风险承担能力销售不同风险等级的基金产品。

2.基金销售支付机构应当按照规定办理基金销售结算资金的划付，确保基金销售结算资金安全、及时划付。

3.基金销售结算资金、基金份额独立于基金销售机构、基金销售支付机构或者基金份额登记机构的自有财产。基金销售机构、基金销售支付机构或者基金份额登记机构破产或者清算时，基金销售结算资金、基金份额不属于其破产财产或者 清算财产。非因投资人本身的债务或者法律规定的其他情形，不得查封、冻结、扣划或者强制执行基金销售结算资金、基金份额。基金销售机构、基金销售支付机构、基金份额登记机构应当确保基金销售结算资金、基金份额的安全、独立，禁止任何单位或者个人以任何形式挪用基金销售结算资金、基金份额。

4.基金管理人可以委托基金服务机构代为办理基金的份额登记、核算、估值、投资顾问等事项，基金托管人可以委托基金服务机构代为办理基金核算、估值、复核等事项，但基金管理人、基金托管人依法应当承担的责任不因委托而免除。

5.基金份额登记机构以电子介质登记的数据，是基金份额持有人权利归属的根据。基金份额持有人以基金份额出质的，质权自基金份额登记机构办理出质登记时设立。基金份额登记机构应当妥善保存登记数据，并将基金份额持有人名称、身份信息及基金份额明细等数据备份至国务院证券监督管理机构认定的机构。其保存期限自基金账户销户之日起不得少于20年。

基金份额登记机构应当保证登记数据的真实、准确、完整，不得隐匿、伪造、篡改或者毁损。

6.基金投资顾问机构及其从业人员提供基金投资顾问服务，应当具有合理的依据，对其服务能力和经营业绩进行如实陈述，不得以任何方式承诺或者保证投资收益，不得损害服务对象的合法权益。

7.基金评价机构及其从业人员应当客观公正，按照依法制定的业务规则开展基金评价业务，禁止误导投资人，防范可能发生的利益冲突。

8.基金管理人、基金托管人、基金服务机构的信息技术系统，应当符合规定的要求。国务院证券监督管理机构可以要求信息技术系统服务机构提供该信息技术系统的相关资料。

9.律师事务所、会计师事务所接受基金管理人、基金托管人的委托，为有关基金业务活动出具法律意见书、审计报告、内部控制评价报告等文件，应当勤勉尽责，对所依据的文件资料内容的真实性、准确性、完整性进行核查和验证。其制作、出具的文件有虚假记载、误导性陈述或者重大遗漏，给他人财产造成损失的，应当与委托人承担连带赔偿责任。

10.基金服务机构应当勤勉尽责、恪尽职守，建立应急等风险管理制度和灾难备份系统，不得泄露与基金份额持有人、基金投资运作相关的非公开信息。

六、基金行业协会

（一）基金行业协会的性质

基金行业协会是证券投资基金行业的自律性组织，是社会团体法人。基金管理人、基金托管人应当加入基金行业协会，基金服务机构可以加入基金行业协会。

（二）基金行业协会组织机构及其职责

1.基金行业协会组织机构。基金行业协会的权力机构为全体会员组成的会员大会。基金行业协会设理事会。理事会成员依章程的规定由选举产生。基金行业协会章程由会员大会制定，并报国务院证券监督管理机构备案。

2.基金行业协会的职责如下：（1）教育和组织会员遵守有关证券投资的法律、行政法规，维护投资人合法权益。（2）依法维护会员的合法权益，反映会员的建议和要求。（3）制定和实施行业自律规则，监督、检查会员及其从业人员的执业行为，对违反自律规则和协会章程的，按照规定给予纪律处分。（4）制定行业执业标准和业务规范，组织基金从业人员的从业考试、资质管理和业务培训。（5）提供会员服务、组织行业交流，推动行业创新，开展行业宣传和投资人教育活动。（6）对会员之间、会员与客户之间发生的基金业务纠纷进行调解。（7）依法办理非公开募集基金的登记、备案。（8）国务院证券监督管理机构及协会章程规定的其他职责。

七、公开募集基金的信息披露

（一）公开募集基金的信息披露概述

为了保护投资人的合法权益和社会的公共利益，我国法律明确规定，基金管理人、基金托管人和其他基金信息披露义务人应当依法披露基金信息，并保证所披露信息的真实性、准确性和完整性。

基金信息披露义务人应当确保应予披露的基金信息在国务院证券监督管理机构规定时间内披露，并保证投资人能够按照基金合同约定的时间和方式查阅或者复制公开披露的信息资料。

根据《证券投资基金法》的规定，公开披露的基金信息包括：（1）基金招募说明书、基金合同、基金托管协议；（2）基金募集情况；（3）基金份额上市交易公告书；（4）基金资产净值、基金份额净值；（5）基金份额申购、赎回价格；（6）基金财产的资产组合季度报告、财务会计报告及中期和年度基金报告；（7）临时报告；（8）基金份额持有人大会决议；（9）基金管理人、基金托管人的专门基金托管部门的重大人事变动；（10）涉及基金财产、基金管理业务、基金托管业务的诉讼或者仲裁；（11）国务院证券监督管理机构规定应予披露的其他信息。同时，公开披露基金信息，不得有下列行为：（1）虚假记载、误导性陈述或者重大遗漏；（2）对证券投资业绩进行预测；（3）违规承诺收益或者承担损失；（4）诋毁其他基金管理人、基金托管人或者基金销售机构；（5）登载任何自然人、法人或者其他组织的祝贺性、恭维性或推荐性的文字；（6）法律、行政法规和国务院证券监督管理机构规定禁止的其他行为。

（二）基金募集信息披露的具体方式

基金募集申请经中国证监会核准后，基金管理人应当在基金份额发售的3日前，将基金招募说明书、基金合同摘要登载在指定报刊和网站上；基金管理人、基金托管人应当同时将基金合同、基金托管协议登载在网站上。

基金管理人应当就基金份额发售的具体事宜编制基金份额发售公告，并在披露招募说明书的当日登载于指定报刊和网站上。

基金管理人应当在基金合同生效的次日在指定报刊和网站上登载基金合同生效公告。

开放式基金的基金合同生效后，基金管理

人应当在每6个月结束之日起45日内，更新招募说明书并登载在网站上，将更新后的招募说明书摘要登载在指定报刊上。

基金管理人应当在公告的15日前向中国证监会报送更新的招募说明书，并就有关更新内容提供书面说明。

（三）公开基金上市交易和持续信息披露

基金份额获准在证券交易所上市交易的，基金管理人应当在基金份额上市交易的3个工作日前，将基金份额上市交易公告书登载在指定报刊和网站上。基金管理人应当至少每周公告一次封闭式基金的资产净值和份额净值。

开放式基金的基金合同生效后，在开始办理基金份额申购或者赎回前，基金管理人应当至少每周公告一次基金资产净值和基金份额净值。

基金管理人应当在每个开放日的次日，通过网站、基金份额发售网点以及其他媒介，披露开放日的基金份额净值和基金份额累计净值。

基金管理人应当公告半年度和年度最后一个市场交易日基金资产净值和基金份额净值。并且应当在上述市场交易日的次日，将基金资产净值、基金份额净值和基金份额累计净值登载在指定报刊和网站上。

基金管理人应当在开放式基金的基金合同、招募说明书等信息披露文件上载明基金份额申购、赎回价格的计算方式及有关申购、赎回费率，并保证投资人能够在基金份额发售网点查阅或者复制前述信息资料。

基金管理人应当在每年结束之日起90日内，编制完成基金年度报告，并将年度报告正文登载于网站上，将年度报告摘要登载在指定报刊上。基金年度报告的财务会计报告应当经过审计。

基金管理人应当在上半年结束之日起60日内，编制完成基金半年度报告，并将半年度报告正文登载在网站上，将半年度报告摘要登载在指定报刊上。

基金管理人应当在每个季度结束之日起15个工作日内，编制完成基金季度报告，并将季度报告登载在指定报刊和网站上。

基金合同生效不足两个月的，基金管理人可以不编制当期季度报告、半年度报告或者年度报告。

基金定期报告应当在公开披露的第二个工作日，分别报中国证监会和基金管理人主要办公场所所在地中国证监会派出机构备案。报备应当采用电子文本和书面报告两种方式。

（四）基金临时信息披露

基金发生重大事件，有关信息披露义务人应当在两日内编制临时报告书，予以公告，并在公开披露日分别报中国证监会和基金管理人主要办公场所所在地中国证监会派出机构备案。所谓重大事件，是指可能对基金份额持有人权益或者基金份额的价格产生重大影响的下列事件：（1）基金份额持有人大会的召开；（2）终止基金合同；（3）基金扩募；（4）延长基金合同期限；（5）转换基金运作方式；（6）更换基金管理人、基金托管人；（7）基金管理人、基金托管人的法定名称、住所发生变更；（8）基金管理人股东及其出资比例发生变更；（9）基金募集期延长；（10）基金管理人的董事长、总经理及其他高级管理人员，基金经理和基金托管人基金托管部门负责人发生变动；（11）基金管理人的董事在一年内变更超过50%；（12）基金管理人、基金托管人基金托管部门的主要业务人员在一年内变动超过30%；（13）涉及基金管理人、基金财产、基金托管业务的诉讼或仲裁；（14）基金管理人、基金托管人受到监管部门的调查；（15）基金管理人及其董事、总经理及其他高级管理人员、基金经理受到严重行政处罚，基金托管人及其基金托管部门负责人受到严重行政处罚；（16）重大关联交易事项；（17）基金收益分配事项；（18）管理费、托管费等费用计提标准、计提方式和费率发生变更；（19）基金份额净值计价错误达基金份额净值0.5%；（20）基金改聘会计师事务所；（21）变更基金份额发售机构；（22）基金更换注册登记机构；（23）开放式基金开始办理申购、赎回；（24）开放式基金申购、赎回费率及其收费方式发生变更；（25）开放式基金发生巨额赎回并延期支付；（26）开放式基金连续发生巨额赎回并暂停接受赎回申请；（27）开放式基金暂停接受申购、赎回申请后重新接受申购、赎回;(28)中国证监会规定的其他事项。

召开基金份额持有人大会的,召集人应当至少提前30日公告基金份额持有人大会的召开时间、会议形式、审议事项、议事程序和表决方式等事项。

基金份额持有人依法自行召集持有人大会,基金管理人、基金托管人对基金份额持有人大会决定的事项不依法履行信息披露义务的,召集人应当履行相关信息披露义务。

在基金合同期限内,任何公共媒体中出现的或者在市场上流传的消息可能对基金份额价格产生误导性影响或者引起较大波动的,相关信息披露义务人知悉后应当立即对该消息进行公开澄清,并将有关情况立即报告中国证监会、基金上市交易的证券交易所。

八、基金的监督管理

证券投资基金参与者众多,利益相关性强,对信息的敏感度高。基金市场也是一个风险相对较高的市场,并且证券投资基金的风险具有突发性强、影响面广、传导速度快的特点。因此,对证券投资基金必须依法实施监管。

根据《证券投资基金法》的规定,国务院证券监督管理机构对基金行使监督管理的职能,其具体职责包括:(1)制定有关证券投资基金活动监督管理的规章、规则,并行使审批、核准或者注册权;(2)办理基金备案;(3)对基金管理人、基金托管人及其他机构从事证券投资基金活动进行监督管理,对违法行为进行查处,并予以公告;(4)制定基金从业人员的资格标准和行为准则,并监督实施;(5)监督检查基金信息的披露情况;(6)指导和监督基金行业协会的活动;(7)法律、行政法规规定的其他职责。

国务院证券监督管理机构在履行其职责时,有权依法采取下列措施:(1)对基金管理人、基金托管人、基金服务机构进行现场检查,并要求其报送有关的业务资料。(2)进入涉嫌违法行为发生场所调查取证。(3)询问当事人和与被调查事件有关的单位和个人,要求其对与被调查事件有关的事项作出说明。(4)查阅、复制与被调查事件有关的财产权登记、通讯记录等资料。(5)查阅、复制当事人和与被调查事件有关的单位和个人的证券交易记录、登记过户记录、财务会计资料及其他相关文件和资料;对可能被转移、隐匿或者毁损的文件和资料,可以予以封存。(6)查询当事人和与被调查事件有关的单位和个人的资金账户、证券账户和银行账户;对有证据证明已经或者可能转移或者隐匿违法资金、证券等涉案财产或者隐匿、伪造、毁损重要证据的,经国务院证券监督管理机构主要负责人批准,可以冻结或者查封。(7)在调查操纵证券市场、内幕交易等重大证券违法行为时,经国务院证券监督管理机构主要负责人批准,可以限制被调查事件当事人的证券买卖,但限制的期限不得超过15个交易日;案情复杂的,可以延长15个交易日。

国务院证券监督管理机构工作人员在任职期间,或者离职后在《公务员法》规定的期限内,不得在被监管的机构中担任职务。

国务院证券监督管理机构工作人员依法履行职责,进行调查或者检查时,不得少于2人,并应当出示合法证件;对调查或者检查中知悉的商业秘密负有保密的义务。

国务院证券监督管理机构依法履行职责时,被调查、检查的单位和个人应当配合,如实提供有关文件和资料,不得拒绝、阻碍和隐瞒。

国务院证券监督管理机构依法履行职责,发现违法行为涉嫌犯罪的,应当将案件移送司法机关处理。

第九节 违反证券法的法律责任

违反《证券法》的法律责任是指证券法律关系的主体在证券的发行与交易过程中违反了

《证券法》的相关规定而应当承担的某种不利的法律后果。《证券法》主要从以下12个方面对证券法律责任作出了规定。

一、违反证券法的一般规定

1.民事赔偿责任优先原则。违反法律规定，应当承担民事赔偿责任和缴纳罚款、罚金、违法所得，违法行为人的财产不足以支付的，优先用于承担民事赔偿责任。

2.证券市场禁入措施。违反法律、行政法规或者国务院证券监督管理机构的有关规定，情节严重的，国务院证券监督管理机构可以对有关责任人员采取证券市场禁入的措施。这里所称证券市场禁入，是指在一定期限内直至终身不得从事证券业务、证券服务业务，不得担任证券发行人的董事、监事、高级管理人员，或者一定期限内不得在证券交易所、国务院批准的其他全国性证券交易场所交易证券的制度。

3.未按照规定保存有关文件和资料的法律责任。发行人、证券登记结算机构、证券公司、证券服务机构未按照规定保存有关文件和资料的，责令改正，给予警告，并处以10万元以上100万元以下的罚款；泄露、隐匿、伪造、篡改或者毁损有关文件和资料的，给予警告，并处以20万元以上200万元以下的罚款；情节严重的，处以50万元以上500万元以下的罚款，并处暂停、撤销相关业务许可或者禁止从事相关业务。对直接负责的主管人员和其他直接责任人员给予警告，并处以10万元以上100万元以下的罚款。

4.建立证券市场诚信档案。国务院证券监督管理机构依法将有关市场主体遵守《证券法》的情况纳入证券市场诚信档案。

5.治安管理处罚。拒绝、阻碍证券监督管理机构及其工作人员依法行使监督检查、调查职权，由证券监督管理机构责令改正，处以10万元以上100万元以下的罚款，并由公安机关依法给予治安管理处罚。

6.违反《证券法》，构成犯罪的，依法追究刑事责任。

7.依照《证券法》收缴的罚款和没收的违法所得，全部上缴国库。

8.当事人对证券监督管理机构或者国务院授权的部门的处罚决定不服的，可以依法申请行政复议，或者依法直接向人民法院提起诉讼。

二、违反证券发行规定的法律责任

1.违反《证券法》证券发行注册制的规定，擅自公开或者变相公开发行证券的，责令停止发行，退还所募资金并加算银行同期存款利息，处以非法所募资金金额5%以上50%以下的罚款；对擅自公开或者变相公开发行证券设立的公司，由依法履行监督管理职责的机构或者部门会同县级以上地方人民政府予以取缔。对直接负责的主管人员和其他直接责任人员给予警告，并处以50万元以上500万元以下的罚款。

2.发行人在其公告的证券发行文件中隐瞒重要事实或者编造重大虚假内容，尚未发行证券的，处以200万元以上2000万元以下的罚款；已经发行证券的，处以非法所募资金金额10%以上1倍以下的罚款。对直接负责的主管人员和其他直接责任人员，处以100万元以上1000万元以下的罚款。

发行人的控股股东、实际控制人组织、指使从事上述违法行为的，没收违法所得，并处以违法所得10%以上1倍以下的罚款；没有违法所得或者违法所得不足2000万元的，处以200万元以上2000万元以下的罚款。对直接负责的主管人员和其他直接责任人员，处以100万元以上1000万元以下的罚款。

3.保荐人出具有虚假记载、误导性陈述或者重大遗漏的保荐书，或者不履行其他法定职责的，责令改正，给予警告，没收业务收入，并处以业务收入1倍以上10倍以下的罚款；没有业务收入或者业务收入不足100万元的，处以100万元以上1000万元以下的罚款；情节严重的，并处暂停或者撤销保荐业务许可。对直接负责的主管人员和其他直接责任人员给予警告，并处以50万元以上500万元以下的罚款。

4.证券公司承销或者销售擅自公开发行或者变相公开发行的证券的，责令停止承销或者销售，没收违法所得，并处以违法所得1倍以上10倍以下的罚款；没有违法所得或者违法所得不足100万元的，处以100万元以上1000万元以下的罚款；情节严重的，并处暂停或者撤销相关业务许可。给投资者造成损失的，应当与发行人承担连带赔偿责任。对直接负责的主管人员和其他直接责任人员给予警告，并处以50万元以上500万元以下的罚款。

5.证券公司承销证券违反《证券法》第29条规定的，责令改正，给予警告，没收违法所得，可以并处50万元以上500万元以下的罚款；情节严重的，暂停或者撤销相关业务许可。对直接负责的主管人员和其他直接责任人员给予警告，可以并处20万元以上200万元以下的罚款；情节严重的，并处以50万元以上500万元以下的罚款。

6.发行人违反《证券法》第14、15条的规定，擅自改变公开发行证券所募集资金的用途的，责令改正，处以50万元以上500万元以下的罚款；对直接负责的主管人员和其他直接责任人员给予警告，并处以10万元以上100万元以下的罚款。

发行人的控股股东、实际控制人从事或者组织、指使从事上述违法行为的，给予警告，并处以50万元以上500万元以下的罚款；对直接负责的主管人员和其他直接责任人员，处以10万元以上100万元以下的罚款。

三、违反证券交易规定的法律责任

1.违反《证券法》第36条的规定，在限制转让期内转让证券，或者转让股票不符合法律、行政法规和国务院证券监督管理机构规定的，责令改正，给予警告，没收违法所得，并处以买卖证券等值以下的罚款。

2.法律、行政法规规定禁止参与股票交易的人员，违反《证券法》第40条的规定，直接或者以化名、借他人名义持有、买卖股票或者其他具有股权性质的证券的，责令依法处理非法持有的股票、其他具有股权性质的证券，没收违法所得，并处以买卖证券等值以下的罚款；属于国家工作人员的，还应当依法给予处分。

3.证券服务机构及其从业人员，违反《证券法》第42条的规定买卖证券的，责令依法处理非法持有的证券，没收违法所得，并处以买卖证券等值以下的罚款。

4.上市公司、股票在国务院批准的其他全国性证券交易场所交易的公司的董事、监事、高级管理人员、持有该公司5%以上股份的股东，违反《证券法》第44条的规定，买卖该公司股票或者其他具有股权性质的证券的，给予警告，并处以10万元以上100万元以下的罚款。

5.违反《证券法》第45条的规定，采取程序化交易影响证券交易所系统安全或者正常交易秩序的，责令改正，并处以50万元以上500万元以下的罚款。对直接负责的主管人员和其他直接责任人员给予警告，并处以10万元以上100万元以下的罚款。

6.证券交易内幕信息的知情人或者非法获取内幕信息的人违反《证券法》第53条的规定从事内幕交易的，责令依法处理非法持有的证券，没收违法所得，并处以违法所得1倍以上10倍以下的罚款；没有违法所得或者违法所得不足50万元的，处以50万元以上500万元以下的罚款。单位从事内幕交易的，还应当对直接负责的主管人员和其他直接责任人员给予警告，并处以20万元以上200万元以下的罚款。国务院证券监督管理机构工作人员从事内幕交易的，从重处罚。

违反《证券法》第54条的规定，利用未公开信息进行交易的，依照上述的规定处罚。

7.违反《证券法》第55条的规定，操纵证券市场的，责令依法处理其非法持有的证券，没收违法所得，并处以违法所得1倍以上10倍以下的罚款；没有违法所得或者违法所得不足100万元的，处以100万元以上1000万元以下的罚款。单位操纵证券市场的，还应当对直接负责的主管人员和其他直接责任人员给予警告，并处以50万元以上500万元以下的罚款。

8.违反《证券法》第56条第1款、第3款的规定，编造、传播虚假信息或者误导性信息，扰乱证券市场的，没收违法所得，并处以违法所得1倍以上10倍以下的罚款；没有违法所得或者违法所得不足20万元的，处以20万元以上200万元以下的罚款。

违反《证券法》第56条第2款的规定，在证券交易活动中作出虚假陈述或者信息误导的，责令改正，处以20万元以上200万元以下的罚款；属于国家工作人员的，还应当依法给予处分。

传播媒介及其从事证券市场信息报道的工作人员违反《证券法》第56条第3款的规定，从事与其工作职责发生利益冲突的证券买卖的，没收违法所得，并处以买卖证券等值以下的罚款。

9.证券公司及其从业人员违反《证券法》第57条的规定，有损害客户利益的行为的，给予警告，没收违法所得，并处以违法所得1倍以上10倍以下的罚款；没有违法所得或者违法所得不足10万元的，处以10万元以上100万元以下的罚款；情节严重的，暂停或者撤销相关业务许可。

10.违反《证券法》第58条的规定，出借自己的证券账户或者借用他人的证券账户从事证券交易的，责令改正，给予警告，可以处50万元以下的罚款。

四、违反上市公司收购规定的法律责任

收购人未按照《证券法》规定履行上市公司收购的公告、发出收购要约义务的，责令改正，给予警告，并处以50万元以上500万元以下的罚款。对直接负责的主管人员和其他直接责任人员给予警告，并处以20万元以上200万元以下的罚款。

收购人及其控股股东、实际控制人利用上市公司收购，给被收购公司及其股东造成损失的，应当依法承担赔偿责任。

五、违反信息披露义务规定的法律责任

信息披露义务人未按照《证券法》规定报送有关报告或者履行信息披露义务的，责令改正，给予警告，并处以50万元以上500万元以下的罚款；对直接负责的主管人员和其他直接责任人员给予警告，并处以20万元以上200万元以下的罚款。发行人的控股股东、实际控制人组织、指使从事上述违法行为，或者隐瞒相关事项导致发生上述情形的，处以50万元以上500万元以下的罚款；对直接负责的主管人员和其他直接责任人员，处以20万元以上200万元以下的罚款。

信息披露义务人报送的报告或者披露的信息有虚假记载、误导性陈述或者重大遗漏的，责令改正，给予警告，并处以100万元以上1000万元以下的罚款；对直接负责的主管人员和其他直接责任人员给予警告，并处以50万元以上500万元以下的罚款。发行人的控股股东、实际控制人组织、指使从事上述违法行为，或者隐瞒相关事项导致发生上述情形的，处以100万元以上1000万元以下的罚款；对直接负责的主管人员和其他直接责任人员，处以50万元以上500万元以下的罚款。

六、违反投资者保护规定的法律责任

1.证券公司违反《证券法》第88条的规定未履行或者未按照规定履行投资者适当性管理义务的，责令改正，给予警告，并处以10万元以上100万元以下的罚款。对直接负责的主管人员和其他直接责任人员给予警告，并处以20万元以下的罚款。

2.违反《证券法》第90条的规定征集股东权利的，责令改正，给予警告，可以处50万元以下的罚款。

七、违反证券交易场所规定的法律责任

1.非法开设证券交易场所的，由县级以上人民政府予以取缔，没收违法所得，并处以违法所得1倍以上10倍以下的罚款；没有违法所得或者违法所得不足100万元的，处以100万元以上1000万元以下的罚款。对直接负责的主管人员和其他直接责任人员给予警告，并处以20万元以上200万元以下的罚款。

证券交易所违反《证券法》第105条的规定，允许非会员直接参与股票的集中交易的，责令改正，可以并处50万元以下的罚款。

2.证券公司违反《证券法》第107条第1款的规定，未对投资者开立账户提供的身份信息进行核对的，责令改正，给予警告，并处以5万元以上50万元以下的罚款。对直接负责的主管人员和其他直接责任人员给予警告，并处以10万元以下的罚款。

证券公司违反《证券法》第107条第2款的规定，将投资者的账户提供给他人使用的，责令改正，给予警告，并处以10万元以上100万元以下的罚款。对直接负责的主管人员和其他直接责任人员给予警告，并处以20万元以下的罚款。

八、违反证券公司规定的法律责任

1.违反《证券法》第118条，第120条第1款、第4款的规定，擅自设立证券公司、非法经营证券业务或者未经批准以证券公司名义开展证券业务活动的，责令改正，没收违法所得，并处以违法所得1倍以上10倍以下的罚款；没有违法所得或者违法所得不足100万元的，处以100万元以上1000万元以下的罚款。对直接负责的主管人员和其他直接责任人员给予警告，并处以20万元以上200万元以下的罚款。对擅自设立的证券公司，由国务院证券监督管理机构予以取缔。

证券公司违反《证券法》第120条第5款的规定，提供证券融资融券服务的，没收违法所得，并处以融资融券等值以下的罚款；情节严重的，禁止其在一定期限内从事证券融资融券业务。对直接负责的主管人员和其他直接责任人员给予警告，并处以20万元以上200万元以下的罚款。

2.提交虚假证明文件或者采取其他欺诈手段骗取证券公司设立许可、业务许可或者重大事项变更核准的，撤销相关许可，并处以100万元以上1000万元以下的罚款。对直接负责的主管人员和其他直接责任人员给予警告，并处以20万元以上200万元以下的罚款。

3.证券公司违反《证券法》第122条的规定，未经核准变更证券业务范围，变更主要股东或者公司的实际控制人，合并、分立、停业、解散、破产的，责令改正，给予警告，没收违法所得，并处以违法所得1倍以上10倍以下的罚款；没有违法所得或者违法所得不足50万元的，处以50万元以上500万元以下的罚款；情节严重的，并处撤销相关业务许可。对直接负责的主管人员和其他直接责任人员给予警告，并处以20万元以上200万元以下的罚款。

4.证券公司违反《证券法》第123条第2款的规定，为其股东或者股东的关联人提供融资或者担保的，责令改正，给予警告，并处以50万元以上500万元以下的罚款。对直接负责的主管人员和其他直接责任人员给予警告，并处以10万元以上100万元以下的罚款。股东有过错的，在按照要求改正前，国务院证券监督管理机构可以限制其股东权利；拒不改正的，可以责令其转让所持证券公司股权。

5.证券公司违反《证券法》第128条的规定，未采取有效隔离措施防范利益冲突，或者未分开办理相关业务、混合操作的，责令改正，给予警告，没收违法所得，并处以违法所得1倍以上10倍以下的罚款；没有违法所得或者违法所得不足50万元的，处以50万元以上500万元以下的罚款；情节严重的，并处撤销相关业务许可。对直接负责的主管人员和其他直接责任人员给予警告，并处以20万元以上200万元以下的罚款。

6.证券公司违反《证券法》第129条的规定，从事证券自营业务的，责令改正，给予警告，没收违法所得，并处以违法所得1倍以上10倍以下的罚款；没有违法所得或者违法所得不足50万元的，处以50万元以上500万元以下的罚款；情节严重的，并处撤销相关业务许可或者责令关闭。对直接负责的主管人员和其他直接责任人员给予警告，并处以20万元以上200万元以下的罚款。

7.证券公司违反《证券法》第131条的规定，将客户的资金和证券归入自有财产，或者挪用客户的资金和证券的，责令改正，给予警告，没收违法所得，并处以违法所得1倍以上10倍以下的罚款；没有违法所得或者违法所得不足100万元的，处以100万元以上1000万元以下的罚款；情节严重的，并处撤销相关业务许可或者责令关闭。对直接负责的主管人员和其他直接责任人员给予警告，并处以50万元以上500万元以下的罚款。

8.证券公司违反《证券法》第134条第1款的规定接受客户的全权委托买卖证券的，或者违反《证券法》第135条的规定对客户的收益或者赔偿客户的损失作出承诺的，责令改正，给予警告，没收违法所得，并处以违法所得1倍以上10倍以下的罚款；没有违法所得或者违法所得不足50万元的，处以50万元以上500万元以下的罚款；情节严重的，并处撤销相关业务许可。对直接负责的主管人员和其他直接责任人员给予警告，并处以20万元以上200万元以下的罚款。

证券公司违反《证券法》第134条第2款的规定，允许他人以证券公司的名义直接参与证券的集中交易的，责令改正，可以并处50万元以下的罚款。

9.证券公司的从业人员违反《证券法》第136条的规定，私下接受客户委托买卖证券的，责令改正，给予警告，没收违法所得，并处以违法所得1倍以上10倍以下的罚款；没有违法所得的，处以50万元以下的罚款。

10.证券公司及其主要股东、实际控制人违反《证券法》第138条的规定，未报送、提供信息和资料，或者报送、提供的信息和资料有虚假记载、误导性陈述或者重大遗漏的，责令改正，给予警告，并处以100万元以下的罚款；情节严重的，并处撤销相关业务许可。对直接负责的主管人员和其他直接责任人员，给予警告，并处以50万元以下的罚款。

九、违反证券登记结算机构规定的法律责任

违反《证券法》第145条的规定，擅自设立证券登记结算机构的，由国务院证券监督管理机构予以取缔，没收违法所得，并处以违法所得1倍以上10倍以下的罚款；没有违法所得或者违法所得不足50万元的，处以50万元以上500万元以下的罚款。对直接负责的主管人员和其他直接责任人员给予警告，并处以20万元以上200万元以下的罚款。

十、违反证券服务机构规定的法律责任

1.证券投资咨询机构违反《证券法》第160条第2款的规定擅自从事证券服务业务，或者从事证券服务业务有《证券法》第161条规定行为的，责令改正，没收违法所得，并处以违法所得1倍以上10倍以下的罚款；没有违法所得或者违法所得不足50万元的，处以50万元以上500万元以下的罚款。对直接负责的主管人员和其他直接责任人员，给予警告，并处以20万元以上200万元以下的罚款。

2.会计师事务所、律师事务所以及从事资产评估、资信评级、财务顾问、信息技术系统服务的机构违反《证券法》第160条第2款的规定，从事证券服务业务未报备案的，责令改正，可以处20万元以下的罚款。

3.证券服务机构违反《证券法》第163条的规定，未勤勉尽责，所制作、出具的文件有虚假记载、误导性陈述或者重大遗漏的，责令改正，没收业务收入，并处以业务收入1倍以上10倍以下的罚款，没有业务收入或者业务收入不足50万元的，处以50万元以上500万元以下的罚款；情节严重的，并处暂停或者禁止从事证券服务业务。对直接负责的主管人员和其他直接责任人员给予警告，并处以20万元以上200万元以下的罚款。

十一、对证券监督管理机构及其工作人员违法行为的责任追究

1.国务院证券监督管理机构或者国务院授权的部门有下列情形之一的，对直接负责的主管人员和其他直接责任人员，依法给予处分：(1)对不符合《证券法》规定的发行证券、设立证券公司等申请予以核准、注册、批准的；(2)违反《证券法》规定采取现场检查、调查取证、查询、冻结或者查封等措施的；(3)违反《证券法》规定对有关机构和人员采取监督管理措施的；(4)违反《证券法》规定对有关机构和人员实施行政处罚的；(5)其他不依法履行职责的行为。

2.国务院证券监督管理机构或者国务院授权的部门的工作人员，不履行《证券法》规定的职责，滥用职权、玩忽职守，利用职务便利牟取不正当利益，或者泄露所知悉的有关单位和个人的商业秘密的，依法追究法律责任。

十二、违反证券投资基金规定的法律责任

违反《证券投资基金法》规定的，视不同情况，承担相应的法律责任。

【本章主要法律规定】

1.《证券法》

2.《证券投资基金法》

本章重点、难点与疑点辨析

如导读所述，本章的重点在于证券法的核心制度，这些重点制度如下：证券法的基本原则，股票和债券发行的基本条件、发行公告、发行方式以及证券承销制度，证券交易的条件和方式，退市制度，限制和禁止的证券交易行为，证券信息披露制度，投资者保护制度，上市公司收购的程序、规则以及上市公司收购的法律后果，证券交易场所、证券公司、证券登记结算机构、证券业协会、证券监管机构等各自的职能或职责，证券投资基金法律制度，证券法律责任等。

本章的重点内容如下：

（1）证券种类。《证券法》第2条列举的证券种类：①存托凭证；②资产支持证券；③资产管理产品。上述新证券种类的疑难之处在于，存托凭证本来属于股票跨国的衍生金融产品，但是现行《证券法》将其与股票和债券放在同一序列，容易造成理解上的误差；资产支持证券和资产管理产品，其发行与交易的管理办法则由国务院依照《证券法》的原则另行规定。

（2）证券发行注册制。这是《证券法》贯彻党的十八届三中全会确立的"市场在配置资源中起决定性作用"理念的集中体现，注册制改革贯穿于《证券法》制度变革的始终，须系统化学习和体会注册制。

（3）证券交易制度的优化。主要包括：①优化有关上市条件和退市情形的规定；②完善有关内幕交易、操纵市场、利用未公开信息的法律禁止性规定；③强化证券交易实名制要求，任何单位和个人不得违反规定，出借证券账户或者借用他人证券账户从事证券交易；④完善上市公司股东减持制度；⑤规定证券交易停复牌制度和程序化交易制度；⑥完善证券交易所防控市场风险、维护交易秩序的手段。

（4）信息披露制度。主要包括：①信息披露义务人的范围；②信息披露的内容；③应当充分披露投资者作出价值判断和投资决策所必需的信息；④信息披露义务人的自愿披露行为；⑤上市公司收购人应当披露增持股份的资金来源；⑥发行人及其控股股东、实际控制人、董事、监事、高级管理人员公开承诺的信息披露制度。

（5）投资者保护若干制度。主要包括：①区分普通投资者和专业投资者，倾斜保护普通投资者；②上市公司股东权利代为行使征集制度；③债券持有人会议和债券受托管理人制度；④普通投资者与证券公司纠纷的强制调解制度；⑤上市公司现金分红制度；⑥为适应证券发行注册制改革的需要，新设代表人诉讼制度，按照"明示退出""默示加入"的诉讼原则，进行证券民事损害赔偿诉讼。

（6）证券监管新制度。重点理解其中的行政和解制度。

（7）证券违法民事和行政责任制度。重点关注和理解：①发行人等不履行公开承诺的民事赔偿责任；②发行人的控股股东、实际控制人在欺诈发行、信息披露违法中的过错推定、连带赔偿责任；③大幅度提高对证券违法行为的处罚力度，显著提高证券违法违规成本。

第八章 保险法

本章导读

广义的保险法，除《保险法》外，还包括其他法律、行政法规中关于保险的规定。保险法由保险合同法律制度、保险业法律制度和保险监督管理法律制度三大部分构成，本章前三节的内容集中于保险合同部分，第四节的内容属于保险业法律制度。第一节“保险法概述”是对于保险和保险法的概念、特征等的一般介绍，需要重点掌握保险法的基本原则。第二节“保险合同总论”是本章最重要的一节，内容众多，包括：保险合同的概念和特征，保险合同的分类，保险合同的当事人和关系人，保险合同的条款，保险合同的订立与效力，保险合同的变更、解除、终止、中止与复效，以及保险合同的履行。第三节“保险合同分论”中介绍了人身保险合同和财产保险合同这两大类保险合同，需要关注人身保险合同的保险利益问题和若干特殊规则以及财产保险合同的代位求偿权制度。第四节“保险业法律制度”的主要内容包括保险公司的主体监管和经营监管，保险代理人制度和保险经纪制度以及保险业监督管理机构的监管手段。

第一节 保险法概述

一、保险的概念和特征

（一）保险的概念

保险有商业保险和社会保险之分。保险法上所称的保险是指商业保险。保险的基本含义是指以集中起来的保险费建立保险基金，用于对被保险人因保险事故造成的经济损失进行补偿，或对被保险人的人身伤亡或疾病等给予保险金的行为。我国《保险法》第2条规定，本法所称保险，是指投保人根据合同约定，向保险人支付保险费，保险人对于合同约定的可能发生的事故因其发生所造成的财产损失承担赔偿保险金责任，或者当被保险人死亡、伤残、疾病或者达到合同约定的年龄、期限等条件时承担给付保险金责任的商业保险行为。

（二）保险的要素

保险的要素是指保险得以成立的基本条件。它包括以下三个条件。

1.危险的存在。“无危险则无保险”是保险理论中的信条。保险制度建立的目的就在于应付自然灾害和意外事故的发生。所以，危险的存在是构成保险的第一要件。当然，并非所有的危险都在保险的范围之内，只有具备一定条件的危险，保险人才予以承保。这种危险通常被称为“承保危险”或“可保危险”。

2.多数人参加保险。即所谓的众人协力，它强调保险是多数人在经济上的互助共济关系，由众多的社会成员参加保险，通过缴纳保险费以积聚巨额的保险基金，当少数成员因遭受危险导致损失时给予其足额、及时的补偿。基于众人协力这一条件，参加保险的人越多，每个人的负担就越小，危险的分散就越广泛，保险基金就越稳定，从而参加保险者的损失补偿就越有保障。

3.补偿或给付。即所谓的损失填补，也就是对危险事故造成的损失予以经济补偿。保险不可能也不能消灭危险，保险的功能在于使投保人以缴纳保险费为代价，在未来保险事故发生后，由保险人对事故损失进行补偿或给付约定数额的金钱。保险的功能在财产保险和人身保险中有着明显的区别：由于财产保险的标的是可以用金钱衡量其价值的，因此，保险人对损失按照填补损失的赔偿原则进行补偿；而人身保险的标的是人的身体和寿命，是无法以金钱衡量其价值的，因此，保险人是在保险事故发生后，按约定的金额给付保险受益人一定数额的金钱。

（三）保险的特征

保险的特征体现在以下几个方面。

1.保险的互助性。保险是多数人在互助共济基础上建立起来的，是聚集多数人的力量来分担少数人的危险的保障措施。保险的核心在于，多数投保人通过缴纳保险费，由保险人建立保险基金，对因保险事故的发生而受到损失的被保险人进行补偿。因此，互助共济是保险制度建立的基础。

2.保险的补偿性。保险是投保人以缴纳保险费为代价，在将来发生保险事故时，由保险人对事故损失给予补偿的一种制度。在财产保险和人身保险中，保险的补偿性表现不尽相同，前者就是对损失按照赔偿原则进行经济补偿，后者则是按约定金额进行给付。

3.保险的射幸性，也称为保险的损益性。在保险中，投保人缴纳保险费的义务是确定的，而保险人是否承担赔偿或给付保险金的责任则是不确定的，这取决于不确定的危险是否发生。当保险事故发生时，保险人就要承担赔偿或给付保险金的责任；但若没有发生保险事故，则保险人只收取保险费，而无保险责任。这就是保险的射幸性。

4.保险的自愿性，也称为保险的契约性。它是指保险关系需通过投保人与保险人之间订立保险合同而发生，而保险合同作为合同的一种，以合同自由为最高原则，保险公司和其他人不得强制他人订立保险合同（除法律、行政法规规定必须保险的以外）。

5.保险的储蓄性。这主要体现在人身保险中。人身保险的特征之一是将现实收入的一部分通过保险的方式进行储存，以备急需时或年老时使用。

二、保险法的概念、内容与原则

（一）保险法的概念

保险法是调整保险关系的法律规范的总和。保险法有广义和狭义之分。狭义的保险法仅仅指以保险法命名的法律，如《保险法》；广义的保险法，除狭义的保险法外，还包括其他法律、行政法规中关于保险的规定。

（二）保险法的内容

保险法一般由保险合同法律制度、保险业法律制度和保险监督管理法律制度三大部分构成。

1.保险合同法律制度。这是调整保险合同双方当事人关系的法律制度。投保人和保险人之间的权利义务关系就是通过保险合同来确立的。凡是有关保险合同的订立、变更、终止以及当事人之间的权利义务关系均属于保险合同法的调整范围。

2.保险业法律制度。这是关于保险组织的法律规定，包括保险经营机构的设立、变更、解散与清算以及保险业的经营管理等方面的法律规范。同时，保险业法律制度还包括有关保险代理和保险经纪方面的法律规定。

3.保险监督管理法律制度。这是有关国家对保险业的监管关系方面的法律制度，如保险监管机关对保险条款、保险费率、保险公司、保险代理人、保险经纪人及其业务的经营管理等方面的监督管理。

（三）保险法的基本原则

1.公序良俗原则。保险业具有较大的商业风险和社会风险，国家对保险业实行较深程度的监管，以维护社会公共秩序和公共利益；同时，保险业也要求各方当事人遵守社会公德，服从善良风俗，不得损人利己。我国《保险法》第4条规定："从事保险活动必须遵守法律、行政法规，尊重社会公德，不得损害社会公共利益。"

2.自愿原则。这是指保险法律关系的当事人即投保人、保险人以及被保险人、受益人有权根据自己的意愿设立、变更或终止保险法律关系，不受他人干预；投保人有权选择保险人和保险的种类、保险的范围、责任等。我国《保险法》第11条明确规定："订立保险合同，应当协商一致，遵循公平原则确定各方的权利和义务。除法律、行政法规规定必须保险的外，保险合同自愿订立。"

3.最大诚信原则。我国《保险法》第5条专门规定，保险活动当事人行使权利、履行义务应当遵循诚实信用原则。由于保险活动具有不确定的保险风险和赔付风险，所以要求当事人讲求诚信，恪守诺言，以诚相待，善意从事，不欺不诈，严格履行自己的义务。对投保人而言，诚信原则主要表现为应当承担的两项义务：一是在订立保险合同时的如实告知义务，即应当将有关保险标的的重要情况如实向保险人作出陈述；二是履行保险合同时的信守保险义务，即严守允诺，完成保险合同中约定的作为或不作为义务。对保险人而言，诚信原则也表现为其应当承担的两项义务：一是在订立保险合同时将保险条款告知投保人的义务，特别是保险人的免责条款；二是及时与全面支付保险金的义务。

4.保险利益原则。其基本内容是投保人应对保险标的具有保险利益，否则，不具有成为投保人、订立保险合同的资格，即使订立了合同，该合同也不具有法律效力，保险人不负赔偿或给付责任。所谓保险利益，是指投保人或者被保险人对保险标的具有的法律上承认的利益。我国《保险法》第12条第1款、第2款规定："人身保险的投保人在保险合同订立时，对被保险人应当具有保险利益。财产保险的被保险人在保险事故发生时，对保险标的应当具有保险利益。"人身保险是以人的寿命和身体为保险标的的保险，财产保险是以财产及其有关利益为保险标的的保险。我国《保险法》第31条第3款规定："订立合同时，投保人对被保险人不具有保险利益的，合同无效。"第48条规定："保险事故发生时，被保险人对保险标的不具有保险利益的，不得向保险人请求赔偿保险金。"保险利益原则的根本目的在于防止道德风险的发生，从而更好地实现保险"分散危险和消化损失"的功能，具体表现为：禁止将保险作为赌博的工具以及防止故意诱发保险事故而牟利的企图的实现。如果不要求投保人或被保险人具有保险利益，那么保险事故发生后，投保人或被保险人不但毫无损失，反而可获得赔款或保险金，这就会诱使投保人或被保险人有意促成保险事故发生或故意制造保险事故，或者消极地放任保险事故发生而不采取必要的预防、补救措施。这种道德风险的诱发显然有损公共利益。

保险利益在财产保险和人身保险中有不同的体现。财产保险的目的在于填补被保险人的损害，仅要求被保险人在发生保险事故时对保险标的具有保险利益。而人身保险合同则是例外，投保人对保险标的的保险利益在订立合同时必须存在，否则保险合同无效；但在被保险人死亡时，保险利益是否存在则对保险合同效力不产生影响。人身保险中，因投保人对被保险人不具有保险利益导致保险合同无效，投保人可以主张保险人退还扣减相应手续费后的保险费。所以，我国《保险法》对于人身保险和财产保险的保险利益之于保险合同效力的影响采取的是不同的表述，即前述第31条第3款和第48条分别所作的表述，前者强调的是订立合同时若不具有保险利益则人身保险合同无效，后者强调的是保险事故发生时若被保险人对保险标的不具有保险利益则其不得请求赔偿保险金。另外，保险合同不为投保人利益存在，而只为被保险人的利益存在，特别是投保人和被保险人不是同一人时，投保人对标的丧失保险利益的情况十分复杂，在此状态下仍强调投保人对保险标的的保险利益没有现实性，也不合理。所以，在保险合同有效成立后，被保险人对保险标的是否具有保险利益对保险合同的维持至关重要，投保人对保险标的是否具有保险利益不应对保险合同的效力产生影响。财产保险中，不同投保人就同一保险标的分别投保，保险事故发生后，被保险人可以在其保险利益范围内依据保险合同主张保险赔偿。

保险利益的成立需具备三个要件：（1）必须是法律上承认的利益，即合法的利益；（2）必须是经济上的利益，即可以用金钱估计的利益；（3）必须是可以确定的利益。

5.近因原则。近因原则是指保险人按照约定的保险责任范围承担责任时，其所承保危险的发生与保险标的的损害之间必须存在因果关系。在近因原则中造成保险标的的损害的主要的、起决定性作用的原因，即属近因。只有近因属于保险责任，保险人才承担保险责任。

第二节 保险合同总论

一、保险合同的概念和特征

（一）保险合同的概念

《保险法》第10条规定，保险合同是投保人与保险人约定保险权利义务关系的协议。这一概念有以下含义：其一，保险合同的当事人只能是投保人和保险人；其二，保险合同当事人之间的关系是关于保险权利与义务的关系，即依照保险合同，投保人向保险人支付保险费，保险人则在约定的保险事故发生或者约定的保险事件出现或者期限届满时，履行赔偿或者给付保险金的义务；其三，保险合同是当事人意思表示一致的结果。

（二）保险合同的特征

1.保险合同是射幸合同。这是由保险的射幸性决定的。所谓射幸合同，就是指合同当事人一方支付的代价所获得的只是一个机会，对投保人而言，他有可能获得远远大于所支付的保险费的效益，但也可能没有利益可获；对保险人而言，他所赔付的保险金可能远远大于其所收取的保险费，但也可能只收取保险费而不承担支付保险金的责任。保险合同的这种射幸性质是由保险事故的发生具有偶然性的特点决定的，即保险人承保的危险或者保险合同约定的给付保险金的条件发生与否，均为不确定。

2.保险合同是最大诚信合同。如前所述，保险法的基本原则之一是最大诚信原则，同理，保险合同也是最大诚信合同。保险人的危险补偿责任在很大限度上依赖于当事人的诚实信用，尤其是投保人和被保险人的诚实信用。一方面，这是因为保险合同效力取决于投保人或者被保险人的信息披露程度；另一方面，保险标的一般情况下由被保险人控制，被保险人的任何非善意的行为将可能导致保险标的危险程度的增加或者促成保险危险的发生。所以，法律对于保险当事人尤其是投保人和被保险人的诚实信用程度的要求远远高于对一般人的要求。诚实信用原则在保险法中具体运用很广泛。譬如，保险法中关于投保人的如实告知义务、危险增加的通知义务等方面的规定，关于保险人的说明义务等方面的规定，以及道德危险不保的规定等，均是诚实信用义务的具体体现。

3.保险合同是附和合同。所谓附和合同，也称格式合同、标准合同或定式合同，是指由一方预先拟定合同的条款，对方只能表示接受或不接受，即订立或不订立合同，而不能就合同的条款内容与拟定方进行协商的合同。保险合同的条款是由保险人单方面预先制定而成立的标准化合同。其特征是，在订立保险合同时，投保人只能被动地服从、接受或者拒绝保险方所提出的条件，所以，其具有较强的附和性。保险合同的附和性显然是对合同自由的一种极大限制，它使投保人处于极为不利的地位。为了对这种情形加以平衡，在对保险合同的文义进行解释时，通常采取不利于保险人的解释原则。《保险法》第30条规定，对于保险合同的条款，保险人与投保人、被保险人或者受益人有争议的，应当按照通常理解予以解释。对合同条款有两种以上解释的，人民法院或者仲裁机构应当作有利于被保险人和受益人的解释。这样规定的目的显然是对处于优势地位的保险人的对抗和对处于弱势地位的被保险人或者受益人的保护。

4.保险合同是双务、有偿合同。保险合同是双方当事人互享权利、互负义务的合同，属于双务合同，即在保险合同中，投保人负有依照合同的约定缴纳保险费的义务，而保险人则负有按约定的条件支付保险金的义务。保险合同的有偿性，是指被保险人或者受益人所获得的保险赔偿或者给付是以投保人缴纳保险费为对价的；相应地，保险人所收取的保险费则是以今后可能赔偿或者给付保险金为对价的。

5.保险合同是不要式合同。要式合同是指法律要求合同的成立必须采用特定的方式的合同，不要式合同则是指不要求采用特定方式的合同。根据《保险法》第13条第1款的规定，投保人提出保险要求，经保险人同意承保，保险合同成立。保险人应当及时向投保人签发保险单或者其他保险凭证。根据这一规定，保险合同的成立取决于投保人与保险人之间的合意，而无须采用或履行特定方式，所以，保险合同属于不要式合同。保险人签发保单或其他保险凭证的行为是履行合同的行为，而非合同成立的要件。

6.保险合同是诺成性合同。诺成性合同是指仅依双方意思表示一致而成立，在意思表示之外不需践行物之交付或为其他给付的合同。根据《保险法》第13条第1款的规定，投保人提出保险要求，经保险人同意承保，保险合同成立。根据《保险法》第14条的规定，保险合同成立后，投保人按照约定交付保险费。据此，保险合同的成立不以保险费的交付为条件，故保险合同为诺成合同。但是，需要注意的是，如果当事人在订立保险合同时对合同的生效附加了条件或者期限，则保险合同自条件成就时或者期限届满时生效。

二、保险合同的分类

根据不同的标准，可对保险合同作如下分类：

（一）人身保险合同与财产保险合同

这是依据保险合同标的的不同进行的分类。

1.人身保险合同，是指以人的生命或身体为保险标的的保险合同，如人寿保险、健康保险、老年保险、伤残保险。我国目前开办的人身保险有简易人身保险、团体人身意外伤害保险、团体人身保险、养老金保险、医疗保险、学生平安保险以及涉外人身保险等。

2.财产保险合同，是指以物或者其他财产利益为保险标的的保险合同。财产保险有广义和狭义之分。狭义财产保险，其标的是有形的，是处于静态中的财产，如企业的厂房、设备等。广义的财产保险，其标的还包括无形的财产权利和责任，是处于运动中的财产，如运输中的货物、行驶中的车辆、航行中的船舶、飞行中的飞机以及生长中的种植物和养殖物。我国目前开办的财产保险主要有国内财产保险、农业保险和涉外保险三种类型。

（二）强制保险合同与自愿保险合同

这是依据保险合同实施形式的不同进行的

分类。

1.强制保险合同，又称为法定保险合同，是指依据法律的规定而强制实施的保险合同，如铁路、飞机、轮船旅客意外伤害强制保险以及机动车第三者责任强制保险。强制保险多基于国家社会经济政策需要而存在，主要适用于诸如交通工具责任、产品责任、公共责任、雇工责任、职业责任等领域。

2.自愿保险合同，是指基于投保人自己的意思而订立的保险合同。投保人与保险人订立保险合同，应当遵循公平互利、协商一致、自愿订立的原则，除法律、行政法规规定必须保险的以外，保险公司和其他单位不得强制他人订立保险合同。我国《保险法》第11条第2款明确规定："除法律、行政法规规定必须保险的外，保险合同自愿订立。"

（三）原保险合同与再保险合同

这是依据保险人责任次序的不同进行的分类。

1.原保险合同，又称为第一次保险，是指保险人对被保险人承担直接责任的原始保险合同。

2.再保险合同，又称为分保合同或第二次保险合同。保险人将其承担的保险业务，以承保的形式，部分转移给其他保险人的，即为再保险。保险人为了避免自己承保的业务遭受巨额损失，可以将其承保的保险业务分给其他保险人一部分，使数家保险公司对同一保险事故承担责任，增加了保险的可靠性。再保险制度的建立不仅有利于保险人赔偿损失责任的分担，而且有利于保护被保险人的利益。

原保险是保险人与投保人之间的保险合同关系，而再保险则是原保险人与再保险人之间的保险合同关系，是原保险人对其所承担的风险责任进行转移的法律行为。原保险是再保险的基础，再保险人的保险责任以原保险人的责任为前提。但是，再保险合同又是独立的合同，再保险合同的当事人是分出人与分入人，原保险合同的投保人、被保险人、受益人是再保险合同的利害关系人。因而，再保险人与原保险合同的投保人不发生任何直接的权利义务关系。据此，再保险接受人不得向原保险的投保人要求支付保险费。原保险的被保险人或者受益人，不得向再保险接受人提出赔偿或者给付保险金的请求。再保险的分出人不得以再保险接受人未履行再保险责任为由，拒绝履行或者迟延履行其原保险责任。

（四）单保险合同与复保险合同

这是依据保险人人数的不同进行的分类。

1.单保险合同，是指投保人以一个保险标的、一个保险利益、一个保险事故向同一个保险人订立保险合同的保险。

2.复保险合同，又称重复保险合同，是指投保人以同一保险标的、同一保险利益、同一保险事故分别向两个以上的保险人订立的保险合同。根据《保险法》的规定，复保险的保险金额总和超过保险价值的，各保险人的赔偿金额的总和不得超过保险价值。

（五）足额保险合同与不足额保险合同

这是以保险金额与保险价值之间的关系为标准进行的分类。

1.足额保险合同，是指保险金额等于保险价值的保险合同。保险事故发生时，若保险标的全部损失，保险人按保险金额全部赔偿；若部分损失，保险人按实际损失额赔偿。

2.不足额保险合同，是指保险金额低于保险价值的合同。在这种合同中，保险人对被保险人损失的赔偿责任仅以保险金额为限，超出保险金额以外的部分损失，保险人不承担赔偿责任。

实务中还有超额保险合同的情形，即保险金额大于保险价值。根据我国《保险法》的规定，保险金额不得超过保险价值，超过保险价值的，超过部分无效。

三、保险合同的当事人和关系人

（一）保险合同当事人

保险合同的当事人，是指订立保险合同并享有和承担保险合同所确定的权利义务的人，包括保险人和投保人。

1.保险人。保险人又称为承保人，是指与投保人订立保险合同，并承担赔偿或者给付保险金责任的保险公司。经营商业保险业务，必须是依照《保险法》设立的保险公司，其他单位和个人不得经营商业保险业务。

2.投保人。投保人又称为要保人，是指与保险人订立保险合同，并按照保险合同负有支付保险费义务的人。投保人可以是被保险人本人，也可以是被保险人以外的第三人。但无论属于何种情形，作为保险合同当事人一方的投保人必须具备民事权利能力和民事行为能力，并对保险标的具有保险利益。

（二）保险合同关系人

保险合同关系人是指在保险事故或者保险合同约定的条件满足时，对保险人享有保险金给付请求权的人，包括被保险人和受益人。

1.被保险人。被保险人是指约定的保险事故可能在其财产或人身上发生的人。根据《保险法》第12条第5款的规定，被保险人是指其财产或者人身受保险合同保障，享有保险金请求权的人。无论财产保险合同，还是人身保险合同，投保人与被保险人既可为同一人，也可为不同的人，但前者只限于为自己的利益而订立的保险合同。在财产保险中，被保险人必须是保险标的的所有人或其他权利人，而人身保险则直接以被保险人的生命或身体作为保险标的，因此被保险人作为保险合同的关系人，也是事故损失的承受人。被保险人一般也是享有赔偿请求权的人，但在财产保险和人身保险中并不相同，财产保险中，由于只是财产上的毁损灭失，被保险人可自己行使赔偿请求权，但在人身保险尤其是人寿保险的死亡保险中，一旦保险事故发生，被保险人无法行使赔偿请求权，故法律规定可由受益人享有赔偿请求权。我国《保险法》第33条规定，投保人不得为无民事行为能力人投保以死亡为给付保险金条件的人身保险，保险人也不得承保。父母为其未成年子女投保的人身保险，不受上述规定限制，但是死亡给付保险金额总和不得超过国务院保险监督管理机构规定的限额。未成年人父母之外的其他履行监护职责的人为未成年人订立以死亡为给付保险金条件的合同，当事人主张参照《保险法》第33条第2款、第34条第3款的规定认定该合同有效的，人民法院不予支持，但经未成年人父母同意的除外。

当被保险人为自然人并死亡时，保险标的可能成为遗产而由被保险人的继承人所继承，成为保险标的的权利人。此时，继承保险标的的继承人有权承继被保险人的权利和义务，取代原来的被保险人而成为新的被保险人，保险人不得拒绝或否认。

2.受益人。受益人又称保险金受领人，是指由投保人或被保险人在保险合同中指定的，于保险事故发生时，享有赔偿请求权的人。受益人必须具备两个条件：首先，必须是享有赔偿请求权的人。受益人是保险合同的关系人，而非保险合同的当事人，故不负交付保险费的义务，保险人不得请求其交付保险费。由于受益人的赔偿请求权属于固有权，并非继受而来，因而受益人所应领取的保险金不能作为被保险人的遗产。其次，必须是由投保人或被保险人在保险合同中指定的人。受益人既可以为自然人，也可以为法人。但如果受益人是未成年人或其他无行为能力人或限制行为能力人，则他所受领的保险金应由其监护人或法定代理人代为保管。

我国《保险法》第39条中规定，人身保险的受益人由被保险人或者投保人指定。投保人指定受益人时须经被保险人同意。被保险人为无民事行为能力人或者限制民事行为能力人的，可以由其监护人指定受益人。投保人为与其有劳动关系的劳动者投保人身保险，不得指定被保险人及其近亲属以外的人为受益人。人身保险合同成立时没有指定受益人的，合同成立后，被保险人也可以指定受益人；人身保险合同订立时已经指定受益人的，合同成立后，被保险人还可以追加指定受益人。

如果当事人对保险合同约定的受益人存在争议，除非投保人、被保险人在保险合同之外另有约定，应当按以下情形分别确定受益人：（1）受益人约定为“法定”或者“法定继承人”的，以继承相关法律规定的法定继承人为受益人。（2）受益人仅约定为身份关系，投保人与被保险人为同一主体的，根据保险事故发生时与被保险人的身份关系确定受益人；投保人与被保险人为不同主体的，根据保险合同成立时与被保险人的身份关系确定受益人。(3)受益人的约定包括姓名和身份关系，保险事故发生时身份关系发生变化的，认定为未指定受益人。

被保险人或投保人经被保险人同意，可以变更受益人，但若此种变更未通知保险人，则不得对抗保险人，即保险人在获得书面通知前对原先所指定的受益人给付保险金后，对于新的受益人不再负有义务。投保人变更受益人的，应当经过被保险人的同意，否则变更行为无效，不发生变更的效力。

《保险法》第40、42、43条规定，被保险人或者投保人可以指定一人或者数人为受益人。受益人为数人的，被保险人或者投保人可以确定受益顺序和受益份额；未确定受益份额的，受益人按照相等份额享有受益权。受益人故意造成被保险人死亡、伤残、疾病的，或者故意杀害被保险人未遂的，该受益人丧失受益权。受益人先于被保险人死亡、依法丧失受益权或者放弃受益权，而又无其他受益人的，保险金作为被保险人的遗产，由保险人向被保险人的继承人履行给付保险金的义务。

受益人所享有的受益权是一种期待权，只有在保险事故发生后才能具体实现，转变为现实的财产权。这种期待权在保险事故发生前，往往会因投保人或被保险人随时撤回或变更受益人而取消。

综上所述，受益人具有以下特征：其一，受益人由被保险人或投保人指定产生；其二，受益人享有保险金的请求权；其三，投保人、被保险人或者第三人均可以为受益人；其四，受益人不受有无行为能力及保险利益的限制；其五，受益人只存在于人身保险合同中；其六，受益人的资格可能被取消，也可能会依法丧失。

四、保险合同的条款

保险合同的条款即保险合同的内容，是保险合同中规定保险责任的范围和确定合同当事人的权利义务及其他有关事项的合同条款。依据不同的分类标准，可以对保险合同条款进行不同的分类。

1.依据其产生效力的基础，可以将保险合同条款分为法定条款和约定条款。法定条款指根据法律规定必须明确载明的条款，法定条款构成保险合同的基本内容。法定条款不是保险合同必须具备的条款，保险合同缺乏法定条款，保险合同亦成立。依据我国《保险法》的相关规定，法定条款包括保险人的名称、住所；投保人的名称、住所以及人身保险的受益人的名称和住所；保险标的；保险责任和责任免除；保险价值；保险金额；保险期间及责任开始时间；保险期限、保险费、保险赔偿或者给付办法；违约责任和争议处理；订立合同的年、月、日等。约定条款是投保人和保险人在保险合同法定条款之外，就其权利义务事项或事实问题另为约定的条款。约定条款，不得违反法律或违反社会公共利益。约定条款通常包括三类条款：(1)协会条款，如伦敦保险人协会条款、美国保险人协会条款。(2)保证条款，又称特约条款，是保险人要求投保人或被保险人担保过去或现在某一事实状态的真实、存在或不存在或担保作为或不作为某种事项的条款。保险合同双方当事人可就任意事项规定为保证条款，它将构成保险合同效力的基础，违反该条款，合同效力的基础发生动摇，保险合同效力将终止。(3)附加条款，如附加险，通常由附加条款规定。

2.依据其在保险合同中的地位，保险合同条款分为基本条款与附加条款。基本条款又称为普通条款，是保险人在事先准备或印就的保险单上根据不同险种而规定的有关当事人双方的权利义务的基本事项，它构成保险合同的基本内容。基本条款是一种险种的保险合同所固有的、必备的条款，进而构成区分不同种类保险合同的根本依据。附加条款是用以扩大或限制基本条款中所规定的权利与义务的补充条款。它的目的在于：第一，扩大基本条款的伸缩性，以适应投保人的特别需要；第二，变更保险单原规定的内容，如扩大承保的危险责任、增加保险标的。附加条款通常也由保险人事先印就一定格式，待保险人与投保人特别约定，填好后附贴在保险单上。

3.关于保险合同格式条款的效力。其一，依据我国《保险法》的规定，如果订立保险合同采用的是保险人提供的格式条款的，保险人向投保人提供的投保单应当附上该格式条款，保险人应当向投保人说明合同的内容。其二，对于保险合同中免除保险人责任的条款，保险人在订立合同时应当在投保单、保险单或者其他保险凭证上作出足以引起投保人注意的提示，并对该条款的内容以书面或者口头形式向投保人作出明确说明；未作提示或者明确说明的，该条款不产生效力。其三，采用保险人提供的格式条款订立的保险合同中所含有的下列条款为无效条款：(1)免除保险人依法应承担的义务或者加重投保人、被保险人责任的；(2)排除投保人、被保险人或者受益人依法享有的权利的。其中，保险人提供的格式合同文本中的责任免除条款、免赔额、免赔率、比例赔付或者给付等免除或者减轻保险人责任的条款，属于免除保险人责任的条款；保险人因投保人、被保险人违反法定或者约定义务，享有解除合同权利的条款，不属于免除保险人责任的条款。

五、保险合同的订立与效力

(一)保险合同的成立

订立保险合同，须经投保和承保两个阶段：投保是投保人向保险人提出保险请求的单方意思表示，属于订立保险合同的要约阶段；承保是保险人承诺投保人的保险要约的意思表示，是保险人的单方法律行为，属于订立保险合同的承诺阶段。订立保险合同，由投保人提出保险要求，经保险人同意承保，并就保险合同的条款达成协议，保险合同成立。

(二)保险合同的形式

尽管保险合同是不要式合同，但实务中保险合同多采用书面形式。保险合同一般由投保单、保险单、暂保单或者其他书面文件构成。

1.投保单，又称为要保单，是投保人向保险人提出的，订立保险合同的书面要约。投保单一般是由保险人准备的统一格式书据，由投保人依其所列项目逐项填写。保险合同成立后，保险人应当及时向投保人签发保险单或者其他保险凭证，并在保险单或者其他保险凭证中载明当事人双方约定的合同内容。

2.保险单，简称保单，是保险人与投保人订立保险合同的正式书面形式。保险单必须明确完整地记载保险双方的权利义务内容，它是保险合同双方当事人履行合同的依据。

3.保险凭证，又称为小保单，实际上是简化了的保险单，与保险单具有同等效力。

4.暂保单，是一种临时保险单，是正式保险单发出前的一种临时保险合同。从法律效力上看，暂保单与保险单具有相同的效力，但暂保单的期限较短，正式保险单一经交付，暂保单自动失效。

经投保人和保险人协商同意，也可以采取其他书面形式订立保险合同。

(三)订立保险合同的说明和告知义务

保险合同是最大诚信合同，当事人在订立保险合同中，须履行相应的说明和告知义务。这实际上是保险合同当事人的一种先合同义务。

1.保险人的说明义务。保险人方面，订立保险合同，保险人应当向投保人说明保险合同的条款内容。说明义务是诚实信用原则的具体体现。由于保险合同条款由保险人事先拟定，投保人没有机会参与合同条款的拟定和协商，加之保险合同条款具有较强的专业性，投保人不容易了解其真实含义，容易对保险条款产生误解，所以有必要要求保险人对保险合同条款加以说明。对于保险合同中规定的保险人责任免除的条款，如果保险人在订立保险合同时未向投保人明确说明的，该条款不产生效力。如果保险人将法律、行政法规中的禁止性规定情形作为保险合同免责条款的免责事由，保险人只需对该条款作出提示，投保人、被保险人或者受益人不能以保险人未履行明确说明义务为由主张该条款不成为合同内容。

保险人在订立保险合同时如果已经向投保人履行了《保险法》规定的提示和明确说明义务，此后保险标的发生转让，受让人以保险标的转让后保险人未向其履行提示或者明确说明义务为由，而主张相关的免除保险人责任的条款对受让人不生效的，不能得到支持。

2.投保人的告知义务。在订立保险合同时，投保人应当将其明知的与保险标的或者被保险人有关的情况如实地告知保险人，这也是诚实信用原则的要求。投保人的告知义务限于保险人询问的范围和内容。当事人对询问范围及内容有争议的，保险人负举证责任。另外，保险人不能以投保人违反了对投保单询问表中所列概括性条款的如实告知义务为由请求解除合同，但该概括性条款有具体内容的除外。如果保险人在保险合同成立后知道或者应当知道投保人未履行如实告知义务，仍然收取保险费，则不能再以投保人违反如实告知义务为由主张解除合同。

如果投保人没有履行如实告知义务，将会发生以下法律后果：其一，投保人故意隐瞒事实，或者因过失未履行如实告知义务，足以影响保险人决定是否同意承保或者提高保险费率的，保险人有权解除保险合同。其二，投保人故意不履行如实告知义务的，保险人对于保险合同解除前发生的保险事故，不承担赔偿或者给付保险金的责任，并不退还保险费。其三，投保人因过失未履行如实告知义务的，对保险事故的发生有严重影响的，保险人对于保险合同解除前发生的保险事故，不承担赔偿或者给付保险金的责任，但可以退还保险费。如果保险人未行使合同解除权，则不能直接以投保人故意或过失未履行如实告知义务为由拒绝赔偿。但当事人就拒绝赔偿事宜及保险合同存续另行达成一致的情况除外。

（四）保险合同的生效

《保险法》规定，保险合同成立后，投保人按照约定交付保险费；保险人按照约定的时间开始承担保险责任。这说明，通常情况下保险合同的成立时间就是保险合同的生效时间。具体而言，法律对保险合同的生效有规定的，依其规定；没有规定的，依照当事人之间的约定；法律既无规定，保险合同亦无特别约定的，保险合同生效于保险合同成立之时。

根据《保险法》第13条第3款的规定，投保人和保险人可以对保险合同的效力约定附条件或者附期限。如果当事人对保险合同的生效附加了条件，使合同成为附延缓条件的合同，则当该条件成就时合同才生效；如果是约定附期限，则当期限届至时合同才生效。

关于保险合同的签章，根据最高人民法院《关于适用〈中华人民共和国保险法〉若干问题的解释（二）》（以下简称《保险法解释（二）》）第3条的规定，投保人或者投保人的代理人订立保险合同时没有亲自签字或者盖章，而由保险人或者保险人的代理人代为签字或者盖章的，对投保人不生效。但投保人已经缴纳保险费的，视为其对代签字或者盖章行为的追认。保险人或者保险人的代理人代为填写保险单证后经投保人签字或者盖章确认的，代为填写的内容视为投保人的真实意思表示。但有证据证明保险人或者保险人的代理人存在《保险法》第116、131条相关规定情形的除外。

关于保险合同的生效时间，根据《保险法解释（二）》第4条的规定，保险人接受了投保人提交的投保单并收取了保险费，尚未作出是否承保的意思表示，发生保险事故，被保险人或者受益人请求保险人按照保险合同承担赔偿或者给付保险金责任，符合承保条件的，人民法院应予支持；不符合承保条件的，保险人不承担保险责任，但应当退还已经收取的保险费。保险人主张不符合承保条件的，应承担举证责任。

（五）保险合同的无效

保险合同可因法律规定或者当事人约定的原因而发生全部或者部分无效。引起保险合同无效的原因主要有：

1.基于民法上的原因，如保险合同的内容违反法律和行政法规，无权代理、双方代理、恶意串通以及违反国家利益和社会公共利益等行为。

2.基于保险法上的原因：（1）超额保险；（2）投保人对保险标的无保险利益；（3）未经被保险人书面同意的以死亡为给付保险金条件的保险（法律另有规定的除外）；（4）保险人未对投保人作出说明的免责条款等。

保险合同无效，自始不发生法律效力，在发

生保险合同约定的保险事故时，保险人不承担保险责任。当事人因无效保险合同取得的利益应当依照民法上对无效合同处理的原则，予以返还或者予以收缴。

六、保险合同的变更、解除、终止、中止与复效

（一）保险合同的变更

1.保险合同变更的概念。保险合同的变更，广义上指保险合同成立后发生的各种变动，包括保险合同主体的变更、保险合同内容的变更和保险合同效力的变更。狭义上指保险合同内容的变更，即保险合同生效后，没有履行或没有完全履行之前，因订立合同所依据的主客观情况发生变化，由当事人依照法律规定的条件和程序，对原合同的某些条款进行修改或补充。我国《保险法》第20条规定，在保险合同有效期内，投保人和保险人经协商同意，可以变更保险合同的有关内容。变更保险合同的，应当由保险人在原保险单或者其他保险凭证上批注或者附贴批单，或者由投保人和保险人订立变更的书面协议。保险合同的约定，可以归结为当事人约定、受益人约定和其他事项约定三个方面，所以，保险合同的变更可以分为主体变更和内容变更。在变更保险合同时，保险人应当在原保险单上批注，以资证明和确认保险合同的变更。保险人没有签发保险单而是签发其他保险凭证的，变更保险合同时，应当在该保险凭证上批注。保险人在保险单或者其他保险凭证上批注保险合同的变更，既可以直接手写或者打字于保险单或者保险凭证上，也可以在保险单或者其他保险凭证上加贴批单。加贴批单时，保险人应当在批单和保险单或者其他保险凭证的粘接处签字盖章，以示郑重。变更保险合同，保险人除了在保险单或者其他保险凭证上批注外，还可以与投保人另定变更保险合同内容的书面协议。以批注变更保险合同和另订书面协议变更保险合同，具有相同的效果。保险合同主体的变更，是指投保人、被保险人及受益人的变更，保险合同的主体变更实际上就是保险合同的转让。在我国，对不同险种所规定的主体变更程序各不相同。对于一般财产保险，合同主体的变更必须得到保险人的同意。对于货物运输保险的保险单或者保险凭证的转移，无须征得保险方的同意。保险合同的被保险人或投保人变更后，原被保险人或投保人的权利和义务一同转移。保险合同内容的变更，是指体现双方权利义务关系的合同条款的变更。可以分为两种情况：一种是投保人根据需要而变更合同的某些条款，如延长或缩短保险期，增加或减少保险金等；另一种是当情况发生变化，必须变更合同的内容时，投保方应及时通知保险人更改合同的某些条款，否则将产生相应的法律后果。

2.保险合同变更的类型。保险合同的变更可以分为两种情形：一是合同主体的变更；二是合同内容的变更。

（1）合同主体的变更。主体的变更属于合同的转让或者保险单的转让，投保人或者被保险人在保险合同有效期内将保险合同利益转让给第三人，从而引起保险合同的变更，这实际上是合同主体的变更，但这种主体的变更一般只限于投保人或者被保险人，保险人并不会发生变更。根据《保险法》的规定，保险标的的转让应当通知保险人，保险人同意继续承保后，依法变更合同。

（2）合同内容的变更。这是指在保险合同有效期内对保险合同的内容进行的修改或者补充，如保险标的的数量、品种的增减，用途、存放地点的变化，保险金额、保险价值、保险费的增减以及人身保险合同中所指定受益人的变更等。

3.保险合同变更的方式。保险合同变更的方式有两种：一是协议变更；二是通知变更。

（1）协议变更，是指保险合同的变更必须经过投保人与保险人双方协商一致后，才发生保险合同变更的效力，如前述《保险法》第20条规定的变更即属于协议变更。

（2）通知变更，是指保险合同的变更无须征得保险人的同意，只需投保人通知保险人即可发生合同变更的效力，如货物运输保险合同的转移。

（二）保险合同的解除

保险合同的解除是指在保险合同成立后，

基于法定的或约定的事由，保险合同当事人行使解除权，从而使保险合同发生自始无效的后果的单方法律行为。保险合同成立后即具有法律约束力，当事人不得随意解除合同。当事人解除合同，应当依照法律的规定或者当事人的约定。基于法定事由解除保险合同的，为法定解除权；基于约定原因而解除保险合同的，为约定解除权。需要特别注意的是，《保险法》对于保险合同当事人解除权的规定具有特殊性，即原则上投保人享有任意的解除权，而保险人不得解除合同，除非法律明确规定其可以解除合同的情形。我国《保险法》第15条明确规定："除本法另有规定或者保险合同另有约定外，保险合同成立后，投保人可以解除合同，保险人不得解除合同。"

1.投保人的解除权。除《保险法》另有规定或者保险合同另有约定外，保险合同成立后，投保人可以解除合同。也就是说，保险合同成立后，原则上，投保人可以随时解除保险合同，但须以法律或者合同无另外规定者为限制，如对于货物运输保险合同以及运输工具航程保险合同，在保险责任开始后，无论是保险人或者投保人（被保险人）均不得解除保险合同。

2.保险人的解除权。与投保人的解除权相反，除《保险法》另有规定或者保险合同另有约定外，保险人不得解除合同。这就是说，原则上，保险人不得解除合同，但是，法律另有规定或者合同另有约定者除外。根据我国《保险法》的规定，投保人或被保险人有下述行为的，可以构成保险人解除保险合同的条件：（1）投保人故意或者因重大过失未履行如实告知义务，足以影响保险人决定是否同意承保或者提高保险费率的，保险人有权解除合同。但是此一解除权必须在法律规定的除斥期间之内行使，否则将归于消灭。我国《保险法》第16条第3款规定，保险人享有的上述解除权自保险人知道有解除事由之日起，超过30日不行使而消灭；同时，自保险合同成立之日起超过2年的，则保险人不得再解除合同；如果发生了保险事故，保险人应当承担赔偿或者给付保险金的责任。如果保险人在合同订立时已经知道投保人未如实告知的情况的，则保险人不得解除合同，若这种情况下发生保险事故，保险人应当承担赔偿或者给付保险金的责任。（2）被保险人或者受益人在未发生保险事故的情况下，谎称发生了保险事故，向保险人提出赔偿或者给付保险金的请求的，保险人有权解除合同，并不退还保险费。（3）投保人、被保险人故意制造保险事故的，保险人有权解除合同，且不承担赔偿或者给付保险金的责任，不退还保险费（但若投保人已经交足2年以上保险费的，保险人应当按照合同约定向其他权利人退还保险单的现金价值）。（4）投保人、被保险人未按照约定履行其对保险标的安全应尽责任的。（5）在合同有效期内，保险标的危险程度增加，被保险人未及时通知保险人的。（6）投保人申报的被保险人年龄不真实并且真实年龄不符合合同约定的年龄限制的，保险人可以解除合同，保险人按照合同约定退还保险单的现金价值。此种情况下的解除权适用我国《保险法》第16条关于除斥期间的规定，即自保险人知道解除事由之日起超过30日内不行使而消灭，自合同成立之日起超过2年的则不得再解除合同。

（三）保险合同的终止

保险合同的终止是指保险合同的效力的永久性的停止从而使保险合同规定的当事人之间的权利义务归于消灭。

保险合同终止的原因有：

1.保险合同因期限届满而终止。

2.保险合同因保险赔偿金或者保险金的给付而终止。

3.保险合同因解除而终止。

4.保险标的发生部分损失的，在保险人赔偿后30日内，投保人可以终止合同；除合同约定不得终止的以外，保险人也可以终止合同。

5.在以生存作为给付条件的人身保险合同中，被保险人或者受益人死亡的，保险合同终止。

（四）保险合同的中止

保险合同的中止是指保险合同生效后，基于某种原因而发生效力中止。长期人身保险具有投资和储蓄功能，投保人可以分期交付保险费。在投保人交付第一期保险费以后，如未能按期交付后续保费，且逾期达到一定期间，即可导致保险合同效力的中止。我国《保险法》第36条规定，合同约定分期支付保险费，投保人支付首期保险费后，除合同另有约定外，投保人自保险人催告之日起超过30日未支付当期保险费，或者超过规定的期限60日未支付当期保险费的，合同效力中止，或者由保险人按照约定的条件减少保险金额。由此规定可见，保险合同的中止应满足以下条件：(1)投保人逾期未交付保险费，即投保人在支付首期保险费后，未能在合同约定的缴纳保险费的日期或交费宽限期向保险人缴纳保险费；(2)投保人逾期未交保险费的期间已超过60日，即投保人在保险合同约定的交费日后经过60日仍未缴纳保险费，或者自保险人发出催交保险费的催告通知后超过30日仍未缴纳当期保险费；(3)保险合同没有约定其他补救办法，如解除合同、减少保险金额、保险费自动垫交等。保险合同的中止，仅暂时中止保险合同的效力，虽然仍可通过一定方式使保险合同复效，但在保险合同效力中止期间，保险人不负保险责任。同时，在前述30日或者60日的宽限期或催告期之内发生保险事故的，保险人仍应当按照约定给付保险金，但可以扣减欠交的保险费。

(五)保险合同的复效

保险合同的复效是指保险合同效力中止以后重新开始生效。我国《保险法》第37条规定，依照《保险法》第36条规定合同效力中止的，经保险人与投保人协商并达成协议，在投保人补交保险费后，合同效力恢复。但是，自合同效力中止之日起2年内双方未达成协议的，保险人有权解除合同。复效的具体条件是：(1)投保人有申请复效的意思表示。保险合同效力中止后，不存在自行复效的问题。投保人愿意恢复合同效力的，必须向保险人提出复效申请，投保人的复效申请一般通过填写复效申请书来完成。(2)被保险人的身体健康状况符合投保条件。(3)投保人补交合同中止所欠的保险费及利息。引起保险合同效力中止的主要原因就是投保人不缴纳保险费，要使中止的合同复效，就应当消除导致合同中止的因素，即补交保费。(4)投保人提出复效申请，必须经过保险人的同意。根据《保险法》的规定，保险人对投保人提出的复效申请表示同意，是合同复效的必要条件之一。只有同时具备以上条件，中止的保险合同才能复效。如果双方当事人未达成复效协议，保险合同中止期间未满2年，保险人行使解除权的条件尚未成就，或者虽然成就但保险人未行使解除权的，合同效力仍处于中止状态；如保险合同中止期间已满2年，且保险人解除合同，则合同效力终止。在此情况下解除合同的，保险人应当按照约定退还保险单的现金价值。

七、保险合同的履行

(一)投保人的义务

1.缴纳保险费的义务。保险合同成立后，投保人须按照约定缴纳保险费。保险合同是有偿合同，投保人缴纳保险费实际上是获取保险金的对价。因而，缴纳保险费是投保人的重要义务之一。不同的保险条款对缴纳保险费的要求有所不同，保险费可以一次付清，也可以分期支付。

保险费简称保费，是投保人根据保险合同的规定，为被保险人取得因约定危险事故发生所产生的经济损失补偿(或给付)权利，支付给保险人的代价，是保险这种商品的价格。与其他商品价格一样，保险费也以成本加平均利润为基础，而且保险市场的竞争也对保险费的最终形成产生影响。保险费中用于赔款和保险金给付支出的部分称为纯保险费或净保险费，用于营业费用支出的部分称为附加保险费。保险费是纯保险费和附加保险费加上保险公司税金和利润的总和。

《保险法》第14条规定，保险合同成立后，投保人按照约定交付保险费，保险人按照约定的时间开始承担保险责任。但是，保险费的交付不构成保险合同发生效力的先决条件。在保险合同期限内，因保险标的的危险增加，保险人要求增加保险费的，投保人应当交纳增加的保险费；危险降低的，投保人可以减交保险费；投保人、被保险人没有履行对保险标的的安全防损责任，保险人增加保险费的，投保人应当增加交纳保险费；因投保人申报被保险人年龄不实而致使其缴纳的保险费少于应付的保险费的，投保人应当补交保险费。投保人不依照保险合同的约定缴纳保险费，保险人可以催告投保人缴纳保险费和利息；除非法律规定保险人不得解除或者终止保险合同，或者《保险法》对保险合同的效力另有规定，投保人不依照保险合同的约定缴纳保险费，保险人可以解除或者终止保险合同。

保险费通常应当由投保人支付。但是，在人身保险的场合，被保险人或者受益人可以代替投保人交付保险费，保险人对此不得拒绝。此外，《保险法》第38条明确规定，保险人对人寿保险的保险费，不得用诉讼方式要求投保人支付。这是因为人寿保险具有储蓄性质，保险费不是保险人已经取得的利益，而是保险人对投保人的债务，在合同解除、终止或期满时应返还给被保险人或受益人。

2.保险事故的通知义务。投保人、被保险人或者受益人知道保险事故发生后，应当及时通知保险人。保险事故发生后及时通知保险人，有利于保险人采取必要的措施，防止损失的扩大或者保全保险标的的残余部分；有利于保险人及时调查损失发生的原因、收集证据、勘查现场。《保险法》第21条规定，投保人、被保险人或者受益人知道保险事故发生后，应当及时通知保险人。故意或者因重大过失未及时通知，致使保险事故的性质、原因、损失程度等难以确定的，保险人对无法确定的部分，不承担赔偿或者给付保险金的义务，但保险人通过其他途径已经及时知道或者应当及时知道保险事故发生的除外。

3.维护保险标的安全的义务。《保险法》第51条规定，被保险人应当遵守国家有关消防、安全、生产操作、劳动保护等方面的规定，维护保险标的的安全。根据合同的约定，保险人可以对保险标的的安全状况进行检查，及时向投保人、被保险人提出消除不安全因素和隐患的书面建议。投保人、被保险人未按照约定履行其对保险标的的安全应尽责任的，保险人有权要求增加保险费或者解除合同。保险人为维护保险标的的安全，经被保险人同意，可以采取安全预防措施。

4.危险程度增加的通知义务。所谓危险程度增加，是指订立保险合同时所未预料或未估计到的危险可能性的增加，它发生在保险合同有效期内。《保险法》第52条规定，在保险合同有效期限内，保险标的危险程度显著增加的，被保险人应当按照合同的约定及时通知保险人，保险人可以按照合同约定增加保险费或者解除保险合同。被保险人未履行通知义务的，因保险标的的危险程度显著增加而发生的保险事故，保险人不承担赔偿保险金的责任。

5.采取必要措施防止或者减少损失的义务。保险事故发生时，被保险人有责任尽力采取必要措施，防止或者减少损失。保险事故发生后，被保险人为防止或者减少保险标的的损失所支付的必要的、合理的费用，由保险人承担，且保险人不得以被保险人采取的措施未产生实际效果为由抗辩。保险人所承担的数额在保险标的的损失赔偿金额以外另行计算，最高不超过保险金额的数额。

6.保险标的转让时的通知义务。根据《保险法》的规定，被保险人转让保险标的的，保险合同继续有效，保险标的的受让人承继被保险人的权利和义务，但被保险人或者受让人应当及时通知保险人（货物运输保险合同和另有约定的合同除外）。如果被保险人、受让人未履行上述通知义务，因转让导致保险标的危险程度显著增加而发生的保险事故，保险人不承担责任。

通常情形下，当保险标的为不动产时，如果投保的不动产发生转让，受让人成为不动产的所有权人，同时成为保险标的的被保险人，当不动产发生保险事故时有权向保险公司索赔。但如果保险标的已实际交付受让人，却尚未依法办理所有权变更登记，此时受让人并非保险标的的物权人。然而，此时如果发生保险事故，承担保险标的毁损灭失风险的受让人，有权依照《保险法》第48、49条的规定行使被保险人权利，向保险人索赔。

（二）保险人的义务

给付保险金是保险人应当履行的基本的保险义务。在保险事故发生或者保险合同约定的条件满足时，保险人应当给付保险金。

1.给付保险金的条件。根据法律的规定，保险人承担保险责任或给付义务的条件是：（1）必须是保险标的受到损害（在财产保险合同中）。（2）必须是在承保范围内的财产，对于未承保的财产及间接损失，保险人不负赔偿责任。就人身保险而言，必须是保险人承保并在保险合同中列明的被保险人，否则，保险人没有支付保险金的义务。（3）必须是由保险事故引起的。在各类保险合同中，只有发生保险事故并造成损失时，保险人才负赔偿或给付责任。（4）保险金的给付，必须在保险合同规定的限额内。（5）保险标的的损失必须是在保险期限内发生的。

2.保险金的给付期限。《保险法》第23条规定，保险人收到被保险人或者受益人的赔偿或者给付保险金的请求后，应当及时作出核定；情形复杂的，应当在30日内作出核定，并将核定结果通知被保险人或者受益人；对属于保险责任的，在与被保险人或者受益人达成有关赔偿或者给付保险金的协议后10日内，履行赔偿或者给付保险金义务。保险合同对保险金额及赔偿或者给付期限另有约定的，保险人应当依照保险合同的约定，履行赔偿或者给付保险金义务。

3.保险人的先予支付义务。《保险法》第25条规定，保险人自收到赔偿或者给付保险金的请求和有关资料之日起60日内，对其赔偿或者给付保险金的数额不能确定的，应当根据已有证明和资料可以确定的数额先予支付；保险人最终确定赔偿或者给付保险金的数额后，应当支付相应的差额。

4.保险金给付请求权的诉讼时效。根据《保险法》第26条的规定，人寿保险的被保险人或者受益人向保险人请求给付保险金的诉讼时效期间为5年，自其知道或者应当知道保险事故发生之日起计算。人寿保险以外的其他保险的被保险人或者受益人，向保险人请求赔偿或者给付保险金的诉讼时效期间为2年，自其知道或者应当知道保险事故发生之日起计算。

5.拒赔时的通知义务。保险人作出核定后，对不属于保险责任的，应当自作出核定之日起3日内向被保险人或者受益人发出拒绝赔偿或者拒绝给付保险金通知书，并说明理由。

6.保险人的违约责任。保险人没有及时依法或者依照保险合同履行给付保险金义务的，除继续履行支付保险金的义务外，应当赔偿被保险人或者受益人因此所受到的损失。

7.保险人的除外责任。除外责任是保险人依法不承担保险责任的情形。这些情形主要可归纳为：在保险合同成立前，被保险人已知保险标的已经发生保险事故的，保险人不承担保险责任；投保人或者被保险人故意造成保险标的损害的，保险人不承担保险责任。保险事故发生后，投保人、被保险人或者受益人以伪造、变造的有关证明、资料或者其他证据，编造虚假的事故原因或者夸大损失程度的，保险人对其虚报的部分不承担赔偿或者给付保险金的责任；因被保险人不履行防灾减损义务而造成保险标的扩大损失的，保险人对扩大的损失不承担保险责任；在合同有效期内，保险标的危险程度显著增加，被保险人未履行及时通知义务的，因保险标的危险程度显著增加而发生的保险事故，保险人不承担保险责任；对于保险标的因其性质或者瑕疵或者因其自然损耗而发生的损失，保险人不承担保险责任。

（三）索赔和理赔

1.索赔。索赔是被保险人在保险标的出险后，按照保险合同的有关规定，向保险人要求支付赔偿金的行为。索赔按下列程序进行：

（1）提出出险通知。保险事故发生后，投保人、被保险人或受益人应将发生保险事故的时间、地点、原因及其他有关情况尽快通知保险人并提出索赔要求。同时，应当采取合理的施救、整理措施，并保护出险现场，接受保险人的检验，以便保险人能够正确、迅速地审核损失，给付赔偿。

（2）提供索赔证明。投保人、被保险人或者受益人应当向保险人提供其所能提供的与确认保险事故的性质、原因、损失程度等有关的证明和资料，如保险单、保险标的的原始单据、出险报告、损失鉴定证明、财产损失清单和施救整理费用等索赔单证。

（3）提出索赔请求。被保险人必须在法定的时间内行使索赔权，否则，将丧失对保险人的索赔请求权。

（4）领取保险金。

2.理赔。理赔是指保险人依据规定的工作程序处理被保险人所提出的索赔要求的行为。理赔按下列程序进行：

（1）立案检验。保险人接到出险通知后，应立即核对保险单，立案并派人到现场查勘，了解损失情况及原因。

（2）审核责任。保险人须审核被保险人提供的单证是否齐全、真实，审核损失是否发生在保险有效期内，所受损失是否属于保险财产，是否在责任范围之内。根据《保险法》第22条的规定，保险人依照保险合同的约定，认为有关的证明和资料不完整的，应当及时一次性通知投保人、被保险人或者受益人补充提供有关的证明和资料。

（3）核算损失，给付赔偿金。根据《保险法》第23条的规定，保险人收到被保险人或者受益人的赔偿或者给付保险金的请求后，应当及时作出核定，并将核定结果通知被保险人或者受益人；对属于保险责任的，在与被保险人或者受益人达成有关赔偿或者给付保险金额的协议后10日内，履行赔偿或者给付保险金义务。保险合同对保险金额及赔偿或者给付期限有约定的，保险人应当依照保险合同的约定履行赔偿或者给付保险金的义务。保险人未及时履行上述规定义务的，除支付保险金外，应当赔偿被保险人或者受益人因此受到的损失。

（4）损余处理。出险的保险标的有时还有一定的价值，保险公司在全部赔偿后，取得损余财产的所有权。如果出险的保险财产失而复得或者恢复价值（如在车辆盗抢险中，被盗的车辆被追回），则保险标的归保险人所有。

八、保险法中的代位求偿权

（一）代位求偿权的概念

代位求偿权也称代位追偿权，是指财产保险中保险人赔偿被保险人的损失后，可以取得在其赔付保险金的限度内，要求被保险人转让其对造成损失的第三人享有的追偿的权利。在财产保险中，当保险标的发生保险责任范围内的损失，而该项损失应当由第三人负赔偿责任时，投保人既可以要求该第三人即责任人赔偿，也可以要求保险人赔偿，如果投保人选择了后者，保险人承担了保险金赔付责任，便取得了对第三人即责任人的追偿权利。

代位求偿权是由保险法的基本原则——损失补偿原则派生出来的。当第三人的行为造成保险标的损害而引起保险事故时，被保险人一方面因保险事故的发生而取得对保险人的保险赔偿请求权；另一方面又作为第三人行为的受害者而取得对第三人的损害赔偿请求权。为贯彻损失补偿原则，被保险人若行使保险赔偿请求权，就必须将其对第三人的损害赔偿请求权让渡给保险人代位行使。

（二）代位求偿权的条件

《保险法》第60条第1款规定，因第三者对保险标的的损害而造成保险事故的，保险人自向被保险人赔偿保险金之日起，在赔偿金额范围内代位行使被保险人对第三者请求赔偿的权利。最高人民法院《关于适用〈中华人民共和国保险法〉若干问题的解释（四）》第7条也规定："保险人依照保险法第六十条的规定，主张代位行使被保险人因第三者侵权或者违约等享有的请求赔偿的权利的，人民法院应予支持。"依上述规定，保险人行使代位求偿权的要件为：（1）保险事故是由第三人的行为引起的。第三人的行为可以是违约、侵权、不当得利等可以产生债权请求权的行为，亦可以是犯罪行为、违法行政行为。（2）保险人已向被保险人支付保险赔偿。保险赔偿可以是全部的，也可以是部分的，保险人在未向被保险人支付赔偿前不得行使代位求偿权。（3）保险人行使代位求偿权的数额以给付的保险金额为限，对于超过保险人已支付的保险金额以外的部分，保险人无权要求第三人赔偿，求偿权仍由被保险人所享有。

保险代位求偿权源于被保险人对第三人的损害赔偿请求权，实质上是对这种权利的法定转移，由法律强制性地转移给保险人，从而转化为保险人的一项独立的法定权利。它不以被保险人同意或单独地转移对第三人的损害赔偿请求权于保险人为要件。由于代位求偿权对被保险人的该项权利具有依附性，第三人得对抗被保险人的事由仍然得对保险人主张。保险人行使代位求偿权时，被保险人应当向保险人提供必要的文件或其所知道的有关情况协助其行使。被保险人获得保险赔偿后未经保险人同意放弃对第三者的赔偿请求权的行为无效。

（三）代位求偿权的适用范围

代位求偿权的行使范围限于财产保险合同，在人身保险合同中，保险人不得享有代位求偿权。对代位求偿权行使对象的第三者的范围也有一定限制。第三者通常不包括被保险人一定范围的亲属或雇员。除非是由他们的故意行为引起保险事故。我国《保险法》第62条规定，除被保险人的家庭成员或者其组成人员故意造成《保险法》第61条第1款规定的保险事故以外，保险人不得对被保险人的家庭成员或者其组成人员行使代位请求赔偿的权利。这里的家庭成员应包括与被保险人共同生活的配偶和亲属等关系较近的血亲或者姻亲，这里的组成人员指为被保险人的利益或者受被保险人的委托与被保险人存在某种特殊法律关系而进行活动的人，包括代理人、合伙人。当投保人和被保险人为不同主体时，因投保人（而非第三人）对保险标的的损害而造成保险事故的，保险人向被保险人承担保险责任后，仍然有权代位行使被保险人对投保人的损害赔偿请求权。但是，如果法律对此另有规定，或者保险合同另有约定的除外。例如，如果保险合同明确约定在此种情形下排除保险人对投保人的代位求偿权，则保险人不能行使代位求偿权。

（四）对代位求偿权的保护规则

1.保险事故发生后，在保险人未赔偿保险金之前，被保险人放弃对第三者的赔偿请求权的，保险人因此不再承担赔偿保险金的责任。被保险人无论以何种方式放弃对第三者的赔偿请求权，如通过和解协议的方式，或者单方声明放弃的方式，均产生上述后果。

2.如果被保险人在保险合同订立前已明确表示放弃对第三者的赔偿请求，且该放弃行为被法院认定为合法有效的行为，在保险人向被保险人承担保险责任后向第三者代位求偿的，不能得到支持。保险合同订立时，如果保险人就是否存在上述放弃情形向投保人提出询问，而投保人未如实告知，进而导致保险人不能代位行使对第三者的请求赔偿的权利，保险人有权请求投保人返还相应的保险金，除非有证据证明保险人知道或者应当知道上述情形仍同意承保。

3.保险人向被保险人承担了赔偿保险金的责任后，被保险人未经保险人同意而放弃对第三者的赔偿请求权的，该放弃行为无效，对保险人无约束力，保险人仍然可以向第三者行使代位求偿权。

4.保险人如果未将其获得代位请求赔偿的权利的情况通知第三者或者在通知到达第三者前，第三者在被保险人已经从保险人处获赔的范围内又向被保险人作出赔偿的，保险人不能对第三者主张代位求偿权，但保险人可以就相应保险金向被保险人请求返还。

如果保险人已将获得代位请求赔偿的权利的情况通知到第三者，第三者在接到该通知后又向被保险人作出赔偿，在此情形下保险人有权向第三者代位行使请求赔偿的权利。

5.根据《保险法》第61条第3款的规定，如果被保险人故意或者因重大过失而致使保险人不能行使代位求偿权的，若保险人尚未支付保险赔偿金，保险人可以相应地扣减部分保险金。

6.保险事故发生后，被保险人已经从第三者取得损害赔偿的，保险人赔偿保险金时，可以相应扣减被保险人从第三者已取得的赔偿金额。

综上所述，理解代位求偿权要注意以下几点。

（1）保险事故是由第三人的行为所致，被保险人因保险事故而对第三人享有赔偿请求权。

（2）保险人只有在向被保险人支付了保险金后才能行使对第三人的代位求偿权。

（3）保险人行使代位求偿权向第三人追偿的金额不得超过其向被保险人支付的保险金。

（4）代位求偿权仅适用于财产保险，不适用于人身保险。

（5）保险事故发生后，在保险人未赔偿保险金之前，被保险人放弃对第三人的赔偿请求权的，保险人不承担赔偿保险金的责任；保险人向被保险人赔偿保险金后，若被保险人未经保险人同意放弃对第三人的赔偿请求权的，该放弃行为无效。

第三节 保险合同分论

一、人身保险合同

（一）人身保险合同的概念和特点

人身保险合同是指以人的寿命和身体为保险标的的保险合同。依照人身保险合同，投保人向保险人支付保险费，保险人对被保险人在保险期间内因保险事故遭受人身伤亡，或者在保险期届满时符合约定的给付保险金条件时，应当向被保险人或者受益人给付保险金。由此可见，人身保险合同不同于财产保险合同的根本点在于保险标的的不同。前者的保险标的是人的寿命和身体；后者的保险标的是财产或财产利益。这种区别决定了人身保险合同和财产保险合同的法律制度的不同。人身保险合同可分为人寿保险合同、伤害保险合同和健康保险合同。

人身保险合同具有如下特点：

1.保险标的人格化。人身保险合同的保险标的是被保险人的寿命或者身体，以被保险人的寿命或者身体为存在形式的保险利益，属于被保险人的人格利益或者人身利益。

2.保险金定额支付。保险标的的人格化，使得人身保险的保险标的不能用具体的金钱价值予以确定，从而不存在确定保险金额的实际价值标准，所以，各类人身保险的保险金额只能由投保人和保险人协商确定一个固定的数额，以此作为保险人给付保险金的最高限额。在发生约定的保险事故时，保险人向被保险人或者受益人，依照保险条款给付保险金。因此，人身保险合同中约定的保险金额不构成人身保险合同的保险标的的价值，除非保险人限定或者法律规定人身保险合同的最高保险金额，投保人可以投保任何金额的人身保险，而不会发生像财产保险中超额保险的问题。

3.人身保险的保险事故涉及人的生死、健康。人身保险合同的保险事故可以为任何导致保险人对被保险人或者受益人承担给付保险金责任的各种法律事实，包括被保险人生存到保险期限、被保险人在保险期限内发生死亡、伤残、疾病和分娩等。

4.保险费不得强制请求。投保人不按照人身保险合同的约定支付保险费，保险人不得以强制方式要求投保人支付保险费。就投保人而言，在应当支付保险费时，可以选择缴纳保险费以维持合同，也可以选择不缴纳保险费以终止合同。

5.人身保险不适用代位求偿权。人身保险的被保险人因第三者的行为而发生死亡、伤残或者疾病等保险事故的，保险人向被保险人或者受益人给付保险金后，不得享有向第三人追偿的权利。此种情况下被保险人或者受益人仍有权向第三者请求赔偿。

（二）人身保险合同中保险利益的范围

根据《保险法》第31条的规定，在人身保险合同中，投保人只对下列人员具有保险利益，为其订立人身保险合同：（1）本人；（2）配偶、子女、父母；（3）前项以外与投保人有抚养、赡养或者扶养关系的家庭其他成员、近亲属；（4）与投保人有劳动关系的劳动者。除上述范围外，被保险人同意投保人为其订立合同的，视为投保人对被保险人具有保险利益。

（三）人身保险合同的若干特殊规则

1.年龄误报的后果。人身保险合同中，投保人必须如实申报被保险人的年龄，投保人申报的被保险人的年龄如果不真实，将会导致相应的法律后果，表现在：

（1）解除合同。根据《保险法》第32条的规定，投保人申报的被保险人年龄不真实，并且其真实年龄不符合合同约定的年龄限制的，保险人可以解除合同，并按照合同约定退还保险单的现金价值。但是此种情况下保险人行使解除权受《保险法》第16条第3、6款的约束，即保险人应当自知道有解除事由之日起30日内行使，否则归于消灭；自合同成立之日起超过2年的，保险人不得再解除合同。

（2）保险费的更正、补交或者保险金的减少。投保人申报的被保险人年龄不真实，致使投保人支付的保险费少于应付保险费的，保险人有权更正并要求投保人补交保险费，或者在给付保险金时按照实付保险费与应付保险费的比例支付。

（3）保险费的退还。投保人申报的被保险人的年龄不真实，致使投保人实付保险费多于应付保险费的，保险人应当将多收的保险费退还投保人。

2.保险费及其缴纳。人身保险合同中的保险费可以在合同成立后向保险人一次支付，也可以按照合同约定分期支付。合同约定分期支付保险费的，投保人应当于合同成立时支付首期保险费，并应当按期支付其余各期的保险费。

3.保险合同的中止与复效。

（1）人身保险合同的中止。人身保险合同约定分期支付保险费的，投保人支付首期保险费后，除合同另有约定外，投保人自保险人催告之日起超过30日未支付当期保险费，或者超过规定的期限60日未支付当期保险费的，合同效力中止，或者由保险人按照合同约定的条件减少保险金额。

（2）人身保险合同的复效。人身保险合同因前述原因而致效力中止的，经保险人与投保人协商并达成协议，在投保人补交保险费后，合同效力恢复。自保险合同中止效力之日起2年内，投保人可以申请复效，在此期间，除非保险合同另有约定，保险人不得解除合同。但是，自合同效力中止之日起2年内双方未达成协议的，保险人有权解除合同。若保险人解除合同，应当按照合同约定退还保险单的现金价值。

保险合同效力依照上述规定中止后，若投保人提出恢复效力的申请并同意补交保险费的，保险人应当予以同意，不得拒绝，除非保险人能够证明被保险人的危险程度在中止期间显著增加。

保险人在收到投保人恢复保险合同效力的申请后，应当尽快予以答复。若保险人在收到上述申请后30日内未明确表示拒绝的，则视为同意恢复保险合同的效力。

依据上述情形而恢复保险合同效力的，保险合同自投保人补交保险费之日恢复效力。保险人有权要求投保人补交保险合同中止期间的相应利息。

4.保险金给付。给付保险金，是保险人在保险合同约定的保险事故发生时，或者其他给付保险金的条件具备时，依照《保险法》的规定或者人身保险合同的约定所承担的基本义务。保险人应当向被保险人或者受益人给付保险金。保险合同约定或者投保人或者被保险人指定有受益人的，在发生保险事故时，保险人应当依照约定向受益人支付保险金。

5.人身保险合同的除外责任。人身保险合同除外责任的范围包括：

（1）投保人故意造成被保险人死亡、伤残或者疾病的，保险人不承担给付保险金的责任。但投保人已经交足2年以上保险费的，保险人应当按照合同约定向其他享有权利的人退还保险单的现金价值。

（2）受益人故意造成被保险人死亡、伤残或者疾病的，或者故意杀害被保险人未遂的，该受益人丧失受益权。

（3）被保险人自杀。以被保险人死亡为给付保险金条件的合同，自合同成立或者合同效力恢复之日起2年内，被保险人自杀的，保险人不承担给付保险金的责任，但被保险人自杀时为无民事行为能力人的除外。保险人应当按照合同约定退还保险单的现金价值。

依此规定，以被保险人死亡为给付保险金条件的合同，自合同成立或者合同效力恢复之日起满2年后被保险人自杀的，保险人应当按照合同约定承担保险金支付责任。

（4）被保险人故意犯罪或者抗拒依法采取的刑事强制措施导致其伤残或者死亡的，保险人不承担给付保险金的责任。投保人已交足2年以上保险费的，保险人应当按照合同约定退还保险单的现金价值。

6.保险金的继承。被保险人死亡后，遇有下列情形之一的，保险金作为被保险人的遗产，由保险人依照我国继承相关的法律规定向被保险人的继承人履行给付保险金的义务：（1）没有指定受益人的，或者受益人指定不明无法确定的；（2）指定的受益人先于被保险人死亡，没有其他受益人的；（3）受益人依法丧失受益权或者放弃受益权，没有其他受益人的。受益人与被保险人在同一事件中死亡且不能确定死亡先后顺序的，推定受益人死亡在先。

7.保险合同解除时的处理。投保人解除合同的，保险人应当自收到解除合同通知之日起30日内，按照合同约定退还保险单的现金价值。

（四）人寿保险合同

人寿保险合同是投保人和保险人约定，被保险人在合同规定的年限内死亡，或者在合同规定的年限届满时仍然生存，由保险人按照约定向被保险人或者受益人给付保险金的合同。人寿保险合同的标的为被保险人的寿命，保险事故为被保险人的生存或者死亡，被保险人在约定的期限内死亡，或者生存到保险期限届满时，保险人依约承担给付保险赔偿金的责任。以人寿保险承保的保险事故为标准，人寿保险分为死亡保险、生存保险、生死两全保险等。

1.死亡保险，是指以被保险人在保险期限内的死亡为保险事故的保险。死亡保险依期限可分为终身保险和定期保险。终身保险是指以被保险人的终身为保险期限，无论被保险人何时死亡，保险人均给付保险金的保险。定期保险是指投保人和保险人约定一定期限为保险期间，被保险人在保险期限内死亡时，保险人给付保险金的保险。

2.生存保险，是指以被保险人在保险期限内的生存为保险事故的保险。在保险人生存到保险期限届满时，保险人按照合同的约定给付保险金。如果被保险人在保险期限内死亡，保险合同失效，保险人不承担给付保险金的责任，如年金保险。

3.生死两全保险，是指以被保险人在保险期限内的死亡、伤残，或者被保险人生存到保险期满为保险事故的保险。这种保险，或者以生存保险为基础而对保险金的给付附以死亡条件，或者以死亡保险为基础而对保险金的给付附以生存条件，如我国举办的儿童保险就是一种生死两全保险。

4.简易人身保险，是一种简化了的人寿保险。依照简易人身保险合同，被保险人生存至保险期满或者被保险人在保险期限内因保险事故死亡或者伤残，保险人向被保险人或者受益人给付约定的保险金，其特点是保额小，手续简便，适合于普通大众。

5.年金保险，简称年金，是指在被保险人的生存期间每年给付一定金额的生存保险，但年金保险并不以生存保险为限，可以加保死亡保险，实务中，年金保险通常为生死两全保险。

（五）健康保险合同

健康保险又称为疾病保险，是指双方当事人约定，投保人向保险人缴纳保险费，当被保险人由于疾病、分娩以及由于疾病或者分娩致残或者失去劳动能力时，由保险人给付保险金的保险。健康保险包括医疗费给付保险、工资收入保险、业务所得保险以及残疾、死亡保险。

（六）伤害保险合同

伤害保险合同，又称意外事故保险合同，是指投保人和保险人约定，在被保险人遭受意外伤害或者因意外伤害而致残、死亡时，由保险人依照约定向被保险人或者受益人支付保险金的保险。伤害保险是对因意外事故而受到伤害的人或者其家庭成员给予经济补偿的一种保险，但伤害保险合同并非一种填补损害的合同，依照伤害保险合同，被保险人受到意外伤害或者因意外事故死亡，保险人应当支付确定金额的保险金。伤害保险包括普通伤害保险、团体伤害保险、旅行伤害保险、交通事故伤害保险、职业伤害保险等。

二、财产保险合同

（一）财产保险合同的概念和特征

财产保险合同是指以财产及其有关利益为保险标的的保险合同。广义的财产保险合同包括财产损失保险合同、责任保险合同和保证保险合同。以下仅介绍财产损失保险合同和责任保险合同。

财产保险合同具有如下特征。

1.财产保险合同中的标的表现为特定的财产以及与财产有关的利益。财产保险合同的标的既可以是有形的物质财富，也可以是无形的与财产有关的利益。

2.财产保险合同是一种填补损失的合同。财产保险合同以财产及与财产有关的利益作为保险的标的，由此决定了财产保险合同以补偿被保险人的实际财产损失为其唯一目的，这就是财产保险合同的损害填补原则。

3.财产保险合同实行保险责任限定制度。在财产保险合同中，保险人的保险责任以保险合同约定的保险金额为限，超过合同约定的保险金额的损失，保险人不负保险责任。保险标的的保险价值，可以由投保人和保险人约定并在合同中载明，也可以按照保险事故发生时保险标的的实际价值确定。就保险金额的约定而言，保险金额不得超过保险价值，超过保险价值的，超过的部分无效。保险金额低于保险价值的，除合同另有约定的外，保险人按照保险金额与保险价值的比例承担赔偿责任。

4.财产保险实行保险代位的原则。在财产保险中，如果事故的发生是由第三人造成的，被保险人有权向该责任者请求损害赔偿，为了避免被保险人获得双重赔偿，被保险人只能获得选择权，或者请求保险人赔偿，或者请求第三人赔偿。如果被保险人从保险人那里获得了赔偿，那么，他必须将对第三人的求偿权让渡给保险人，保险人获得代位求偿权（参见本章第二节中的“代位求偿权”）。

（二）财产损失保险合同

财产损失保险合同是指以补偿财产的损失为目的的保险合同，其保险标的限于有形财产。具体又可分为企业财产保险合同、家庭财产保险合同、运输工具保险合同、货物运输保险合同以及农业保险合同等。

1.企业财产保险合同。企业财产保险合同是指企业作为投保人以其自己所有或者经营管理的财产或者以与其有利害关系的他人的财产为保险标的，向保险人缴纳保险费，由保险人依照保险合同的约定负担被保险财产的毁损、灭失风险责任的合同。

企业财产保险合同的标的可以是有形之动产或者不动产。具体表现为如下财产：房屋、建筑物及附属装修设备；建造中的房屋、建筑物和建筑材料；机器及设备；工具、仪器及生产设备；交通运输工具；管理用具及低值易耗品；原材料、半成品；在产品、产成品、库存商品；账外或摊销的财产等。下列财产不在企业财产的保险范围内：土地、矿藏、森林、水产资源以及未经收割和收割后尚未入库的农产品；货币、票证、有价证券、文件、账册、图表、技术资料以及无法鉴定其价值的财产；违章建筑、非法占用以及正处于危险状态下的财产；在运输过程中的物资。

在企业财产保险中，保险人承担被保险财产的风险责任为自然灾害事故，一般包括：火灾；爆炸；雷击；暴风、龙卷风、暴雨、洪水、海啸；地震、地陷、崖崩；雪灾、雹灾、冰凌；泥石流；空中运行物体的坠落等，以及被保险人在发生保险事故时，为了抢救财产或者防止灾害蔓延，采取合理的必要措施而造成的被保险财产的损失。保险人不承担保险责任的除外责任范围包括：战争风险、军事行动或暴力行为；核风险；道德风险；间接损失；保险标的自身瑕疵；未经采取防护措施的暴风、雨、雪损失；当事人之间特约的其他事件。

2.家庭财产保险合同。家庭财产保险合同

是指保险人以被保险人的家庭财产为保险标的，在保险标的发生保险事故而受损失时，依照保险合同的约定承担赔偿责任的保险合同，包括家庭财产个人保险合同、家庭财产团体保险合同和家庭财产两全保险合同。（1）家庭财产个人保险合同，是指城乡居民以其自有的家庭财产为保险标的，向保险人支付一定数额的保险费，在被保险财产发生保险合同约定的损失时，由保险人负责赔偿损失的保险。（2）家庭财产团体保险，是指城乡居民（被保险人）的所在单位（投保人）以被保险人自有的、共有的或者照管的家庭财产为标的，以集体为单位向保险人支付一定数额的保险费，在被保险财产发生保险合同约定的损失时，由保险人向被保险人负责损害赔偿的保险。（3）家庭财产两全保险，是指城乡居民（被保险人）的所在单位（投保人）以被保险人自有的、共有的或者照管的家庭财产为标的，以集体为单位向保险人缴纳一定数额的保险储备基金，在被保险财产发生保险合同约定的损失时，由保险人向被保险人负责赔偿损失，并在保险期届满时向被保险人返还保险储备基金的保险。

3.运输工具保险合同。运输工具保险合同，是指运输工具的所有人或者经营管理人以运输工具作为保险标的，向保险人缴纳一定数额的保险费，保险人根据约定在保险事故发生时承担保险责任的合同，包括机动车辆保险、船舶保险、飞机保险以及铁路机车保险、卫星保险、自行车保险等。

4.货物运输保险合同。货物运输保险，是指货物的托运人向承运人交运货物时，向保险人支付保险费，在被保险货物发生保险合同约定的损失时，由保险人负责赔偿损失的保险。货物运输保险的目的在于补偿被保险货物在运输过程中因自然灾害或者意外事故所造成的经济损失，以加强对运输货物的安全防损工作。货物运输保险合同运用于所有的货物运输，包括水路货物运输、公路货物运输、铁路货物运输、航空货物运输以及海洋货物运输等方面。

5.农业保险合同。农业保险合同，是指农业生产者以其种植的农作物或者养殖的畜禽等为保险标的，向保险人支付保险费，并同保险人约定，在被保险农作物因保险责任范围内的原因歉收或者毁损时，或者被保险畜禽等基于保险责任范围内的原因发生死亡时，由保险人给付保险赔偿金的保险合同。农业保险合同可以分为农作物收获保险和养殖业保险两大类。

（三）责任保险合同

责任保险是指以被保险人依法对第三者应负的赔偿责任为保险标的的保险，所以又称为第三者责任保险。投保人依照保险合同约定向保险人支付保险费，在被保险人应当向第三人承担赔偿责任时，保险人按照约定向被保险人给付保险金。责任保险不仅可以保障被保险人因为履行损害赔偿责任所受到的利益减损，而且可以保护被保险人的侵权行为的直接受害者，使受害者获得及时的赔偿。

责任保险合同，依据不同的标准，可以分为不同的种类。以责任保险发生效力的方式予以划分，可以分为自愿责任保险和强制责任保险。法律规定投保人必须投保的责任保险是强制责任保险，如机动车辆第三者责任险、航空运输险等。以责任保险承保的范围和对象予以划分，可以分为企业责任保险、职业责任保险和个人责任保险。以责任保险承保的险别予以划分，可以分为产品责任保险、公众责任保险、雇主责任保险、职业责任保险、展览会责任保险、汽车第三者责任保险、飞机第三者责任保险、轮船旅客法定责任保险、矿山爆破作业责任保险等。

责任保险的特征表现为：

1.保险人承担被保险人的赔偿责任。保险人对责任保险的被保险人对第三者造成的损害，可以依照法律的规定或者合同的约定，直接向该第三人赔偿保险金。

2.责任保险的标的为一定范围内的侵权损害赔偿责任，非损害赔偿责任不能作为责任保险的标的，如刑事责任就不能作为责任保险的标的。

3.责任保险不能及于被保险人的人身或其财产。责任保险的目的在于转移被保险人对第三者应当承担的赔偿责任，所以，当被保险人的人身或者财产发生损失时，保险人不承担保险责任。从这个意义上讲，责任保险合同是为第三人的利益而订立的保险合同。

4.保险最高限额给付。由于保险事故所造成的损害的不确定性，所以，在订立保险合同时，投保人和保险人不可能约定保险金额，只能约定保险责任的最高限额，而保险人给付保险金额均以合同约定的最高限额为限。

5.责任保险的被保险人因给第三人造成损害的保险事故而被提起仲裁或者诉讼的，除合同另有约定外，由被保险人支付的仲裁或者诉讼费用以及其他必要的、合理的费用，由保险人承担。

6.在责任保险的场合，当被保险人未向受损害的第三者赔偿的，保险人不得向被保险人赔偿保险金。

7.在被保险人怠于行使请求权的情形下，受损害的第三者有权就其应获赔偿部分直接向保险人请求赔偿保险金。

第四节 保险业法律制度

一、保险公司

（一）保险公司的概念

依照我国《保险法》的规定，保险公司是指经过保险监督管理机构批准经营保险业而设立的专营保险业务的公司。

（二）保险公司的设立

保险公司的设立首先应当适用《保险法》的规定，《保险法》没有规定的，应当适用《公司法》以及其他行政法规的规定。

1.保险公司的设立条件

（1）主要股东有持续盈利的能力，信誉良好，最近三年内无重大违法违规记录，净资产不低于人民币2亿元。

（2）有符合《保险法》和《公司法》规定的章程。保险公司的章程是规范保险公司业务经营活动和组织结构的行为准则，也是《保险法》和《公司法》要求的保险公司必须具备的法律文件，是成立保险公司的必要条件。

（3）有符合《保险法》规定的注册资本最低限额。设立保险公司，其注册资本的最低限额为人民币2亿元。保险公司注册资本最低限额必须为实缴货币资本。保险监督管理机构根据保险公司业务范围、经营规模，可以调整其注册资本的最低限额，但是不得低于前述法定的最低限额即人民币2亿元。

（4）有具备任职专业知识和业务工作经验的董事、监事和高级管理人员。

（5）有健全的组织机构和管理制度。

（6）有符合要求的营业场所和与经营业务有关的其他设施。

2.设立保险公司的程序

（1）申请和审查。设立保险公司，应向保险监督管理机构提出申请并提交规定的文件资料。这些文件资料包括：设立申请书；可行性研究报告；筹建方案；投资人的营业执照或者其他背景资料，经会计事务所审计的上一年度财务会计报告；投资人认可的筹备组负责人和拟任董事长、经理名单及本人认可证明；等等。

（2）审批。在我国，对保险公司的设立采取许可主义，设立保险公司，必须经保险监督管理机构批准。审批部门对设立保险公司的条件进行实质审查。审批部门自受理之日起6个月内作出批准或者不批准筹建的决定，并书面通知申请人。决定不批准的，应当书面说明理由。

（3）登记。经批准设立的保险公司，由批准部门颁发经营保险业务许可证，并凭经营保险业务许可证向市场监管机关办理登记，领取营业执照。营业执照是保险公司取得企业法人资格和经营保险业的合法凭证。申请人应当自收到批准筹建通知之日起1年内完成筹建工作；筹建期间不得从事保险经营活动。

（三）保险公司的变更、终止与清算

1.保险公司的变更。保险公司的变更是指保险公司的名称、组织机构、业务范围等方面的

变化。《保险法》第84条规定，保险公司有下列变更事项之一的，须经保险监督管理机构批准：（1）变更名称；（2）变更注册资本；（3）变更公司或者分支机构的营业场所；（4）撤销分支机构；（5）公司分立或者合并；（6）修改公司章程；（7）变更出资额占有限责任公司资本总额5%以上的股东，或者持有股份有限公司股份5%以上的股东；（8）保险监督管理机构规定的其他变更事项。

2.保险公司的终止。保险公司的终止是指保险公司的消灭。《保险法》第93条规定，保险公司依法终止其业务活动，应当注销其经营保险业务许可证。根据保险法的有关规定，保险公司终止的原因主要有以下几项：

（1）解散。《保险法》第89条规定，保险公司因分立、合并需要解散，或者股东会、股东会决议解散，或者公司章程规定的解散事由出现，经保险监督管理机构批准后解散。保险公司应当依法成立清算组，进行清算。并且经营人寿保险业务的保险公司，除分立、合并或者被依法撤销外，不得解散。

（2）破产。《保险法》第90条规定，保险公司有《企业破产法》第2条规定的情形，经保险监督管理机构同意，保险公司或者其债权人可以依法向人民法院申请重整、和解或者破产清算。国务院保险监督管理机构也可以向人民法院申请对该保险公司进行重整或者破产清算。

（3）保险公司破产时破产财产的清偿顺序。破产财产在优先清偿破产费用和共益债务后，按照下列顺序清偿：①所欠职工工资和医疗、伤残补助、抚恤费用，所欠应当划入职工个人账户的基本养老保险、基本医疗保险费用，以及法律、行政法规规定应当支付给职工的补偿金；②赔偿或者给付保险金；③保险公司欠缴的除第1项规定以外的社会保险费用和所欠税款；④普通破产债权。

破产财产不足以清偿同一顺序的清偿要求的，按照比例分配。

破产保险公司的董事、监事和高级管理人员的工资，按照该公司职工的平均工资计算。

（四）保险公司的分支机构和外国保险公司

保险公司设立分支机构同样需要取得保险监督管理机构的批准并经市场监管机关登记注册，但分支机构不能取得法人资格，故不能独立承担民事责任。

外国保险公司可以在中国境内设立分支机构，该分支机构不具有法人地位，其民事责任由外国保险公司承担。

二、保险经营规则

（一）保险经营原则

1.分业经营原则。分业经营有两层含义：一是保险业与其他金融业务实行分业经营；二是保险业内部财产保险与人身保险的分业经营。《保险法》第8条规定，保险业和银行业、证券业、信托业实行分业经营、分业管理，保险公司与银行、证券、信托业务机构分别设立。《保险法》第95条第2款规定，保险人不得兼营人身保险业务和财产保险业务。但是，经营财产保险业务的保险公司经保险监督管理机构批准，可以经营短期健康保险业务和意外伤害保险业务。

2.禁止兼营原则。禁止兼营原则是指保险公司不得同时兼营非保险业务。保险公司的业务范围由保险监督管理机构核定，保险公司只能在被核定的业务范围内从事保险业务，而不得兼营保险法及其他法律、行政法规规定以外的业务。

3.保险专营原则。保险专营原则是指保险业务只能由依照《保险法》设立的商业保险公司经营，非保险业者不能经营保险业务。我国《保险法》规定，经营商业保险业务，必须是依照《保险法》设立的保险公司，其他任何单位和个人不得经营商业保险业务。

（二）保险公司偿付能力的维持

1.保险公司偿付能力的概念。保险公司的偿付能力是指保险公司对承担的保险责任所具有的赔偿或者给付能力。保险公司是否具备履行保险合同的能力，就要看它是否具有偿付能力，所以偿付能力是国家对保险公司监督管理的核心内容。为了维持保险公司正常的偿付能力，法律要求保险公司要提取相应的基金。根据《保险法》的规定，保险公司应当按规定提取保证金、保险公司公积金、保险准备金、保险保障基金等。

2.最低偿付能力的维持。保险公司应当具有与其业务规模相适应的最低偿付能力。保险公司的实际资产减去实际负债的差额不得低于保险监督管理机构规定的数额；低于规定数额的，应当增加资本金，补足差额。根据《保险法》的规定，保险监督管理机构应当建立健全保险公司偿付能力监管指标体系，对保险公司的最低偿付能力实施监控。

3.保证金。保证金是法律规定由保险公司成立时向国家缴纳的保证金额。《保险法》第97条规定，保险公司应当按照其注册资本总额的20%提取保证金，存入保险监督管理机构指定的银行，除保险公司清算时用于清偿债务外，不得动用。

4.保险公积金。保险公积金是保险公司的储备基金，它是保险公司为了增强其自身的资产实力、扩大经营规模以及预防亏损而依法从公司每年的税后利润中提取的积累资金。《保险法》规定，保险公司除应依法提取准备金外，还应当依照有关法律、行政法规及国家财务会计制度的规定提取公积金。

5.保险准备金。保险准备金是保险公司为了承担未到期责任或者未决赔款而从保险费收入中提取的准备基金，包括未到期责任准备金和未决赔款准备金。未到期责任准备金是指保险公司为了承担未了结的预期保险责任，依据法律规定从保险费中提取的责任准备基金。未决赔款准备金是指保险公司应当按照已经提出的保险赔偿或者给付金额，以及已经发生保险事故但尚未提出的保险赔偿或者给付金额中提取的未决赔款准备金。

6.保险保障基金。保险公司应当按照保险监督管理机构的规定提存保险保障基金。保险保障基金是保险公司的总准备金或者自由准备金，是指保险公司为发生周期较长、后果难以预料的巨灾或巨大危险而提存的资金，属于后备资金。其目的是保障被保险人的利益，维护保险公司的稳健经营。

（三）保险公司的风险管理与资金营运限制

1.再保险的强制。再保险是指保险人将其承担的保险业务，以承保形式，部分转移给其他保险人的保险行为。根据《保险法》第105条的规定，保险公司应当按照保险监督管理机构的有关规定办理再保险，并审慎选择再保险接受人。

2.自留保险费的限制。经营财产保险业务的保险公司当年自留保险费，不得超过其实有资本金加公积金总和的4倍。对于经营人身保险业务的保险公司，其当年的自留保险费不受限制。

3.承保责任的限制。根据《保险法》第103条第1款的规定，保险公司对每一危险单位，即对一次保险事故可能造成的最大损失范围所承担的责任，不得超过其实有资本金加公积金总和的10%；超过的部分应当办理再保险。

4.资金营运的限制。保险公司的资金运用限于下列形式：（1）银行存款；（2）买卖债券、股票、证券投资基金份额等有价证券；（3）投资不动产；（4）国务院规定的其他资金运用形式。

5.经营禁止行为。根据《保险法》的规定，保险公司及其工作人员在保险业务活动中不得有下列行为：

（1）欺骗投保人、被保险人或者受益人；

（2）对投保人隐瞒与保险合同有关的重要情况；

（3）阻碍投保人履行《保险法》规定的如实告知义务，或者诱导其不履行《保险法》规定的如实告知义务；

（4）给予或者承诺给予投保人、被保险人、受益人保险合同约定以外的保险费回扣或者其他利益；

（5）拒不依法履行保险合同约定的赔偿或者给付保险金义务；

（6）故意编造未曾发生的保险事故、虚构保险合同或者故意夸大已经发生的保险事故的损失程度进行虚假理赔，骗取保险金或者牟取其他不正当利益；

（7）挪用、截留、侵占保险费；

（8）委托未取得合法资格的机构从事保险销售活动；

（9）利用开展保险业务为其他机构或者个

人牟取不正当利益；

（10）利用保险代理人、保险经纪人或者保险评估机构，从事以虚构保险中介业务或者编造退保等方式套取费用等违法活动；

（11）以捏造、散布虚假事实等方式损害竞争对手的商业信誉，或者以其他不正当竞争行为扰乱保险市场秩序；

（12）泄露在业务活动中知悉的投保人、被保险人的商业秘密；

（13）其他违法违规行为。

三、保险代理人和保险经纪人

（一）保险代理人与保险代理权的限制

1.保险代理人。保险代理人是根据保险人的委托，向保险人收取代理佣金，并在保险人授权的范围内代为办理保险业务的机构或者个人。

从保险代理的性质来看，保险代理人根据保险人的授权代为办理保险业务的行为，由保险人承担责任。由此可见，保险代理亦是民事代理的一种，所以，关于保险代理的法律适用，当然适用民法有关代理的规定。但保险代理又是一种特殊的代理，具有其自身的特征，体现在：

其一，表见代理的适用。《保险法》第127条第2款规定：保险代理人没有代理权、超越代理权或者代理权终止后以保险人名义订立合同，使投保人有理由相信其有代理权的，该代理行为有效。保险人可以依法追究越权的保险代理人的责任。保险代理人为保险人办理保险业务，有超越代理权限的行为，投保人有理由相信其有代理权，并已订立保险合同的，保险人应当承担保险责任，但保险人如因此受到损失，可以请求保险代理人赔偿。如果是投保人与保险代理人恶意串通实施的行为，则对保险人没有约束力。

其二，投保人将有关订立保险合同的重要事项告知了保险代理人，视为已经告知了保险人，即便保险代理人没有转告保险人，也视为保险人已经知悉该种事项与信息。只要保险人出具保险单，就不能以不了解保险标的或保险危险等而拒绝承担保险责任。在这种情况下，保险代理人的过错就是保险人的过错。

其三，保险人对保险代理人权利的限制，非经通知，不得对抗善意第三人。

其四，个人保险代理人在代为办理人寿保险业务时，不得同时接受两个以上保险人的委托。

2.保险代理权的取得。（1）保险代理人应当具备保险业监督管理机构规定的条件，取得保险监督管理机构颁发的经营保险代理业务许可证；（2）以公司形式设立保险专业代理机构的，其注册资本最低限额适用《公司法》的规定；（3）保险专业代理机构的高级管理人员，应当品行良好，熟悉保险法律、行政法规，具有履行职责所需的经营管理能力，并在任职前取得保险监督管理机构核准的任职资格；（4）个人保险代理人、保险代理机构的代理从业人员，应当品行良好，具有从事保险代理业务或者保险经纪业务所需的专业能力；（5）保险代理机构应当有自己的经营场所，设立专门账簿记载保险代理业务的收支情况。

（二）保险经纪人

保险经纪人是基于投保人的利益，为投保人与保险人订立保险合同提供中介服务，并依法收取佣金的单位。保险经纪人具有如下特征：

其一，保险经纪人不是保险合同的当事人，而仅是居间服务，为投保人与保险人订立保险合同提供中介服务。保险经纪人不能代理保险人订立保险合同，这是其与保险代理人的明显不同。

其二，保险经纪人是依法成立的单位，个人不能成为保险经纪人。保险经纪公司可以以有限责任公司或股份有限公司的形式设立。

其三，保险经纪人以自己的名义从事中介服务活动，承担由此产生的法律后果。投保人或保险人虽然是保险经纪人的委托人，但对保险经纪人的经纪活动并不承担责任，这也是保险经纪人与保险代理人的重要不同。

其四，因保险经纪人在办理保险业务中的过错，给投保人、被保险人造成损失的，由保险经纪人承担责任。

其五，保险经纪行为是营利性行为，保险经纪人有权收取佣金。保险经纪人向投保人提供保险咨询，对保险标的进行风险评估，为投保人设计投保方案或者起草保险基本条款，代表投保人与保险人订立保险合同等，从理论上讲应由投保人向其支付佣金。但过去国际保险业的惯例，是由保险人在合同订立后向保险经纪人支付佣金，后来对于一些高风险的业务，其佣金已逐渐改由保险人和投保人共同摊付或全部由投保人支付。

（三）保险代理人、保险经纪人的业务规则

1.执业规则。保险代理人、保险经纪人应当具备保险监督管理机构规定的资格条件，并取得保险监督管理机构颁发的经营保险代理业务许可证或者经纪业务许可证，并缴存保证金或者投保职业责任保险。

保险代理人、保险经纪人应当有自己的经营场所，设立专门账簿记载保险代理业务或者经纪业务的收支情况，并接受保险监督管理机构的监督。

2.禁止的行为。保险代理人、保险经纪人办理保险业务时，不得有下列行为：

（1）欺骗保险人、投保人、被保险人或者受益人；

（2）隐瞒与保险合同有关的重要情况；

（3）阻碍投保人履行《保险法》规定的如实告知义务，或者诱导其不履行《保险法》规定的如实告知义务；

（4）给予或者承诺给予投保人、被保险人或者受益人保险合同约定以外的利益；

（5）利用行政权力、职务或者职业便利以及其他不正当手段强迫、引诱或者限制投保人订立保险合同；

（6）伪造、擅自变更保险合同，或者为保险合同当事人提供虚假证明材料；

（7）挪用、截留、侵占保险费或者保险金；

（8）利用业务便利为其他机构或者个人牟取不正当利益；

（9）串通投保人、被保险人或者受益人，骗取保险金；

（10）泄露在业务活动中知悉的保险人、投保人、被保险人的商业秘密。

四、保险业的监督管理

（一）保险业的监督管理机构

保险业的监督管理机关是国务院银行保险监督管理委员会。保险监督管理机构的具体职责是：审批保险公司的设立；保险费率的制定和备案；保险条款的制定和备案；监督保险准备金的提取；规定保险公司偿付能力的最低限度；监督管理保险公司的资金运用；整顿保险公司；接管保险公司；检查保险公司的业务状况、财务状况以及资金运用状况；要求保险公司、保险代理人、保险经纪人在规定的期限内提供有关的书面报告和材料；对保险公司、保险代理人、保险经纪人的营业场所进行检查；监督保险公司营业行为的合法性并对违反《保险法》或者其他法律、行政法规的行为采取行政强制措施，如责令改正、罚款、限制营业范围、责令停业整顿、没收非法所得、吊销营业执照等。

保险业的监督管理目标是：确保保险公司的偿付能力、维护保险当事人的利益、维持保险市场的公平竞争。

（二）保险业监督管理的内容

1.一般监督管理。包括检查保险公司的业务状况、财务状况以及资金运用状况。

2.保险条款和保险费率的审批和备案。关系社会公众利益的保险险种、依法实行强制保险的险种和新开发的人寿保险险种等的保险条款和保险费率，应当报保险监督管理机构审批。其他保险险种的保险条款和保险费率，应当报保险监督管理机构备案。

3.保险公司偿付能力的监督管理。保险公司未按照《保险法》的规定提取或者结转各项准备金，或者未按照《保险法》的规定办理再保险，或者严重违反《保险法》关于资金运用的规定的，由保险监督管理机构责令该保险公司限期改正。

4.关联交易的监管。保险公司的股东利用关联交易严重损害公司利益，危及公司偿付能力的，由国务院保险监督管理机构责令改正。

在按照要求改正前，国务院保险监督管理机构可以限制其股东权利；拒不改正的，可以责令其转让所持的保险公司股权。

（三）偿付能力不足时的重点监管

根据《保险法》的规定，对偿付能力不足的保险公司，国务院保险监督管理机构应当将其列为重点监管对象，并可以根据具体情况采取下列措施：(1)责令增加资本金、办理再保险；(2)限制业务范围；(3)限制向股东分红；(4)限制固定资产购置或者经营费用规模；(5)限制资金运用的形式、比例；(6)限制增设分支机构；(7)责令拍卖不良资产、转让保险业务；(8)限制董事、监事、高级管理人员的薪酬水平；(9)限制商业性广告；(10)责令停止接受新业务。

（四）保险公司的整顿

1.保险公司未依照《保险法》的规定提取或者结转各项责任准备金，或者未办理再保险，或者严重违反《保险法》关于资金运用的规定的，由保险监督管理机构责令限期改正，并可以责令保险公司调整负责人及有关管理人员。

2.保险监督管理机构依照规定作出上述限期改正的决定后，保险公司逾期未改正的，国务院保险监督管理机构可以决定选派保险专业人员和指定该保险公司的有关人员组成整顿组，对公司进行整顿。

3.整顿决定应当载明被整顿公司的名称、整顿理由、整顿组成员和整顿期限，并予以公告。整顿组有权监督被整顿保险公司的日常业务。被整顿公司的负责人及有关管理人员应当在整顿组的监督下行使职权。整顿过程中，被整顿保险公司的原有业务继续进行。但是，国务院保险监督管理机构可以责令被整顿公司停止部分原有业务、停止接受新业务，调整资金运用。

4.被整顿的保险公司经整顿已纠正其违反《保险法》规定的行为，恢复正常经营状况的，由整顿组提出报告，经国务院保险监督管理机构批准，结束整顿，并由国务院保险监督管理机构予以公告。

（五）保险公司的接管

保险公司违反《保险法》的规定，保险公司的偿付能力严重不足的，或者保险公司违反《保险法》的规定，损害社会公众利益，可能造成严重危害或者已经危及保险公司的偿付能力的，保险监督管理机构可以对该保险公司实行接管。

接管的目的是对被接管的保险公司采取必要措施，以保护被保险人的利益，恢复保险公司的正常经营。被接管的保险公司的债权债务关系不因接管而发生变化。

接管期限届满，保险监督管理机构可以决定延期，但接管期限最长不得超过2年。接管期限届满，被接管的保险公司已恢复正常经营能力的，保险监督管理机构可以决定接管终止。接管组织认为被接管的保险公司的财产已不足以清偿所负债务的，经保险监督管理机构批准，依法向人民法院申请宣告该保险公司破产。

（六）保险监督管理机构履行职责时有权采取的措施

保险监督管理机构依法履行职责，可以采取下列措施：

1.对保险公司、保险代理人、保险经纪人、保险资产管理公司、外国保险机构的代表机构进行现场检查。

2.进入涉嫌违法行为发生场所调查取证。

3.询问当事人及与被调查事件有关的单位和个人，要求其对与被调查事件有关的事项作出说明。

4.查阅、复制与被调查事件有关的财产权登记等资料。

5.查阅、复制保险公司、保险代理人、保险经纪人、保险资产管理公司、外国保险机构的代表机构以及与被调查事件有关的单位和个人的财务会计资料及其他相关文件和资料；对可能被转移、隐匿或者毁损的文件和资料予以封存。

6.查询涉嫌违法经营的保险公司、保险代理人、保险经纪人、保险资产管理公司、外国保险机构的代表机构以及与涉嫌违法事项有关的单位和个人的银行账户。

7.对有证据证明已经或者可能转移、隐匿违法资金等涉案财产或者隐匿、伪造、毁损重要证据的，经保险监督管理机构主要负责人批准，申请人民法院予以冻结或者查封。

保险监督管理机构采取上述第1、2、5项措施的，应当经保险监督管理机构负责人批准；采取第6项措施的，应当经国务院保险监督管理机构负责人批准。

保险监督管理机构依法进行监督检查或者调查，其监督检查、调查的人员不得少于2人，并应当出示合法证件和监督检查、调查通知书；监督检查、调查的人员少于2人或者未出示合法证件和监督检查、调查通知书的，被检查、调查的单位和个人有权拒绝。

【本章主要法律规定】

1.《保险法》

2.最高人民法院《关于适用〈中华人民共和国保险法〉若干问题的解释（一）》

3.最高人民法院《关于适用〈中华人民共和国保险法〉若干问题的解释（二）》

4.最高人民法院《关于适用〈中华人民共和国保险法〉若干问题的解释（三）》

5.最高人民法院《关于适用〈中华人民共和国保险法〉若干问题的解释（四）》

本章重点、难点与疑点辨析

本章的重点是保险合同法律制度。保险合同是现代社会中非常重要的一类典型合同，应用广泛、种类众多。保险的要素和特征，决定了保险法的基本原则和针对保险合同规定的特殊法律规范。保险法的基本原则包括公序良俗原则、自愿原则、最大诚信原则、保险利益原则和近因原则。其中，公序良俗原则和自愿原则，普遍适用于整个民商法部门，而最大诚信原则、保险利益原则和近因原则是保险法特有的原则，是理解保险法的关键，尤其是保险利益原则。通过与其他典型合同的对比，可以更好地把握保险合同的特征，其他典型合同有：射幸合同、最大诚信合同、附和合同、双务有偿合同、不要式合同和诺成性合同。

针对保险合同法律制度的疑难点，以下各点特别值得提及：

1.保险合同属于利益第三人合同，需要区分合同当事人和关系人。保险合同当事人是投保人和保险人，而关系人则包括被保险人和受益人。保险合同的关系人是指在保险事故或者保险合同约定的条件满足时，对保险人享有保险金给付请求权的人，包括被保险人和受益人。保险法中的许多法律规范都是针对保险合同关系人而设置。

2.在保险合同法总论部分，掌握保险利益原则，注意人身保险的投保人在保险合同订立时，对被保险人应当具有保险利益，而财产保险的被保险人在保险事故发生时，对保险标的应当具有保险利益。

3.掌握最大诚信原则的表现形式，如如实告知义务、危险增加通知义务等。

4.掌握投保人和保险人的各种义务，以及保险合同特有的法定解除权的发生事由。

5.在财产保险中，掌握代位求偿权的行使条件、法律后果等问题。

6.在人身保险中，掌握人身保险合同除外责任的各种情形等特殊规则。

第九章
海商法

本章导读

海商法是调整海上运输关系和船舶关系的法律规范的总称，是民法的特别法。本章介绍的海商法制度大体上可以分为四部分：第一部分是船舶与船员，包括船舶登记、船舶物权与船员。第二部分是海商合同，包括海上货物运输合同、海上旅客运输合同和船舶租用合同。第三部分是海事制度，包括船舶碰撞、海难救助、共同海损和海事赔偿责任限制。第四部分是海事诉讼特别程序。学习海商法制度，应注意其与民法制度的区别与联系。海商法中的许多制度之所以产生、发展，都是为了防范和分配海上航行必须面对的特殊风险。理解海商法的古老起源以及其风险性、商事性和国际性，有助于更好地理解海商法制度。

第一节　海商法概述

一、海商法的概念

海商法是调整海上运输关系、船舶关系的法律规范的总称。其中，海上运输关系，主要是指承运人、实际承运人同托运人、收货人或者同旅客之间，承托方同被托方之间的关系。船舶关系，主要指船舶所有人、经营人、出租人、承租人之间，抵押权人与抵押人之间，救助方与被救助方之间的关系。

海商法是一门古老的法律，其起源可以追溯到人类海洋运输活动之初。我国现代意义的海商法立法活动始于清朝末年的清末修律，而新中国的第一部海商法是1992年制定、1993年7月1日起正式施行的《中华人民共和国海商法》。这部法律共15章、278条，内容涵盖了海商法几乎所有重要领域，是我国当前海商法规范体系的核心。

二、海商法的性质

对于海商法的性质，目前我国一般认为海商法是民法的一个特别法。我国的立法和司法实践基本体现了这种观点。

三、海商法的适用范围

海商法的适用范围，实际上是海商法调整对象的具体化。一般来说，它包括适用的船舶、适用的水域和适用事项等。各国海商法的适用范围都不尽相同。

我国《海商法》适用于海上或与海相通的可航水域的货物及旅客运输以及船舶碰撞和海难救助等海上事故。但《海商法》第四章海上货物运输合同的规定，不适用于我国港口之间的海上货物运输。

第二节　船舶与船员

一、船舶的概念

船舶是一个日常使用的概念，但海商法中的船舶具有特殊含义。我国海商法所称的船舶，是指海船和其他海上移动式装置，但用于军事的、政府公务的船舶和20总吨以下的小型船舶除外。

所谓“海船”，是指具有完全的海上航行能力并作为海船进行船舶登记的船舶。

所谓“海上移动式装置”，是指不具备船舶的外形和构造特点，但具有自航能力，可以在海上移动的装置，如用于海上石油开采的浮动平台等。

军事船、政府公务船由于其从事的活动性质特殊，不同于一般的商业活动，因此被排除在海商法调整的船舶之外。

20总吨以下的小型船艇，由于其体积小、风险大，不宜被鼓励在海上航行，而且其遭遇的问题与一般大型海船所遭遇的问题多有不同，因此也被排除在海商法调整的范围之外。

二、船舶登记与船舶国籍

船舶登记是指对船舶享有某种权利的人向国家授权的船舶登记机关提出申请，并提交相应的文件，船舶登记机关经审查，对符合法定条件的船舶予以注册并以国家的名义签发相应证书的法律行为。

船舶国籍是指船舶与特定国家在法律上的隶属关系。船舶只有经过登记，才能取得一国国籍，从而取得悬挂一国国旗的权利。悬挂国旗对船舶很重要。首先，它是船舶在公海上航行的前提条件。因为根据国际公约，没有悬挂船旗的船舶不能在公海上航行，否则将作为海盗船被攻击。其次，取得一国国籍对船舶在国内法上也有重要意义。它是船舶享受国内航运经济政策优惠措施的前提条件，也是船舶在领海和内河自由航行的前提条件。

由于对船舶进行登记就意味着允许其享有本国国籍，因此各国对船舶登记都有一些条件限制。根据条件的宽严不同，船舶登记可分为严格登记制度和开放登记制度。严格登记制度要求船舶必须与本国具有相当程度的紧密联系，如船舶所有人是本国国民等，才能在本国登记并取得国籍。开放登记制度则对船舶与本国之间的联系要求很宽松，甚至任何船舶只要提出申请并交注册费就予以登记。在执行开放登记制度的国家进行登记并取得该国国籍、悬挂该国国旗的船舶被称为“方便旗船”，而其悬挂的国旗则被称为“方便旗”。虽然世界上绝大多数航运国家都执行严格登记制度，但由于方便旗船在税收方面可以得到优惠，在管理方面可以得到通融，许多船舶都选择不在本国登记而在执行开放登记制度的国家进行登记。

三、船舶所有权

船舶所有权，是指船舶所有人依法对其船舶享有的占有、使用、收益和处分的权利。

船舶所有权可为自然人所有，也可为法人所有。如果是国家所有的船舶，由国家授予具有法人地位的全民所有制企业经营管理的，海商法有关船舶所有人的规定适用于该法人。

船舶所有权的取得、转让和消灭，应当向船舶登记机关登记；未经登记的，不得对抗第三人。

船舶所有权的转让，应当签订书面合同。

船舶可以由两个以上的法人或者个人共有。船舶共有的，应当向船舶登记机关登记；未经登记的，不得对抗第三人。

四、船舶担保物权

（一）船舶抵押权

1.船舶抵押权的概念。船舶抵押权，是指债权人对于债务人或第三人提供的作为债务担保的船舶，在债务人不履行债务时，可以采取法定措施，从船舶的变价中优先受偿的权利。

2.船舶抵押权的标的。船舶抵押权的标的物是船舶，包括旧船和正在建造中的船舶（在建船）。

正在建造中的船舶由于还不完全具备船舶的功能，因此，不是严格意义上的船舶。尽管如此，包括我国在内的许多国家的海商法还是规定，在正在建造中的船舶上也可以设定船舶抵押权。这种规定对船舶建造融资很有帮助。

3.船舶抵押权的设定。有权设定船舶抵押权的是船舶所有人、船舶所有人授权的人或船舶共有人。

船舶所有人授权的人通常是船舶所有人的代理人，他可以以船舶所有人的名义设定船舶抵押权。

船舶共有人是指对同一船舶共同享有所有权的数人。船舶共有人就共有船舶设定抵押权，应当取得持有2/3以上份额的共有人的同意，共有人之间另有约定的除外。船舶共有人设定的抵押权，不因船舶的共有权的分割而受影响。

船舶抵押权由当事人自愿设定。当事人设定船舶抵押，应当签订书面合同。船舶抵押合同的成立和生效，应适用有关合同的法律规定。

4.船舶抵押权登记。《海商法》规定，设定船舶抵押权，由抵押权人和抵押人共同向船舶登记机关办理船舶抵押权登记；未经登记的，不得对抗第三人。

关于船舶抵押权登记的效力，国际上存在登记对抗主义与登记生效主义之分。登记生效主义认为抵押权未经登记就无效；登记对抗主义则认为未经登记的抵押权对抵押人和抵押权人双方仍然有效，只是其效力不能对抗第三方。我国《海商法》的规定属于登记对抗主义。《海商法》规定船舶抵押权采用登记对抗制，与我国担保法律规定中对一般船舶抵押权的规定有所不同，后者采用的是抵押权登记有效制。

同一船舶可以设定两个以上抵押权，其顺序以登记的先后为准。同日登记的抵押权，按照同一顺序受偿。

5.船舶抵押权的效力。船舶抵押权最重要的效力是赋予其担保的债权以优先受偿权。

船舶抵押权设定后，未经抵押权人同意，抵押人不得将被抵押船舶转让给他人。

抵押权人将被抵押船舶所担保的债权全部或者部分转让给他人的，抵押权随之转移。

被抵押船舶灭失，抵押权随之消灭。由于船舶灭失得到的保险赔偿，抵押权人有权优先于其他债权人受偿。

（二）船舶优先权

1.船舶优先权的概念。船舶优先权，是指海事请求人依照《海商法》的规定，向船舶所有人、光船承租人、船舶经营人提出海事请求，对产生该海事请求的船舶具有优先受偿的权利。

船舶优先权是海商法上特有的一项权利，是一种法定的担保物权。

2.船舶优先权的特点。船舶优先权具有以下突出特点：

（1）法定性。船舶优先权是一种法定的担保物权：其产生要基于法律规定，当事人不能通过约定创设船舶优先权；同时其实现也必须通过法院依法行使职权进行。

（2）秘密性。虽然船舶优先权是一种物权，但不受物权公示性的约束。船舶优先权的产生和存续既无须当事人做任何意思表示，也无须在船舶登记机关进行登记，从而也无从查知。

（3）随附性。船舶优先权一经产生就附着在船舶上，随船舶的转移而转移，只有法定原因发生才消灭。船舶的合法受让人不能以对受让船舶以前的债务无责任为由抗辩船舶优先权。但为了限制这种权利，《海商法》规定，船舶转让时，船舶优先权自法院应受让人申请予以公告之日起满60日不行使而消灭。这项规定是对传统海商法的一项突破，非常有利于对船舶买受人的保护。

3.具有船舶优先权的海事请求及其受偿顺序。《海商法》规定，具有船舶优先权的海事请求主要有以下五项：

（1）船长、船员和在船上工作的其他在编人员根据劳动法律、行政法规或者劳动合同所产生的工资、其他劳动报酬、船员遣返费用和社会保险费用的给付请求；

（2）在船舶营运中发生的人身伤亡的赔偿请求；

（3）船舶吨税、引航费、港务费和其他港口规费的缴付请求；

（4）海难救助的救助款项的给付请求；

（5）船舶在营运中因侵权行为产生的财产赔偿请求。

以上海事请求应优先于其他请求受偿。同属具有船舶优先权的请求权中，受偿顺序按上列第1项至第5项的顺序排列。同一优先项目中，如有两个请求，应不分先后，同时受偿。受偿不足的，按比例受偿，但是第4项关于救助款项的请求例外。救助款项中有两个以上优先请求权的，后发生的先受偿。同时，如果第4项海事请求后于第1项至第3项海事请求发生的，第4项也应优先于第1项至第3项受偿。

救助款项的给付请求所享有的船舶优先权后发生而先受偿的原因是，后发生的救助保全了船舶，也保全了先发生的救助的成果，使先发生的各项债权有可能得到清偿，因此，保全他人者应优先于被保全者受偿，这被称为“倒序原则”。

4.船舶优先权的消灭。船舶优先权消灭的原因主要有：

（1）船舶灭失。船舶优先权因船舶灭失而消灭。船舶灭失是指船舶沉没、失踪或拆解完毕。

（2）怠于行使权利。具有船舶优先权的海事请求，自优先权产生之日起满1年不行使而消灭。而且，这里的1年期限不得以任何理由中止或中断。

（3）司法拍卖。船舶经法院强制出售后，本来附着在船上的船舶优先权消灭。

作为优先权的一种，船舶优先权还会因为债权清偿、弃权、已经提供了其他担保、主权豁免等原因消灭。

（三）船舶留置权

海商法上的船舶留置权，是特指船舶建造人、修船人在合同另一方未履行合同时，可以留置所占有的船舶，以保证造船费用或者修船费用得以偿还的权利。

船舶留置权也是一种法定的担保物权。与一般留置权不同的是，海商法所指的船舶留置权只限于造船人和修船人的留置权。其他人因为其他原因占有船舶不能行使船舶留置权。

（四）船舶担保物权之间的关系

船舶抵押权、船舶优先权和船舶留置权都是以船舶为标的物的担保物权，都能保证其担保的债权比没有担保的普通债权优先受偿。但船舶抵押权是约定担保物权，而船舶优先权和船舶留置权是法定担保物权；船舶抵押权非经登记不得对抗第三人，而船舶优先权和船舶留置权无须登记。在其担保的债权的受偿顺序上，从先到后依次是：船舶优先权、船舶留置权、船舶抵押权。

船舶优先权的受偿位序靠前，但并非总能最先受偿。因行使船舶优先权产生的诉讼费用，保存、拍卖船舶和分配船舶价款产生的费用，以及为海事请求人的共同利益而支付的其他费用，应当从船舶拍卖所得价款中先行拨付。

五、船员

船员，是指包括船长在内的船上一切任职人员。

为了保证船舶的安全航行，世界各国都对

船员的资格实行严格的限定和管理。我国《海商法》规定，船长、驾驶员、轮机长、轮机员、电机员、报务员，必须由持有相应适任证书的人担任。从事国际航行的船舶的中国籍船员，必须持有中华人民共和国港务监督机构颁发的海员证和有关证书。

船长是船上的最高行政指挥人员，具有以下三方面的职责：

1.驾驶和管理船舶的职责。船长负责船舶的管理和驾驶。船长在其职责范围内发布的命令，船员、旅客和其他在船人员都必须执行。船长应当采取必要的措施，保护船舶和在船人员、文件、邮件、货物以及其他财产。船舶发生海上事故，危及在船人员和财产的安全时，船长应组织人员尽力施救。在船舶的沉没、毁灭不可避免的情况下，船长可以作出弃船决定。但除紧急情况外，应当报经船舶所有人同意。弃船时，船长应最后离船。船长管理和驾驶船舶的责任，不因引航员引领船舶而解除。

2.维持船上治安的职责。为保障在船人员和船舶的安全，船长有权对在船上进行违法、犯罪活动的人采取禁闭或者其他必要措施，并防止其隐匿、毁灭、伪造证据。船长采取这类措施，应当制作案情报告书，由船长和两名以上在船人员签字，连同人犯送交有关当局处理。

3.公证职责。船长应当将船上发生的出生或者死亡事件记入航海日志，并在两名证人的参与下制作证明书。死亡证明书应当附有死者遗物清单。死者有遗嘱的，船长应当予以证明。死亡证明书和遗嘱由船长保管，并送交家属或有关方面。

第三节　海上货物运输合同

一、海上货物运输合同的概念和种类

（一）海上货物运输合同的概念

海上货物运输合同，是指承运人收取运费，负责将托运人托运的货物经海路由一港运至另一港的合同。

（二）海上货物运输合同的种类

根据不同标准，海上货物运输合同可以分成以下不同的种类：

1.国际海上货物运输合同和国内海上货物运输合同。这是根据装卸港口的位置不同进行的划分。在同一国家不同港口之间的运输是国内货物运输，又称为沿海货物运输；而将货物从一国港口运往另一国港口的是国际货物运输。在我国，两种合同使用的运输单据不同，适用的法律也不同。

2.班轮运输合同和租船运输合同。这是根据合同形式不同进行的划分。按照固定的船期表、固定的港口挂靠顺序有规律进行的运输是班轮运输。班轮运输中通常以提单作为口头或书面订立的运输合同的证据。不是按照固定的时间和航线，而是按出租人与承租人专门商定的条件进行的运输是租船运输。租船运输中双方缔结的是租船运输合同。常见的租船合同包括航次租船、定期租船和光船租船三种形式。但我国《海商法》第四章“海上货物运输合同”中只包括了航次租船合同，定期租船合同和光船租船合同一起规定在第六章“船舶租用合同”中。

3.散货运输合同、件杂货运输合同和集装箱货运输合同。这是根据承运货物不同进行的划分。所谓散货是指货物在装运以前没有进行包装，而是直接装载在船上的通舱或货舱隔成的小舱中的货物，如谷物、糖、油等。所谓件杂货，是指包装成件或本身是可计数的货物，如一箱衣物、一辆汽车等。所谓集装箱货是指装载在集装箱这种新型的包装运输工具中的货物。

二、海上货物运输合同的订立和解除

（一）海上货物运输合同的订立

海上货物运输合同由承运人与托运人磋商

订立，订立的过程也分为要约和承诺。在海上货物运输合同中，发出要约的既可能是承运人，也可能是托运人。承运人发出要约称为揽货，托运人发出要约则称为租船定舱。

海上货物运输合同可以口头订立，也可以书面订立。但航次租船合同应当书面订立。电报、电传和传真具有书面效力。

（二）海上货物运输合同的解除

海上货物运输合同订立后，可能因法定或当事人约定而解除。《海商法》规定了以下三种合同解除的情况：

1.船舶在装货港开航前，托运人可以要求解除合同。除合同另有约定外，托运人应当向承运人支付约定运费的一半；货物已经装船的，并应当负担装货、卸货和其他与此有关的费用。

2.船舶在装货港开航前，因不可抗力或者其他不能归责于承运人和托运人的原因致使合同不能履行的，双方均可解除合同，并互相不负赔偿责任。除合同另有约定外，运费已经支付的，承运人应当将运费退还给托运人；货物已经装船的，托运人应当承担装卸费用；已经签发提单的，托运人应当将提单退回给承运人。

3.船舶开航后，因不可抗力或者其他不能归责于承运人和托运人的原因致使船舶不能在合同约定的目的港卸货的，除合同另有约定外，船长有权将货物在目的港邻近的安全港口或者地点卸载，视为已经履行合同。但船长决定将货物卸载的，应当及时通知托运人或者收货人，并考虑托运人或者收货人的利益。

三、海上货物运输合同的履行

（一）承运人的责任

1.承运人的最低法定义务。海上货物运输合同中，承运人有四项必须承担的义务，即适航、管货、不做不合理绕航和应托运人请求签发提单。海上货物运输合同条款不能减轻或免除这四项义务，否则该条款无效，但运输合同可以再增加承运人的其他义务。因此，这四项义务被称为承运人的最低法定义务。

适航义务要求承运人在开航之前和开航当时，适当检查和配备船舶，使船舶处于适于航行的正常状态，能够安全收受、载运和保管货物。

管货义务要求承运人在接收货物后，应当妥善地、谨慎地装载、搬移、积载、运输、保管、照料和卸载所运货物。

绕航是指船舶有意脱离约定的或者习惯的或者地理上的航线。航线的选择事关运输安全，因此不做不合理绕航是承运人的基本义务。但船舶在海上为救助或者企图救助人命或者财产而发生的绕航，或者其他合理绕航，不属于违反承运人义务的行为。

承运人的第四项法定义务是应托运人请求签发提单。这项义务存在的前提是，托运人适时地提出了签发提单的请求。托运人没有请求，则无须签发提单。

2.承运人的最高法定免责。与承运人的基本法定义务相对应，《海商法》规定了12项承运人的法定免责事由。由于这些法定免责是承运人能享受的最多免责，运输合同只能减少，不能增加，否则无效，因此，又被称为承运人的最高法定免责。这12项法定免责事由是：

（1）船长、船员、引航员或者承运人的其他受雇人在驾驶船舶或者管理船舶中的过失；

（2）火灾，但是由于承运人本人的过失所造成的除外；

（3）天灾，海上或者其他可航水域的危险或者意外事故；

（4）战争或者武装冲突；

（5）政府或者主管部门的行为、检疫限制或者司法扣押；

（6）罢工、停工或者劳动受到限制；

（7）在海上救助或者企图救助人命或者财产；

（8）托运人、货物所有人或者他们的代理人的行为；

（9）货物的自然特性或者固有缺陷；

（10）货物包装不良或者标志欠缺、不清；

（11）经谨慎处理仍未发现的船舶潜在缺陷；

（12）非由于承运人或者承运人的受雇人、代理人的过失造成的其他原因。

以上第1项免责又被称为航行过失免责，具

体又分为驾驶过失免责和管船过失免责两种。驾驶过失，指在采取船舶移动措施时判断错误导致损失，如船长、船员疏于瞭望，致使船舶触礁、搁浅、与他船相撞等。管船过失，指船舶航行中欠缺对于船舶应为之注意，如船长、船员忘记给锅炉加水，应该通风的时候没有打开通风设备等。航行过失免责的规定使承运人在有过失的情况下仍然可以免除责任，是一种非常特殊的免责规定，是为了照顾海上特殊风险而设。承运人除此以外的其他责任都是过失责任，因此海上货物运输中承运人的责任被称为不完全的过失责任制。

3.承运人的单位赔偿责任限制。承运人对货物灭失或者损坏的赔偿限额，按照货物件数或者其他货运单位数计算，每件或者每个其他货运单位为666.67计算单位，或者按照货物毛重计算，每公斤为2计算单位，以二者中限额较高的为准。

迟延交付造成经济损失的赔偿限额，为迟延交付的货物的运费数额。货物的灭失或者损坏和迟延交付同时发生的，承运人的赔偿责任限额适用一般货物灭失或损坏的赔偿限额。

两种情况下不适用责任限制：一是有特约。托运人在货物装运前已经申报货物的性质和价值，并在提单中载明的，或者承运人与托运人已经另行约定高于法定的赔偿限额的，则应按提单所载或双方约定的标准进行赔偿。二是权利丧失。如果经证明，货物的灭失、损坏或迟延交付是承运人故意或明知可能造成损失而轻率地作为或者不作为造成的，承运人不得援引限制赔偿责任的规定。

4.承运人的责任期间。承运人的责任期间分为两种。对集装箱装运的货物的责任期间，是从装货港接收货物起至卸货港交付货物时止，货物在承运人掌管之下的全部期间。对非集装箱装运的货物的责任期间，是从货物装上船时起至卸下船时止，货物处于承运人掌管之下的全部期间。在责任期间发生货物灭失或损坏，除非法律另有规定，承运人应当负赔偿责任。

5.迟延交付的责任。所谓迟延交付，是指货物未能在明确约定的时间内，在约定的卸货港交付。

除法律规定承运人不负赔偿责任的情形外，由于承运人的过失，致使货物因迟延交付而灭失或者损坏的，承运人应当负赔偿责任。即使货物没有灭失或者损坏，但因货物迟延交付而遭受经济损失的，承运人仍然应当负赔偿责任。

如果承运人未能在明确约定的时间届满60日内交付货物，有权对货物灭失索赔的人可以认为货物已经灭失。

6.承运人与实际承运人的责任分担。承运人，是指本人或者委托他人以本人名义与托运人订立海上货物运输合同的人。

实际承运人，是指接受承运人委托，从事货物运输或者部分运输的人，包括接受转委托从事此项运输的其他人。

如果承运人将运输货物的部分或全部委托给实际承运人履行，承运人仍须按照法律规定对全程运输负责。对实际承运人承担的运输，承运人应当对实际承运人的行为或者实际承运人的受雇人、代理人在受雇或受委托的范围内的行为负责。但如果在海上货物运输合同中已经明确规定了特定部分的运输由特定实际承运人承担，合同可以同时规定，承运人对这一部分运输期间货物的事故不负责任。

实际承运人对自己实际履行的运输负责。《海商法》中对承运人责任的规定，适用于实际承运人。承运人承担《海商法》未规定的义务或者放弃《海商法》赋予的权利的任何特别协议，未经实际承运人书面明确同意，对实际承运人不发生效力。

承运人与实际承运人都负有赔偿责任的，应当在此项责任范围内负连带责任。

（二）托运人的责任

托运人，是指本人或者委托他人以本人名义或者委托他人为本人与承运人订立海上货物运输合同的人，又或本人或者委托他人以本人名义或者委托他人为本人将货物交给与海上货物运输合同有关的承运人的人。根据《海商法》的规定，托运人有以下义务和责任：

1.支付运费。托运人应当按照约定的时间、金额和方式等向承运人支付运费，这是海上货物运输合同下托运人最基本的义务。

托运人与承运人也可以约定运费由收货人支付。但是，这种约定应当在运输单证中载明。

2.包装货物并申报货物资料。托运人托运货物，应当以正常的或习惯的方式妥善包装，使货物在通常的照管和运输条件下能够避免绝大多数轻微的损害。如果货物包装不良或者标志欠缺、不清，由此引起货物本身的灭失或损坏，承运人可免除对托运人的赔偿责任。但如果货物的这些不良状况引起其他货主的损失，承运人应该负责赔偿，然后再向托运人追偿。

托运人在交付货物时，应将货物的品名、标志、包数或者件数、重量或者体积等相关资料申报给承运人。托运人必须保证其申报的资料正确无误，托运人对申报不实造成的承运人的损失负赔偿责任。

3.办理货物运输手续。托运人应当及时向港口、海关、检疫、检验和其他主管机关办理货物运输所需要的各项手续，并将已办理各项手续的单证送交承运人；因办理各项手续的有关单证送交不及时、不完备或者不正确，使承运人的利益受到损害的，托运人应当负赔偿责任。

4.托运危险品的责任。托运人托运危险货物，应当依照有关危险货物运输的规定，妥善包装，作出危险品标志和标签，并将正式名称和性质以及应当采取的预防危害措施书面通知承运人。没有通知会导致两项严重后果：首先，承运人不对任何灭失或损坏负责；其次，托运人在承运人因此遭受损失时还应负责赔偿。这样的后果不要求托运人有过失，因此，是过失责任原则的一个例外。

即使托运人尽到了通知义务，而且承运人明确同意装运危险品，但承运人在承运的危险货物对于船舶、人员或者其他货物构成实际危险时，仍然可以将货物卸下、销毁或者使之不能为害，而对托运人因此造成的损失不负赔偿责任；但危险货物仍负有分摊共同海损的义务。

（三）货物交付

1.货物交付的形式。承运人交付货物的形式包括实际交付和象征性交付。实际交付是直接将货物交给收货人或其指定的人。象征性交付是在特定情况下，如卸货港无人提取货物或者收货人迟延、拒绝提取货物时，将货物置于一个适当的场所并通知收货人领取而视为完成了交付。

两种交货方式中，实际交付是一般原则，象征性交付是例外情况，即在实际交付不可能时才能采用象征性交付。

2.检查货物和通知。收货人从承运人处收取货物时，有义务对货物进行检查。如果货物处于不良状态，则应及时用书面通知承运人。如果货物的灭失或损害是显而易见的，通知应当场作出。如果不是显而易见的，应该在货物交付的次日起连续7日内作出。如果是集装箱装运的货物，应该在交付的次日起连续15日内作出。对不通知的制裁是，初步认定交付的货物处于良好状态，对于货物在交付时的状态与提单记载不一致的原因的举证责任由承运人转至收货人。但是如果货物交付时，收货人已经会同承运人对货物进行了联合检查或检验的，则无须就已经查明的灭失或损坏的情况提交书面通知。

承运人和收货人都可以在目的港交接货物前申请检验机构对货物状况进行检验，要求检验的一方应当支付检验费用，但有权向造成货物损失的责任方追偿。在对货物进行检验时，承运人和收货人双方应当相互提供合理的便利条件。

如果是迟延交付，收货人必须自交货次日起连续60日内提出迟延交付造成经济损失的书面通知，否则承运人不负赔偿责任。

3.留置货物。应当向承运人支付的运费、共同海损分摊、滞期费和承运人为货物垫付的必要费用以及应当向承运人支付的其他费用没有付清，又没有提供适当担保的，承运人可以在合理的限度内留置其货物。

承运人留置货物的前提是货物在其控制之下。如果货物已经脱离其控制则不能再主张留置，但货物并不一定要留在船上；如果货物卸下后存于承运人的仓库或能控制的第三方仓库，则仍能被留置。

承运人只能留置债务人的货物。由于运输途中的货物可能发生转卖，因此，承运人行使货物留置权时必须查清货物的所有权人是否是债务人，否则可能因错误留置而承担责任。

四、提单

（一）提单的概念、法律特征和性质

1.提单的概念。提单，是指用以证明海上货物运输合同和货物已经由承运人接收或者装船，以及承运人保证据以交付货物的单证。提单中载明的向记名人交付货物，或者按照指示人的指示交付货物，或者向提单持有人交付货物的条款，构成承运人据以交付货物的保证。

2.提单的法律特征。提单是海上货物运输乃至整个国际贸易中的核心单据，具有以下三个法律特征：

（1）提单具有收据作用，是货物已经由承运人接收或者装船的证据。作为收据的提单在不同的提单持有人手中有不同的证据效力。在托运人手中，提单是初步证据，承运人可以以其他更有力的证据证明提单记载与实际情况不符。但在托运人以外的第三方手中，提单是最终证据，承运人不能再以其他证据推翻提单的记载。

（2）提单是运输合同的书面证明。作为合同证明的提单，在不同的提单持有人手中也有不同的证据效力。在托运人手中，提单是初步证据，承运人可以举证证明实际运输合同与提单记载不一致。但当提单转让到托运人以外的第三方手中，承运人与第三方的权利、义务就只能依据提单的记载确定。

（3）提单是承运人交付货物的凭证。提单一旦签发，承运人就只能对提单持有人交付货物，而且对在途货物的处分权也转而由提单持有人行使。

3.提单的性质。提单是有价证券。作为有价证券，提单既是物权证券又是债权证券，同时它还是要式证券、流通证券、设权证券和缴还证券。

（二）提单的分类

根据不同标准，提单可以分为以下种类：

1.已装船提单和收货待运提单。这是根据签发时间不同进行的划分。已装船提单是在货物已经由承运人接收并装上船后签发的提单。收货待运提单则是承运人已经接收货物但尚未将货物装上船时签发的提单。收货待运提单在货物实际装上船后可以换成已装船提单。

2.记名提单、不记名提单和指示提单。这是根据提单上的抬头不同进行的划分。记名提单是记载了收货人名称的提单。不记名提单是在收货人一栏未做任何记载的提单，又称为空白提单。指示提单是记载凭指示交货的提单。其中，记载了指示人的名称的是记名指示提单，没有记载指示人的名称的是不记名指示提单。不记名指示提单一般理解为凭托运人指示交货。

3.清洁提单和不清洁提单。这是根据提单上对货物外表状况的记载不同进行的划分。清洁提单是提单表面未对货物状况做不良批注的提单。不清洁提单是记载了货物装船时外表状况不良的提单。

（三）提单的签发

1.承运人签发提单的义务。应托运人请求签发提单是承运人的基本法定义务之一，承运人不能通过运输合同的规定减轻或取消这一法定义务。

签发提单的只能是承运人或其授权的人。未经授权签发的提单不能约束承运人。但船长签发的提单，法律推定为承运人签发，即使没有实际授权也要约束承运人。

2.提单签发的时间。提单签发的时间是承运人接收货物或者将货物装上船以后。承运人接收货物以前签发的提单被称为“预借提单”。提单上必须真实记载提单签发的日期。如果记载的日期早于实际签发的日期，则称为“倒签提单”。预借提单和倒签提单都是违法的行为。

（四）提单的内容

提单是一张正反两面都有记载的单据。提单正面通常记载本航次运输的基本情况，如承

运人、托运人的名称、地址，货物基本情况，装卸港口等。提单背面通常是预先印制好的承运人的标准合同条款，包括承运人责任、运费及其他费用、管辖权等。

《海商法》规定，提单上必须记载以下内容：

1.货物的品名、标志、包数或者件数、重量或者体积，以及运输危险货物时对危险性质的说明；

2.承运人的名称和主营业所；

3.船舶名称；

4.托运人的名称；

5.收货人的名称；

6.装货港和在装货港接收货物的日期；

7.卸货港；

8.多式联运提单增列接收货物地点和交付货物地点；

9.提单的签发日期、地点和份数；

10.运费的支付；

11.承运人或者其代表的签字。

《海商法》虽然规定提单上必须记载以上11项内容；但同时又规定，缺少其中一项或几项并不影响提单的效力，只要提单上的记载能满足法律对提单定义的要求，即能具有提单所应具有的基本功能就可以。

(五)提单的转让

提单是可以转让的单据。《海商法》第79条对提单的转让规定了三种情形，即提单的转让，依照下列规定执行：(1)记名提单，不得转让；(2)指示提单，经过记名背书或者空白背书转让；(3)不记名提单，无须背书，即可转让。

根据以上规定，提单转让分为两种情况：背书转让或不经背书直接转让。背书又分为两种情况：记名背书和空白背书。记名背书是指有权指示的人在提单上记载自己和被背书人双方的名字，又称为完全背书。空白背书是指有权指示的人只在提单上记载自己的名字而不记载被背书人的名字，又称为不完全背书。有权指示的人指提单正面“收货人”一栏记载的人或托运人。

第四节　海上旅客运输合同

一、海上旅客运输合同的概念与特征

海上旅客运输合同，是指承运人以适合运送旅客的船舶，经海路将旅客及其行李从一港运至另一港，而由旅客支付票款的合同。

海上旅客运输合同具有以下特征：

1.海上旅客运输合同的当事人是承运人和旅客，其中旅客既是合同的当事人同时又是运送对象；

2.海上旅客运输合同是诺成双务有偿合同；

3.海上旅客运输合同包括国际和沿海海上旅客运输合同。

二、客票的特征与意义

海上旅客运输合同成立后，承运人通常要向旅客发行客票。客票是海上旅客运输合同成立的凭证，是旅客乘船和提取行李的凭证，也是旅客向承运人索赔的重要依据。客票既可以是记名的，也可以是不记名的。如果是不记名的客票，在船舶开航之前可以转让，因此，还具有有价证券的性质。但在船舶开航之后，不记名的客票就不能再转让，又变成单纯的证据文件了。

三、承运人的权利与责任

(一)承运人的责任期间

海上旅客运输合同中承运人的责任期间，是自旅客登船时起至旅客离船时止的一段期间。

如果船未靠码头而客票票价包括接送费用的，旅客运输的责任期间还包括接送期间，即承运人经水路将旅客从岸上接到船上和从船上送到岸上的时间。

但是任何情况下，旅客在港站内、码头上或

者在港口其他设施内的时间不应计入承运人的责任期间。

上述关于旅客的运送期间的规定适用于旅客自带的行李。旅客交运的其他行李，其运送期间自旅客将行李交付给承运人或承运人的受雇人、代理人时起至承运人或者承运人的受雇人、代理人交还给旅客时止。

（二）承运人的基本责任及责任基础

海上旅客运输合同中，对承运人责任采取的是部分的过失推定责任制，即承运人基本上承担的是过失责任，但在特殊情况下承担过失推定责任。具体而言，在承运人的责任期间内，因承运人或者承运人的受雇人、代理人在受雇或者受委托的范围内的过失引起的事故，造成旅客人身伤亡或者行李灭失、损坏的，承运人应当负赔偿责任。对过失的存在，请求人应当负举证责任，但以下两种情况除外：（1）旅客人身伤亡或者自带行李的灭失、损坏，是由于船舶的沉没、碰撞、搁浅、爆炸、火灾所引起或者是由于船舶的缺陷所引起；（2）无论何种事故引起的旅客自带行李以外的其他行李的灭失或损坏。

这两种情况下，除非承运人能提出反证，否则推定承运人有过失。

（三）承运人责任的免除或减轻

经承运人证明，旅客的人身伤亡或者行李灭失、损坏是由于旅客本人的过失或者旅客和承运人的共同过失造成的，可以免除或相应减轻承运人的赔偿责任。经承运人证明，上述损失是由于旅客本人故意造成的，或旅客人身伤亡是由于旅客本人的健康状况造成的，承运人不负赔偿责任。

承运人对旅客的货币、金银、珠宝、有价证券或者其他贵重物品所发生的灭失、损坏，不负赔偿责任；但上述物品是交由承运人保管的除外。

（四）承运人的责任限额

海上旅客运输中的承运人享受责任限制。责任限制的具体数额是：旅客人身伤亡，每人不超过46，666计算单位；旅客自带行李灭失或损坏，每人不超过833计算单位；旅客车辆包括其上所载物品灭失或损坏，每一车辆不超过3333计算单位；其他行李灭失或损坏，每人不超过1200计算单位。

经证明，旅客的人身伤亡或者行李灭失、损坏，是由于承运人的故意或者明知可能造成损害而轻率地作为或者不作为造成的，承运人不得援用赔偿责任限额的规定。

（五）承运人收取票款及行李费的权利

承运人有权按照合同约定收取客票票款和行李费，并对未付行李费的行李行使留置权。

（六）实际承运人的责任

海上旅客运输中，承运人是指本人或者委托他人以本人名义与旅客订立海上旅客运输合同的人。实际承运人是指接受承运人委托，从事旅客运送或者部分运送的人，包括接受转委托从事此项运送的其他人。二者的责任分担与海上货物运输合同中承运人与实际承运人的责任分担基本相同。具体而言，承运人即使将部分运送任务委托给实际承运人履行，仍然应当对全程运输负责。实际承运人则对其实际履行的运送任务负责。承运人与实际承运人均负有赔偿责任的，应当在此项责任限度内负连带责任。

四、旅客的权利与义务

（一）旅客的概念

旅客，是指根据海上旅客运输合同运送的人。经承运人同意，根据海上货物运输合同，随船护送货物的人，视为旅客。一般情形下，旅客就是订立运输合同的当事人。但也有例外情况，如旅客携带的无须购买船票的小孩，也是根据海上旅客运输合同承运人同意运送的人，也是旅客，但却不是运输合同的当事人。

（二）旅客的权利

旅客的权利就是承运人的义务。旅客的主要权利包括在支付票款后有权要求承运人将其安全运送到目的港，免费携带一定数量的行李，以及对其遭受的伤害或其行李的灭失或损坏向承运人索赔等。

（三）旅客的义务

旅客的义务与责任包括：

1.支付票款。旅客必须购票乘船。旅客无

票乘船、越级乘船或超程乘船的，应当按照规定补足票款，承运人还可以按照规定加收票款，如对超程乘坐者双倍收取超程部分的票价。旅客拒不交付的，船长有权在适当地点令其离船，承运人有权向其追偿。

2.不得携带危险品。为保障安全航行，旅客不得随身携带或者在行李中夹带违禁品或者易燃、易爆、有毒、有腐蚀性、有放射性或者有可能危及船上人身安全和财产安全的其他危险品。

如果旅客携带或夹带了违禁品或危险品，承运人可以在任何时间、任何地点将其卸下、销毁或者使之不能为害，或者送交有关部门，而不负赔偿责任。如果这类物品造成他人的损害，旅客还应当负赔偿责任。

3.提交书面索赔通知的义务。旅客行李发生损坏的，如果损坏明显，旅客对其自带行李的损坏，应当在旅客离船前或者离船时提交书面通知；其他行李，应当在行李交还前或者交还时提交书面通知。

行李的损坏不明显或行李灭失的，旅客应当在离船或者行李交还、应当交还之日起15日内，向承运人或者承运人的受雇人、代理人提交书面通知。

旅客未及时提交书面通知的，就构成其已经完整无损地收到行李的初步证据。旅客要主张货物受损，必须提出反证。但行李交还时，旅客已经会同承运人对行李进行联合检查或者检验的，无须提交书面通知。

五、旅客损害赔偿请求权的诉讼时效

就海上旅客运输向承运人要求赔偿的请求权，时效期间为2年，分别按照下列规定计算：

1.有关旅客人身伤害的请求权，自旅客离船或者应当离船之日起计算。

2.有关旅客死亡的请求权，发生在运送期间的，自旅客应当离船之日起计算；因运送期间内的伤害而导致旅客离船后死亡的，自旅客死亡之日起计算，但是此期限自离船之日起不得超过3年。

3.有关行李灭失或者损坏的请求权，自旅客离船或者应当离船之日起计算。

第五节　船舶租用合同

一、定期租船合同

（一）定期租船合同的概念

定期租船合同，是指船舶出租人向承租人提供约定的由出租人配备船员的船舶，由承租人在约定的期间内按照约定的用途使用，并支付租金的合同。

（二）定期租船合同的特征

1.由出租人和承租人双方分享对船舶的管理。出租人主要负责船舶本身的营运，包括机械、补给、人员等的配备和航行安全，承租人主要负责船舶的商业使用，包括货物运输的起运地和目的地的指定、货物的提供以及货物的装卸、保管、处理等。

2.由出租人和承租人双方分担船舶营运的费用。出租人主要负担船舶的每日营运成本，包括船舶建造成本、船员工资、船舶保险费、船舶保养及维修费用、机械备件及补给和船舶管理费等；而承租人主要负担航程使用费，即因为本航次运输而发生的费用，如货物装卸的费用、港口费、拖轮及领港费、运河费、运费税等。

3.承租人按使用船舶的时间支付费用。定期租船期间内的时间损失主要由承租人负担，即在不是由于任何一方的过错引起时间损失时，将由承租人承担后果。

（三）出租人的主要权利与义务

1.出租人交船的义务。出租人最重要的义务是将船舶交给承租人使用。交船必须在合同约定的时间和地点进行，而且出租人应谨慎处理，使船舶适航并适于约定的用途。

2.出租人维修船舶的义务。出租人应负责

船舶在租期内的维修。船舶在租期内不符合约定的适航状态或者其他状态，出租人应当采取可能采取的合理措施，使之尽快恢复。连续24小时不能恢复造成营运时间损失的，承租人不付租金，但事故是承租人造成的除外。

3.出租人通知船舶转让的义务。船舶所有人转让已经租出的船舶的所有权，定期租船合同约定的当事人的权利和义务不受影响，但是应当及时通知承租人。船舶所有权转让后，原租船合同由受让人和承租人继续履行。

出租人在定期租船合同下的主要权利与承租人的义务相对应，包括收取租金、到期收回船舶等。

（四）承租人的主要权利与义务

1.承租人支付租金的义务。承租人在租期内按约定使用船舶，应交付租金。承租人未按照合同约定支付租金或合同约定的其他款项的，出租人有权解除合同，并有权要求赔偿因此遭受的损失。

2.承租人还船的义务。承租人在租期届满后应将船舶交还给出租人。还船时，该船舶应具有与出租人交船时相同的良好状态，但是船舶本身的自然磨损除外。船舶未能保持与交船时同样良好状态的，承租人应当负责修复或者给予赔偿。承租人不应超期使用船舶。但由于船期的计算很难非常精确，如果经合理计算，完成最后航次的日期约定为的还船日期，那么超过合同约定的还船日期的，承租人有权超期用船以完成该航次。该航次被称为“最后合法航次”。超期期间，承租人应当按照合同约定的租金率支付租金；市场租金率高于合同约定的租金率的，承租人应当按照市场租金率支付租金。

3.承租人按照约定使用船舶的义务。承租人应当保证船舶在约定的航区内的安全港口或者地点之间从事约定的海上运输。承租人应当保证船舶用于运输约定的合法的货物。承租人将船舶用于运输活动物或者危险货物的，应当事先征得出租人的同意。

4.承租人指挥船长的权利。承租人有权就船舶的营运向船长发出指示，但是不得违反定期租船合同的约定。承租人发出违反定期租船合同的约定的指示或不合法的指示，船长有权利也有义务拒绝执行。如果船长应该拒绝而没有拒绝，由此造成出租人的损失，承租人不负责赔偿。

5.承租人转租的权利。承租人可以将租用的船舶转租，但是应当将转租的情况及时通知出租人。租用的船舶转租后，原租船合同约定的权利和义务不受影响。

6.承租人获得救助报酬的权利。在合同期间，船舶进行海难救助的，承租人有权获得扣除救助费用、损失赔偿、船员应得部分以及其他费用后的救助款项的一半。

二、光船租赁合同

（一）光船租赁合同的概念

光船租赁合同，是指船舶出租人向承租人提供不配备船员的船舶，在约定的期间内由承租人占有、使用和营运，并向出租人支付租金的合同。

（二）光船租赁合同的特征

1.出租人只负责提供船舶本身，租船期间船长、船员由承租人雇用并支付工资，船用燃料、物料、给养等也都由承租人提供并承担费用。

2.光船租赁期间船舶的占有权和使用权转移给承租人，但船舶的处分权仍然属于出租人。

3.光船租赁权的设定、转移和消灭，应当向船舶登记机关登记；未经登记的，不得对抗第三人。

（三）出租人的主要权利与义务

1.出租人交船的义务。光船租赁合同下，出租人应当在合同约定的时间和地点，向承租人交付约定的船舶以及船舶证书。出租人应当谨慎处理，使船舶适航。船舶还应当适于合同约定的用途。

2.出租人的权利担保义务。出租人必须保证承租人在租赁期间内有权依合同占有和使用船舶。如果因船舶所有权争议或者出租人所负债务致使船舶被扣押，出租人应当保证承租人的利益不受影响；致使承租人遭受损失的，出租人应当负赔偿责任。

3.出租人不得抵押船舶的义务。在光船租赁期间，未经承租人事先书面同意，出租人不得对船舶设定抵押权；如果违反此义务并给承租人带来损失，应当负责赔偿。

出租人的主要权利是收取租金。

（四）承租人的主要权利与义务

1.承租人照料船舶的义务。光船租赁期间，承租人应当负责船舶的保养、维修，还应当按照合同约定的船舶价值，以出租人同意的保险方式为船舶进行保险，并负担保险费用。如果因承租人对船舶占有、使用和营运的原因使出租人的利益受到影响或者遭受损失，承租人应当负责消除影响或者赔偿损失。

2.承租人不得转租的义务。未经出租人书面同意，承租人不得转让合同的权利和义务或者以光船租赁的方式将船舶进行转租。

3.承租人支付租金的义务。承租人应当按照合同约定的时间、方式和数额支付租金。承租人未按照合同约定的时间支付租金连续超过7日的，出租人有权解除合同，并有权要求赔偿因此遭受的损失。但是，船舶发生灭失或者失踪的，租金应当自船舶灭失或者得知其最后消息之日起停止支付。如果租金已经预付，应按照比例退还。

承租人的主要权利是按照约定使用船舶。承租人通过其自己雇用的船长、船员直接控制船舶。

第六节　船舶碰撞

一、船舶碰撞的概念和构成要件

（一）船舶碰撞的概念

船舶碰撞，是指船舶在海上或者与海相通的可航水域发生接触造成损害的事故。

（二）船舶碰撞的构成要件

1.主体。船舶碰撞必须发生在船舶之间，而且其中必须有一方是《海商法》第3条规定的船舶，而其他方可以是军事或执行政府公务的船艇以外的任何船艇。

2.行为。船舶之间发生了粗暴性的实际接触。船舶之间没有接触不能构成船舶碰撞。

船舶之间没有发生实际接触，但一船因操纵不当或者不遵守航行规章，导致了其他船舶以及船上人员或者其他财产的损失，这种情况在学理上称为“间接碰撞”。典型的例子如一船航行速度太快，引起的大浪掀翻了临近的小船。“间接碰撞”不是我国《海商法》上所指的船舶碰撞，但处理这种事故时，应该适用《海商法》中关于船舶碰撞的相关法律规定。

3.后果。船舶碰撞必须造成船舶、财产的损失或人员的伤害。没有实际损害后果的船舶接触不构成船舶碰撞。

4.水域。船舶碰撞发生在海上或与海相通的可航水域。因此，在长江等与海相通的水域上发生的海船与海船或海船与内河船之间的碰撞也是海商法上的船舶碰撞。

二、船舶碰撞的损害赔偿原则

我国对船舶碰撞的损害赔偿采用的是过错责任原则，即碰撞当事方只对因其故意或过失引起的不法损害承担赔偿责任。船舶碰撞中的过失情况可以分成三种：各方无过失；单方有过失；互有过失。《海商法》对三种过失情况引起的船舶碰撞分别规定了处理方法。

（一）各方无过失碰撞

各方无过失的碰撞是不存在或无法证明人为因素引起的碰撞，如不可抗力造成的碰撞、意外事故造成的碰撞或不明原因的碰撞。各方无过失的碰撞发生后，碰撞各方互相不负赔偿责任，损失由受害者自行承担。

（二）单方过失碰撞

单方过失碰撞即由于一船的过失造成的碰撞，由有过失的一方承担自己的损失，并对对方损失负担赔偿责任。

（三）互有过失碰撞

互有过失的船舶碰撞，由各船根据过失程度的比例分别承担赔偿责任。如果过失程度相当或无法判定其比例，则由各方平均负赔偿责任。但互有过失的碰撞造成第三方人身伤亡的，由过失方承担连带责任。

三、船舶碰撞案件的诉讼时效

有关船舶碰撞的请求权，时效期间为2年，自碰撞事故发生之日起计算。

互有过失的船舶碰撞中，对第三人的人身伤亡，一船连带支付的赔偿超过其过失比例的，有权向其他过失方追偿。这种追偿请求权的时效期间为1年，自当事人连带支付损害赔偿之日起计算。

四、船舶碰撞案件的法律适用

发生在一国领海内的船舶碰撞，一般应适用该国的法律并由该国法院管辖。

《海商法》第273条规定，船舶碰撞的损害赔偿，适用侵权行为地法律。船舶在公海上发生碰撞的损害赔偿，适用受理案件的法院所在地法律。同一国籍的船舶，无论碰撞发生于何地，碰撞船舶之间的损害赔偿适用船旗国法律。

第七节 海难救助

一、海难救助的概念和构成要件

（一）海难救助的概念

海难救助又称海上救助，是指在海上或者与海相通的可航水域，对遇险的船舶和其他财产进行的救助。

（二）海难救助的构成要件

1.存在海上危险。海难救助必须发生在海上或者与海相通的可航水域。而且，被救助的船舶或其他财产必须处于真实的危险当中。

2.救助标的是法律所认可的。船舶是海难救助中最常见的对象。《海商法》特别规定，船舶是指该法第3条所指的船舶以及与其发生救助关系的任何其他非用于军事的或者政府公务的船舶。因此，如果是船舶间的救助，救助的一方必须是《海商法》第3条规定的，20总吨以上的并非用于军事的、政府公务的海船和其他海上移动式装置；另一方则可以是任何非用于军事的或者政府公务的船舶，包括内河船和20总吨以下的小船等。

船舶以外的其他财产应该是海上财产，即任何非永久地和非有意地依附于岸线的财产，包括有风险的运费。所谓有风险的运费，是指到付运费，因为这种运费的支付是以货物到达目的地为支付前提的；如果货物不能安全送达，则不予支付，因此对应收运费的承运人构成一种损失。但是，《海商法》对海难救助的法律规定不适用于海上已经就位的从事海底矿物资源的勘探、开发或者生产的固定式、浮动式和移动式近海钻井装置。

海难救助的对象限于财产，对人命进行救助是人道主义的行为，是每个人应有的道义责任，因此，对海上人命的救助不应适用海难救助的相关法律制度。但为了奖励对人命的救助，如果在救助海上财产的同时也救助了人命，人命救助者也有权从财产救助者应得的报酬中分享一定的份额。

3.有自愿而为的施救行为。施救行为可以多种多样，但必须是自愿的，不能是基于既有的义务而为的行为。如船员对本船在遇险时提供的劳动，引航员对船舶的引领，国家消防职能部门进行的灭火等行政行为，都不是海商法上的施救行为。

专业救助公司或专门为救助作业而设计的船舶进行的救助，并不违背自愿原则。由于我国政治经济体制的原因，在我国沿海发生的许多救助行为都是由国有船舶进行的，或是在我国港口当局的指挥、控制下进行的，这种救助也并不违背救助的自愿性质，仍然应该适用海难救助的法律加以调整。

二、救助合同

(一) 救助合同的概念

救助合同是救助人与被救助人之间签订的,由一方进行救助行为,而另一方支付救助报酬的合同。

海难救助的形式分为纯救助和合同救助。纯救助是指船舶遇难后未请求外来援救,而救助人自行救助的行为。合同救助是根据双方签订的救助合同进行的救助。合同救助是目前救助的主要形式。

(二) 救助合同的种类

根据内容不同,救助合同可以分为无效果无报酬的救助合同和雇佣救助合同。无效果无报酬的救助合同是指根据救助效果决定是否支付以及支付多少救助报酬的合同,一般的救助合同都是这种合同。所谓雇佣救助合同,是指救助合同中规定,救助方按照被救助方的指挥进行救助活动,而无论救助成功与否,被救助方都应按救助方使用的人力和设备按约定支付报酬。雇佣救助合同在性质上与一般海上救助合同存在诸多不同,更多地体现了雇佣服务合同的性质。

海难救助中通常采用标准格式的救助合同。目前,国际上使用最广泛的一种救助合同格式是劳氏救助合同格式。

(三) 救助合同的订立

救助合同通常由船长代表船东和货主签订。《海商法》第175条规定:遇险船舶的船长有权代表船舶所有人订立救助合同。遇险船舶的船长或者船舶所有人有权代表船上财产所有人订立救助合同。这一条规定了两个法定代表权,即遇险船舶的船长有权代表船东,以及船长和船东有权就船载财产代表财产所有人签订救助合同。

(四) 救助合同的变更

救助合同依法成立即具有法律拘束力。但是,有下列情形之一的,经当事人一方起诉或者双方当事人协议仲裁的,受理争议的法院或者仲裁机关可以判决或者裁定变更救助合同:

1.合同在不正当的或者危险情况的影响下订立,合同条款显失公平的;

2.根据合同支付的救助款项与实际提供的救助服务相比明显过高或过低的。

(五) 救助方的义务

1.必须以应有的谨慎进行救助。如果救助方在救助作业中的过失导致被救助方的损失或者其他损害后果,应当承担赔偿责任。救助人的赔偿责任依据有关法律规定也享受海事赔偿责任限制制度的保护。

2.必须以应有的谨慎防止和减少对海洋环境的污染。

3.应当在必要时,合理地寻求其他救助人的援助。

4.必须接受被救助方提出的邀请其他救助人参加救助的合理要求。

三、救助报酬

(一) 救助报酬的概念

救助人在救助成功后有权获得的报酬即救助报酬。

请求救助报酬的前提是:实施了海难救助,而且救助有成果。"无效果,无报酬"是海难救助中的一项基本原则。所谓救助有成果,是指通过救助作业,被救助的财产全部或部分价值得以保全,并回到被救助方手中。"无效果,无报酬"原则的意义在于鼓励救助人奋力抢救海上遇险船舶或者其他财产,体现了海上救助的精神实质。

但近年来,由于对环境保护的重视加强,又提出了"特别补偿"的概念。《海商法》规定,对构成环境污染损害危险的船舶或者船上货物进行的救助,可根据情况得到救助费用以外的特别补偿。特别补偿的支付不以救助取得成果为前提,只要是对存在环境损害危险的船舶或船上货物进行了救助就有权取得。但任何情况下,特别补偿只有在超过救助方能够获得的救助报酬时才能支付,且支付金额为特别补偿超过救助报酬的差额部分。

(二) 确定救助报酬应考虑的因素

1.船舶和其他财产的获救价值;

2.救助方在防止或者减少环境污染损害方面的技能和努力；

3.救助方的救助成效；

4.危险的性质和程度；

5.救助方在救助船舶、其他财产和人命方面的技能和努力；

6.救助方所用的时间、支出的费用和遭受的损失；

7.救助方或救助设备所冒的责任风险和其他风险；

8.救助方提供救助服务的及时性；

9.用于救助作业的船舶和其他设备的可用性和使用情况；

10.救助设备的备用状况、效能和设备的价值。

但无论如何，救助报酬不得超过船舶和其他财产的获救价值，即获救后的估计价值或实际出卖的收入，扣除有关税款和海关、检疫、检验费用以及进行卸载、保管、估价、出卖而产生的费用后的价值。

（三）救助报酬的减少或取消

由于救助人的过失致使救助作业成为必需或者更加困难的，或者救助方有欺诈或者其他不诚实行为的，应当取消或者减少向救助方支付的救助款项。

（四）救助报酬的承担与分配

1.救助报酬的承担。救助报酬应该由获救的船舶和其他财产的各所有人，按照船舶和其他财产各自的获救价值占全部获救价值的比例承担。各方之间不负连带责任。

2.救助报酬的分配。参加同一救助作业的各救助方的救助报酬，应当根据法律规定的确定救助报酬应考虑的各项因素，由各方协商确定。协商不成的，可以提请受理争议的法院判决或者经各方协议提请仲裁机构裁决。

在救助作业中救助人命的救助方，对获救人员不得请求酬金，但有权从救助船舶或者其他财产、防止或者减少环境污染损害的救助方获得的救助款项中，获得合理的份额。

（五）救助款项的担保与先行支付

1.救助款项的担保。被救助方在救助作业结束后，应当根据救助方的要求，对救助款项提供满意的担保。

在载货船舶被救助的情况下，船舶和货物都属于被救助的对象。由于货物是在船舶所有人的直接控制下，因此，获救船舶的所有人应当在获救的货物交还前，尽力使货物的所有人对其应当承担的救助款项提供满意的担保。在未根据救助人的要求对获救的财产提供满意的担保以前，未经救助方同意，不得将获救财产从救助作业完成后最初到达的港口或者地点移走。

2.救助款项的先行支付。受理救助款项请求的法院或者仲裁机构，根据具体情况，在合理的条件下，可以裁定或者裁决被救助方向救助方先行支付适当的金额。被救助方先行支付后，其应提供的担保金额应当相应扣减。

第八节 共同海损

一、共同海损的概念和成立要件

（一）共同海损的概念

共同海损，是指在同一海上航程中，船舶、货物和其他财产遭遇共同危险，为了共同安全，有意地、合理地采取措施所直接造成的特殊牺牲、支付的特殊费用。由受益的各方来共同分担共同海损的制度，是海商法中一项非常古老的制度；其核心思想是，为大家共同作出的牺牲，应由大家来补偿。

与共同海损相对应，并非为了大家的共同利益而作出的牺牲，而是因自然灾害或意外事故等其他原因直接造成的船舶或货物的损失被称为单独海损。共同海损与单独海损的区别在于，前者是为了大家的利益有意作出的，而后者是海上事故直接造成的；前者应由大家来分摊，而后者应由受损者自行承担。

(二)共同海损的成立要件

1.必须有共同的、真实的危险。共同海损必须是在同一海上航程中的船舶、货物或其他财产面临共同的、真实的危险时发生的。

所谓共同的危险,是指这种危险对船舶和货物都构成威胁,仅仅危及船舶或货物单方的危险不会造成共同海损。如天气闷热而船上的冷冻设备损坏,可能导致货物腐败变质而船舶本身不受影响,就不是共同危险。所谓真实的危险,是指危险必须是客观存在的,仅仅是主观臆测的危险不会造成共同海损。

2.必须是有意地采取了合理的、有效的措施。共同海损中采取的措施必须是船长或其他有权作出决定的人为了挽救船上财物的明确目的而有意采取的。如船舶在航行中遇到大风浪,如果是为了减轻载重而主动将重量大而价值低的货物抛下海,货物的损失就是有意作出的。但如果是货物因船身剧烈颠簸而被甩入大海,这种损失就不是有意作出的。

合理是指公平而适当的处置行为,是基于善良管理人的立场,在当时的情况下,慎重考虑后所为的行为。如船舶遭遇海难,须投弃一部分货载,船长不将木材、废铁等重而便宜的货物投弃,而是将钻石、名画等贵重物品首先投弃,则属于不合理的处分,不得列入共同海损。

有效是指因其行为而使财产得以保全。

3.损失必须是直接的、特殊的。共同海损措施是以牺牲较小利益保全较大利益为特征。被牺牲的利益必须是共同海损措施直接造成的,而且是特殊的、异常的。

所谓直接的是指损失必须是共同海损行为直接造成的。间接损失,如船期损失、滞期损失、市价跌落等,都不能算作共同海损损失。

特殊的是指损失必须是非正常的。正常航行中需要作出的开支,不得算作共同海损。

二、共同海损的牺牲和费用

(一)共同海损牺牲

共同海损牺牲,是指共同海损行为造成的有形的物质损坏或灭失。其范围主要包括:

1.船舶的牺牲。如为了避免船舶倾覆,船长故意使船舶坐礁、搁浅,或截断锚链,使船舶部分毁损等。

2.货物的牺牲。如为了减轻货载,将货物弃于海中;或船舶遭遇火灾,引水灭火时将货物浸湿等。

3.运费的牺牲。货物被牺牲的情况下,如果这批货物应支付的运费是到付运费,则该笔运费不能被收取,因此也算牺牲掉了。

(二)共同海损费用

共同海损费用是指共同海损行为造成的金钱上的支出。其范围主要包括:

1.避难港费用。船舶在航行途中遇险,有时不得不进入避难港。为进入避难港而延长航程的费用、进入和离开避难港的费用、在避难港停靠期间为维持船舶所需的日常费用、因安全所需造成的货物或船上其他物品卸下和重装的费用等,都可以计入共同海损费用。

2.救助费用。船、货陷入共同危险,不得不求助于他船而支出的救助报酬和其他费用可列入共同海损费用。

3.代替费用。本身不具备共同海损费用的条件,却是为代替可以列为共同海损的特殊费用而支付的额外费用,可以作为代替费用列入共同海损费用中。但被列入的代替费用的金额,不得超过被代替的共同海损的特殊费用。

4.其他费用。包括垫付手续费和共同海损利息等。

三、共同海损的理算

(一)共同海损理算的概念和法律依据

1.共同海损理算的概念。共同海损理算是在船方宣布共同海损后,各受益方雇请专门机构和人员对共同海损的损失金额、如何分摊等问题进行调查研究和审核计算的过程。进行共同海损理算的专门机构和人员称为共同海损理算机构和理算师。

2.共同海损理算的法律依据。共同海损理算应该依据合同约定的理算规则进行。当前,国际上最广为接受的一个理算规则是约克-安特卫普规则。这个规则虽然只是一个民间规则而不是国际公约,但由于其悠久的历史和广泛的接受性，在统一和协调各国的理算工作方面起着积极作用。

合同没有约定理算规则的，共同海损理算应该依据理算地的法律进行。

（二）共同海损分摊请求权的时效

根据我国《海商法》的规定，有关共同海损分摊的请求权，时效期间为1年，自理算结束之日起计算。

（三）共同海损理算的内容

1.共同海损损失金额的确定。共同海损损失包括共同海损牺牲和费用。其中，共同海损牺牲的金额分别按以下规定计算：

（1）船舶的共同海损牺牲。船舶的牺牲分部分损失和全损两种。部分损失时，按照实际支付的修理费、减除合理的以新换旧的扣减额计算。船舶尚未修理的，按照牺牲造成的合理贬值计算，但是不得超过估计的修理费。全损时，按照船舶在完好状态下的估计价值，减除不属于共同海损损坏的估计的修理费和该船舶受损后的价值的余额计算。

（2）货物的共同海损牺牲。货物的牺牲分灭失和损坏两种情况。货物灭失的，按照货物在装船时的价值加保险费加运费，减除由于牺牲无须支付的运费计算。货物损坏的，在就损坏程度达成协议前售出的，按照货物在装船时的价值加保险费加运费，与出售货物净得的差额计算。

（3）运费的共同海损牺牲。按照货物遭受牺牲造成的运费的损失金额，减除为取得这笔运费本应支付，但是由于牺牲无须支付的营运费用计算。

共同海损费用按实际发生的计算。

2.共同海损分摊价值的确定。船舶共同海损分摊价值，按照船舶在航程终止时的完好价值，减除不属于共同海损的损失金额计算，或者按照船舶在航程终止时的实际价值，加上共同海损牺牲的金额计算。

货物共同海损分摊价值，按照货物在装船时的价值加保险费加运费，减除不属于共同海损的损失金额和承运人承担风险的运费计算。货物在抵达目的港以前售出的，按照出售净得金额，加上共同海损牺牲的金额计算。

运费分摊价值，按照承运人承担风险并于航程终止时有权收取的运费，减除为取得该项运费而在共同海损事故发生后，为完成本航程所支付的营运费用，加上共同海损牺牲的金额计算。

以上每一项分摊价值都要加上共同海损牺牲的金额，是因为共同海损牺牲中的一部分将要从其他各受益方那里得到补偿，因此也有部分价值因为共同海损行为而得到保全，从而也应计算在共同海损分摊价值之内。

3.共同海损分摊金额的计算。共同海损应当由受益方按照各自的分摊价值的比例分摊。

各受益方的分摊金额计算分两步。首先计算出一个共同海损损失率。这应该以共同海损损失总金额除以共同海损分摊价值总额得出。然后以各受益方的分摊价值金额分别乘以共同海损损失率，得出各受益方应分摊的共同海损金额。

第九节　海事赔偿责任限制

一、海事赔偿责任限制的概念

海事赔偿责任限制制度是发生重大海损事故时，对事故负有责任的船舶所有人、救助人或其他人对海事赔偿请求人的赔偿请求依法申请限制在一定额度内的法律制度。这是海商法中特有的赔偿制度。

在海上货物运输合同法和旅客运输合同法中，都有关于承运人责任限制制度或称单位责任限制制度的规定。承运人责任限制制度与海事赔偿责任限制制度虽然名称相似，但却是两种不同的责任限制制度。承运人的责任限制是承运人针对某件或某单位货物的最高赔偿额，或对每位旅客或每件行李的最高赔偿额。而海事赔偿责任限制则是责任限制主体针对某次事故引起的全部赔偿请求的最高赔偿限额。二者在限制主体、限制数额、责任限制丧失的条件以及适用情况等方面都有许多不同。不过，这两种责任限制制度也可能同时起作用。

二、海事赔偿责任限制的主体和条件

（一）海事赔偿责任限制的主体

传统上，只有船舶所有人才有权请求责任限制，因此，责任限制制度被称为船舶所有人责任限制制度。但随着航运的发展，船舶的经营管理模式越来越复杂，承担航运风险和对船舶负责任的人也越来越多，已经不限于船舶所有人。根据《海商法》的规定，我国海事赔偿责任限制的主体包括以下四类：

1.船舶所有人，包括船舶承租人和船舶经营人；

2.救助人；

3.船舶所有人和救助人对其行为、过失负有责任的人，这主要指的是船长、船员和其他受雇人员；

4.对海事赔偿请求承担责任的责任保险人。

（二）海事赔偿责任限制的条件

责任主体并非在任何情况下都能享受责任限制。经证明，引起赔偿请求的损失是由于责任人的故意或者明知可能造成损失而轻率地作为或者不作为造成的，责任人无权请求责任限制。

三、限制性与非限制性债权

（一）限制性债权

以下海事赔偿请求，无论赔偿责任的基础有何不同，均可请求责任限制，因此被称为限制性债权：

1.船上发生的或者与船舶营运、救助作业直接相关的人身伤亡或者财产的灭失、损坏，包括对港口工程、港池、航道和助航设施造成的损坏，以及由此引起的相应损失的赔偿请求；

2.海上货物运输因迟延交付或者旅客及其行李运输因迟延到达造成损失的赔偿请求；

3.与船舶营运或者救助作业直接相关的，侵犯非合同权利的行为造成其他损失的赔偿请求；

4.责任人以外的其他人，为避免或者减少责任人按照法律规定可限制赔偿责任的损失而采取措施的赔偿请求，以及因此项措施造成进一步损失的赔偿请求。

以上请求无论提出的方式有何不同，都可以限制赔偿责任。但第4项涉及责任人以合同约定支付的报酬，责任人的支付责任不得援用上述赔偿责任限制的规定。

（二）非限制性债权

以下海事赔偿请求不适用责任限制，因此被称为非限制性债权：

1.对救助款项或者共同海损分摊的请求；

2.我国参加的国际油污损害民事责任公约规定的油污损害的赔偿请求；

3.我国参加的国际核能损害责任限制公约规定的核能损害的赔偿请求；

4.核动力船舶造成的核能损害的赔偿请求；

5.船舶所有人或者救助人的受雇人提出的赔偿请求，如果根据调整劳务合同的法律，船舶所有人或者救助人对该类赔偿请求无权限制赔偿责任，或者该项法律做了高于《海商法》规定的赔偿限额的规定。

四、海事赔偿责任限额

（一）一般人身伤亡和非人身伤亡的责任限额

海事赔偿责任限制中对人身伤亡赔偿责任的计算和对非人身伤亡赔偿责任即财产损失的计算应分别进行。当人身伤亡的赔偿责任限额不足以支付全部人身伤亡赔偿请求时，其差额应当与非人身伤亡的赔偿请求并列，从非人身伤亡赔偿的责任限额中按照比例受偿。

在不影响人身伤亡赔偿请求的情况下，就港口工程、港池、航道和助航设备的损害提出的赔偿请求，应当较一般非人身伤亡赔偿请求优先受偿。

不以船舶进行救助作业或者在被救船舶上进行救助作业的救助人，其责任限额按照总吨位为1500吨的船舶计算。

（二）旅客人身伤亡的赔偿责任限制

旅客人身伤亡的赔偿责任限制，按照46,666

计算单位乘以船舶证书规定的载客定额计算赔偿限额，但是最高不超过25,000,000计算单位。但这一限额不适用于我国港口之间海上旅客运输的旅客人身伤亡。

五、责任限制基金的设立

海事赔偿责任人在初步被认定有责任时，如果希望在被追究责任时可以限制赔偿责任，就可以向有管辖权的法院申请设立责任限制基金。这笔基金是根据责任限制的计算方法算出的对人身伤亡和非人身伤亡的赔偿限额的总和，加上从事故发生引起责任之日起到基金设立之日止的利息。它可以用现金也可以用法院认可的担保方式缴付，专门用以支付援用责任限制的索赔。

基金设立后，向责任人提出请求的任何人，不得对责任人的任何财产行使任何权利。责任人的船舶或者其他财产已经被扣押或者基金设立人已经提交抵押物的，法院应当及时下令释放或者责令退还。

责任人申请责任限制和设立责任限制基金，都不表明其对责任的承认；经过法院审理后，如果查明责任人不应承担责任，则基金应该退还给责任人。

第十节 海事诉讼特别程序

一、海事诉讼的概念

海事诉讼是有权审理海事案件的法院在海事争议当事人和其他诉讼参与人的参加下，依法审理和解决海事争议案件的全部活动过程。

我国关于海事诉讼的主要法律依据是1999年通过、2000年7月1日起施行的《海事诉讼特别程序法》。该法是我国《民事诉讼法》的特别法；该法没有规定的，应该适用《民事诉讼法》的相关规定。

二、海事诉讼的管辖

（一）海事诉讼的地域管辖

海事诉讼的地域管辖依照我国《民事诉讼法》的有关规定确定，但下列海事诉讼的地域管辖，依照以下规定：

1.因海事侵权行为提起的诉讼，除依照《民事诉讼法》第29～31条的规定外，还可以由船籍港所在地海事法院管辖；

2.因海上运输合同纠纷提起的诉讼，除依照《民事诉讼法》第28条的规定外，还可以由转运港所在地海事法院管辖；

3.因海船租用合同纠纷提起的诉讼，由交船港、还船港、船籍港所在地以及被告住所地海事法院管辖；

4.因海上保赔合同纠纷提起的诉讼，由保赔标的物所在地、事故发生地、被告住所地海事法院管辖；

5.因海船的船员劳务合同纠纷提起的诉讼，由原告住所地、合同签订地、船员登船港或者离船港所在地、被告住所地海事法院管辖；

6.因海事担保纠纷提起的诉讼由担保物所在地、被告住所地海事法院管辖，因船舶抵押纠纷提起的诉讼还可以由船籍港所在地海事法院管辖；

7.因海船的船舶所有权、占有权、使用权、优先权纠纷提起的诉讼，由船舶所在地、船籍港所在地、被告住所地海事法院管辖。

（二）海事诉讼的专属管辖

以下案件，由法律指明的特定海事法院专属管辖：

1.因沿海港口作业纠纷提起的诉讼，由港口所在地海事法院专属管辖；

2.因船舶排放、泄漏、倾倒油类或者其他有害物质，海上生产、作业或者拆船、修船作业造成海域污染损害提起的诉讼，由污染发生地、损害结果地或者采取预防污染措施地海事法院管辖；

3.因在我国领域和有管辖权的海域履行的

海洋勘探开发合同纠纷提起的诉讼，由合同履行地海事法院管辖。

（三）协议管辖

海事诉讼中承认协议管辖，即允许当事人以协议的形式确定管辖其案件的法院。但海事请求保全、海事强制令、海事证据保全等不受当事人之间关于该海事请求的诉讼管辖协议或仲裁协议的约束。

三、海事诉讼中的强制措施

（一）海事请求保全

海事请求保全是指海事法院根据海事请求人的申请，为保障其海事请求的实现，对被请求人的财产所采取的强制措施。

海事请求保全可以在起诉前或诉讼中由当事人提出。起诉前的保全请求应当向被保全财产所在地的海事法院提出，诉讼中的保全请求则应向受理案件的海事法院提出。当事人的请求应当书面提出，并应载明海事请求事项、申请理由、保全的标的物以及要求提供担保的数额，并附有关证据。海事法院接受申请后，应当在48小时内决定是否采取保全措施。采取保全措施后，如果被请求人提供担保，或者当事人有正当理由的，海事法院应当及时解除保全。

实践中常见的海事请求保全措施有扣押船舶、扣押船载货物、冻结转租运费或租金、查封银行账号、冻结信用证、查封房地产等，而其中最有特色和最重要的是扣押船舶和扣押船载货物。

（二）海事强制令

海事强制令是指海事法院根据海事请求人的申请，为使其合法权益免受侵害，责令被请求人作为或者不作为的强制措施。

作出海事强制令，应当具备下列条件：（1）请求人有具体的海事请求；（2）需要纠正被请求人违反法律规定或者合同约定的行为；（3）情况紧急，不立即作出海事强制令将造成损害或者使损害扩大。海事法院接受申请后，应当在48小时内裁定作出或不作出海事强制令。当事人对裁定不服的，可以申请复议一次，但复议期间不停止裁定的执行。

如果当事人拒不执行法院的强制令，海事法院可以根据情节轻重处以罚款、拘留；构成犯罪的，还应依法追究刑事责任。海事请求人申请海事强制令错误的，应当赔偿被请求人或利害关系人因此所遭受的损失。

（三）海事证据保全

海事证据保全是指海事法院根据海事请求人的申请，对有关海事请求的证据予以提取、保存或者封存的强制措施。

采取海事证据保全，应当具备下列条件：（1）请求人是海事请求的当事人；（2）请求保全的证据对该海事请求具有证明作用；（3）被请求人是与请求保全的证据有关的人；（4）情况紧急，不立即采取证据保全就会使该海事请求的证据灭失或者难以取得。

海事请求人申请海事证据保全错误的，应当赔偿被请求人或者利害关系人因此所遭受的损失。

四、海事担保

海事担保包括海事请求保全、海事强制令、海事证据保全等程序中所涉及的担保。另外，设立海事赔偿责任限制基金和先予执行等程序中涉及的担保，也可以参照海事担保的相关规定执行。

海事担保的方式包括现金担保、保证、设置质押或抵押。

海事请求人的担保应当提交给海事法院；被请求人的担保可以提交给海事法院，也可以提交给海事请求人。提交给法院的担保，其方式、数额由法院决定。提交给海事请求人的担保，由海事请求人和被请求人协商；协商不成的，由法院裁定。

被申请人没有对申请人提起诉讼，或者虽提起诉讼但被驳回的，法院应当将担保发还申请人或担保人；申请人就扣船所依据的海事请求对被申请人提起诉讼，法院经审理判决申请人败诉的，法院或申请人应将被申请人的担保发还被申请人或担保人。

五、海事诉讼中的送达

海事诉讼法律文书的送达，除依照《民事诉讼法》规定的方式进行外，可以采用以下特殊方式：

1.向受送达人委托的诉讼代理人送达；

2.向受送达人在我国设立的代表机构、分支机构或者业务代办人送达；

3.通过能够确认收悉的其他适当方式送达。

有关扣押船舶的法律文书也可以向当事船舶的船长送达。

有义务接受法律文书的人拒绝签收，送达人在送达回证上记明情况，经送达人、见证人签名或者盖章，将法律文书留在其住所或者办公处所的，视为送达。

六、海事诉讼审判程序

海事诉讼中，审判程序的特殊之处主要体现在以下几点：

（一）审理船舶碰撞案件的特别规定

在审理船舶碰撞案件时，采用证据保密制度。原告在起诉时、被告在答辩时，都应如实填写“海事事故调查表”。海事法院向当事人送达起诉状或者答辩状时，不附送有关证据材料。当事人应当在开庭审理前完成举证。当事人不能推翻其在“海事事故调查表”中的陈述和已经完成的举证，但有新的证据，并有充分的理由说明该证据不能在举证期间内提交的除外。海事法院审理船舶碰撞案件，应当在立案后1年内审结；有特殊情况需要延长的，由本院院长批准。

（二）审理共同海损案件的特别规定

当事人就共同海损的纠纷，可以协议委托理算机构理算，也可以直接向海事法院提起诉讼。海事法院受理未经理算的共同海损纠纷，可以委托理算机构理算。

理算机构作出的共同海损理算报告，当事人没有提出异议的，可以作为分摊责任的依据；当事人提出异议的，由海事法院决定是否采纳。

当事人可以不受因同一海损事故提起的共同海损诉讼程序的影响，就非共同海损损失向责任人提起诉讼。当事人就同一海损事故向受理共同海损案件的海事法院提起非共同海损的诉讼，以及对共同海损分摊向责任人提起追偿诉讼的，海事法院可以合并审理。海事法院审理共同海损案件，应当在立案后1年内审结；有特殊情况需要延长的，由本院院长批准。

（三）海上保险人行使代位请求赔偿权利的规定

行使代位请求权时，保险人应当以自己的名义向第三人提起诉讼。如果被保险人已经向第三人提起诉讼，保险人可以请求变更当事人。如果被保险人取得的保险赔偿不能弥补第三人造成的全部损失，保险人和被保险人可以作为共同原告起诉。保险人提起或参加诉讼，应当向受理案件的海事法院提交保险人支付保险赔偿的凭据，以及参加诉讼应当提交的其他文件。

【本章主要法律规定】

《海商法》

本章重点、难点与疑点辨析

本章各节需重点了解和辨析的主要知识点如下：

第一节中，应注意海商法调整的对象是“船舶关系和海上运输关系”，其中的船舶是指区别于“内河船”的“海船”。同时，注意《海商法》第四章调整的是“国际海上货物运输”，不适用于“沿海货物运输”。

第二节中，第一要注意船舶物权变动采用的是登记对抗主义而非登记生效主义。第二要注意船舶优先权虽然是一种法定担保物权，但是具有“秘密性”，其产生和变动无须进行公示。第三要注意何为“在建船”，以及为什么可以被抵押。第四要注意船舶优先权、船舶抵押权和船舶留置权的优先顺序。

第三节中，第一要注意承运人承担的是不完全过失责任。第二要注意承运人承担的是限额赔偿责任，其中限额包括对货损货差的限额和对迟延交付的纯经济损失的限额两种。第三要注意承运人对集装箱货的责任期间和非集装箱货的责任期间不同。第四要注意实际承运人的概念和责任。第五要注意理解提单的三种功能和提单转让的三种情形。

第四节中，需要注意承运人对旅客、旅客自带行李、旅客交运行李分别有不同的责任期间。承运人承担的是部分的过失推定责任。承运人对旅客人身伤亡和行李损失分别有不同的赔偿限额。

第五节中，需要理解定期租船合同的性质，注意定期租船合同中的"最后合法航次"并非指航次是否合法，而是指航次是否合理预计在租期内完成。应了解承租人指挥船长的权利只限于合法以及在合同约定范围内。注意光船租赁需要登记，不登记不得对抗第三人。

第六节中，需要注意碰撞必须发生在船舶间，而且一方必须是海商法上的船舶。注意区分船舶直接碰撞和间接碰撞。船舶碰撞分为三种过失情况。船舶碰撞有特别的时效和法律适用规则。

第七节中，需要注意救助发生的前提是有真实危险和自愿采取施救行为。救助对象仅限于财产，但人命救助者有权从财产救助者获得的救助报酬中分得合理份额。海难救助遵守"无效果，无报酬"原则，但特别补偿是个例外。

第八节中，需要仔细辨析共同海损的构成要件，其中危险必须是共同的、真实的，措施必须是合理的、有效的，损失必须是直接的、特殊的。需要区分共同海损牺牲和共同海损费用。需要理解约克-安特卫普规则的性质。注意区分共同海损损失金额、共同海损分摊价值和共同海损分摊金额三个不同的概念。

第九节中，应注意海事赔偿责任限制制度与承运人责任限制制度的区别与联系。理解四类责任限制主体。理解四种限制性债权和五种非限制性债权。区分人身伤亡、非人身伤亡和旅客人身伤亡的赔偿责任限额。理解责任限制基金设立的条件和后果。

第十节中，需要了解《海事诉讼特别程序法》与《民事诉讼法》的关系。区分海事诉讼的地域管辖、专属管辖和协议管辖。区分海事请求保全、海事强制令（海事行为保全）和海事证据保全。了解审理船舶碰撞、共同海损和海上保险代位求偿案件海事审判程序的特殊之处。

第十章
信托法

本章导读

信托是一种对财产进行有效管理运用的法律手段；无论是民事生活，还是资本投资、企业运营等商业活动，信托在其中均有广泛应用。我国《信托法》所调整的信托，包括民事信托、营业信托与公益信托。在规范逻辑与结构上，《信托法》按照信托关系的基本原理，规定了信托的设立、信托财产、信托当事人、信托的变更与终止等事项；其中，信托当事人包括委托人、受托人与受益人，三方当事人彼此间的权利和义务构成《信托法》的主体内容。

第一节　信托制度概述

一、信托制度的起源及在我国的发展现状

近现代法意义上的信托，发源于英国，后传至美国，并逐渐为大陆法系国家所承认与接受。在英美法系早期，信托主要用于个人或者家庭的财产管理与利用，尤其是遗产规划，由此形成信托的通常形态，即所谓的“普通信托”，以区别于后来服务于公益目的的“公益信托”。随着社会经济的发展，信托在商业领域也逐渐获得广泛的应用。尤其是在20世纪后半叶的美国，在证券投资基金、资产证券化、不动产投资基金等投资与资本市场领域，信托形式的运用或者说“商业信托”出现爆炸式的增长，在整体经济中的地位举足轻重，甚至不弱于公司、合伙企业等商业组织在社会经济生活中的作用。

受经济、社会制度等因素的影响，信托实践与制度建设，在我国的起步比较晚。1979年10月4日，中国国际信托投资公司的成立，是我国现代信托制度发展史上的标志性事件。2001年4月28日，《信托法》颁行，随后又陆续出台相关

的规范或管理性规定，从而为信托实践奠定其基础性的法律框架。

本章主要以《信托法》的规范结构为基础，并结合相关的规范（如2017年《信托登记管理办法》等），来阐述我国信托法的基本内容。需要说明的是，《信托法》所规定的公益信托，即《信托法》第六章的内容，因不属于商法学科内容，暂略去不论。

二、信托的概念与特征

（一）信托的概念

按照《信托法》所给出的立法定义（第2条[①]），所谓信托，是指委托人基于对受托人的信任，将其财产权委托给受托人，由受托人按委托人的意愿以自己的名义，为受益人的利益或者特定目的，进行管理或者处分的行为。

根据该立法定义，我国法上的信托，应包括如下基本要素：（1）主体要素，即须有信托当事人，包括委托人、受托人与受益人。（2）客体要素，即须有信托财产，因为信托就是围绕信托财产的管理与利用所形成的法律关系。（3）信托的设立行为。信托的设立一般基于设立行为，如签订合同、订立遗嘱，甚至法院推定和拟制（如归复信托、拟制信托），在例外情形下可由法律直接规定（如法定信托）。（4）须有信托目的，即须有为了受益人利益之目的或其他特定目的。（5）受托人须以自己名义对信托财产进行管理或者处分。

（二）信托的特征

信托是起源于英美法系的一项特别的财产法制度，且现代商业信托制度又融合了财产法与商事组织法的元素。我国财产法制度与体系上，一直深受大陆法系财产法观念与概念的影响，因此，在信托制度引入我国立法与实践后，一直面临如何融入原有的财产法体系的问题。这一问题的具体体现，则是如何区分信托与原有制度体系中的相近概念或相邻制度，如委托、代理、行纪、保管乃至法人制度等；同时，信托与这些相近概念或相邻制度之间，是否存在以及存在哪些关联，也是需要厘清的问题。本章虽限于篇幅，难以就信托与这些概念逐一进行比较分析，但仍可通过对信托特征的概括，以加深对信托本质的理解。总体来说，信托的特征体现在如下几个方面。

1.信托财产须移转给受托人

尽管《信托法》第2条的“信托”立法定义中，仅表述为“将其财产权委托给受托人”，但在理论上一般认为，委托人须将信托财产的财产移转给受托人。这一特征不仅使信托区别于委托关系、保管关系，因为在委托、保管等合同关系中，其标的财产权根本不需要移转给受托人、保管人；也使信托不同于行纪关系的构成，因为在行纪合同特别是卖出行纪关系中，委托人至多只是授予行纪人对委托物的处分权能，并不需要将财产权本身移转给行纪人。

信托财产的财产权须移转给受托人这一要件与特征，在逻辑上也就决定了信托关系的另一项特征，即受托人以自己的名义来对信托财产进行管理或者处分；从而也使信托与代理制度之间存在根本的区别，因为在代理关系中，代理人是以被代理人的名义对外为法律行为。

2.信托财产具有独立性

信托财产之独立性，是相对于信托之三方当事人来说的，故应包含三方面的内容：

第一，信托财产之于委托人的独立性。委托人须将信托财产的财产权移转给受托人，这也表明信托财产已自委托人原有财产中分离出去，从而独立于委托人所剩余的未设立信托的其他财产（第15条）。

第二，信托财产之于受托人的独立性。信托财产权虽移转至受托人名下，但并非真正归属于受托人所有。信托财产必须与属于受托人所有的财产（固有财产）相区别，不得归入受托人的固有财产或者成为固有财产的一部分（第16条第1款）。这也意味着，信托财产独立于受托人的固有财产，不能以信托财产清偿受托人的个人债务；同时，受托人的固有财产同样独立于信托财产，不能以受托人的固有财产清偿信托债务。此外，在受托人受托管理不同委托人

① 本章所引用的法条，若未特别标明，均为《信托法》的规定。

的信托财产时，各不同委托人的信托财产或者说各不同信托计划之间的财产，同样遵循彼此独立的原则（第18条第2款、第29条）。

第三，信托财产之于受益人的独立性。受益人虽对信托财产享有信托受益权，但在信托关系存续期间，对信托财产并不享有直接的支配或处分权利，更谈不上享有所有权等权利。信托财产不属于受益人的责任财产，故而受益人之个人债权人也不能以其对受益人所享有的债权为根据，直接对信托财产主张强制执行。

信托财产具有独立性，是信托财产关系最本质的特征。这一特征不仅存在于普通的民事信托，也体现于商业信托；因为在商业信托中，即使受托人具有独立主体地位如具有法人资格，在受托人管理系列商业信托或者各不同信托计划时，各信托计划间仍贯彻彼此独立的原则。这也是信托制度相较于法人制度、合伙企业制度等主体制度，在财产关系构成方面的本质差异。

3.委托人与受托人之间具有信义关系

信托也是一种法律关系，受托人对信托财产进行管理或者处分，构成该法律关系的内容。而受托人在以自己名义进行管理或处分行为时，一方面须按照委托人的意愿，另一方面又须遵循信托目的，即为受益人的利益或者其他特定目的。虽然传统的委托合同等合同关系也具有为委托人管理或处理事务的属性，但信托关系与之相较，更强调受托人所负有的信义义务。这一点虽与信托源于英国衡平法有关，但已为现代各国信托法所普遍接受。我国《信托法》同样如此：不仅规定了受托人为受益人的最大利益处理信托事务的原则（第25条第1款），更将受托人信义义务具体化为“恪尽职守，履行诚实、信用、谨慎、有效管理”义务等内容，同时还规定了受托人不得利用信托财产为自己谋取利益的禁止原则（第26条第1款）。从制度比较上看，信托关系中受托人所负的信义义务，与《公司法》所规定的公司董事、监事、高级管理人员所负有的信义义务（《公司法》第180、181条）极为近似，这是因为在与公司所有者（也就是公司股东）的关系上，公司的董事、监事、高级管理人员具有类似于信托关系中受托人的法律地位。

三、信托的种类

信托制度发展至今，其应用领域越来越广泛，信托种类也越来越多；而且，随着社会经济活动与财产投资领域的进一步拓展，信托种类在未来还会越来越丰富。为准确规范信托关系，正确区别不同种类的信托关系，有必要在理论与规范层面，根据不同的标准对各种信托进行区分。以下仅介绍我国立法与实践中较常见的信托分类。

1.民事信托、营业信托与公益信托

《信托法》第3条将我国法上的信托，区分为民事信托、营业信托与公益信托三类。

2.明示信托、默示信托与法定信托

这是按照信托设立是否基于委托人的意思表示以及如何确定其意思表示所作的分类。所谓明示信托，是指委托人以明确的意思表示设立的信托。委托人设立信托的意思表示的形式，包括信托合同、遗嘱以及委托人自己单方的宣言，由此相应地形成合同信托、遗嘱信托与宣言信托三个信托种类。所谓默示信托，是指委托人未有明确的意思表示，而根据对事实和当事人行为的解释而形成的信托。默示信托是英美法系衡平法上较常见的信托种类，具体又可分为归复信托与拟制信托两种。所谓法定信托，其成立无须委托人的意思，而是根据法律的直接规定所成立的信托（如《信托法》第55条规定：“依照前条规定，信托财产的归属确定后，在该信托财产转移给权利归属人的过程中，信托视为存续，权利归属人视为受益人”）。

3.自益信托与他益信托

这是按照受益人与委托人的关系所为之分类。所谓自益信托，是指受益人和委托人是同一人，委托人设立信托是为了自己的利益。反之，所谓他益信托，则是指受益人为委托人之外的第三人，或者委托人与其他第三人共同成为受益人。自益信托与他益信托均为我国《信托法》所认可的信托种类（第43条第2款）。

4.个别信托和集团信托

这是根据信托管理方法的不同所作的区分。个别信托，是指受托人与每一个委托人分别订立信托合同，并对各委托人的信托财产予以分别管理与处分，从而形成若干个别的信托关系。反之，所谓集团信托，则指受托人在同一条件或标准下同时接受不特定多数人的委托，并将各委托人的信托财产集中在一起，由受托人共同管理与运用的信托，其典型者如根据《信托公司集合资金信托计划管理办法》(原银监会令2009年第1号)而成立的集合信托。

5.可撤销信托与不可撤销信托

这是根据委托人是否有权终止或撤销信托关系所为之区分。简言之，委托人在信托文件中保留撤销权，或按信托属性委托人得享有解除权或撤销权的信托，即为可撤销信托；反之，则为不可撤销信托。自益信托一般为可撤销信托(第50条第1句)；他益信托因涉及第三人受益人的利益，故以不可撤销信托为原则，但允许信托文件另作约定。

第二节 信托的设立

一、信托设立“三确定”原则

《信托法》第二章章名为“信托的设立”。“设立”在文义上意味着须有设立行为，也就是以设立信托为意思表示内容的法律行为，故该章所规范的主要是明示信托。既然设立信托之行为属于法律行为，那么信托在设立上，首先须符合《民法典》总则编第六章关于“民事法律行为”的一般性规定，尤其是设立行为人具有相应的民事行为能力，意思表示真实，行为内容不违反法律、行政法规的强制性规定以及不违背公序良俗这三项要件(《民法典》第143条)。

除符合法律行为之一般性的成立与生效要件外，信托设立还须满足其特殊的要求，即须遵循信托设立“三确定”原则，也就是信托财产确定性原则、受益人确定性原则与信托目的确定性原则。这一原则起源于英国信托法，是针对信托构成的各项要素所作的概括。

1.信托财产确定性原则

信托乃围绕财产管理、运用、处分等建立的法律关系，信托财产是信托当事人权利义务所共同指向的对象，没有确定的信托财产，信托便无法设立。也正是在这一意义上，《信托法》第7条第1款规定，“设立信托，必须有确定的信托财产，并且该信托财产必须是委托人合法所有的财产”。由该款规定可知，信托财产确定性原则在我国信托法上，包含两方面的内容：其一，作为信托关系的客体，信托财产须确定化与特定化；若信托财产不确定或特定，则无法满足信托财产由委托人移转给受托人这一要件。因此，对于无从确定的、仅是将来有取得可能的客体，不能在其上设立信托。其二，信托财产须为委托人合法所有的财产。对于委托人不享有所有权或其归属的财产，委托人自然无法合法地移转给受托人，从而无从设立信托。

需要注意的是，信托财产确定性原则只是针对信托设立行为的要求，并不是针对信托设立后之信托财产的管理行为。此外，信托设立若违反信托财产确定性原则，其后果在我国法上为信托无效，即信托财产不能确定与委托人以非法财产或者《信托法》规定不得设立信托的财产设立信托的，均被列为信托无效的事由(第11条第2项与第3项)。

2.受益人确定性原则

信托若无受益人或受益人不确定，则对信托无从强制执行；故信托的设立须遵循受益人确定性原则，即在设立信托的意思表示中，必须表明受益人的范围或者确定受益人范围的方法。信托设立时违反该原则，也就是没有受益人或者受益人范围不能确定，在我国《信托法》上同样产生信托无效的后果(第11条第5项)。

3.信托目的确定性原则

信托目的为成立信托的一项必备要素。信

托目的是委托人所意欲达成的目的；若无信托目的，则受托人管理信托财产的行为也就失却行为指引与依归。信托目的须载明于信托合同等信托文件中，且在内容表述上须具体、明确；否则，同样难以给受托人管理行为提供指示与指引，进而也难以判断受托人之管理行为是否符合信托目的。这就是信托目的须遵循确定性原则的原因所在。我国《信托法》虽未明文规定信托目的确定性原则，但在理论上均认可这一信托法的基本原则。违反信托目的确定性原则，设立信托的行为原则上也应归于无效，即应参照前两项确定性原则来处理。

最后须特别说明的是，信托设立“三确定”原则，主要适用于普通民事信托的设立行为。至于营业信托或实践中大量存在的商业信托，对信托设立“三确定”原则，在适用上均存在突破。比如，在资产证券化信托中，现在尚无法确定而仅在将来才产生的财产如将来应收款等，虽不具备确定性要件，但仍可作为信托财产；投资基金信托在域外法中，也不必满足受益人确定性要求；至于信托目的之确定性要求，在域外法中同样不影响商业信托的有效性。这种理论上与比较法上所存在的突破现象，在我国商业信托制度未来的立法与理论研究中，均值得关注。

二、信托设立行为——信托合同

委托人以自己的法律行为来设立信托，有合同方式与遗嘱方式（第8条第2款）。鉴于遗嘱方式有其特殊性，不妨先阐述合同方式设立信托的基本规则，然后再单论遗嘱信托的特殊规则。

1.信托合同主体

信托合同是信托设立最常见的方式。信托合同的签订主体，为委托人与受托人。信托受益人虽为信托当事人，但并非信托合同的签订主体，故不能参与决定信托合同的内容。需要注意的是，信托合同虽因此而与“利益第三人合同”具有相似性，但信托受益人所享有的利益与权利的范围，要广于普通利益第三人合同中第三人利益的范围。

2.信托合同的要式性与诺成性

根据《信托法》第8条第1款的规定，信托合同应采取书面形式，故属于要式合同。信托设立须满足前述“三确定”原则，而在如何确定上，一般只能通过合同主体的意思来确定。因此，以书面形式来固定合同主体的意思，在法政策上具有正当性。

虽然对于信托合同是否须以信托财产的交付为成立要件，在理论上有不同的认识；但我国《信托法》显然采取信托合同为诺成合同的立场，即“信托合同签订时，信托成立”（第8条第3款第1句）。至于何谓合同签订，则应理解为合同成立，从而应按照《民法典》关于书面合同订立的规则来判断，即“自当事人均签名、盖章或者按指印时合同成立”（《民法典》第490条第1款第1句）。

3.信托合同的有偿性问题

《信托法》第35条第1款规定，信托合同可约定受托人的报酬条款，若未约定亦可通过事后补充约定方式来规定受托人的报酬；仅在事先未约定而事后又未达成补充约定的情形，受托人不得主张报酬。由此可知，信托合同是否有偿，取决于事先或事后的约定，无偿性只是在适用时的一项缺省规则。此外还需注意的是，受托人按约定所取得的报酬，并非其接受信托财产移转的对价，这二者之间并不形成对待给付关系。

4.信托合同条款

根据《信托法》第9条第1款的规定，信托合同应当载明的条款或事项包括：（1）信托目的；（2）委托人、受托人的姓名或者名称、住所；（3）受益人或者受益人范围；（4）信托财产的范围、种类及状况；（5）受益人取得信托利益的形式、方法。这些条款或事项，基本是合同要素与前述信托设立“三确定”原则的反映；若有欠缺，则信托合同也就无从成立。

该条第2款还进一步列明信托合同可载入的“任意性条款或事项”，包括信托期限、信托财产的管理方法、受托人的报酬、新受托人的选任方式、信托终止事由等。既然是任意性条款，则有欠缺时，并不影响信托合同的成立；若相关事项有其必要或产生争议，则可通过事后补充约定（如第35条第1款关于受托人的报酬事项）或者合同解释的方法来予以确定。

5.信托的存续期限

信托关系属于一种继续性法律关系，因此面临存续期限的规制问题。我国《信托法》就信托期限未设强制性规定，仅规定其为信托合同之任意性条款。因此，在信托合同等信托文件中约定有存续期限时，无论是公益信托、营业信托还是民事信托，只要期限届满，信托自然终止。不过要注意的是，为了防止委托人过度控制财产，阻碍财产自由流转和损害社会利益，在英美法系信托法制度中，针对私益信托发展出“反永续规则”，对私益信托设置强制性的最长存续期限（如80年，或者受益人一生时间再加上若干年），同时还发展出功能相近的“反累积规则”（禁止信托收益超额累积入本金）与“反限制转让规则”（不得附禁止受益人转让或处分特定财产的条款）。我国法虽未明确采纳这些规则；但理论上认为普通的民事信托对其有适用余地，而商业信托是否适用这些规则则应另作斟酌。

三、信托的成立与生效

在设立行为层面也就是信托合同，其成立与生效，原则上应遵循《民法典》关于合同成立与生效的一般性规则，即“自成立时生效”（《民法典》第502条第1款）。

四、信托无效

设立信托的信托合同属于法律行为，故也受到法律行为无效制度的规制。不过，除适用《民法典》总则编第六章“民事法律行为”的一般性规定外，我国《信托法》还以专条（第11条）规定了信托无效的6种情形，以体现信托制度的特殊性，具体如下：（1）信托目的违反法律、行政法规或者损害社会公共利益；（2）信托财产不能确定；（3）委托人以非法财产或者本法规定不得设立信托的财产设立信托；（4）专以诉讼或者讨债为目的设立信托；（5）受益人或者受益人范围不能确定；（6）法律、行政法规规定的其他情形。

至于信托无效的法律后果，《信托法》未设专门规定，故原则上同样适用《民法典》总则编第六章关于法律行为无效的一般性规定，即受托人负有相应的财产返还义务，以及承担可能的折价补偿、赔偿损失责任。

五、委托人的债权人对信托的撤销

信托本是委托人借助他人（受托人）有效管理与运用自己财产的方式，除受上述信托目的上的强制性规范的规制外，其法律效力原则上应不受质疑。但在民事信托以及公益信托中，或者更准地说，在他益信托中，委托人将其信托财产移转给受托人，并不存在对价，因而具有无偿性。委托人信托财产的移转，必然导致其责任财产减少，相应地其债权人之债权受偿风险就会增加。为了保护委托人债权人之利益，《信托法》第12条针对此种情形下的所谓“诈害信托”，赋予委托人债权人以撤销权，具体内容为：第一，该项撤销权与普通的债权人撤销权一样，均为撤销诉权；第二，该项撤销诉权的除斥期间，同样是1年，自债权人知道或者应当知道撤销原因之日起算；第三，法院依照该条规定撤销信托的，不影响善意受益人已经取得的信托利益。

六、遗嘱信托设立上的特别规定

遗嘱信托是明示信托的另一种设立方式。与生前合同行为不同，遗嘱属于单方行为、死因行为，以立遗嘱人死亡时为生效时间。但根据《信托法》第8条第3款的规定，采取信托合同以外的其他书面形式设立信托的，信托成立之时间，为受托人承诺信托之时间，这样一来，遗嘱信托的成立时间似应以受托人承诺时间为准。这样的理解不仅混淆了契约行为与单方行为以及死因行为的不同，而且也有违英美信托法传统上“衡平法不允许信托因缺乏受托人而无效”的基本原理。因此，遗嘱信托也应在遗嘱生效时成立，受托人尚未承诺所产生的问题，只是涉及受托人确定问题。

此外，就受托人的确定，《信托法》第13条第2款进一步规定，如果遗嘱指定的人拒绝或者无能力担任受托人，则由受益人另行选任受托人；受益人为无民事行为能力人或者限制民事行为能力人的，依法由其监护人代行选任。遗嘱对选任受托人另有规定的，从其规定。

第三节 信托财产

一、信托财产的范围

信托财产是信托关系的客体，信托关系之权利义务内容均指向信托财产；故信托财产为信托设立的核心要素，信托设立要遵循信托财产确定性原则。至于信托财产的范围，则涉及两个方面的内容。

1.信托财产的具体范围

这指的是一个合法设立的信托。其信托财产到底包括哪些？这涉及一个具体信托关系中其信托财产的来源问题。《信托法》第14条前两款就此规定了两个方面的内容：一方面，受托人因承诺信托而取得的财产是信托财产（第1款），这是信托财产最主要的来源，由此形成所谓的"原始信托财产"；另一方面，受托人因信托财产的管理运用、处分或者其他情形而取得的财产，也归入信托财产（第2款）。

就前一种来源形式的信托财产，要求信托财产必须是委托人合法所有的财产（第7条第1款）；若为非法财产或者《信托法》规定不得设立信托的财产，则会导致信托无效（第11条第3项）。有疑问的是：若委托人以他人的财产来设立信托，则其法律效果又该如何？这在他益信托情形下，因为一般为无偿移转给受托人，无法满足善意取得之"合理价格转让"要件，故即使信托财产为有体物，也不满足善意取得的效果；至于实践中的商业信托，因为一般为资金投资，不存在无权处分的构成，故在结果上应不影响商业信托的设立。此外，若信托财产在委托人处已存在占有瑕疵，则为排除委托人滥用信托制度，应适用"信托财产占有瑕疵承继"的法理。

就后一种来源形式的信托财产，由于这些信托财产实际上是原有信托财产的收益，或者是其代位形式，故使其归属于信托财产，符合财产法的基本原理。

2. 信托财产的抽象范围

哪些财产权可设立信托？这指的是哪些财产权具有信托能力的问题，类似于信托市场中关于客体的准入门槛问题。《信托法》第14条后两款对此作了原则性规定，即法律、行政法规禁止流通的财产，不得作为信托财产（第14条第3款）；法律、行政法规限制流通的财产，依法经有关主管部门批准后，可以作为信托财产（第14条第4款）。违反该规定所对应的后果，就是信托无效（第11条第3项）。

财产权本就是具有金钱价值的各项权利，故而只要不违反上述强制性禁止规范，各财产权利原则上都可以成为信托财产，在其上设立信托。

二、信托财产的独立性

信托财产的独立性，是信托关系的一大核心特征。信托财产独立性原则的内容极为丰富，并最终决定信托财产的法律地位。

（一）信托财产之于委托人的独立性

1.信托财产独立于委托人未设立信托的其他财产

委托人一旦将信托财产转移给受托人，则信托财产在法律上就不再属于委托人。同时，委托人未设立信托的其他财产，也不属于信托财产，从而信托财产与非信托财产彼此相互独立（第15条第1句）。

2.信托财产独立于委托人的遗产或清算财产

设立信托后，委托人死亡或者依法解散、被依法撤销、被宣告破产时，委托人如果不是唯一受益人，那么信托存续，信托财产不作为其遗产或者清算财产（第15条第2句第2分句）；但作为共同受益人的委托人死亡或者依法解散、被依法撤销、被宣告破产时，其信托受益权作为其遗产或者清算财产（第15条第2句第3分句）。其例外情形在于，若委托人是唯一受益人，则其死亡或者依法解散、被依法撤销、被宣告破产，会导致信托终止，信托财产就作为其遗产或者清算财产（第15条第2句第1分句）。

3.独立于委托人之债权人——强制执行禁止

信托财产独立于委托人，也就意味着信托财产不再属于或构成委托人责任财产，从而对委托人之债权人，同样发生隔离功能，委托人不得根据其对委托人所享有的债权来对信托财产主张强制执行。其例外仅在于设立信托前债权人已对该信托财产享有优先受偿的权利，并依法行使该权利的情形（第17条第1款第1项）。委托人债权人违反此项规定而对信托财产予以强制执行，则委托人、受托人、受益人均有权向法院提出异议（第17条第2款）。

（二）信托财产之于受托人的独立性

1.信托财产区别于受托人的固有财产

信托财产虽然在法律上须移转至受托人名下，但受托人只能为受益人利益或其他信托目的来持有信托财产。为保障这一信托目的及其功能的实现，在立法上就需要规定信托财产独立于受托人的固有财产，不得归于受托人的固有财产或者成为固有财产的一部分，即禁止二者发生混同（第16条第1款）。

2.信托财产独立于受托人的遗产或清算财产

同理，若受托人死亡或者依法解散、被依法撤销、被宣告破产而终止，则信托财产并不属于其遗产或清算财产（第16条第2款）。这也意味着，在受托人死亡、清算或破产时，信托财产将继续存在，信托将根据信托文件的规定选任新受托人继续管理，或者按信托文件的规定进行终止清算。

3.独立于受托人之债权人——强制执行禁止

既然信托财产独立于受托人的固有财产，也就当然独立于受托人之个人债权人，从而受托人个人债权人也不得对信托财产主张强制执行。其例外仅在于受托人处理信托事务所产生债务，该债权人要求清偿该债务的情形（第17条第1款第2项）。

4.受托人抵销禁止规则

信托财产独立于受托人，还体现在对受托人抵销的禁止。具体来说，受托人管理运用、处分信托财产所产生的债权，不得与其固有财产产生的债务相抵销（第18条第1款）；同时，受托人管理运用、处分不同委托人的信托财产所产生的债权债务，也不得相互抵销（第18条第2款）。

（三）信托财产之于受益人的独立性

信托虽然是为了受益人的利益而设立，但受益人并不占有、管理、控制信托财产，其对信托财产权仅享有受益权，并按规定向受托人请求给付。因此，信托财产本身并不属于受益人所有，其债权人也不能对信托财产直接主张强制执行，而只能在合法范围内要求受益人以信托受益权来清偿债务（第47条）。

三、信托财产登记与信托登记

信托财产包含的范围极为广泛，种类也繁多，其中有以登记为转让生效要件的权利，如不动产权利；也有以登记作为转让对抗要件的权利，如机动车等特殊动产；更有不涉及登记要件的各种权利，如普通动产、债权等。《信托法》第10条所针对的仅为其中涉及登记手续的信托财产；而且该条所要求的登记，明确表述为“信托登记”，从而有别于各项权利原有的权利登记制度。

第四节　信托当事人

信托当事人包括委托人、受托人和受益人。其中，任何一方当事人均可为复数，如共同受托人（第31、32、42条）、共同受益人（第45、46条）；至于共同委托人，《信托法》虽未明确规定，但理论上不存在疑问。此外，在信托关系中，存在当事人身份竞合情形：其一，委托人和受益人的竞合，即委托人可同时为受益人，甚至可以是同一信托的唯一受益人（第43条第2款），这主要发生于自益信托情形；其二，受托人与受益人的竞合，即受托人可以是受益人，不过不得是同一信托的唯一受益人（第43条第3款）。至于委托人和受托人的竞合，也就是宣言信托，我国《信托法》尚未承认。

一、委托人

（一）概述

委托人是信托关系不可或缺的主体或当事人，因为信托是围绕信托财产所建构的法律关系，而委托人恰是信托财产的提供方。就委托人的资格，《信托法》第19条仅规定，委托人应当是具有完全民事行为能力的自然人、法人或者依法成立的其他组织。但在商业信托或营业信托中，基于法政策上的考虑，对于若干特定类型的信托，就委托人一般会设置特别的资格要件。例如，就"集合资金信托计划"之投资人（委托人），须符合"合格投资者"要件（原银监会2009年修订之《信托公司集合资金信托计划管理办法》第6条）；信贷资产证券化的委托人（发起机构），须为银行业金融机构（原银监会2005年《金融机构信贷资产证券化试点监督管理办法》第3条）。

（二）委托人的权利

1. 知情权

信托是一种信义关系，且在信托存续期间，就信托财产的管理运用，委托人处于一种信息不对称的地位；故为保护委托人利益，立法上赋予其知情权。具言之，委托人有权了解其信托财产的管理运用、处分及收支情况，并有权要求受托人作出说明；委托人有权查阅、抄录或者复制与其信托财产有关的信托账目以及处理信托事务的其他文件（第20条）。

2. 要求受托人调整信托财产管理方法的权利

信托是一种继续性法律关系，因设立信托时未能预见的特别事由，致使信托财产的管理方法不利于实现信托目的或者不符合受益人的利益时，委托人有权要求受托人调整该信托财产的管理方法（第21条）。这一权利名为"要求"，但实为指示权，且受托人也负有执行与配合的义务。

3. 申请撤销信托财产处分行为的权利

在信托管理中，若受托人违反信托目的处分信托财产，或者因违背管理职责、处理信托事务不当致使信托财产受到损失，则委托人有权申请法院撤销该处分行为，并有权要求受托人恢复信托财产的原状或者予以赔偿。此即《信托法》第22条赋予委托人的申请撤销信托财产处分行为的权利，在性质上为一种撤销诉权。该项撤销诉权的除斥期间为1年，即自委托人知道或者应当知道撤销原因之日起算。处分行为撤销后，若该信托财产的受让人明知是违反信托目的而接受该财产，则应当予以返还或者予以赔偿。

4. 对受托人的解任权

在受托人违反信托目的处分信托财产或者管理运用、处分信托财产有重大过失时，委托人享有解任权，即有权依照信托文件的规定解任受托人，或者申请法院解任受托人（第23条）。

5. 变更受益人的权利和处分受益权的权利

在信托设立后，委托人有权变更受益人，或者处分受益人的信托受益权。但委托人行使该项权利，仅限于下列情形：第一，受益人对委托人有重大侵权行为；第二，受益人对其他共同受益人有重大侵权行为；第三，经受益人同意；第四，信托文件规定的其他情形（第51条第1款）。

6. 信托的解除权

依《信托法》的规定，委托人的信托解除权，产生于两种情形：其一，自益信托的委托人是信托的唯一受益人，则委托人（及其继承人）享有解除权；此项法定解除权为一种法定性的任意解除权，在行使时无须出具解除理由；就此项任意解除权，信托文件另有规定的，则从其规定（第50条）。其二，在受益人对委托人有重大侵权行为，或者经受益人同意，或者存在信托文件规定的其他情形，委托人亦可解除信托（第51条第2款）。

除上述重点介绍的权利外，委托人还享有

其他各项权利，不过这些权利往往并不为委托人单独享有，而是须和其他当事人共同享有或共同决定。这些权利如：(1)对非法强制执行信托财产的异议申诉权(第17条第2款)；(2)对受托人自己交易行为或双方代理行为的同意权(第28条)；(3)共同受托人共同处理信托事务发生意见不一致时的决定权(第31条第3款)；(4)受托人报酬决定权(第35条)；(5)受托人辞任的同意权(第38条)；(6)新受托人的选任权(第40条)；(7)受托人处理信托事务报告的认可权(第41条)；(8)信托终止时信托财产的归属权(第54条)；(9)在公益信托中，对公益事业管理机构的监督权(第73条)。

(三)委托人的义务

委托人的义务可分为信托设立时的义务与信托存续时的义务。在信托设立阶段，根据《信托法》第8条第3款的规定，以及本书所采取的信托合同诺成性的立场，委托人所负有的义务，主要是移转信托财产给受托人，以完成信托的完整设立。

在信托存续阶段，委托人原则上不再负有相应的义务，唯一的例外则是有可能存在于为受托人支付报酬或者提供补偿的情形。不过，按照《信托法》第35条规定的文义，受托人取得报酬的依据，为信托文件的约定，从而委托人是否负有报酬支付义务，取决于信托文件的具体约定情况。

二、受托人

(一)概述

信托关系中的受托人，是接受委托人的委托，为受益人的利益或者特定目的，对信托财产进行管理或者处分的人。依据《信托法》第24条的规定，受托人应当是具有完全民事行为能力的自然人、法人；法律、行政法规对受托人的条件另有规定的，从其规定。受托人须具备特别资格或条件者，一般见于营业信托、公益信托。

同一信托可以同时存在两个以上的受托人，此即共同受托人情形。共同受托人应当共同处理信托事务，但信托文件规定对某些具体事务由受托人分别处理的，则从其规定(第31条第2款)。共同受托人共同处理信托事务时，若发生意见不一致，首先按信托文件规定处理；信托文件未规定的，则由委托人、受益人或者其利害关系人决定(第31条第3款)。此外，《信托法》第32条就共同受托人还进一步规定，共同受托人处理信托事务对第三人所负债务，应当承担连带清偿责任。第三人对共同受托人之一所作的意思表示，对其他受托人同样有效。共同受托人之一违反信托目的处分信托财产或者因违背管理职责、处理信托事务不当致使信托财产受到损失的，其他受托人应当承担连带赔偿责任。

(二)受托人的义务

在信托这种信义关系中，信义义务是其核心内容，而负有信义义务的主体或当事人就是受托人。故在阐述受托人之法律地位时，应先明了受托人所负信义义务的基本内容与结构，然后再谈其所享有的权利。

受托人所负义务在性质上可分为约定义务与法定义务，《信托法》所规定者为其中的法定义务。虽然受托人所负法定义务可概括为信义义务，但信义义务概念毕竟过于抽象，不便于对受托人行为进行判断，故有使其具体化与类型化的必要。《信托法》关于受托人义务的规范，基本是义务内容类型化的结果。

1.遵守信托文件的义务

信托文件乃信托成立的基础，书面化的信托文件均详细载明各信托当事人的权利义务内容，故受托人在管理信托财产时，首先须遵守信托文件的规定(第25条第1款)。而受托人在法定义务之外所负的约定义务，也主要源于信托文件的规定。

2.忠实义务

信义义务的核心内容为忠实义务，盖若受托人“不忠不义”，委托人与受益人就无法对其寄予信任，信义关系也就无从建立。忠实义务在内容上，主要是消极性的不作为义务；故有关忠实义务的法律规范，一般均体现为禁止性规范。《信托法》所规定的受托人忠实义务，主要为：

第一，《信托法》第25条先就受托人忠实义务予以总体性规定，确立受托人为受益人的最大利益处理信托事务的原则，并要求受托人在管理信托财产时负有“诚实、信用”的义务。

第二，禁止利用信托财产为自己牟取利益，即受托人除依照《信托法》的规定取得报酬外，不得利用信托财产为自己谋取利益；受托人若违反这一规则，利用信托财产为自己谋取利益，则其所得利益须归入信托财产（第26条）。

第三，禁止将信托财产转为固有财产，即受托人不得将信托财产转为其固有财产；受托人若违反这一规则，将信托财产转为其固有财产，必须恢复该信托财产的原状；造成信托财产损失的，还应当承担赔偿责任（第27条）。

第四，禁止受托人自己交易，即受托人不得将其固有财产与信托财产进行交易，或者将不同委托人的信托财产进行相互交易；若受托人违反这一规则，造成信托财产损失的，则应当承担赔偿责任（第28条）。但是，对于信托文件另有规定，或者经委托人或者受益人同意，并以公平的市场价格进行交易的情形，受托人可以进行自己交易（第28条第1款“但书”规定），此即禁止受托人自己交易规则的例外。

3.善管注意义务或谨慎义务

在信托管理中，受托人所负的善管注意义务或谨慎义务，常被纳入忠实义务之内，称其为积极性的忠实义务。但与普通的民事保管合同不同，在信托关系中，尤其是在商业信托或营业信托中，受托人对信托财产一般不是简单的管理，往往还须对信托财产善加利用，有效发挥信托财产的效益与价值，以实现受益人利益的最大化。

善管注意义务或谨慎义务，概括言之，就是受托人在管理、利用、处分信托财产时，应尽到“善良管理人的注意与谨慎”，即以一个客观的“善良管理人标准”，来衡量受托人是否已尽或已履行其义务。因此，在判断受托人是否达到善管注意义务或谨慎义务时，一方面须考察受托人自身的技能、注意能力等个人要素，另一方面更须结合其所从事的职业、所在阶层普遍应达到的标准。

4.分别管理义务

受托人的分别管理义务，依据《信托法》第29条的规定，包括两个方面的内容：其一，将信托财产与其固有财产分别管理、分别记账；其二，将不同委托人的信托财产，同样予以分别管理、分别记账。在管理不同委托人的信托财产时，若财产属性、类别相同或相近，则受托人还负有公平管理的义务，不得厚此薄彼；这一公平管理义务，尤其体现在商业信托之中，如受托人同时管理有几个不同的投资基金的信托。

5.亲自管理义务

根据《信托法》第30条的规定，受托人在管理信托时，负有亲自管理义务，即受托人应当自己处理信托事务。但该条同时设置例外，即在信托文件另有规定或者有不得已事由的情况下，受托人可以委托他人代为处理信托事务；受托人依法将信托事务委托他人代理的，应当对他人处理信托事务的行为承担责任。

6.记录、报告和保密义务

按照《信托法》第33条的规定，受托人必须保存处理信托事务的完整记录。受托人应当每年定期将信托财产的管理运用、处分及收支情况，报告委托人和受益人。受托人对委托人、受益人以及处理信托事务的情况和资料负有保密的义务。

7.信托利益给付义务

信托是为了受益人的利益而设立，受益人在信托中享有信托受益权。这一权利在属性上为一项请求权，请求权人为受益人；而请求权相对人即义务人，就是受托人。故受托人对受益人负有给付信托利益的义务，当然给付义务的内容仅以信托财产为限（第34条）。

8.清算义务

根据《信托法》第58条的规定，在信托终止时，受托人应当作出处理信托事务的清算报告，即受托人负有进行清算并完成制作清算报告的义务。信托清算报告的功能在于，除受托人有不正当行为以外，一旦受益人或者信托财产的权利归属人对清算报告无异议，则受托人就清算报告所列事项即解除责任。

（三）受托人的权利

受托人的权利主要有如下几项：

第一，报酬请求权。我国《信托法》第35条规定："受托人有权依照信托文件的约定取得报酬。信托文件未作事先约定的，经信托当事人协商同意，可以作出补充约定；未作事先约定和补充约定的，不得收取报酬。约定的报酬经信托当事人协商同意，可以增减其数额。"

第二，求偿权。在受托人合法、谨慎、尽责地执行信托事务时，因处理信托事务所支出的费用、对第三人所负债务，以信托财产承担（第37条第1款第1句）。但是，在受托人以其固有财产先行支付的情形下，受托人对信托财产享有求偿权，且按照《信托法》第37条第1款第2句的规定，受托人在求偿时"对信托财产享有优先受偿的权利"。当然，如果受托人违背管理职责或者处理信托事务不当而对第三人负有债务或者使自己遭受损失，则此类债务或损失，与信托财产无关，应由受托人以其固有财产承担（第37条第2款）。

第三，受托人的辞任权。按照《信托法》第38条的规定，在私益信托中，受托人征得委托人和受益人双方同意后，可以辞任；但在新受托人选出之前，辞任的受托人仍应继续履行管理信托事务的职责。

（四）受托人职责终止

受托人职责终止，是指某个受托人因特定事由的出现，不再作为受托人。受托人职责终止与信托终止之间不可混淆，即受托人职责终止并不意味信托终止，但反过来信托终止却会导致受托人职责的终止。

根据《信托法》第39条第1款的规定，受托人职责终止的事由具体如下：（1）受托人死亡或者被依法宣告死亡；（2）受托人被依法宣告为无民事行为能力人或者限制民事行为能力人；（3）受托人被依法撤销或者被宣告破产；（4）受托人依法解散或者法定资格丧失；（5）受托人辞任或者被解任；（6）法律、行政法规规定的其他情形。由此可见，这些事由均发生于受托人个人身上，故其后果也就只是导致受托人职责终止，而不是导致信托终止。

既然信托并不因此终止，则在受托人职责终止时，其继承人或者遗产管理人、监护人、清算人应当妥善保管信托财产，协助新受托人接管信托事务（第39条第2款）。这就产生了新受托人的选任问题。对此，《信托法》第40条规定了一套选任程序，即在出现受托人职责终止的情形时，应依照信托文件规定选任新受托人；若信托文件对此未规定，则由委托人选任；若委托人不指定或者无能力指定，则由受益人选任；若受益人为无民事行为能力人或者限制民事行为能力人，则依法由其监护人代行选任。一旦选任出新受托人，则原受托人处理信托事务的权利和义务，由新受托人承继。

若受托人因有《信托法》第39条第1款第3项至第6项所列情形之一而终止职责，则应当作出处理信托事务的报告，并向新受托人办理信托财产和信托事务的移交手续；除原受托人有不正当行为以外，该报告经委托人或者受益人认可后，原受托人就报告中所列事项即解除责任（第41条）。此外，在共同受托人情形下，共同受托人之一发生职责终止的，信托财产由其他受托人管理和处分（第42条）。

三、受益人

（一）概述

按照信托设立之受益人确定性原则，受益人是信托当事人中不可缺少的一方当事人。若受益人或受益人范围不能确定，则在我国《信托法》上，该信托无效（第11条第5项）。

按照《信托法》第43条第1款第2句的规定，受益人可以是自然人、法人或者依法成立的其他组织。这是关于成为受益人的一般性条件。至于在具体的信托中，谁可以享有信托利益，即谁有资格成为受益人，则是根据信托文件来确定的。而且在信托中，委托人可以是受益人，甚至是同一信托的唯一受益人；受托人可以是受益人，不过不得是同一信托的唯一受益人（《信托法》第43条第2款与第3款）。

（二）受益人的受益权

受益人所享有的最核心的权利，无疑就是信托受益权，简称受益权。我国《信托法》关于受益人的规范，也主要围绕受益权来展开。

第一，受益权的起始。受益人自信托生效之日起，享有信托受益权；但信托文件另有规定的，则从其规定（第44条）。

第二，受益权基于信托财产而生，故而受益人受益权在权利范围、内容指向上，也均指向信托财产所产生的收益及其他利益。这一点可由《信托法》第34条的反面解释可得。

第三，共同受益人的受益权。在受益人有数个而构成共同受益人时，共同受益人按照信托文件的规定享受信托利益；若信托文件对信托利益的分配比例或者分配方法未作规定，则各受益人按照均等的比例享受信托利益（第45条）。

第四，受益权的放弃。受益权是受益人所享有的一项私法性权利，故在私法自治原则下，受益人自可放弃信托受益权（第46条第1款）。若全体受益人均放弃信托受益权，则其后果就是导致信托终止（第46条第2款）。在仅是部分受益人放弃信托受益权的情形下，被放弃的信托受益权按下列顺序确定归属：首先是信托文件规定的人，其次是其他受益人，最后是委托人或者其继承人（第46条第3款）。

第五，以受益权来清偿债务。受益权属于受益人所有的财产性权利，亦即属于受益人的责任财产范畴。故在受益人对外负担债务的情形下，其债权人在债权不能获得主动清偿时，自然可以主张对受益人受益权的强制执行，且其他信托当事人对受益人债权人的强制执行主张，不得提出执行异议（第47条前段）。但是，法律、行政法规以及信托文件的限制性规定，可排除受益权归于受益人责任财产的效果（第47条后段），从而受益人债权人对其就不能再行主张强制执行。

第六，受益权的转让和继承。既然受益权在性质上为一项私法性的财产性权利，且原则上也不具有人身属性，故受益权也自应具有可转让性与可继承性，即受益人可依法转让其信托受益权，在其死亡时该受益权亦得成为继承的客体。但根据《信托法》第48条“但书”的规定，信托文件可对信托受益权的可转让性与可继承性进行限制。

（三）受益人的其他权利

除信托受益权外，根据《信托法》第49条的规定，受益人还可以行使《信托法》所赋予委托人的若干权利，如知情权（第20条）、要求受托人调整信托财产管理方法的权利（第21条）等。

第五节　信托的变更与终止

一、信托的变更

（一）概念

所谓信托的变更，是指在信托有效设立后的存续期间，出现约定或者法定的变更事由时，信托当事人依法对信托文件所规定的事项进行的改变和调整。

信托的变更，可基于信托文件的约定（如第51条第1款第4项），即约定变更；亦可基于法律所规定的变更事由，即法定变更。《信托法》所规定的变更，主要是信托的法定变更。

（二）信托变更的具体情形

概括我国《信托法》的相关规定，信托变更主要体现于以下情形：

第一，信托财产管理方法的调整，即《信托法》第21条的规定。

第二，受托人的变更，包括《信托法》第23条规定的因委托人行使解任权而发生的受托人变更、因《信托法》第39条所规定的受托人职责终止所导致的受托人变更。

第三，受益人变更，这主要是《信托法》第51条所规定的委托人对受益人的变更，以及委托人对受益人信托受益权的处分。

二、信托的终止

信托的终止，是指因出现法定或者约定的事由，导致信托关系归于消灭。

（一）信托的连续性

为确保信托目的的实现，《信托法》在第52

条确立了信托连续性原则，即信托不因委托人或者受托人的死亡、丧失民事行为能力、依法解散、被依法撤销或者被宣告破产而终止，也不因受托人的辞任而终止。不过，该条也规定了该项原则的例外，即在《信托法》或者信托文件另有规定的情形下，信托得以终止。

（二）信托终止的事由

我国《信托法》第53条规定了信托终止的6种事由，其中既有约定事由，又有法定事由。具体如下：（1）信托文件规定的终止事由发生；（2）信托的存续违反信托目的；（3）信托目的已经实现或者不能实现；（4）信托当事人协商同意；（5）信托被撤销；（6）信托被解除。

（三）信托终止的法律后果

信托终止后，其首要的法律后果，就是如何确定信托财产的归属。根据《信托法》第54条的规定，信托终止后，信托财产归属于信托文件规定的人；如果信托文件对此未有规定，则按下列顺序确定归属：首先是受益人或者其继承人，其次是委托人或者其继承人。而且，一旦信托财产的归属得以确定，则在该信托财产转移给权利归属人的过程中，信托视为存续，权利归属人视为受益人，亦即此时成立法定信托（第55条）。

信托终止后，法院依法对原信托财产进行强制执行的，应以权利归属人为被执行人（第56条）。此外，在信托终止后，受托人依法行使其报酬请求权、求偿权时，可以留置信托财产或者对信托财产的权利归属人提出请求（第57条）。

信托终止后，受托人负有制作处理信托事务之清算报告的义务；受益人或者信托财产的权利归属人对清算报告无异议的，则除受托人有不正当行为以外，受托人就清算报告所列事项即解除责任（第58条）。

【本章主要法律规定】

《信托法》

本章重点、难点与疑点辨析

在学习信托法时，最好按照法律关系构成要素的基本理论，来理解现行法的规定，以做到纲举目张。重点须掌握的内容有：第一，信托的设立；第二，信托财产的范围；第三，委托人的权利；第四，受托人的义务；第五，信托受益权内容；第六，信托变更与终止的事由与法律后果。

关于信托制度的疑难点，以下各点特别值得注意：

1. 信托财产的独立性，是信托财产关系最重要的特征。

2.受托人所负的信义义务，是信托关系的核心内容，且在现代法上信义义务已扩展适用于诸多领域，如公司内董事、监事、高级管理人员同样负有信义义务。信义义务的内容极其复杂，因此如何使其类型化，如何区分不同义务内容的边界及其后果，构成信义义务制度的难点。

3.信托受益权是信托设立的目的指向。信托受益权的法律属性，受益权如何转让与继承，对受益权可转让性之限制又会产生什么样的法律效力，这些问题均是受益权制度上的难点。

4.在信托终止制度上，如何与受托人职责终止相区别，信托终止的法律后果是什么，信托终止与信托财产制度间的逻辑关系等，均存在一定的理解难度。